UNIVERSAL
DICTIONARY
LANGENSCHEIDT
DIZIONARIO
UNIVERSALE

INSIGHT
TRAVEL DICTIONARY

Italian

Italian-English
English-Italian

APA PUBLICATIONS
Part of the Langenscheidt Publishing Group

L

Contents

Indice

This edition: © 2002 APA Publications GmbH & Co. Verlag KG
Singapore Branch, Singapore

© 1982 Langenscheidt KG, Berlin and Munich
Printed in Germany

Abbreviations

Abbreviazioni

The tilde (~), when the initial letter changes: 2) stands for the catchword at the beginning of the entry or the part of it preceding the vertical bar (|).

Examples:

abdicat|e; ~ion = abdication.

china; 2 = China.

Easter; 2n = eastern.

La tilde (~, quando l'iniziale cambia: 2) sostituisce la voce guida intera, oppure la parte che precede la riga verticale (|).

Esempi:

abdicat|e; ~ion = abdicazione.

china; 2 = China.

Easter; 2n = eastern.

---

a, adj adjective, *aggettivo*

abbr abbreviation, *abbreviazione*

adv adverb, *avverbio*

aer aeronautics, *aeronautica*

agr agriculture, *agricoltura*

Am American English, *inglese americano*

anat anatomy, *anatomia*

aut automobilism, *automobilismo*

biol biology, *biologia*

bot botany, *botanica*

Brit British English, *inglese britannico*

cf confer, *confronta*

chem chemistry, *chimica*

com, comm commercial, *commerciale*

conj conjunction, *congiunzione*

eccl ecclesiastic, *ecclesiastico*

elec electricity, *elettricità*

etc et cetera, and so on, *eccetera*

f feminine, *femminile*

fam familiar, *familiare*

fig figurative, *figurato*

for forensic, law, *legge*

gast gastronomy, *gastronomia*

geog geography, *geografia*

gram grammar, *grammatica*

interj interjection, *interiezione*

irr irregular, *irregolare*

m masculine, *maschile*

mat mathematics, *matematica*

mech mechanics, *meccanica*

med medical, *medicina*

mil military, *militare*

mus music, *musica*
naut nautical, *nautico*
o.s. oneself, *sé (stesso)*
paint painting, *pittura*
phot photography, *fotografia*
pl plural, *plurale*
poet poetic, *poetico*
pol politics, *politico*
pp past participle, *participio passato*
prp preposition, *preposizione*
pron pers personal pronoun, *pronome personale*
pron poss possessive pronoun, *pronome possessivo*
qc, q.c something, *qualcosa*
qu, q.u someone, *qualcuno*

rail railway, *ferrovia*
s substantive, *sostantivo*
Scot Scottish *scozzese*
sg singular, *singolare*
s.o. someone, *qualcuno*
s.th. something, *qualcosa*
surg surgery, *chirurgia*
tel telephone, *telefono*
thea theatre, *teatro*
v/d defective verb, *verbo difettivo*
v/i intransitive verb, *verbo intransitivo*
v/r reflexive verb, *verbo riflessivo*
v/t transitive verb, *verbo transitivo*

Pronuncia delle parole inglesi

Guide to pronunciation of English words

Vocali e dittonghi

[a:]   *a* molto lunga, più che in *mare*:
     far [fa:], *father* ['fa:ðə]

[ʌ]   *a* molto breve, più che in *paradiso*:
     mother ['mʌðə], *butter* ['bʌtə]

[æ]   *e* molto aperta e lunga, più che in *testa*:
     man [mæn], *fat* [fæt]

[ɛə]   dittongo composto di una *e* molto aperta e lunga
     e [ə]:
     care [kɛə], *there* [ðɛə]

[ai]   dittongo composto di [a:] e [i]:
     time [taim], *my* [mai]

[au]   dittongo composto di [a:] e [u]:
     cloud [klaud], *how* [hau]

[e]   *e* aperta e breve, più che in *bello*:
     get [get], *said* [sed]

[ei]   dittongo composto di una *e* lunga, seguita da un
     leggero suono di *i*:
     name [neim], *day* [dei]

[ə]   suono atono simile alla *e* nell'articolo francese *le*:
     about [ə'baut], *silent* ['sailənt]

[ə:]   forma più prolungata del suono anteriore:
     her [hə:], *bird* [bə:d]

[i]   suono molto breve tra la *i* di *fitto* e la *e* di *fetta*:
     stick [stik], *city* ['siti]

[i:]   *i* molto lunga, più che in *vino*:
     need [ni:d], *tea* [ti:]

[iə]   dittongo composto di [i] e [ə]:
     here [hiə], *fear* [fiə]

[ɔ]   suono molto aperto tra la *o* di *lotta* e la *a* di *latte*:
     not [nɔt], *wash* [wɔʃ]

[ɔ:]   *o* aperta e lunga, più che in *noto*:
     law [lɔ:], *ball* [bɔ:l]

[uə]   dittongo composto di [u] e [ə]:
     poor [puə], *sure* [ʃuə]

[ɔi]	dittongo composto di [ɔ] e [i]:
	point [pɔint], boy [bɔi]
[ou]	dittongo composto di una o lunga, seguita da un
	leggero suono di u:
	boat [bout], bone [boun]
[u]	suono molto breve tralla u di tutto e la o di rotto:
	book [buk], put [put]
[u:]	u lunga, più che in fiume:
	few [fju:], fruit [fru:t]

Consonanti

Le consonanti si pronunciano nella maggior parte dei casi quasi come in italiano. Le doppie si pronunciano come se fossero semplici.

[b]	come la b in burro:
	bag [bæg], cab [kæb]
[d]	come la d in dare:
	dear [diə], ladder ['lædə]
[f]	come la f in forte:
	fall [fɔ:l], laugh [lɑ:f], coffee ['kɔfi]
[g]	come la g in gatto:
	give [giv], stagger ['stægə]
[h]	suono aspirato simile a quello della c di casa dei
	fiorentini:
	whole [houl], ahead [ə'hed]
[j]	come la i in ieri:
	yes [jes], use [ju:s], few [fju:]
[k]	come la c in casa:
	come [kʌm], back [bæk]
[l]	come la l in lungo:
	land [lænd], call [kɔ:l]
[m]	come la m in madre:
	mean [mi:n], summer ['sʌmə]
[n]	come la n in no:
	night [nait], can [kæn]
[p]	come la p in pane:
	pot [pɔt], top [tɔp]

[r]	una *r* gutturale che si pronuncia soltanto quando precede una vocale:
	right [rait], *carol* ['kærəl]
[s]	*s* aspra come in *sono*:
	cycle ['saikl], *sun* [sʌn], *listen* ['lisn]
[t]	come la *t* in *torre*:
	take [teik], *letter* ['letə]
[v]	come la *v* in *valore*:
	vain [vein], *cover* ['kʌvə], *of* [ɔv]
[w]	come la *u* in *uomo*:
	wait [weit], *quaint* [kweint]
[z]	*s* dolce come in *rosa*:
	rose [rouz], *disease* [di'zi:z]
[ŋ]	come la *n* in *banca*:
	bring [briŋ], *singer* ['siŋə]
[ʃ]	come *sce* in *scena*:
	she [ʃi:], *machine* [mə'ʃi:n]
[tʃ]	come *ce* in *cento*:
	chair [tʃeə], *rich* [ritʃ]
[dʒ]	come *ge* in *gente*:
	join [dʒɔin], *range* [reindʒ]
[ʒ]	suono sonoro corrispondente di [ʃ] che non esiste in italiano:
	leisure ['leʒə], *usual* ['ju:ʒuəl]
[θ]	non esiste in italiano:
	think [θiŋk], *oath* [ouθ]
[ð]	non esiste in italiano:
	the [ðə], *lather* ['lɑ:ðə]
'	il segno dell'accento viene sempre collocato prima della sillaba accentata, es. *ability* [ə'biliti]

Trascrizione fonetica dei suffissi

Ecco la trascrizione fonetica dei suffissi che per economia di spazio tralasceremo di indicare nelle singole voci del dizionario:

-ability [-əbiliti]
-able [-əbl]
-age [-idʒ]
-al [-(ə)l]
-ally [-(ə)li]
-an [-(ə)n]
-ance [-(ə)ns]
-ancy [-ənsi]
-ant [-ənt]
-ar [-ə]
-ary [-(ə)ri]
-ation [eiʃ(ə)n]
-cious [-ʃəs]
-cy [-si]
-dom [-dəm]
-ed [-d; -t; -id]
-edness [-dnis; -tnis; -idnis]
-ee [-i:]
-en [-n]
-ence [-(ə)ns]
-ent [-(ə)nt]
-er [-ə]
-ery [-əri]
-ess [-is]
-fication [-fikeiʃ(ə)n]
-ial [-(ə)l]
-ian [-(jə)n]
-ible [-əbl]
-ic(s) [-ik(s)]
-ical [-ik(ə)l]

-ily [-ili]
-iness [-inis]
-ing [-iŋ]
-ish [-iʃ]
-ism [-iz(ə)m]
-ist [-ist]
-istic [-istik]
-ite [-ait]
-ity [-iti]
-ive [-iv]
-ization [-aizeiʃ(ə)n]
-ize [-aiz]
-izing [-aiziŋ]
-less [-lis]
-ly [-li]
-ment(s) [-mənt(s)]
-ness [-nis]
-oid [-ɔid]
-oidic [-ɔidik]
-or [-ə]
-ous [-əs]
-ry [-ri]
-ship [-ʃip]
-(s)sion [-ʃ(ə)n]
-sive [-siv]
-ties [-tiz]
-tion [-ʃ(ə)n]
-tious [-ʃəs]
-trous [-trəs]
-try [-tri]
-y [-i]

The Italian alphabet and its equivalent English pronunciation

L'alfabeto italiano e la pronuncia inglese equivalente

a	**mare**	as in f**a**ther but shorter
b	**babbo**	as in English
c	**certo**	before *e* and *i* as *ch* in **ch**urch;
	canto	before *a, o, u* almost as in **c**ake
d	**dado**	as in English
e		has two sounds:
	bello	open as in b**e**d
	neve	there's no equivalent in English; the open stressed *e* is indicated by a grave accent: *è*
f	**forte**	as in English
g	**gelo**	before *e* and *i* as in **g**eneral;
	gatto	before *a, o, u* as in **g**ate
h	**hanno**	not pronounced
i	**vino**	as in mach**i**ne
l	**lana**	as in English
m	**madre**	as in English
n	**non**	as in English
o		has two sounds:
	lotta	open as in p**o**t
	nome	closed, almost as in **o**rder; the open stressed *o* is indicated by a grave accent: *ò*
p	**pane**	as in English
r	**rotto**	produced with the tongue against the upper teeth
s		has two sounds:
	sole	unvoiced as in ca**s**e
	rosa	voiced as in chee**s**e
t	**tutto**	as in English
u	**fiume**	as *oo* in c**oo**l but shorter

v	**v**enire	as in English
z		has two sounds:
	pre**zz**o	unvoiced as *ts* in ha**ts**
	me**zz**o	voiced as *ds* in mai**ds**
j		these letters do not
k		belong to the Italian
w		alphabet and are
x		found only in foreign
y		words

Grouped consonants

ch	employed only before *e* and *i* to retain the hard sound of *c*, e.g. *che, chi, chiamare*
gh	similarly employed to retain the hard *g* before *e* and *i*, e.g. *luoghi, laghi*
gl	before *i* resembling English *lli* in bi**lli**ards, e.g. *gli, biglietto*
gn	resemble the English *ni* in o**ni**on, e.g. *ogni, compagno*
qu	has the value of the English *qu* in **qu**ick, e.g. *qui, quelli*

A

a [ei, ə] un, una, uno

aback [ə'bæk]: **be taken ~** rimanere sconcertato

abandon [ə'bændən] v/t abbandonare; **~ment** abbandono m

abashed [ə'bæʃt] confuso

abate [ə'beit] v/t (anger, pain) calmarsi; (waters) ritirarsi

abb|ess ['æbis] (ab)badessa f; **~ey** ['~i] abbazia f; **~ot** ['~ət] abate m

abbreviat|e [ə'bri:vieit] v/t abbreviare; **~ion** abbreviazione f

abdicate ['æbdikeit] v/i abdicare

abdomen ['æbdəmen] addome m

abduct [æb'dʌkt] v/t rapire

abeyance [ə'beiəns]: **in ~** in sospeso

abhor [əb'hɔ:] v/t aborrire; **~rence** [~'ɔrəns] orrore m; **~rent** odioso; ripugnante

abide [ə'baid] v/t, v/i, irr attenere; sopportare

ability [ə'biliti] abilità f

abject ['æbdʒekt] abietto

abjure [əb'dʒuə] v/t abiurare; ripudiare

able [eibl] capace abile; **be ~ to** essere capace di

abnormal [æb'nɔ:məl] anormale

aboard [ə'bɔ:d] a bordo; **all ~** tutti a bordo

aboli|sh [ə'bɔliʃ] v/t abolire; **~tion** [æbou'liʃən] abolizione f

A-bomb ['eibɔm] bomba f atomica

abominable [ə'bɔminəbl] abominevole

abortion [ə'bɔ:ʃən] aborto m

abound [ə'baund] v/i abbondare

about [ə'baut] prp intorno a; vicino a; adv pressappoco; all'incirca; intorno; **be ~ to** stare per

above [ə'bʌv] sopra, al di sopra; **~ all** soprattutto

abreast [ə'brest] allineati; **walk ~** camminare sottobraccio con qu.; **be ~ of** essere al corrente

abridge [ə'bridʒ] v/t abbreviare

abrupt [ə'brʌpt] brusco

abscess ['æbsis] ascesso m

absence ['æbsəns] assenza f

absent ['æbsənt] a assente; [æb'sent] v/r assentarsi; **~minded** distratto

absolute ['æbsəlu:t] assoluto

absolve [əb'zɔlv] v/t assolvere

absor|b [əbˈsɔːb] *v/t* assorbire; **~ption** assorbimento *m*

abstain [əbˈstein] *v/i* astenersi da; **total ~er** astemio *m*

abstinence [ˈæbstinəns] astinenza *f*

abstract [ˈæbstrækt] *a* astratto; *s* riassunto *m*; **in the ~** in teoria; [~ˈstrækt] *v/t* astrarre; riassumere; **~ed** [~ˈstræktid] distratto

absurd [əbˈsɔːd] assurdo; **~ity** assurdità *f*

abundan|ce [əˈbʌndəns] abbondanza *f*; **~t** abbondante

abus|e [əˈbjuːs] *s* abuso *m*; [~z] *v/t* abusare di; **~ive** abusivo

abyss [əˈbis] abisso *m*

academ|ic [ˌækəˈdemik] accademico; **~y** [əˈkædəmi] accademia *f*

accelerat|e [əkˈseləreit] *v/t* accelerare; **~ion** [~ˈreiʃən] accelerazione *f*; **~or** acceleratore *m*

accent [ˈæksənt] accento *m*; **~uate** [əkˈsentjueit] *v/t* accentuare; **~uation** accentuazione *f*

accept [əkˈsept] *v/t* accettare; **~ance** accettazione *f*

access [ˈækses] accesso *m*; **~ible** [əkˈsesəbl] accessibile

accessory [əkˈsesəri] *s*, *a* accessorio (*m*)

accident [ˈæksidənt] incidente *m*; **by ~** per caso; **~ insurance** assicurazione *f*

contro gli infortuni; **~al** per caso

acclimatize [əˈklaimətaiz] *v/t* acclimatare; *v/r* acclimatarsi

accomodat|e [əˈkɔmədeit] *v/t* accomodare; conciliare; obbligare; alloggiare; **~ing** compiacente; **~ion** alloggio *m*; **seating ~ion** posti *m/pl* a sedere

accompan|iment [əˈkʌmpəniment] accompagnamento *m*; **~y** *v/t* accompagnare

accomplice [əˈkɔmplis] complice *m*

accomplish [əˈkɔmpliʃ] *v/t* compiere; completare; finire; **~ed** perfetto; colto; **~ment** talento *m*; compimento *m*

accord [əˈkɔːd] *s* accordo *m*; consenso *m*; *v/t* accordare; concedere; **~ing to** conforme a

accordeon [əˈkɔːdjən] fisarmonica *f*

account [əˈkaunt] conto *m*; resoconto *m*; racconto *m*; **on ~ of** per ragione di; **on my ~** per conto mio; **on no ~** per nessuna ragione, in nessun caso; **~ for** rendere conto di; spiegare; **take into ~** prendere in considerazione; **~ant** ragioniere *m*; contabile *m*; **current ~** conto *m* corrente

accredit [əˈkredit] *v/t* accreditare

accrue [əˈkruː] *v/i* provenire, derivare, accumularsi

accumulate [əˈkjuːmjuleit] *v/t* accumulare

accura|cy [ˈækjurəsi] accuratezza *f*, precisione *f*; **.te** [ˈ.it] accurato, preciso

accus|ation [ækju(ː)ˈzeiʃən] accusa *f*; **.e** [əˈkjuːz] *v/t* accusare; **.er** accusatore *m*

accustom [əˈkʌstəm] *v/t* abituare; **become .ed to** *v/r* abituarsi a

ace [eis] asso *m*

acet|ic [əˈsiːtik] **acid** acido *m* acetico; **.ylene** [əˈsetiliːn] acetilene *m*

ache [eik] *s* dolore *m*; *v/i* far male, dolere

achieve [əˈtʃiːv] *v/t* compiere; condurre a termine; raggiungere; ottenere; **.ment** compimento *m*; realizzazione *f*; successo *m*; raggiungimento *m*

acid [ˈæsid] acido *m*

acknowledge [əkˈnɔlidʒ] *v/t* riconoscere, ammettere; **.receipt** accusare ricevuta; **.ment** riconoscimento *m*, ammissione *f*

acme [ˈækmi] acme *f*

acne [ˈækni] acne *f*

acorn [ˈeikɔːn] ghianda *f*

acoustics [əˈkuːstiks] *pl* acustica *f*

acquaint [əˈkweint] *v/t* far sapere, far conoscere; **be .ed with** conoscere; **.ance** conoscenza *f*

acqui|re [əˈkwaiə] *v/t* acquistare; **.sition** [ˌækwiˈziʃən] acquisto *m*

acquit [əˈkwit] *v/t* assolvere; **.tal** assoluzione *f*

acre [ˈeikə] acro *m* (4047 metri quadrati)

acrobat [ˈækrəbæt] acrobata *m, f*; **.ics** *pl* acrobazie *f/pl*

across [əˈkrɔs] attraverso; **go .** *v/t* attraversare; **come .** *v/i* capitare

act [ækt] *s* atto *m*; *v/t* agire; *thea* recitare; **.ing** *thea* recitazione *f*; **.ion** azione *f*

active [ˈæktiv] attivo; **.ity** [ækˈtiviti] attività *f*

act|or [ˈæktə] attore *m*; **.ress** attrice *f*

actual [ˈæktʃuəl] effettivo, vero

acute [əˈkjuːt] acuto

adapt [əˈdæpt] *v/t* adattare; **.er** riduttore *m*

add [æd] *v/t* aggiungere; addizionare; **.up** far la somma, sommare

adder [ˈædə] vipera *f*

addict [ˈædikt] tossicomane *m*

addition [əˈdiʃən] aggiunta *f*; addizione *f*; **in .** inoltre

address [əˈdres] *s* indirizzo *m*; *v/t* indirizzare; **.o.s.to** rivolgersi a; **.ee** [ædreˈsiː] destinatario *m*

adequate [ˈædikwit] adeguato, sufficiente

adhere [ədˈhiə] *v/t* aderire; **.nt** aderente

adhesive [ədˈhiːsiv] adesivo; **. tape**, **. plaster** cerotto *m*

adieu [əˈdjuː] addio

adjacent [əˈdʒeisənt] adiacente

adjective ['ædʒiktiv] aggettivo *m*

adjoin [ə'dʒɔin] *v/t* essere adiacente a

adjourn [ə'dʒəːn] *v/t* rimandare, rinviare

adjunct ['ædʒʌŋkt] accessorio

adjure [ə'dʒuə] *v/t* scongiurare

adjust [ə'dʒʌst] *v/t* aggiustare

administ|er [əd'ministə] *v/t* amministrare; **~ration** amministrazione *f*; **~rative** [~trətiv] amministrativo; **~rator** amministratore *m*

admirable ['ædmərəbl] ammirevole

admiral ['ædmərəl] ammiraglio *m*

admir|ation [ædmə'reiʃən] ammirazione *f*; **~e** [əd'maiə] *v/t* ammirare

admiss|ible [əd'misəbl] ammissibile; **~ion** ammissione *f*; **~ion (ticket)** (biglietto *m* d') ingresso

admit [əd'mit] *v/t* ammettere; confessare; **~tance** ammissione *f*; **no ~tance** vietato l'ingresso

admonish [əd'mɔniʃ] *v/t* ammonire

adolescence [ˌædou'lesəns] adolescenza *f*

adopt [ə'dɔpt] *v/t* adottare; **~ion** adozione *f*

ador|able [ə'dɔːrəbl] adorabile; **~ation** [ædɔː'reiʃən] adorazione *f*; **~e** [ə'dɔː] *v/t* adorare

adorn [ə'dɔːn] *v/t* adornare

adroit [ə'drɔit] destro; abile

adult ['ædʌlt] *a, s* adulto (*m*)

adulter|ate [ə'dʌltəreit] *v/t* adulterare; sofisticare; **~er** adultero *m* (*f*); **~y** adulterio *m*

advance [əd'vɑːns] *s* avanzamento *m*; progresso *m*; *v/i* avanzare; progredire; **in ~** in anticipo

advantage [əd'vɑːntidʒ] vantaggio *m*; **take ~ of** approfittare di; **~ous** [ædvən'teidʒəs] vantaggioso

advent ['ædvent] avvento *m*

adventur|e [əd'ventʃə] avventura *f*; **~er** avventuriero *m*; **~ous** avventuroso

adverb ['ædvəːb] avverbio *m*

advers|ary [ædvə'rei] avversario *m*; **~e** [~'əːs] avverso

advertis|e ['ædvətaiz] *v/t* fare pubblicità; mettere una inserzione sul giornale; **~ment** [əd'vəːtismənt] reclame *f*; avviso *m* pubblicitario; inserzione *f*; **~ing** reclame *f*; pubblicità *f*; **~ing film** film *m* pubblicitario

advice [əd'vais] consiglio *m*

advis|able [əd'vaizəbl] consigliabile; **~e** *v/t* consigliare

advocate ['ædvəkeit] *s* sostenitore *m*; **for** avvocato *m*; *v/t* sostenere; difendere

aerial ['ɛəriəl] *a* aereo; *s* antenna *f*

aero|drome ['ɛərədroum] aerodromo *m*; **~nautics** [~'nɔːtiks] aeronautica *f*;

~plane aeroplano *m*

aesthetic [i:s'θetik] estetico; **~s** *pl* estetica *f*

affable ['æfəbl] affabile

affair [ə'fɛə] affare *m*, faccenda *f*

affect [ə'fekt] *v/t* riguardare, interessare; colpire; ripercuotere su; commuovere; **~ed** affettato; commosso; **~ion** affetto *m*; infezione *f*; **~ionate** [~nit] affettuoso

affinity [ə'finiti] affinità *f*

affirm [ə'fə:m] *v/t* affermare; **~ation** [,æfə'meiʃən] affermazione *f*; **~ative** [ə'fə:mətiv] affermativo

afflict [ə'flikt] *v/t* affliggere di; **~ion** afflizione *f*

affluen|ce ['æfluəns] affluenza *f*; **~t** affluente *m*

afford [ə'fɔ:d] *v/t* fornire; permettersi; **I can't** ~ **it** non me lo posso permettere

affront [ə'frʌnt] *s* oltraggio *m*; *v/t* affrontare; oltraggiare

afraid [ə'freid] impaurito; **be** ~ avere paura

Africa ['æfrikə] Africa *f*; **~n** *s, a* africano

after ['ɑ:ftə] *prp, adv* dopo; *conj* dopo che; **~noon** pomeriggio *m*; **~wards** dopo

again [ə'gen] di nuovo; **now and** ~ ogni tanto; **~ and** ~ ripetutamente

against contro

age [eidʒ] *s* età *f*; *v/t, v/i* invecchiare; **of** ~ maggiorenne; **under** ~ minorenne; **~d** anziano

agen|cy ['eidʒənsi] agenzia *f*; **~t** agente *m*, rappresentante *s*

aggrandize ['ægrəndaiz] *v/t* ingrandire

aggravat|e ['ægreivit] *v/t* aggravare; esasperare

aggregat|e ['ægrigeit] *v/t* aggregare

aggress|ion [ə'greʃən] aggressione *f*; **~ive** aggressivo; **~or** aggressore

agile ['ædʒail] agile

agitat|e ['ædʒiteit] *v/t* agitare; **~ion** agitazione *f*; **~or** agitatore *m*

ago [ə'gou] fa; **a year** ~ un anno fa; **long** ~ molto tempo fa

agon|izing ['ægənaiziŋ] angoscioso; **~y** angoscia *f*

agree [ə'gri:] *v/i* essere d'accordo; andare d'accordo; **~able** piacevole; simpatico; **~ment** accordo *m*

agricultur|al [,ægri'kʌltʃərəl] agricolo; **~e** agricoltura *f*; (*faculty*) agraria *f*; **~(al)ist** agricoltore *m*

ague ['eigju:] febbre *f* intermittente

ahead [ə'hed] avanti; **straight** ~ diritto avanti

aid [eid] *s* aiuto *m*; *v/t* aiutare; **first** ~ pronto soccorso *m*

ailing ['eiliŋ] sofferente

aim [eim] *s* mira *f*; scopo *m*; *v/i* mirare; **~less** senza scopo

air [ɛə] aria *f*; **in the open** ~ all'aria aperta; **~-bed** materasso *m* pneumatico; **~-conditioning** *m* condizionamento *m* dell'aria; **~craft**, **~ liner**, **~plane** aeroplano *m*; **~ force** Aeronautica *f* militare; **~line** linea *f* aerea; **~mail** posta *f* aerea; **~port** aeroporto *m*; **~ pressure** pressione *f* dell'aria; **be ~sick** sentir nausea; **~-tight** ermetico; **~ traffic** traffico *m* aereo

airy [ˈɛəri] arioso

aisle [ail] *church*: navata *f*; passaggio *m*

ajar [əˈdʒɑː] socchiuso

akin [əˈkin] affine; simile

alarm [əˈlɑːm] s allarme *m*; *v/t* allarmare; **~-clock** sveglia *f*

albino [ælˈbiːnou] albino *m*

alcohol [ˈælkəhɔl] alcool *m*; **~ic** alcoolico

alder [ˈɔːldə] ontano *m*

ale [eil] birra *f*

alert [əˈləːt] attento; **be on the ~** essere all'erta

alibi [ˈælibai] alibi *m*

alien [ˈeiljən] s, a straniero (*m*); **~ to** contrario a

alight [əˈlait] *v/i* atterrare; scendere

alike [əˈlaik] simile

alimony [ˈæliməni] alimenti *m/pl*

alive [əˈlaiv] vivente; vivo

all [ɔːl] tutto, *pl* tutti; **~ Fools' Day** 1 Aprile; **~ right** va bene; **~ Saints' Day** 1 Novembre; **~ Souls' Day** 2 Novembre; **~ at once** tutt'a un tratto; **~ of**

us noi tutti; **not at ~** niente affatto

allege [əˈledʒ] *v/t* allegare

allegorical [æleˈgɔrikl] allegorico

~orical allegorico

alleviate [əˈliːvieit] *v/t* alleviare

alley [ˈæli] vicolo *m*

alliance [əˈlaiəns] alleanza *f*; **~ed** alleato

allocate [ˈæləkeit] *v/t* assegnare

allot [əˈlɔt] *v/t* assegnare; **~ment** lotto *m*

allow [əˈlau] *v/t* permettere; concedere

allowance [əˈlauəns] rendita *f*; permesso *m*; riduzione *f*; **family ~s** *pl* assegni *m/pl* familiari

alloy [ˈæloi] lega *f*

allude [əˈluːd] *v/i* alludere; **~sion** allusione *f*

allure [əˈljuə] *v/t* attirare

ally [əˈlai] s alleato *m*; *v/i* allearsi con

almighty [ɔːlˈmaiti] onnipotente

almond [ˈɑːmənd] mandorla *f*

almost [ˈɔːlmoust] quasi

alms [ɑːmz] *pl* elemosina *f*

aloft [əˈlɔft] in alto

alone [əˈloun] solo; **let** (*or* **leave**) **~** lasciare stare; **let ~** tanto meno

along [əˈlɔŋ] *prp* lungo; *adv* lungo; avanti

aloof [əˈluːf] distante

aloud [əˈlaud] ad alta voce

alphabet ['ælfəbit] alfabeto *m*

Alp|ine ['ælpain] alpino; **~s** *pl* Alpi *f/pl*

already [ɔːl'redi] già

also ['ɔːlsəu] anche

altar ['ɔːltə] altare *m*

alter ['ɔːltə] *v/t* cambiare; modificare; **~ation** cambiamento *m*; modifica *f*

alternat|e ['ɔːltəneit] alternativo; **~ing current** corrente *f* alternata; **~ive** alternativa *f*

although [ɔːl'ðou] sebbene, benché

altitude ['æltitjuːd] altitudine *f*

altogether [ɔːltə'geðə] completamente; nell'insieme

always ['ɔːlweiz] sempre

am [æm]: **I ~** (io) sono

amalgamate [ə'mælgəmeit] *v/t* amalgamare; *v/i* amalgamarsi

amass [ə'mæs] *v/t* ammassare

amateur ['æmətə] dilettante *m*

amaz|e [ə'meiz] *v/t* stupire; **~ement** stupore *m*; meraviglia *f*; **~ing** stupefacente

ambassador [æm'bæsədə] ambasciatore *m*

amber ['æmbə] ambra *f*

ambigu|ity [ˌæmbi'gjuiti] ambiguità *f*; **~ous** ambiguo

ambit|ion [æm'biʃən] ambizione *f*; **~ous** ambizioso

ambulance ['æmbjuləns] ambulanza *f*

ambush ['æmbuʃ] imbosca-

ta *f*; **to fall into an ~** cadere in un'imboscata

amen ['ɑː'men] amen *m*

amend [ə'mend] *v/t* emendare; correggere; **~ment** emendamento *m*; **~s** *pl*: **to make ~s** riparare a

America [ə'merikə] America *f*; **~n** *s, a* americano (*m*); **~nize** *v/t* americanizzare

amiable ['eimjəbl] cordiale

amicable ['æmikəbl] amichevole

amid(st) [ə'mid(st)] in mezzo a; tra

amiss [ə'mis]: **what's ~?** che c'è che non va?; **take ~** aversene a male

ammunition [æmju'niʃən] munizioni *f/pl* di guerra

amnesty ['æmnisti] amnistia *f*

among(st) [ə'mʌŋ(st)] tra, fra

amount [ə'maunt] *s* somma *f*; quantità *f*; *v/i* ammontare

amperage ['æmˌpɛəridʒ] amperaggio *m*

ampl|e ['æmpl] ampio; **~ify** *v/t* amplificare

amputat|e ['æmpjuteit] *v/t* amputare; **~ion** amputazione *f*

amulet ['æmjulit] amuleto *m*

amuse [ə'mjuz] *v/t* divertire; *v/r* divertirsi; **~ment** divertimento *m*

an [æn, ən] una, una, uno

an(a)esthetic [ænis'θetik] anestetico *m*

analog|ous [ə'næləgəs] analogo; **~y** [~dʒi] analogia *f*

analy|se, *Am* **~ze** ['ænəlaiz] *v/t* analizzare; **~sis** [ə'nælə-sis] analisi *f*

anatomy [ə'nætəmi] anatomia *f*

ancest|or ['ænsistə] antenato *m*; **~ry** discendenza *f*

anchor ['æŋkə] *s* ancora *f*; *v/t, v/i* ancorare

anchovy ['æntʃəvi] acciuga *f*

ancient ['einʃənt] antico

and [ænd, ənd] e; **~ so on** e così via

anew [ə'nju:] di nuovo

angel ['eindʒəl] angelo *m*

anger ['æŋgə] ira *f*; rabbia *f*

angina [æn'dʒainə] angina *f*

angle ['æŋgl] *s* angolo *m*; *v/i* pescare (*all'amo*)

Anglican ['æŋglikən] *s, a* anglicano (*m*)

Anglo-Saxon ['æŋgləu-'sæksən] *s, a* anglosassone (*m*)

angry ['æŋgri] arrabbiato; **get ~** arrabbiarsi

anguish ['æŋgwiʃ] angoscia *f*

angular ['æŋgjulə] angoloso

animal ['æniməl] animale *m*

animat|e ['ænimeit] *v/t* animare; **~ed cartoon** disegno *m* animato; **~ion** animazione *f*

animosity [æni'mɔsiti] animosità *f*

anise ['ænis] anice *m*

ankle ['æŋkl] caviglia *f*

annex ['æneks] annesso *m*

annihilate [ə'naiəleit] *v/t* annientare

anniversary [æni'vɔːsəri]

anniversario *m*

annotat|e ['ænəteit] *v/t* annotare; **~ion** annotazione *f*

announce [ə'nauns] *v/t* annunciare; **~ment** annuncio *m*

annoy [ə'nɔi] *v/t* seccare, dare fastidio; **~ance** seccatura *f*, fastidio *m*

annual ['ænjuəl] annuale

annul [ə'nʌl] *v/t* annullare; **~ment** annullamento *m*

anodyne ['ænəudain] analgesico *m*

anomalous [ə'nɔmələs] anomalo

anonymous [ə'nɔniməs] anonimo

another [ə'nʌðə] un altro, un'altra; **one ~** l'un l'altro

answer ['ɑːnsə] *s* risposta *f*; *v/t* rispondere

ant [ænt] formica *f*

antagonist [æn'tægənist] antagonista *m*, *f*

antarctic [ænt'ɑːktik] antartico

antelope ['æntiloup] antilope *f*

anthem ['ænθəm] antifona *f*; (**national**) **~** inno *m* (nazionale)

anti ['ænti] anti-; **~biotic** [ˌæntibai'ɔtik] *s, a* antibiotico (*m*)

anticipat|e [æn'tisipeit] *v/t* anticipare; **~ion** anticipazione *f*

anti|dote ['æntidout] antidoto *m*; **~freeze** [ˌ~'friːz] anticongelante *m*

antipath|etic [ˌæntipə'θetik]

antipatico; **~y** [æn'tipeθi]-antipatia f

antiqu|ary ['æntikwəri] antiquario m; **~e** [æn'ti:k] antico; **~ity** [æn'tikwiti] antiquità f

antiseptic [ænti'septik] antisettico

antlers ['æntləz] pl corna f/pl

anvil ['ænvil] incudine f

anxi|ety [æn'zaiəti] ansietà f; **~ous** ansioso (for, about di, per)

any ['eni] qualche; **not ~ longer** non più; **~body** chiunque, qualcuno; **~how** in ogni modo; **~ thing** qualsiasi cosa; **~ where** in qualsiasi posto

apart [ə'pɑ:t] da parte; **~ ment** stanza f; **~ments** pl stanze f/pl; alloggio m; **furnished ~ments** stanze f/pl ammobiliate

ape [eip] scimmia f

aperitive [ə'peritiv] aperitivo m

apiece [ə'pi:s] l'uno; cadauno

apolog|ize [ə'pɔlədʒaiz] v/i scusarsi; **~y** scusa f

apoplexy ['æpəpleksi] apoplessia f

apostle [ə'pɔsl] apostolo m

apostrophe [ə'pɔstrəfi] apostrofe f

appal [ə'pɔ:l] v/t spaventare

apparent [ə'pærənt] mani-

festo; evidente

appeal [ə'pi:l] s (for) appello m; attrattiva f; v/i rivolgersi a; attirare; **Court of ~** Corte f di appello; **~ing** supplicante

appear [ə'piə] v/t apparire; sembrare; **~ance** apparizione f; aspetto m; **~ances** pl apparenze f/pl

appease [ə'pi:z] v/t placare; **~ment** placamento m

append [ə'pend] v/t appendere; **~icitis** [əpendi'saitis] appendicite f; (**vermiform**) **~ix** intestino m cieco

appet|ite ['æpitait] appetito m; **~izing** appetitoso

applau|d [ə'plɔ:d] v/t applaudire; **~se** [~z] applauso m

apple ['æpl] mela f; **~-pie** torta f di mele

appliance [ə'plaiəns] strumento m; apparecchio m

applica|nt ['æplikənt] aspirante m; richiedente m; **~tion** applicazione f; domanda f

apply [ə'plai] v/t applicare; **~ o.s. to** rivolgersi a; **~ for** fare domanda per (di)

appoint [ə'pɔint] v/t nominare; **~ment** nomina f; appuntamento m

apportion [ə'pɔ:ʃən] v/t partire

appreciat|e [ə'pri:ʃieit] v/t apprezzare; **~ion** apprezzamento m

apprehen|d [æpri'hend] v/t afferrare; temere; **~sion** apprensione *f*; **~sive** apprensivo; timoroso

apprentice [ə'prentis] apprendista *m, f*; **~ship** tirocinio *m*

approach [ə'proutʃ] *s* avvicinamento *m*; accesso *m*; *v/t* avvicinare, avvicinarsi

appropriate [ə'proupriit] *a* adatto; *v/t* appropriarsi; **~ion** appropriazione *f*

approval [ə'pru:vəl] approvazione *f*; **on ~al** *comm* in prova; **~e** *v/t* approvare

approximate [ə'proksimit] approssimato

apricot ['eiprikɔt] albicocco *m*

April ['eipril] aprile *m*

apron ['eiprən] grembiule *m*

apt [æpt] adatto; appropriato

aquarium [ə'kwɛəriəm] acquario *m*

aquatic [ə'kwætik] acquatico; **~ sports** *pl* sport *m* nautico

aqueduct ['ækwidʌkt] acquedotto *m*

aquiline ['ækwilain] aquilino

Arab ['ærəb] *s, a* arabo (*m*); **~ia** [ə'reibiə] Arabia *f*; **~ian** *s, a* arabo (*m*); **~ic** *s, a* arabo (*m*)

arbitrary ['ɑ:bitrəri] arbitrario

arbour ['ɑ:bə] pergolato *m*

arc [ɑ:k] arco *m*

arcade [ɑ:'keid] portici *m/pl*; galleria *f*

arch [ɑ:tʃ] arco *m*; volta *f*

arch(a)eologist [ˌɑːkiˈɔlədʒist] archeologo *m*; **~y** archeologia *f*

archaic [ɑ:'keiik] arcaico

archangel ['ɑ:keindʒəl] arcangelo *m*; **~bishop** arcivescovo *m*

archer ['ɑ:tʃə] arciere *m*; **~y** tiro *m* dell'arco

architect ['ɑ:kitekt] architetto *m*; **~ure** architettura *f*

archives ['ɑ:kaivz] *pl* archivio *m*

arctic ['ɑ:ktik] artico

ardent ['ɑ:dənt] ardente; zelante; **~our** zelo *m*

are [ɑ:]: **we, you, they ~** siamo, siete, sono

area ['ɛəriə] area *f*

Argentine ['ɑ:dʒəntain] *s* Argentina *f*; *s, a* argentino (*m*)

argue ['ɑ:gju:] *v/t, v/i* discutere; **~ment** discussione *f*

arid ['ærid] arido; **~ity** aridità *f*

arise [ə'raiz] *v/i* alzarsi; sorgere

arithmetic [ə'riθmətik] aritmetica *f*

ark [ɑ:k] arca *f*

arm [ɑ:m] *s* braccio *m*; arma *f*; *v/t* armare; **~ament** ['ɑ:məmənt] armamento *m*; **~chair** poltrona *f*; **~ful** bracciata *f*

armistice ['ɑ:mistis] armistizio *m*

armo(u)r ['ɑ:mə] armatura *f*

armpit ['ɑ:mpit] ascella *f*

arms *pl* armi *f/pl*

army ['ɑ:mi] esercito *m*

around [ə'raund] intorno a; *adv* intorno

arouse [ə'rauz] *v/t* svegliare

arrange [ə'reindʒ] *v/t* disporre; mettere in ordine; fissare; **~ment** disposizione *f*; ordine *m*; progetto *f*

arrears [ə'riəz] *pl* arretrati *m/pl*

arrest [ə'rest] *s* arresto *m*; *v/t* arrestare; fermarsi

arriv|al [ə'raivəl] arrivo *m*; **~e** *v/i* arrivare

arrow ['ærou] freccia *f*

arsenic ['ɑːsnik] arsenico *m*

art [ɑːt] arte *f*; **fine ~s** *pl* belle arti *f/pl*

arteriosclerosis [ɑː'tiəriouskliə'rousis] arteriosclerosi *f*

artery ['ɑːtəri] arteria *f*

artful ['ɑːtful] astuto

artichoke ['ɑːtitʃouk] carciofo *m*

article ['ɑːtikl] articolo *m*

articulat|e [ɑː'tikjuleit] *v/t* articolare

artificial [ɑːti'fiʃəl] artificiale

artillery [ɑː'tiləri] artiglieria *f*

artisan [ˌɑːti'zæn] artigiano *m*

artist ['ɑːtist] artista *m*, *f*; **~ic** [ɑː'tistik] artistico

artless senza artifizio; ingenuo

as [æz, əz]: (*time*) mentre; (*reason*) siccome; **~ big** (cosi) grande quanto; **~ far ~ possible** il più possibile; **~ far as I know** a quanto

sappia; **~ to** in quanto a; **an interpreter** come interprete; **~ you like** come vuoi; **so ~ to** in modo da

ascend [ə'send] *v/t*, *v/i* salire; **~sion** ascensione *f*; **~t** salita *f*

ascertain [ˌæsə'tein] *v/t* constatare; **~ment** costatazione *f*

ascribe [əs'kraib] *v/t* attribuire

aseptic [æ'septik] asettico

ash [æʃ] cenere *v*; **~es** ['æʃiz] *pl* ceneri *f/pl*; **~tray** portacenere *m*; **& Wednesday** mercoledì *m* delle ceneri

ashamed [ə'ʃeimd]: **be ~ of** vergognarsi di

ashore [ə'ʃɔː] a terra

Asia ['eiʃə] Asia *f*; **~n** *s*, *a* asiatico (*m*); **~tic** [ˌeiʃi'ætik] *s*, *a* asiatico (*m*)

aside [ə'said] da parte

ask [ɑːsk] *v/t* chiedere; domandare; **~ after s.o.** chiedere notizie di q.u.; **~ a favour** chiedere un favore; **~ for** chiedere di q.u.; chiedere di vedere q.u.; **~ to forgiveness** chiedere perdono; **~ a question** fare una domanda

asleep [ə'sliːp] addormentato; **fall ~** addormentarsi

asparagus [əs'pærəgəs] asparago *m*

aspect ['æspekt] aspetto *m*

aspirant [əs'paiərnt] *s*, *a* aspirante (*m*); **~e** [əs'paiə] *v/i* aspirare

aspirin ['æspirin] aspirina *f*

ass [æs] asino *m*

assail [ə'seil] *v/t* assalire; aggredire; **~ant** aggressore *m*

assassin [ə'sæsin] assassino *m*; **~ate** [~eit] *v/t* assassinare

assault [ə'sɔ:lt] *s* assalto *m*; *v/t* assalire; aggredire

assemble [ə'sembl] *v/t* riunire; *v/i* riunirsi; **~y** assemblea *f*; *mech* montaggio *m*; **~y line** catena *f* di montaggio

assent [ə'sent] *s* consenso *m*; *v/i* acconsentire

assert [ə'sɔ:t] *v/t* rivendicare; affermare

assess [ə'ses] *v/t* fissare; **~ment** valutazione *f* (dell'imponibile)

assets ['æsets] *pl com* attivo *m*; **personal ~** beni *m/pl* mobili; **real ~** beni *m/pl* immobili

assign [ə'sain] *v/t* assegnare; **~ment** assegnamento *m*; incarico *m*

assimilate [ə'simileit] *v/t*, *v/i* assimilare

assist [ə'sist] *v/t* aiutare; assistere; **~ance** aiuto *m*; assistenza *f*; **~ant** assistente *m*

assizes [ə'saiziz] *pl* corte *f* di assisi

associate [ə'souʃieit] *s* socio *m*; *v/t* associare; *v/i* associarsi; **~ion** associazione *f*

assorted [ə'sɔ:tid] assortito

assume [ə'sju:m] *v/t* assumere; **~ption** assunzione *f*; *eccl* Ascensione *f*

assur|ance [ə'ʃuərəns] assicurazione *f*; **~e** *v/t* assicurare

asthma ['æsmə] asma *m*

astir [ə'stə:] in movimento; in agitazione

astonish [əs'tɔniʃ] *v/t* stupire; **~ed** stupito; **~ing** sorprendente; **~ment** stupore *m*

astound [əs'taund] *v/t* sbalordire

astray [əs'trei] sviato

astringent [əs'trindʒənt] astringente

astrology [əs'trɔlədʒi] astrologia *f*

astronaut ['æstrənɔ:t] astronauta *m*

asunder [ə'sʌndə] separatamente; a pezzi

asylum [ə'sailəm] manicomio *m*; **~seek** cercare rifugio

at [æt, ət] a; **~ church** in chiesa; **~ first** all'inizio; **~ home** a casa; **~ John's** a casa di Giovanni, da Giovanni; **~ last** infine; **~ once** subito; **~ six** alle sei

atheist ['eiθiist] ateo *m*

athlet|e ['æθli:t] atleta *m*, *f*; **~ic** [~'letik] atletico; **~ics** *pl* atletica *f*

Atlantic [ət'læntik] atlantico; **~ Ocean** oceano Atlantico

atlas ['ætləs] atlante *m*

atmosphere ['ætməsfiə] atmosfera *f*

atom ['ætəm] atomo *m*; **~ic** [ə'tɔmik] atomico; **~ bomb** bomba *f* atomica.

..**ic pile** reattore *m* nucleare

atomize ['ætəmaiz] *v/t* (*liquids*) nebulizzare

atone [ə'toun]: ~ **for s.th.** espiare q.c.; ..**ty** atrocità *f*

atrocious [ə'trouʃəs] atroce; ..**ty** atrocità *f*

attach [ə'tæt] *v/t* attaccare; ..**ment** attaccamento *m*

attack [ə'tæk] *s* attacco *m*; *v/t* attaccare

attempt [ə'tempt] *s* tentativo *m*; *v/t* tentare

attend [ə'tend] *v/t* frequentare; assistere a; *v/i* fare attenzione a; provvedere a; ..**ance** *med* assistenza *f*; i presenti *m/pl*; ..**ant** adetto *m*

attention [ə'tenʃən] attenzione *f*; **pay ~** fare attenzione

attentive attento

attest [ə'test] *v/t* attestare; certificare

attic ['ætik] soffitta *f*

attitude ['ætitjuːd] atteggiamento *m*; ~ **of mind** disposizione *f* di mente

attorney [ə'təːni] procuratore *m*; avvocato *m* (*del Ministero*)

attract [ə'trækt] *v/t* attirare; ..**ion** attrazione *f*; ..**iveness** fascino *m*

attribut|e ['ætribjuːt] *s* attributo *m*; [ə'tribjuːt] *v/t* attribuire

auction ['ɔːkʃən] asta *f*; **by ~** all'asta; ..**eer** banditore *m*

audacious [ɔː'deiʃəs] audace

audible ['ɔːdəbl] udibile

audience ['ɔːdjəns] udienza *f*; pubblico *m*

audit ['ɔːdit] verifica(zione) *f*

augment [ɔːg'ment] *v/t* aumentare

August ['ɔːgəst] agosto *m*

aunt [ɑːnt] zia *f*

au pair girl [əu'pɛə,gəːl] ragazza *f* alla pari

auspicious [ɔːs'piʃəs] di buon auspicio

auster|e [ɔs'tiə] austero; ..**ity** [~'teriti] austerità *f*

Australia [ɔ(;)s'treiljə] Australia *f*; ..**n** *a, s* australiano (*m*)

Austria ['ɔstriə] Austria *f*; ..**n** *a, s* austriaco (*m*)

authentic [ɔː'θentik] autentico

author ['ɔːθə] autore *m*; ..**ess** autrice *f*; ..**itative** autorevole; autoritario; ..**ity** autorità *f*; ..**ities** *pl* autorità *f/pl*; ..**ize** *v/t* autorizzare

autobiography [ˌɔːtoubai'ɔgrəfi] autobiografia *f*

autograph ['ɔːtəgrɑːf] autografo *m*

automatic [ˌɔːtə'mætik] automatico

automobile [ˌɔːtəmou'biːl, 'ɔːtəmoubiːl] automobile *f*

autonomy [ɔː'tɔnəmi] autonomia *f*

autumn ['ɔːtəm] autunno *m*

auxiliary [ɔːg'ziljəri] ausiliare

avail [ə'veil] *v/t* servire; **be of no ~** non servire a nulla;

~able disponibile

avalanche ['ævəlɑːnʃ] valanga *f*

avaric|e ['ævəris] avarizia *f*; **~ious** [~'rɪʃəs] avaro

avenge [ə'vendʒ] *v/t* vendicare

avenue ['ævinjuː] viale *m*

average ['ævəridʒ] *s* media *f*; *a* medio; **on an ~** in media

avers|e [ə'vɜːs] contrario a; **~ion** avversione *f*

avert [ə'vɜːt] *v/t* (*eyes, thought*) distogliere; (*danger*) allontanare

aviary ['eivjəri] uccelliera *f*

aviat|ion [eivi'eiʃən] aviazione *f*; **~or** ['~tə] aviatore *m*

avoid [ə'vɔid] *v/t* evitare

avow [ə'vau] *v/t* confessare; ammettere; **~al** confessione *f*

await [ə'weit] *v/t* aspettare

awake [ə'weik] *a* sveglio; *v/t* svegliare; *v/i* svegliarsi; **~n** *v/t* risvegliare; *v/i* risvegliarsi

award [ə'wɔːd] *s* giudizio *m*; *v/t* aggiudicare; conferire

aware [ə'wɛə] consapevole; **be ~ of** rendersi conto di

away [ə'wei] via; lontano

awe [ɔː] soggezione *f*; **~ful** terribile; spaventoso

awhile [ə'wail] per qualche tempo

awkward ['ɔːkwəd] goffo

awning ['ɔːnɪŋ] tenda *f*

awry [ə'rai] di traverso

ax(e) [æks] ascia *f* (*storto (*

axis ['æksis], *pl* **axes** asse *f*

axle ['æksl] asse *f* (*su cui girano le ruote*)

azure ['eiʒə, 'æʒə] azzurro

B

babble ['bæbl] *v/t* balbettare; rivelare (*un segreto*)

babe [beib] bimbo *m*

baboon [bə'buːn] babbuino *m*

baby ['beibi] bimbo *m*; **~ carriage** carrozzella *f*; **~hood** prima infanzia *f*

bachelor ['bætʃələ] scapolo *m*; **2 of Arts** laureato *m* in lettere

back [bæk] *s* dorso *m*; schiena *f*; schienale *m*; retro *m*; *a* arretrato; posteriore; *adv* indietro; **look ~** guardare indietro; **put ~** rimettere;

send ~ rimandare; *v/t* aiutare; spalleggiare; **~ a horse** puntare su un cavallo

back|bone spina *f* dorsale; **~fire** accensione *f* difettosa; **~ground** sfondo *m*; (*family*) ambiente *f*; **~hand** rovescio *m*; **~ing** appoggio *m*; **~stairs** *pl* retroscale *f*; **~ward** *a* arretrato; tardivo; riluttante; **~ward(s)** *adv* (all')indietro; al rovescio; **~ wheel** ruota *f* posteriore

bacon ['beikən] pancetta *f*; lardo *m*

bacteri|um [bækˈtiəriəm], pl **~a** [~ə] batterio m

bad [bæd] cattivo; **that's too ~** che peccato!; **~ly** male; **~ly wounded** gravemente ferito

badge [bædʒ] distintivo m

badger [ˈbædʒə] tasso m

badminton [ˈbædmintən] volano m

baffle [ˈbæfl] v/t impedire; rendere perplesso

bag [bæg] sacco m, borsa f; **~gage** bagaglio m; **~gy** largo; **~pipes** pl cornamusa f

bail [beil] cauzione f; **go ~ for** essere garante di

bait [beit] esca f

bake [beik] v/t cuocere in forno; **~r** fornaio m; **~ry** panetteria f

balance [ˈbæləns] bilancio m; equilibrio m; armonia f; comm differenza f; saldo m; v/t bilanciare, equilibrare; compensare; v/i bilanciarsi; v/r mettersi in equilibrio

balcony [ˈbælkəni] balcone m; thea galleria f

bald [bɔːld] calvo

bale [beil] balla f

balk [bɔːk] s trave f; v/t (hinder) impedire; (refuse to move) essere ritroso

ball [bɔːl] palla f; pallone m; ballo m; **~ad** [ˈbæləd] ballata f; **~ast** [ˈbæləst] zavorra; **~et** [ˈbælei] balletto m; **~oon** [bəˈluːn] pallone m; **~ot** [ˈbælət] ballottaggio m; **~ point pen** matita f a sfera

balm [bɑːm] balsamo m

balustrade [bæləsˈtreid] balaustrata f

bamboo [bæmˈbuː] bambù m

ban [bæn] s proibizione f; v/t proibire

banana [bəˈnɑːnə] banana f

band [bænd] nastro m; banda f; gang [ˈbændidʒ] s fascia f; v/t fasciare; **~sman** musicante m; **~stand** palco m della banda musicale

bang [bæŋ] s colpo m forte; v/t sbattere; interj pum!

banish [ˈbæniʃ] esiliare; **~ment** esilio m

banisters [ˈbænistəz] pl ringhiera f

bank [bæŋk] (of river) riva f, sponda f

bank banca f; **~ account** conto m in banca; **~bill** cambiale f; **~er** banchiere m; bancario m; **~ing** operazioni f/pl bancarie; **~note** banconota f

bankrupt [ˈbæŋkrʌpt] fallito; **~cy** fallimento m; bancarotta f

banner [ˈbænə] stendardo m

banns [bænz] pl pubblicazioni f/pl di matrimonio

banquet [ˈbæŋkwit] banchetto m

banter [ˈbæntə] s scherzi m/pl; v/i scherzare

bapt|ism [ˈbæptizəm] battesimo m; **~ize** [~ˈtaiz] v/t battezzare

bar [bɑː] s sbarra f; bar m; v/t sbarrare

barbarian [baː'beəriən] barbaro *m*; **~ous** ['~bərəs] barbaro

barbed [baːbd]: ~ **wire** filo *m* spinato

barber [beə] barbiere *m*; **at the ~'s** dal parrucchiere

bare [beə] a nudo; desolato; *v/t* denudare; scoprire; **~foot** scalzo; **~headed** a capo scoperto; **~ly** appena

bargain ['baːgin] *s* affare *m*; occasione *f*; *v/i* contrattare

barge [baːdʒ] chiatta *f*; barcone *m*

bark [baːk] *s* scorza *f*; *v/i* abbaiare

barley ['baːli] orzo *m*

barn [baːn] granaio *m*

barometer [bə'rɔmitə] barometro *m*

baron ['bærən] barone *m*

barracks ['bærəks] *pl* caserma *f*

barrel ['bærəl] barile *m*; (*of a gun*) canna *f*; **~organ** organino *m*

barren ['bærən] sterile; arido

barricade [bæri'keid] *s* barricata *f*; *v/i* barricare; **~ier** ['bæriə] barriera *f*; ostacolo *m*

barrister ['bæristə] penalista *m*

barrow ['bærou] carriola *f*

barter ['baːtə] *s* baratto *m*; *v/t* barattare

base [beis] *s* base *f*; *a* basso, meschino; *v/t* basare; **~ball** pallacanestro *m*; **~ment** sottosuolo *m*

bashful ['bæfful] timido

basic ['beisik] fondamentale

basin ['beisn] catinella *f*; **wash-~** lavandino *m*

basis ['beisis], *pl* **bases** ['beisiːz] base *f*

bask [baːsk] *v/i* godersi (*il sole*)

basket ['baːskit] cesta *f*; cestino *m*

bas-relief ['bæsri,liːf] basso rilievo *m*

bass[1] [beis] basso *m*

bass[2] [bæs], *pl unchanged* pesce *m* persico

bastard ['bæstəd] bastardo *m*

bat [bæt] pipistrello *m*; bastone *m* (*per il giuoco del cricket*)

bath [baːθ] bagno *m*

bathe [beið] bagno *m* (*nel mare*); **go for a ~** fare il bagno

bathing ['beiðin] balneare; **~cap** cuffia *f* da bagno; **~costume**, **~suit** costume *m* da bagno; **~trunks** mutandine *f/pl* da bagno

bath|robe vestaglia *f*; **~room** stanza *f* da bagno; **~tub** vasca *f* da bagno

baton ['bætən] bacchetta *f*

batter ['bætə] *gast s* pasta *f*; *v/t, v/i* battere; **~y** batteria *f*, pila *f*

battle ['bætl] *s* battaglia *f*; *v/i* lottare; **~field** campo *m* di battaglia

bawl [bɔːl] *v/t* gridare

bay [bei] *s* baia *f*; *bot* alloro *m*; *v/i* abbaiare

bazaar [bə'zɑ:] bazar *m*

be: to ~ *v/i* essere

beach [bi:tʃ] spiaggia *f*; lido *m*

beacon ['bi:kən] faro *m*

bead [bi:d] corallo *m*

beak [bi:k] becco *m*

beam [bi:m] *s* trave *f*; fascio *m* di luce; *v/i* raggiare

bean [bi:n] fava *f*

bear [bɛə] *s* *zool* orso *m*

bear *v/t* portare; sopportare; generare

beard [biəd] barba *f*; **~ed** barbuto

bear|er ['bɛərə] portatore *m*, portatrice *f*; **~ing** portamento *m*

beast [bi:st] bestia *f*; **~ly** *coll* brutto; orribile

beat [bi:t] *s* battito *m*; *v/t* battere

beaut|iful ['bju:təful] bello; **~ify** ['~ifai] *v/t* abbellire; **~y** bellezza *f*; **~y parlo(ur)** salone *m* di bellezza

beaver ['bi:və] castoro *m*

because [bi'kɔz] *conj* perchè; **~ of** *prp* per, per ragione di

beck cenno *m*; **~on** *v/t* far cenno a

becom|e [bi'kʌm] *v/i* divenire; **~ing** grazioso

bed [bed] letto *m*; strato *m*; **go to ~** andare a letto; **~clothes** *pl* coperte *f/pl*; **~ridden** allettato; **~room** camera *f* da letto; **at the ~side** di al capezzale di; **~time** ora *f* d'andare a letto

bee [bi:] ape *f*

beech [bi:tʃ] faggio *m*

beef [bi:f] manzo *m*; **~steak** bistecca *f*; **~ tea** brodo *m* di carne

bee|hive alveare *m*; **~keeper** apicultore *m*

beer [biə] birra *f*

beet [bi:t] bietola *f*

beetle ['bi:tl] scarafaggio *m*

befall [bi'fɔ:l], *irr* **fall** *v/i* accadere

before [bi'fɔ:] *adv* prima, avanti; *prp* prima di, avanti a; *conj* prima che; **~hand** in precedenza

beg [beg] *v/t* implorare, pregare; *v/i* mendicare, **~gar** ['begə] mendicante *m*

begin [bi'gin] *v/t* cominciare, iniziare; **~ner** principiante *m*, **~ning** inizio *m*, principio *m*

behalf [bi'hɑ:f]: **on ~ of** da parte di; **in ~ of** a favore di

behav|e [bi'heiv] *v/t* comportarsi; **~io(u)r** [~jə] comportamento *m*, condotta *f*

behind [bi'haind] indietro

being [bi:iŋ] essere *m*; esistenza *f*

belated [bi'leitid] tardivo

belfry ['belfri] campanile *m*

Belgi|an ['beldʒən] *s, a* belga (*m, f*); **~um** il Belgio *m*

belie|f [bi'li:f] credenza *f*; fede *f*; **~vable** credibile; **~ve** [~v] *v/t* credere; **~ver** credente *m, f*

bell [bel] (*church*) campana *f*; (*house*) campanello *m*; **ring the ~** suonare (il campanello)

bellow 30

bellow ['bɛləu] v/t, v/i gridare; ~s ['~z] pl soffietto m

belly ['beli] ventre m

belong [bi'lɔŋ] v/i appartenere a; ~ings pl effetti m/pl

beloved [bi'lʌvd] amato; diletto

below [bi'ləu] prep sotto (a), al di sotto di; adv (al di) sotto

belt [belt] cintura f

bench [bentʃ] s panca f; sedile m; for tribunale m

bend [bend] s curva f; v/t curvare; piegare; v/i curvarsi; piegarsi

beneath [bi'ni:θ] cf below

bene·diction [beni'dikʃən] benedizione f; ~factor ['~fæktə] benefattore m; ~ficial [~'fiʃəl] benefico, utile, vantaggioso; ~fit ['~fit] s beneficio m; profitto m; vantaggio m; ~fit v/t fare bene; v/i trarre vantaggio; ~volence benevolenza f

benign [bi'nain] benigno; ~ity [bi'nigniti] benignità f

bent [bent] s inclinazione f; a piegato; curvo

benzine [benzi:n] benzina f

bequeath [bi'kwi:ð] v/t legare, lasciare in eredità; ~st [bi'kwest] lascito m

bereave [bi'ri:v] v/t orbare

beret ['berei] berretto m basco

berry ['beri] bacca f

berth [bə:θ] cuccetta f; naut posto m d'ancoraggio (di una nave)

beside [bi'said] accanto a; ~s adv inoltre; prep eccetto

besiege [bi'si:dʒ] v/t assediare

best [best] ottimo; ~ man testimonio m dello sposo; ~ wishes tanti auguri m/pl; do one's ~ fare del proprio meglio; at ~ tutt'al più

bestow [bi'stəu] v/t regalare; depositare

bet [bet] s scommessa f; v/i scommettere

betake: ~ o.s. v/r recarsi a

betray [bi'trei] v/t tradire; ~al tradimento m; ~er traditore m

better ['betə] a migliore; adv meglio; v/t migliorare; s scommettitore m; so much the ~ tanto meglio; he is ~ sta meglio

between [bi'twi:n] tra, fra

beverage ['bevəridʒ] bevanda f

beware [bi'wɛə] v/i stare attento; ~ of the dog! cane m mordace!

bewilder [bi'wildə] v/t sgomentare; ~ment sgomento m

bewitch [bi'witʃ] v/t stregare

beyond [bi'jɔnd] prep al di là di, oltre a; al di là, oltre

bias ['baiəs] parzialità f; pregiudizio m

bib [bib] bavaglino m

Bible ['baibl] Bibbia f; 2ical ['biblikəl] biblico

bicker v/i contrastarsi, litigare

blight

bicycle ['baisikl] s bicicletta f; v/i andare in bicicletta

bid [bid] v/t ordinare; offrire; ~ **farewell** dare l'addio

bier [bi] s bara f

big [big] grande; grosso; importante

bike [baik] fam bicicletta f

bile [bail] bile f; **~ious** bilioso

bill [bil] becco m; conto m; progetto m di legge; cambiale f; fattura f; **~board** Am cartello m pubblicitario; ~ **of fare** menù m

billiards ['biljədz] pl biliardo m

billion ['biljən] bilione m

bin [bin] bidone m

bind [baind] v/t, irr legare; **~ing** s rilegatura f; a impegnativo

binoculars [bi'nɔkjuləz, bai'~] pl binocolo m

biography [bai'ɔgrəfi] biografia f

biology [bai'ɔlədʒi] biologia f

birch [bə:tʃ] betulla f

bird [bə:d] uccello m; ~ **of prey** uccello m di rapina; **~'s-eye view** veduta f a volo di uccello

birth [bə:θ] parto m; nascita f; **~control** controllo m delle nascite; **~day** compleanno m

biscuit ['biskit] biscotto m

bishop ['biʃəp] vescovo m; (chess) alfiere m

bit [bit] pezzo m; **a ~ of** un po' di

bitch [bitʃ] cagna f

bite [bait] s morso m; morsicatura f; v/t, irr mordere

bitter ['bitə] amaro

black [blæk] a nero; v/t annerire; **~berry** mora f; **~bird** merlo m; **~board** lavagna f; ~ **eye** occhio m pesto; **~mail** s ricatto m; **~mail** v/t ricattare; **~smith** fabbro m ferraio

bladder ['blædə] vescica f

blade [bleid] knife lama f; grass foglia f

blame [bleim] s biasimo m; v/t biasimare; **~less** senza colpa

blank [blæŋk] lacuna f; spazio m vuoto; **~cheque** assegno m in bianco

blanket ['blæŋkit] coperta f di lana

blasphemy ['blæsfimi] bestemmia f

blast [blɑ:st] s soffio m di vento; esplosione f; v/i soffiare

blaze [bleiz] s fiamma f; v/i fiammeggiare

bleach [bli:tʃ] v/t imbiancare

bleak [bli:k] desolato

bleed [bli:d] v/t sanguinare

blemish ['blemiʃ] s macchia f; v/t macchiare

blend [blend] s miscela f; v/t, irr mescolare

bless [bles] v/t benedire; **~ed** ['~id] benedetto; **~ing** benedizione f

blight [blait] golpe f; fig piaga f

blind

blind [blaind] cieco; **~ alley** vicolo *m* cieco; **~fold** *v/t* bendare gli occhi; **~ness** cecità *f*

blink [bliŋk] *v/t* ammiccare

bliss [blis] beatitudine *f*; **~ful** beato

blister ['blistə] bolla *f*

blizzard ['blizəd] tormenta *f* di neve

bloat|ed ['bloutid] gonfio; **~er** arringa *f* affumicata

block [blɔk] *s* ceppo *m*; blocco *m*; *v/t* bloccare

blockade [blɔ'keid] blocco *m*

blond [blɔnd] biondo; **~e** biondina *f*

blood [blʌd] sangue *m*; **~ plasma** plasma *m* del sangue; **~ poisoning** avvelenamento *m* del sangue; **~ pressure** pressione *f* del sangue; **~shot** inflammato; **~vessel** vaso *m* sanguigno; **~y** insanguinato

bloom [blu:m] *s* fiore *m*; *v/i* florire

blossom ['blɔsəm] *s* floritura *f*; *v/i* sbocciare

blot [blɔt] *s* macchia *f*; *v/t* macchiare; **~ out** scancellare

blotter,   blotting-paper carta *f* assorbente

blouse [blauz] blusa *f*; camicetta *f*

blow [blou] *s* colpo *m*; *v/t* soffiare; **~ up** fare saltare

blue [blu:] azzurro; **have the ~s** essere giù di morale; **~bell** campanula *f*

bluff [blʌf] brusco

bluish ['blu(:)iʃ] azzurrognolo

blunder ['blʌndə] gaffe *f*; svista *f*

blunt [blʌnt] (*not sharp*) che non taglia; (*lost its point*) spuntato; (*of a person*) ottuso, franco; **~ly** chiaro e tondo

blush [blʌʃ] *s* rossore *m*; *v/i* arrossire

boar [bɔ:] cinghiale *m*

board [bɔ:d] asse *f*; comitato *m*; **full ~** pensione *f* completa; **on ~** a bordo; **2 of Trade** Ministero *m* del Commercio; **~er** pensionante *m*; **~ing-house** pensione *f*; **~ing-school** collegio *m*

boast [boust] *s* vanteria *f*; *v/i* vantarsi

boat [bout] barca *f*; nave *f*; vaporetto *m*

bob [bɔb] *v/t* tagliare corti (*i capelli*); **~bed hair** capelli *m/pl* alla maschietta

bobby ['bɔbi] *Brit fam* poliziotto *m*

bob-sleigh ['bɔb-] bob *m*

bodice ['bɔdis] busto *f*

bodily ['bɔdili] corporale, corporeo

body ['bɔdi] corpo *m*; parte *f* centrale; (*of a car*) carrozzeria *f*; **~guard** guardia *f* del corpo

bog [bɔg] palude *f*

boil [bɔil] *s* foruncolo *m*; *v/t* bollire; **~er** caldaia *f*

boisterous ['bɔistərəs] (*wind*) violento; (*behaviour*) chiassoso, esuberante

bold [bould] audace; ardito

bolster ['boulstə] s cuscino m; v/t sostenere

bolt [boult] s paletto m; spranga f; v/t sprangare; v/i filare

bomb [bɔm] s bomba f; v/t bombardare

bond [bɔnd] legame m; contratto m; (financial) titolo m; **~age** schiavitù f

bone [boun] osso m; spina f

bonfire ['bɔnfaiə] falò m

bonnet ['bɔnit] cuffia f

bonny ['bɔni] carino

bonus ['bounəs] gratifica f

bony ['bouni] ossuto

book [buk] s libro m; v/t registrare; prenotare; **~ing-office** biglietteria f; **~keeper** contabile m; **~keeping** contabilità f; **~let** opuscolo m; **~maker** allibratore m; **~seller** libraio m; **~shop** libreria f

boom [bu:m] s rialzo m improvviso; com prosperità f

boor [buə] zoticone m

boot [bu:t] stivale m; **~blacking** lustrascarpe m

booth [bu:ð] tenda f

booty ['bu:ti] bottino m

border ['bɔ:də] s bordo m; confine m; v/t bordare

bor|e ['bɔ:] s foro m; tedio m; seccatore m; v/t forare; seccare; **~edom** noia f; **~ing** noioso

borrow ['bɔrou] v/t prendere in prestito

bosom ['buzəm] petto m; seno m

boss [bɔs] padrone m; principale m

botany ['bɔtəni] botanica f

botch [bɔtʃ] v/t rabberciare

both [bouθ] entrambi, ambedue; **... and** e ... e; tanto ... quanto

bother ['bɔðə] s fastidio m; v/t dare fastidio; v/i preoccuparsi

bottle ['bɔtl] s bottiglia f; v/t imbottigliare

bottom ['bɔtəm] fondo m; **at the ~** in fondo

bough [bau] ramo m

bounce [bauns] s balzo m; v/i balzare

bound [baund] s salto m; limite; a legato; obbligato; **~ for** diretto per; **~ary** confine m; **~less** senza limite, sconfinato

bouquet [bu(:)'kei] mazzo m di fiori

bout [baut] sport: assalto m; med accesso m

bow [bau] s inchino m; arco m; nodo m; fiocco m; v/i inchinarsi

bowels ['bauəlz] pl intestino m

bowl [boul] s scodella f; ciotola f; boccia f; v/t, v/i giocare alle bocce

box [bɔks] scatola f; cassa f; (at the theatre) palco m; **~er** pugilatore m; **~ing** pugilato m; **~ing match** incontro m di pugilato; **~office** biglietteria f

boy [bɔi] ragazzo *m*

boycott ['bɔikɔt] *v/t* boicottare

boy|friend ragazzo *m*; fidanzato *m*; **~hood** infanzia *f*; **~ish** giovanile; **~ scout** esploratore *m*

bra [brɑː] *fam* reggipetto *m*

brace [breis] *s* sostegno *m*; *v/t* rinforzare; **~let** ['breislit] braccialetto *m*; **~s** *pl* bretelle *f/pl*

bracket ['brækit] parentesi *f*

brag [bræg] *v/i* vantarsi di; **~gart** [~ət] millantatore *m*

braid [breid] *s* treccia *f* di capelli; cordoncino *m*; *v/t* intrecciare

brain [brein] cervello *m*, intelletto *m*; **~y** intelligente

brake [breik] *s* freno *m*; *v/t* frenare

bramble ['bræmbl] rovo *m*

branch [brɑːntʃ] ramo *m*; succursale *f*; **~out** diramare

brand [brænd] *s* tizzone *m*; *comm* marca *f*; *v/t* marcare; **~ new** nuovo di zecca

brandy ['brændi] acquavite *f*, cognac *m*

brass [brɑːs] ottone *m*; (*in the orchestra*) gli ottoni *m/pl*; **~ plate** targa *f* di ottone

brassière ['bræsiə] reggipetto *m*

brave [breiv] *a* coraggioso; *v/t* sfidare; **~ry** coraggio *m*

brawl [brɔːl] rissa *f*

brawny ['brɔːni] muscoloso

Brazil [brə'zil] il Brasile *m*; **~ian** *s*, *a* brasiliano (*m*)

breach [briːtʃ] infrazione *f*; violazione *f*; **~ of peace** attentato *m* contro l'ordine pubblico; (*between friends*) rottura *f*; (*in wall*) fenditura *f*

bread [bred] pane *m*

breadth [bredθ] larghezza *f*

break [breik] *s.* rottura *f*, frattura *f*; *v/t* rompere; **~away** *v/t* staccare; *v/i* staccarsi da; **~down** guasto *m*; esaurimento *m* nervoso; **~down service** servizio *m* rimorchio; **~ down** *v/t* abbattere; *v/i* (*into tears*) scoppiare in lagrime; **~ open** sfondare; **~ up** (*of a crowd*) disperdere; (*health*) rovinarsi

breakfast ['brekfəst] *s* (prima) colazione *f*; *v/t* fare colazione

breast [brest] petto *m*; **~ stroke** nuotata *f* a rana

breath [breθ] respiro *m*; fiato *m*; **~e** [briːð] *v/t*, *v/i* respirare; **~ing** respiro; **~less** senza fiato; **take ~** riprendere fiato

breath [breθ] respiro *m*; fiato *m*; **~e** [briːð] *v/t*, *v/i* respirare; **~ing** respiro; **~less** senza fiato; **take ~** riprendere fiato

breeches ['britʃiz] *pl* brache *f/pl*

breed [briːd] *s* razza *f*; *v/t*, *irr* generare; (*animals*) allevare; **~ing** (*persons*) educazione *f*; (*animals*) allevamento *m*

breeze [bri:z] brezza f; venticello m

brevity ['breviti] brevità f

brew [bru:] v/t fare la birra; **~ery** fabbrica f di birra

bribe [braib] v/t corrompere; **~ery** corruzione f

brick [brik] mattone m; **~layer** muratore m; **~works** f/pl fornaci f/pl

brid|al ['braidl] nuziale; **~e** sposa f; **~egroom** sposo m; **~esmaid** damigella f d'onore

bridge [bridʒ] ponte m

bridle ['braidl] s briglia f; v/t imbrigliare

brief [bri:f] breve; **~case** cartella f

brigade [bri'geid] brigata f; **fire-~** pompieri m/pl

bright [brait] luminoso; (light) forte; (colour, person) vivace; (sun) splendente; v/t, v/i illuminare

brillian|cy ['briljənsi] splendore m; **~t** splendente

brim [brim] (cup) orlo m; (hat) ala f, falda f

bring [briŋ] irr, v/t portare; **~ about** cagionare; causare; **~ in** introdurre; **~ up** educare

brink [briŋk] orlo m

brisk [brisk] attivo; svelto

bristle ['brisl] s setola f; v/i raddrizzarsi; fig arrabbiarsi

Brit|ain ['britən] (Gran) Bretagna f; **~ish** ['britiʃ] britannico

brittle ['britl] fragile

broach [broutʃ] v/t intavola-re (una discussione)

broad [brɔ:d] largo; **~cast** s trasmissione f; v/t trasmettere; **~casting station** stazione f trasmittente; **~en** v/t, v/i allargare; **~minded** aperto; spregiudicato

brochure [brou'ʃuə] fascicolo m

broil [brɔil] v/t arrostire

broke [brouk] fam senza soldi

broker ['broukə] sensale m

bronchitis [brɔŋ'kaitis] bronchite f

bronze [brɔnz] bronzo m

brooch [broutʃ] spilla f

brood [bru:d] s covata f; v/i covare

brook [bruk] ruscello m

broom [bru:m] scopa f; bot ginestra f; **~stick** manico m di scopa

broth [brɔθ] brodo m

brothel ['brɔθl] bordello m

brother ['brʌðə] fratello m; **~hood** fratellanza f; **~in-law** cognato m; **~ly** fraterno

brow [brau] fronte f

brown [braun] marrone; **~ paper** carta f da imballaggio

bruise [bru:z] s livido m; v/t ammaccare

brush [brʌʃ] s spazzola f; pennello m; v/t spazzolare

Brussels sprouts ['brʌsl 'sprauts] pl cavolini m/pl di Brusselle

brutal ['bru:tl] brutale; **~ity** [~'tæliti] brutalità f

bubble ['bʌbl] bolla f

buck [bʌk] maschio; *Am* dollaro *m*

bucket ['bʌkit] secchia *f*

buckle ['bʌkl] *s* fibbia *f*; *v/t* affibbiare

buckskin pelle *f* di daino

bud [bʌd] *s* bocciolo *m*; *v/i* germogliare

budget ['bʌdʒit] bilancio *m*

buffalo ['bʌfələu] bufalo *m*

buffer ['bʌfə] *chem* tampone *m*; (*train*) respingente *m*; ~ **state** stato *m* cuscinetto

buffet ['bʌfit] banco *m*; caffè *m*; schiaffo *m*

bug [bʌg] cimice *f*

build [bild] *v/t, irr.* costruire; ~er costruttore *m*; ~ing costruzione *f*

bulb [bʌlb] *bot* bulbo *m*; *elec* lampadina *f*

Bulgaria [bʌl'gɛəriə] Bulgaria *f*; ~n *s, a* bulgaro (*m*)

bulge [bʌldʒ] *s* rigonfiamento *m*; protuberanza *f*; *v/i* rigonfiare

bulk [bʌlk] mole *f*; massa *f*; ~y ingombrante

bull [bul] toro *m*; (*of some animals*) maschio *m*

bullet ['bulit] pallottola *f*

bulletin ['bulitin] bollettino *m*

bullion ['buljən] oro *m* e argento *m* in lingotti

bull's-eye occhio *m* di bue; centro *m* di bersaglio

bully ['buli] *s* prepotente *m*, tiranno *m*; *v/t* tiranneggiare

bum [bʌm] *fam* vagabondo *m*

bumble-bee ['bʌmbl-] cala-

brone *m*

bump [bʌmp] *s* scossa *f*; *v/t* scuotere; urtare; ~ **into** *v/i* urtarsi contro; *fig* incontrare (*per caso*)

bumper *aut* paraurti *m/pl*

bun [bʌn] brioscia *f*

bunch [bʌntʃ] mazzo *m*; ~ **of grapes** grappolo *m*

bundle ['bʌndl] fascio *m*

bungalow ['bʌŋgələu] bungalo *m*; casetta *f* a un piano

bungle ['bʌŋgl] *v/t, v/i* abborracciare

bunion ['bʌnjən] infiammazione *f* del pollice del piede

buoy [bɔi] boa *f*

burden ['bəːdn] *s* peso *m*; *v/t* caricare

bureau ['bjuərou] ufficio *m*

burglar ['bəːglə] ladro *m*; scassinatore *m*; ~y furto *m* con scasso

burial ['beriəl] sepoltura *f*; funerali *m/pl*; ~ground cimitero *m*

burly ['bəːli] robusto

burn [bəːn] *s* bruciatura *f*; *v/t, v/i* bruciare; ~ing in fiamme

burst [bəːst] *s* scoppio *m*; *v/t, irr* fare scoppiare; *v/i* scoppiare

bury ['beri] *v/t* seppellire

bus [bʌs] autobus *m*; ~ **line** autolinea *f*; ~ **stop** fermata *f*

bush [buʃ] cespuglio *m*; ~y folto

business ['biznis] affare *m*; affari *m/pl*; ~ **hours** *pl* ora *f* d'ufficio; ~like capace; ~man uomo *m* d'affari

calves

bust [bʌst] busto *m*

bustle [ˈbʌsl] *s* agitazione *f*; *v/i* agitarsi

busy [ˈbizi] *a* occupato; affaccendato; **~body** ficcanaso *m*

but [bʌt] *conj* ma; però; *prp* eccetto; solamente; **I cannot** ~ non posso fare a meno; **the last** ~ **one** penultimo *m*; **~ for** senza; **~ that** se non; **~ then** d'altra parte

butcher [ˈbutʃə] macellaio *m*; **~'s** macelleria *f*

butt [bʌt] zimbello *m*; (*of gun*) calcio *m*

butter [ˈbʌtə] burro *m*; **~cup** ranuncolo *m*; **~fly** farfalla *f*

buttocks [ˈbʌtəks] *pl* natiche *f/pl*

button [ˈbʌtn] *s* bottone *m*; *v/t* abbottonare; **~hole** occhiello *m*

buttress [ˈbʌtris] contrafforte *m*

buxom [ˈbʌksəm] grassoccio

buy [bai] *irr* comprare; **~er** compratore *m*; **~ing and selling** compravendita *f*

buzz [bʌz] *s* ronzio *m*; *v/i* ronzare

by [bai] *prp* (*at*) a; (*through*) per; da; ~ **day** di giorno; ~ **far** di gran lungo; **~o.s.** (da) solo; ~ **law** per legge; ~ **twos** a due a due; **~ the way** a proposito; **day** ~ **day** giorno per giorno; **go** ~ passare davanti; **go** ~ **car** (**train**) andare in macchina (treno); *adv* vicino (a); **~ and** ~ a poco a poco; **bye-bye** [ˈbaiˈbai] *cf* **good-bye**; **~gone** passato; **~pass** circonvallazione *f*; **~product** prodotto *m* secondario; **~stander** astante *m*; **~street** stradetta *f*

C

cab [kæb] vettura *f* di piazza

cabbage [ˈkæbidʒ] cavolo *m*

cabin [ˈkæbin] cabina *f*; **~et** [~it] (*furniture*) stipo; *pol* gabinetto *m*; Consiglio *m* (dei Ministri); **~et-maker** stipettaio *m*

cable [ˈkeibl] cavo *m*; **~car** funicolare *f*

cab|man tassista *m*, *f*; **~stand** posteggio *m*

cackle [ˈkækl] *v/i* chiocciare

cact|us [ˈkæktəs], *pl* **~uses** [~siz], **~i** [~ai] cacto *m*

café [ˈkæfei] caffè *m*

caffeine [ˈkæfiːn] coffeina *f*

cage [keidʒ] gabbia *f*

cake [keik] torta *f*; pasta *f*; dolce *m*

calamity [kælˈæmiti] calamità *f*

calcula|ble [ˈkælkjuləbl] calcolabile; **~te** *v/t* calcolare; **~tion** calcolo *m*

calendar [ˈkælində] calendario *m*

calf [kɑːf], *pl* **calves** [~vz] vitello *m*; *anat* polpaccio *m*

calibre

cali|bre, *Am* **~er** ['kælibə] calibro *m*

call [kɔ:l] *s* chiamata *f*; (breve) visita *f*; *v/t* chiamare; **~ for** far venire; **~ on** far visita; **~s.o. names** insultare; **~box** cabina *f* telefonica; **~ing** vocazione *f*

callous ['kæləs] (*of persons*) insensibile

calm [ka:m] *s* calmo *m*; *v/t* calmare; **~ down** *v/i* calmarsi

calorie ['kæləri] caloria *f*

cambric ['keimbrik] batista *f*

camel ['kæməl] cammello *m*

camera ['kæmərə] macchina *f* fotografica; **~man** cameraman *m*

camomile ['kæməmail] camomilla *f*

camouflage ['kæmufla:ʒ] *s* camuffamento *m*; *v/t* camuffare

camp [kæmp] *s* campo *m*; *v/i* accampare; **~stool** sedia *f* pieghevole

camp|aign [\'pein] campagna *f*; **~ing (-ground)** ['kæmpiŋ] campeggio *m*

campus ['kæmpəs] città *f* universitaria

can [kæn] *v/d* **I can** posso; **you ~** puoi *etc*; *s* scatola *f* di latta

Canad|a ['kænədə] Canada *m*; **~ian** [kə'neidjən] *s, a* canadese (*m, f*)

canal [kə'næl] canale *m*; **~ize** ['kænəlaiz] *v/t* canalizzare

canary [kə'nɛəri] canarino *m*

cancel ['kænsəl] *v/t* cancellare; annullare

cancer ['kænsə] cancro *m*

candid ['kændid] candido; **~ate** ['kændideit] candidato *m*

cand|ied ['kændid] candito; **~ies** *pl Am* caramelle *f/pl*

candle ['kændl] candela *f*; **~stick** bugia *f*

candy ['kændi] *Am cf* **~ies**

cane [kein] canna *f*; bastone *m* da passeggio

cann|ed [kænd] in scatola; **~ery** *Am* stabilimento *m* di conserve alimentari

cannon ['kænən] cannone *m*

cannot ['kænɔt] non potere

canoe [kə'nu:] canotto *m*

canopy ['kænəpi] baldacchino *m*

cant [kænt] ipocrisia *f*

can't *cf* **cannot**

canteen [kæn'ti:n] mensa *f*

canvas ['kænvəs] tela *f*; **~s** *v/t* sollecitare

cap [kæp] berretto *m*; cuffia *f*; tappo *m*

capab|ility [keipə'biliti] capacità *f*; **~le** (*of*) capace (di)

capacity [kə'pæsiti] capacità *f*

cape [keip] mantella *f*; *geog* capo *m*

caper ['keipə] cappero *m*; **~s: cut ~s** fare capriole

capital ['kæpitl] *s* capitale *f*; *a* eccellente; principale; **~letter** maiuscolo *m*; **~ism** capitalismo *m*; **~ punishment** pena *f* di morte

capitulate [kə'pitjuleit] *v/t*

carton

capitolare

capricious [kəˈprɪʃəs] capriccioso

capsize [kæpˈsaiz] v/t capovolgere

capsule [ˈkæpsjuːl] capsula f

captain [ˈkæptin] capitano m, comandante m

caption [ˈkæpʃən] titolo m; didascalia f

captiv|ate [ˈkæptiveit] v/t affascinare; **~e** s, a prigioniero; (m); **~ity** [~ˈtiviti] prigionia f

capture [ˈkæptʃə] s cattura f; v/t catturare

car [kɑː] automobile f, macchina f; (railway) vagone m

caramel [ˈkærəməl] caramella f

carat [ˈkærət] carato m

caravan [ˈkærəvæn] carovana f, rimorchio m da campeggio

carbo|hydrate [ˌkɑːbouˈhaidreit] idrato m di carbonio; **~n** [ˈkɑːbən] carbonio m; **~n dioxide** anidride f carbonica; **~n paper** carta f carbone

carburet(t)or, ~ter [ˈkɑːbjuretə] carburatore m

carcas|e, ~ss [ˈkɑːkəs] carcassa f

card [kɑːd] carta f (da giuoco); biglietto m; **~board** cartone m

cardigan [ˈkɑːdigən] golf m

cardinal [ˈkɑːdinl] s, a cardinale (m)

care [kɛə] s cura f; v/i importarsi; **I don't ~** non m'im-

porta; **~ of** presso; **take ~** stare attento; **~ for** voler bene; piacere

career [kəˈriə] carriera f

care|ful accurato; attento; **~less** trascurato

caress [kəˈres] carezza f; v/t accarezzare

caretaker custode m, f

cargo [ˈkɑːgou] carico m

caricature [ˈkærikəˈtjuə] caricatura f

caries [ˈkɛəriːz] carie f

carnation [kɑːˈneiʃən] garofano m

carnival [ˈkɑːnivəl] carnevale m

carol [ˈkærəl] canto m (di Natale)

carp [kɑːp] carpa f

car-park parcheggio m per automobili

carpenter [ˈkɑːpintə] falegname m

carpet [ˈkɑːpit] tappeto m

carriage [ˈkæridʒ] carrozza f; portamento m; **~ free** franco di porto; **~ paid** franco a domicilio; **~-way** carreggiata f

carrier [ˈkæriə] corriere m, imprenditore m di trasporti; **~pigeon** piccione m viaggiatore ‵

carrot [ˈkærət] carota f

carry [ˈkæri] v/t portare; **~ on** v/t continuare; **~ out** v/t effettuare

cart [kɑːt] carretto m; **~er** carrettiere m

carton [ˈkɑːtən] scatola f di cartone

cartoon [kɑːˈtuːn] cartone *m* animato; *(newspaper)* vignetta *f*

cartridge [ˈkɑːtridʒ] cartuccia *f*

carve [kɑːv] *v/t* intagliare; **~er** scultore *m*; **~ing** intaglio *m*; scultura *f*

cascade [kæsˈkeid] cascata *f*

case [keis] astuccio *m*; custodia *f*; cassa *f*; caso *m*; causa *f*; **in ~** per caso; caso mai; **in any ~** in ogni modo

cash [kæʃ] *s* denaro *m* liquido; contanti *m/pl*; **~ down** in contanti; **~ on delivery** contro assegno; **~payment** pagamento *m* in contanti; *v/t* incassare; riscuotere; **~ier** cassiere *m*

casing [ˈkeisiŋ] copertura *f*

cask [kɑːsk] botte *f*; barile *m*

cast [kɑːst] *s* getto *m*; *v/t* gettare; **be ~ down** essere giù di morale

castanets [ˌkæstəˈnets] *pl* nacchere *f/pl*

castaway [ˈkɑːstəwei] naufrago *m*

caste [kɑːst] casta *f*

cast-iron ferro *m* fuso; ghisa *f*

castle [ˈkɑːsl] castello *m*

castor [ˈkɑːstə] **oil** olio *m* di ricino

casual [ˈkæʒjuəl] casuale; **~ty** disgrazia *f*; ferito *m*

cat [kæt] gatto *m*, gatta *f*

catalog(ue) [ˈkætələg] catalogo *m*

catarrh [kəˈtɑː] catarro *m*

catastrophe [kəˈtæstrəfi] catastrofe *f*

catch [kætʃ] *s* presa *f*; cattura *f*; pesca *f*; trappola *f*; *v/t* prendere; catturare; pescare; **~ (a) cold** infreddarsi; **~ it** buscarsela; **~ing** contagioso

caterpillar [ˈkætəpilə] bruco *m*

cathedral [kəˈθiːdrəl] cattedrale *f*; duomo *m*

Catholic [ˈkæθəlik] *a, s* cattolico (*m*)

cattle [ˈkætl] bestiame *m*

cauliflower [ˈkɔliflauə] cavolfiore *m*

cause [kɔːz] *s* causa *f*; *v/t* causare; **~way** passerella *f*

cauterize [ˈkɔːtəraiz] *v/t* cauterizzare

caut|ion [ˈkɔːʃən] *s* cautela *f*; ammonizione *f*; *v/t* ammonire; **~ous** cauto; prudente

cavalry [ˈkævəlri] cavalleria *f*

cave [keiv] cava *f*; **~rn** [ˈkævən] caverna *f*

cavity [ˈkæviti] cavità *f*

caw [kɔː] *v/t* gracchiare

cease [siːs] *v/i* cessare; **~less** incessante

cedar [ˈsiːdə] cedro *m*

cede [siːd] *v/t* cedere; *v/i* rendersi

ceiling [ˈsiːliŋ] soffitto *m*

celebr|ate [ˈselibreit] *v/t* celebrare; **~ated** rinomato; **~ation** celebrazione *f*; **~ity** [siˈlebriti] celebrità *f*

celery [ˈseləri] sedano *m*

celibacy [ˈselibəsi] celibato *m*

cell [sel] cella *f*; *biol* cellula *f*; **~ar** [selə] cantina *f*; **~ulose** ['seljuləus] cellulosa *f*

Celt [kelt] celta *m*; **~ic** celtico *m*

cement [si'ment] *s* cemento *m*; *v/t* cementare

cemetery ['semitri] cimitero *m*

cens|or ['sensə] censore *m*; **~orship** censura *f*; **~ure** ['senʃə] *s* censura *f*; biasimo *m*; *v/t* censurare

census ['sensəs] censimento *m*

cent [sent] centesimo *m* di dollaro; **per ~** per cento

centen|ary [sen'ti:nəri], **~nial** [sen'tenjəl] *a,s* centenario (*m*)

centi|metre, *Am* **~meter** ['sentimitə] centimetro *m*

central ['sentrəl] centrale; **~al heating** riscaldamento *m* centrale; **~re**, *Am* **~er** ['sentə] centro *m*; **~re-forward** centro-attacco *m*

century ['sentʃuri] secolo *m*

ceramics [si'ræmiks] *pl* ceramica *f*

cereal ['siəriəl] cereale *m*

cerebral ['seribrəl] cerebrale

ceremon|ial [seri'məuniəl] *s, a* cerimoniale (*m*); **~y** ['~məni] cerimonia *f*

certain ['sə:tn] certo; **~ty** certezza *f*

certif|icate [sə'tifikit] certificato *m*; **~y** ['sə:tifai] *v/t* certificare

chaffinch ['tʃæfintʃ] fringuello *m*

chain [tʃein] *s* catena *f*; *v/t* incatenare; **~ reaction** reazione *f* a catena

chair [tʃeə] sedia *f*; **~man** presidente *m*

chalk [tʃɔ:k] gesso *m*

challenge ['tʃælindʒ] *s* sfida *f*; *v/t* sfidare; obiettare

chamber ['tʃeimbə] camera *f*; **~maid** cameriera *f*; **2 of Commerce** camera *f* di commercio

chameleon [kə'mi:ljən] camaleonte *m*

chamois ['ʃæmwɑ:] camoscio *m*

champagne [ʃæm'pein] sciampagna *m*

champion ['tʃæmpjən] campione *m*; **~ship** campionato *m*

chance [tʃɑ:ns] caso *m*; possibilità *f*; **by ~** per caso

chancellor ['tʃɑ:nsələ] cancelliere *m*

chandelier [ʃændi'liə] lampadario *m*

change [tʃeindʒ] *s* cambiamento *m*; (*money*) spiccioli *m/pl*; *v/t* cambiare; *~* mutevole; **~able** cambiare; **~ one's mind** cambiar idea

channel ['tʃænl] canale *m*; **the (English) 2 la Manica** *f*

chant [tʃɑ:nt] canto *m*

chap [tʃæp] *s* (*man*) tipo *m*; (*of the skin*) screpola *f*; *v/t* screpolare

chapel ['tʃæpəl] cappella *f*; **~lain** ['~lin] cappellano *m*

chapter ['tʃæptə] capitolo *m*

character ['kæriktə] carattere *m*; *thea* parte *f*; **.istic** caratteristico; **.ize** *v/t* caratterizzare

charcoal ['tʃɑːkoul] carbone *m* di legno

charge [tʃɑːdʒ] *s* carica *f*; incarico *m*; prezzo *m*; accusa *f*; *v/t* caricare; incaricare; mettere a un certo prezzo; addebitare; accusare; **.s** *pl* spese *f/pl*; **in ~ of** incaricato di

charit|able ['tʃæritəbl] caritatevole; **.y** carità *f*

charm [tʃɑːm] *s* fascino *m*; *v/t* affascinare; **.ing** affascinante

chart [tʃɑːt] carta *f*; grafico *m*

charter ['tʃɑːtə] *s* carta *f*; *v/t* noleggiare

charwoman ['tʃɑːwumən] donna *f* delle pulizie

chase [tʃeis] *s* caccia *f*; rincorso *m*; *v/t* cacciare; rincorrere

chasm ['kæzəm] abisso *m*

chast|e [tʃeist] casto; puro; **.ity** ['tʃæstiti] castità *f*

chat [tʃæt] *s* chiacchierata *f*; *v/i* chiacchierare; **.ter** *s* chiacchiera *f*; *v/i* ciarlare; **.terbox** ciarlone *m*

chauffeur ['ʃoufə] autista *m*

cheap [tʃiːp] *a* basso prezzo, a buon prezzo; **.en** *v/t* abbassare; *v/i* abbassare di prezzo

cheat [tʃiːt] *v/t, v/i* truffare; frodare; ingannare

check [tʃek] *s* controllo *m*; ostacolo *m*; scontrino *m*; as-

segno *m*; *v/t* controllare; arrestare; reprimere; **.ed** a quadretti; **.mate** scacco matto *m*; **.room** *Am* guardaroba *m*

cheek [tʃiːk] guancia *f*; **.y** impertinente

cheer [tʃiə] *s* grido *m* di acclamazione; *v/t* acclamare; **~ up** *v/i* rianimarsi; farsi coraggio; **~ up!** su!; coraggio!; **.ful** allegro; **.less** triste

cheese [tʃiːz] formaggio *m*

chef [ʃef] cuoco *m*

chemical ['kemikəl] chimico; **.s** *pl* prodotti *m/pl* chimici

chemist ['kemist] chimico *m*; farmacista *m*; **.ry** chimica *f*; **.'s shop** drogheria *f*; farmacia *f*

cheque assegno *m* (bancario); **.-book** libretto *m* di assegni

cherish ['tʃeriʃ] *v/t* curare con affetto; tenere caro

cherry ['tʃeri] ciliegia *f*; **~-tree** ciliegio *m*

chess [tʃes] scacchi *m/pl*; **.board** scacchiera *f*; **.man** scacco *m*

chest [tʃest] cassa *f*; torace *m*

chestnut ['tʃesnʌt] castagna *f*; **~-tree** castagno *m*

chew [tʃuː] *v/t* masticare; **.inggum** gomma *f* americana

chicken ['tʃikin] pulcino *m*; *gast* pollo *m*; **.-pox** varicella *f*

chief [tʃiːf] *a* principale; *s*

capo *m*

chilblain ['tʃilblein] gelone *m*

child [tʃaild], *pl* **~ren** ['tʃildrən] bambino(a), figlio(a) *m* (*f*); **~birth** parto *m*; **~hood** infanzia *f*; **~ish** infantile, puerile

chill [tʃil] *s* fresco *m*; colpo *m* di freddo; *v/t* raffreddare; **~y** (*weather*) fresco; (*person*) freddoloso

chime [tʃaim] *s* rintocco *m*; *v/i* (*bell*) suonare

chimney ['tʃimni] camino *m*; **~sweep** spazzacamino *m*

chin [tʃin] mento *m*

chin|a ['tʃainə] porcellana *f*; **2a** Cina *f*; **2ese** *a*, *s* cinese (*m,f*)

chip [tʃip] *s* scheggia *f*; *v/t* scheggiare; *v/i* scheggiarsi

chirp [tʃəːp] *v/i* cinguettare

chisel ['tʃizl] *s* cesello *m*, scalpello *m*; *v/t* cesellare

chivalr|ous ['ʃivəlrəs] cavalleresco; **~y** cavalleria *f*

chive [tʃaiv] cipollina *f*

chlor|ine ['klɔriːn] cloro *m*; **~oform** ['klɔrəfɔːm] cloroformio *m*

chocolate ['tʃɔkəlit] cioccolata *f*; cioccolatino *m*

choice [tʃɔis] *a* scelto; prelibato; squisito; *s* scelta *f*

choir ['kwaiə] coro *m*

choke [tʃouk] *v/t* soffocare; affogare; *v/i* soffocarsi; affogarsi

choose [tʃuːz] *v/t* scegliere

chop [tʃɔp] *s* costoletta *f* (di maiale *o* di agnello); *v/t* tagliare; tagliuzzare; **~sticks** *pl* bacchette *f/pl*

chord [kɔːd] corda *f*; *mus* accordo *m*

chorus ['kɔːrəs] coro *m*

Christ [kraist] Cristo *m*; **2en** ['krisn] *v/t* battezzare; **~endom** cristianità *f*; **2ening** battesimo *m*; **~ian** ['kristjən] cristiano(a) *m* (*f*); **~ianity** [ˌkriʃti'æniti] cristianesimo *m*; **~mas** Natale *m*; **~mas Day** Natale; **~mas Eve** vigilia *f* di Natale; **Merry ~mas!** Buon Natale!

chromium ['kroumjəm] cromio *m*

chronic ['krɔnik] cronico

chron|icle cronaca *f*; **~ological** [krɔnə'lɔdʒikəl] cronologico

chubby ['tʃʌbi] grassetto

chuckle ['tʃʌkl] *v/t* ridere sotto voce

chum [tʃʌm] *fam* compagno(a) *m* (*f*)

chunk [tʃʌŋk] grosso pezzo *m*

church [tʃəːtʃ] chiesa *f*; **2 of England** chiesa *f* anglicana; **~ services** *pl* funzioni *f/pl*; **~yard** cimitero *m*

cider ['saidə] sidro *m*

cigar [si'gɑː] sigaro *m*; **~ette** [sigə'ret] sigaretta *f*

Cinderella [ˌsində'relə] Cenerentola *f*

cine|camera ['sini-] macchina *f* da presa; **~ma** ['sinəmə] cinema *m*

cipher ['saifə] zero *m*; cifra *f*

circle ['sə:kl] *s* cerchio *m*; circolo *m*; *v/t* circondare; *v/i* girare intorno

circuit ['sə:kit] circuito *m*; **~ short** corto circuito *m*

circula|r ['sə:kjulə] *a* circolare; **~r letter** circolare *f*; **~te** *v/i* circolare; **~tion** circolazione *f*; (*of a newspaper*) tiratura *f*

circum|ference [sə'kʌmfərəns] circonferenza *f*; **~scribe** ['~skraib] *v/t* circoscrivere

circumstance circostanza *f*; condizione *f*

circus ['sə:kəs] circo *m*

cistern ['sistən] cisterna *f*; serbatoio *m*

cite [sait] *v/t* citare

cit|izen ['sitizn] cittadino(a) *m* (*f*); **~izenship** cittadinanza *f*; **~y** ['siti] città *f*; **little ~y** cittadina *f*; **~y guide** pianta *f* della città

civ|ic ['sivik] civico; **~il** ['sivl] civile; educato; gentile; **~il service** amministrazione *f* dello Stato; **~ilian** [si'viljən] *s* borghese (*m,f*); **~ility** cortesia *f*; **~ilization** civiltà *f*; **~ilize** *v/t* incivilire

claim [kleim] *s* pretesa *f*; reclamo *m*; *v/t* pretendere; reclamare

clam|orous ['klæmərəs] clamoroso; **~o(u)r** *s* clamore *m*; rumore *m*; *v/i* vociferare

clamp [klæmp] grappa *f*

clan [klæn] tribù *f*; clan *m*

clap [klæp] *s* colpo *m*; applauso *m*; *v/i* applaudire, battere le mani

claret ['klærət] claretto *m*

clari|fy ['klærifai] *v/t* chiarire; **~ty** chiarezza *f*

clash [klæʃ] *s* contrasto *m*; *v/i* contrastare

clasp [klɑ:sp] *s* gancio *m*; abbraccio *m*; *v/t, v/i* agganciare; stringere; abbracciare; **~-knife** temperino *m*

class [klɑ:s] *s* classe *f*; (*social*) ceto *m*; *v/t* classificare

classic ['klæsik] *a, s* classico (*m*)

class|ification [,klæsifi'keiʃən] classificazione *f*; **~ify** ['~fai] *v/t* classificare

class room aula *f*

clause [klɔ:z] clausola *f*

claw [klɔ:] *s* artiglio *m*; *v/t* graffiare

clay [klei] argilla *f*; creta *f*

class|-mate compagno *m* di classe; **~-room** aula *f*

clause [klɔ:z] clausola *f*

claw [klɔ:] *s* artiglio *m*; *v/t* graffiare

clay [klei] argilla *f*; creta *f*

clean [kli:n] pulito; *v/t* pulire; **~-cut** *Am* netto; **~er's** (*shop*) tintoria *f*; **~ing, ~ness** pulizia *f*; **~se** [klenz] *v/t* pulire

clear [kliə] *a* chiaro; libero; *v/t* chiarire; liberare; *v/i* (*weather*) schiarirsi; **~ance** liquidazione *f*

clef [klef] *mus* chiave *f*

clemency ['klemənsi] clemenza *f*

clergy ['klə:dʒi] clero m; **~man** ecclesiastico m

clerk [klɑ:k] impiegato m d'ufficio; commesso m; chierico m

clever ['klevə] abile; bravo; intelligente

client ['klaiənt] cliente m

cliff [klif] scogliera f

climate ['klaimit] clima m

climax ['klaimæks] punto m culminante

climb [klaim] s salita f; v/t salire

clinch [klintʃ] v/t, v/i afferrare; confermare; avvinghiare

cling [kliŋ] irr, v/i, irr aderire a; attaccarsi a

clinic ['klinik] clinica f

clink [kliŋk] v/t far tintinnare

clip [klip] s fermaglio m; gancio m; taglio m; tosatura f; v/t tagliare; tosare

clique [kli:k] cricca m

cloak [klouk] mantello m; **~room** guardaroba f

clock [klɔk] orologio m da muro

clog [klɔg] zoccolo m

close [klous] s conclusione f; fine f; v/t chiudere; concludere; finire; **~ to** prp vicino a

closet ['klɔzit] Am armadio m; gabinetto m

cloth [klɔθ] stoffa f; tessuto m; tovaglia f; **~e** [klouð] v/t vestire

clothes [klouðz] pl vestiti m/pl, abiti m/pl; **~brush**

spazzola f per vestiti; **~hanger** gruccia f; **~pin**, **~peg** fermabiancheria m

clothing ['klouðiŋ] vestiti m/pl

cloud [klaud] s nuvola f; v/i rannuvolarsi; **~y** nuvoloso

clove [klouv] chiodo m di garofano

clover ['klouvə] trifoglio m

clown [klaun] pagliaccio m

club [klʌb] mazzo m; circolo m

clue [klu:] indizio m

clumsy ['klʌmzi] goffo

clutch [klʌtʃ] s stretta f; aut frizione f; v/t afferrare; aggrapparsi a

coach [koutʃ] s carrozza f; corriera f; ripetitore m; allenatore m; v/t dare ripetizioni; allenare

coal [koul] carbone m; **~mine**, **~pit** miniera f di carbone

coarse [kɔ:s] rozzo; ruvido; grossolano

coast [koust] s costa f; v/i costeggiare; **~guard** milizia f guardacoste

coat [kout] cappotto m; giacca f; paltò m; **~ of arms** stemma m; **~ing** rivestimento m

coax [kouks] v/t invogliare

cobra ['koubrə] cobra m

cobweb ['kɔbweb] ragnatela f

cock [kɔk] gallo m; maschio m (di uccelli); **~chafer** maggiolino m; **~pit** carlinga f; **~tail** cocktail m; **~y** presuntuoso

cocoa [ˈkoukou] cacao *m*

coconut [ˈkoukənʌt] noce *f* di cocco

cocoon [kəˈkuːn] bozzolo *m*

cod [kɔd] merluzzo *m*; **~ liver oil** olio *m* di fegato di merluzzo

coddle [ˈkɔdl] *v/t* vezzeggiare

code [koud] codice *m*; cifrario *m*

coffee [ˈkɔfi] caffè *m*; **~bean** chicco *m* di caffè; **~mill** macchinetta *f* da caffè; **~pot** caffettiera *f*

coffin [ˈkɔfin] bara *f*

cog [kɔg] *mech* dente *f*; **~wheel** ruota *f* dentata

coherent [kouˈhiərənt] coerente

coiffure [kwaːˈfjuə] pettinatura *f*

coil [kɔil] *s* rotolo *m* (*di corda*); spira *f* (*di serpe*); *elec* bobina *f*; *v/t* arrotolare

coin [kɔin] *s* moneta *f*; *v/t* coniare; *fig* inventare

coincide [ˌkouinˈsaid] *v/t* coincidere; **~nce** [kouˈinsidəns] coincidenza *f*

cold [kould] *a* freddo; *fig* insensibile; **it is ~** fa freddo; **~ feel** *~* aver freddo; *s* freddo *m*; raffreddore *m*; **~ness** freddezza *f*

colic [ˈkɔlik] colica *f*

collaborate [kəˈlæbəreit] *v/i* collaborare; **~ion** collaborazione *f*

collapse [kəˈlæps] *s* collasso *m*; crollo *m*; *v/i* avere un collasso; crollare

collar [ˈkɔlə] colletto *m*; **~bone** clavicola *f*

colleague [ˈkɔliːg] collega *m*

collect [kəˈlekt] *s* colletta *f*; *v/t* fare collezione; mettere insieme; radunare; **~ion** collezione *f*; raccolta *f*; **~ive** collettivo

college [ˈkɔlidʒ] collegio *m* universitario; istituto *m* superiore

collide [kəˈlaid] *v/i* scontrarsi

colliery [ˈkɔljəri] miniera *f* di carbone

collision [kəˈliʒən] scontro *m*

colloqu|ial [kəˈloukwiəl] familiare; **~y** colloquio *m*

colon [ˈkoulən] *gram* due punti *m/pl*

colonel [ˈkəːnl] colonnello *m*

colonial [kəˈlounjəl] coloniale

colony [ˈkɔləni] colonia *f*

colo(u)r [ˈkʌlə] *s* colore *m*; colorito *m*; tinta *f*; *v/t* colorire; *v/i* colorirsi; **~ bar** discriminazione *f* razíale; **~blind** daltonico; **~ed** di colore; **~ed man** uomo *m* di colore; negro *m*; **~less** incolore; senza colore; **~print** fotografia *f* a colori

column [ˈkɔləm] colonna *f*; rubrica *f* (*di un giornale*)

comb [koum] *s* pettine *m*; *v/t* pettinare

combat [ˈkɔmbət] *s* lotta *f*; *v/t* combattere; lottare contro

combin|ation [kɔmbiˈneiʃən] combinazione *f*; **~e**

[kəm'bain] v/t combinare; v/i combinarsi

combust|ible [kəm'bʌstəbl] combustibile; **~ion** [~stʃən] combustione f

come [kʌm] irr venire; **~ about** accadere; **~ across** incontrare; **~ back** ritornare; **~ down** (di)scendere; **~ in** entrare; **~ off** scendere; verificarsi; **~ on!** su!; avanti; **~ up** salire

comed|ian [kə'miːdjən] comico m; **~y** ['kɔmidi] commedia f

comfort ['kʌmfət] conforto m; consolazione f; v/t confortare; consolare; **~able** comodo

comic|(al) ['kɔmik(əl)] comico; buffo; **~ strips** pl fumetti m/pl

comma ['kɔmə] virgola f

command [kə'mɑːnd] s ordine f; comando m; padronanza f; v/t ordinare; comandare; **~er-in-chief** comandante m in capo; **~ment** comandamento m

commemorate [kə'meməreit] v/t commemorare

commence [kə'mens] v/t, v/i cominciare; iniziare

commend [kə'mend] v/t raccomandare

comment ['kɔment] s commento m; v/i commentare; **~ary** commento m; **~ator** cronista m

commerc|e ['kɔmə(ː)s] commercio m; **~ial** commerciale

commission [kə'miʃən] s commissione f; v/t incaricare; **~er** commissario m

commit [kə'mit] v/t commettere; consegnare affidare; **~ oneself (to)** v/i compromettersi; **~ment** impegno m

committee [kə'miti] comitato m

commodity [kə'mɔditi] genere m di prima necessità; merce f; comodità f

common ['kɔmən] comune; pubblico; volgare; **in ~** in comune; **~ market** Mercato m Comune Europeo; **~ sense** buon senso m; **~place** s luogo comune m; a banale; **~wealth** repubblica f

commotion [kə'mouʃən] agitazione f

commun|al ['kɔmjunl] comunale; pubblico; **~icate** [kə'mjuːnikeit] v/t comunicare; **~ication** comunicazione f; avviso m; **~icative** comunicativo; **~ion** comunione f

commun|ism ['kɔmjunizəm] comunismo m; **~ist** comunista m, f

community [kə'mjuːniti] comunità f

commut|ation [ˌkɔmjuˈteiʃən] commutazione f; **~ ticket** Am biglietto m d'abbonamento; **~e** [kə'mjuːt] v/t commutare; viaggiare regolarmente

compact ['kɔmpækt] compatto

companion [kəm'pænjən] compagno(a) *m* (*f*); compagnia *f*; cameratismo *m*

company ['kʌmpəni] compagnia *f*

comparable ['kɔmpərəbl] paragonabile; **~ative** [kəm'pærətiv] comparativo; **~e** [kəm'pɛə] *v/t* paragonare; *v/i* sostenere il paragone; **~ison** [~'pærisn] paragone *m*

compartment [kəm'paːtmənt] scompartimento *m*

compass ['kʌmpəs] *s* bussola *f*; *v/t* circondare; (**pair of**) **~es** *pl* compasso *m*

compassion [kəm'pæʃən] compassione *f*

compatible [kəm'pætəbl] compatibile

compatriot [kəm'pætriət] compatriota *m*

compel [kəm'pel] *v/t* costringere

compensate ['kɔmpenseit] *v/t* compensare; *v/i* compensarsi; **~ion** compensazione *f*; compenso *m*

compère ['kɔmpɛə] presentatore *m*

compete [kəm'piːt] *v/i* concorrere; **~ence** ['kɔmpitəns] competenza *f*; capacità *f*; **~ent** competente; capace; **~ition** [kɔmpi'tiʃən] concorrenza *f*; **~itor** [kəm'petitə] concorrente *m,f*

compile *v/t* compilare

complacent [kəm'pleisnt] contento di se stesso

complain [kəm'plein] *v/i* lagnarsi; reclamare; **~t** lagnanza *f*; *med* malattia *f*

complete [kəm'pliːt] *a* completo; intero; perfetto; *v/t* completare; finire

complex ['kɔmpleks] *a*, *s* complesso (*m*)

complexion [kəm'plekʃən] carnagione *f*

complicate ['kɔmplikeit] *v/t* complicare; **~ion** complicazione *f*

compliment ['kɔmplimənt] *s* complimento *m*; **~s** *pl* saluti *m/pl*; *v/t* congratularsi con; **~ary** di omaggio; **~ary ticket** biglietto *m* di omaggio

comply (with) [kəm'plai] *v/i* acconsentire

component [kəm'pounənt] *a*, *s* componente (*m*)

compose [kəm'pouz] *v/t* comporre; **~e oneself** *v/i* calmarsi; **~ed** calmo; composto; *v/t* compositore *m*; **~ition** composizione *f*; **~ure** [kəm'pouʒə] compostezza *f*; calma *f*

compote ['kɔmpɔt] conserva *f*

compound ['kɔmpaund] *s* composto *m*; *v/t* comporre

comprehend [kɔmpri'hend] *v/t* comprendere; includere; **~sible** comprensibile; **~sion** comprensione *f*; **~sive** comprensivo

compress [kəm'pres] *v/t* comprimere; condensare

comprise [kəm'praiz] v/t comprendere; includere

compromise ['komprəmaiz] s compromesso m; v/t accomodarsi; compromettere

compulsion [kəm'pʌlʃən] costrizione f; **~ory** obbligatorio

compunction [kəm'pʌŋkʃən] rimorsi m/pl

comput|e [kəm'pju:t] v/t computare; **~er** calcolatore m elettronico; computer m

comrade ['komrid] compagno m

conceal [kən'si:l] v/t nascondere

concede [kən'si:d] v/t concedere

conceit [kən'si:t] presunzione f; **~ed** presuntuoso

conceiv|able concepibile; **~e** v/t concepire

concentrat|e ['konsəntreit] v/t concentrare; v/i concentrarsi

concept ['konsept] concetto m; **~ion** [kən'sepʃən] concezione f

concern [kən'sə:n] s ansietà f; faccenda f; azienda f; ditta f; v/t concernere; riguardare; **~ preoccupare; ~ed** interessato; preoccupato

concert ['konsət] s concerto m; v/t concertare

concession [kən'seʃən] concessione f

conciliat|e [kən'silieit] v/t conciliare; **~ion** [kənsili'eiʃən] conciliazione f

concise [kən'sais] conciso

conclu|de [kən'klu:d] v/t concludere; terminare; **~sion** conclusione f; termine m

concord ['konkɔ:d] armonia f; mus accordo m

concrete ['konkri:t] a concreto; s cemento m

concur [kən'kə:] v/i concorrere; accordarsi

concussion (of the brain) [kən'kʌʃən] commozione f cerebrale

condemn [kən'dem] v/t condannare; **~ation** condanna f

condense [kən'dens] v/t condensare; v/i condensarsi; **~r** condensatore m

condescend [kondi'send] v/i (ac)condiscendere; degnarsi

condition [kən'diʃən] s condizione f; v/t condizionare; stipulare; **~al** a, s condizionale (m)

condole [kən'doul] v/i fare le condoglianze; **~nce** condoglianza f

conduct ['kondʌkt] s condotta f; direzione f; [kən'dʌkt] v/t condurre; dirigere; **~ o.s.** comportarsi; **~or** [kən'dʌktə] mus direttore m d'orchestra; (on a bus) fattorino m; elec conduttore m

cone [koun] cono m

confection [kən'fekʃən] confetto m; (dress) confezione f; **~er** pasticciere m;

~ery pasticceria *f*

confedera|cy [kən'fedərəsi] confederazione *f*; **~te** [~it] alleato

confer [kən'fə:] *v/t* conferire; **~ence** ['kɔnfərəns] conferenza *f*

confess [kən'fes] *v/t* confessare; **~ion** confessione *f*

confid|ant [ˌkɔnfi'dænt] confidente *m*; **~e** [kən'faid] *v/t* confidare; **~ence** confidenza *f*; fiducia *f*; **~ent** fiducioso; **~ential** [ˌ~'denʃəl] confidenziale

confine [kən'fain] *v/t* rinchiudere; **~ment** reclusione *f*; *med* parto *m*

confirm [kən'fə:m] *v/t* confermare; rettificare; cresimare; **~ation** conferma *f*; cresima *f*

confiscate ['kɔnfiskeit] *v/t* confiscare

conflict ['kɔnflikt] *s* conflitto *m*; [kən'flikt] *v/i* contradirsi; **~ing** contraddittorio; opposto

conform [kən'fɔ:m] *v/i* conformare; **~ity** conformità *f*

confound [kən'faund] *v/t* confondere; **~ it!** *fam* maledetto

confront [kən'frʌnt] *v/t* affrontare; confrontare

confus|e [kən'fju:z] *v/t* confondere; **~ion** confusione *f*

congeal [kən'dʒi:l] *v/t* congelare

congestion [kən'dʒestʃən] congestione *f*

congratulat|e [kən'grætju-

leit] *v/t* congratularsi con; **~ion** congratulazione *f*; rallegramento *m*

congregat|e ['kɔngrigeit] *v/i* congregare; **~ion** (*church*) fedeli *m/pl*

congress ['kɔngres] congresso *m*

conjecture [kən'dʒektʃə] *s* congettura *f*; *v/t* congetturare

conjugal ['kɔndʒugəl] coniugale

conjugat|e ['kɔndʒugeit] *v/t* coniugare; **~ion** coniugazione *f*

conjunction [kən'dʒʌŋkʃən] congiunzione *f*

conjunctivitis [ˌkɔndʒʌŋkti'vaitis] congiuntivite *f*

conjure [kən'dʒuə] *v/t* scongiurare; ['kʌndʒə] *v/i* fare incanti; **~r** mago *m*

connect [kə'nekt] *v/t* legare; collegare; associare; connettere; *v/i* legarsi; collegarsi; associarsi; connettersi; **~ion** legame *m*; collegamento *m*; parente *m*

connexion [kə'nekʃən] *cf* **connection**

conquer ['kɔŋkə] *v/t* conquistare; vincere; **~ror** conquistatore *m*; **~st** conquista *f*

conscien|ce ['kɔnʃəns] coscienza *f*; **~tious** [ˌ~i'ənʃəs] coscienzioso

conscious ['kɔnʃəs] cosciente; **~ness** coscienza *f*

consecrat|e ['kɔnsikreit] *v/t* consacrare; dedicare; **~ion**

consacrazione f; dedica f

consecutive [kən'sekjutiv] consecutivo

consent [kən'sent] s consenso m; v/i acconsentire

consequen|ce ['kɔnsikwəns] conseguenza f; **.t** conseguente; **.tly** in conseguenza

conserv|ation [ˌkɔnsə'veiʃən] conservazione f; **.ative** [kən'sə:vətiv] a, s conservatore (m); **.atory** mus conservatorio m; **.e** v/t conservare; s conserva f

consider [kən'sidə] v/t considerare; **.able** considerevole; **.ate** [-rit] riguardoso; **.ation** considerazione f

consign [kən'sain] v/t consegnare; **.ee** destinatario m; **.ment** consegna f; partita f

consist [kən'sist] v/i consistere; **.ence, .ency** consistenza f; **.ent** costante

consolation [kɔnsə'leiʃən] consolazione f; **.e** [kən-'soul] v/t consolare

consolidate [kən'sɔlideit] v/t consolidare

consonant ['kɔnsənənt] consonante f

conspicuous [kən'spikjuəs] cospicuo

conspir|acy [kən'spirəsi] s congiura f; v/i cospirare; **.ator** congiurato m; **.e** [-'spaiə] v/i congiurare

constant ['kɔnstənt] costante

consternation [kɔnstə(:)-'neiʃən] costernazione f

constipation [kɔnsti'peiʃən] stitichezza f

constituen|cy [kən'stitjuənsi] votanti m/pl; collegio m elettorale; **.t** s membro m di un collegio elettorale; a costituente

constitut|e ['kɔnstitjuːt] v/t costituire; **.ion** med costituzione f; fisico m; pol costituzione f

constrain [kən'strein] v/t costringere; **.t** costrizione f

constrict [kən'strikt] v/t comprimere; contrarre

construct [kən'strʌkt] v/t costruire; **.ion** costruzione f; **.ive** costruttivo

consul ['kɔnsəl] console m; **.ate** ['-julit] consolato m; **.ship** consolato m

consult [kən'sʌlt] v/t consultare; **.ation** [kɔnsəl'teiʃən] consultazione f; consulto m; **.ing hours** pl ora f d'ufficio; orario m per le visite

consum|e [kən'sjuːm] v/t consumare; v/i consumarsi; **.er** consumatore m; **.mate** [kən'sʌmit] consumato; ['kɔnsəmeit] v/t consumare; **.ption** [kən'sʌmp-ʃən] consumo m; med tisi f

contact ['kɔntækt] s contatto m; v/t mettersi in rapporto con; **. lenses** pl lenti f/pl a contatto

contagious [kən'teidʒəs] contagioso

contain [kən'tein] v/t contenere; **~er** recipiente *m*; involucro *m*

contaminate [kən'tæmineit] *v/t* contaminare

contemplat|e ['kəntempleit] *v/t* contemplare; **~ion** contemplazione *f*

contemporary [kən'tempərəri] *a, s* contemporaneo (*m*)

contempt [kən'tempt] disprezzo *m*; **~uous** sprezzante

contend [kən'tend] *v/t* sostenere; affermare; *v/i* contendere

content [kən'tent] *a* contento; soddisfatto; **~** ['kəntent] contento *m*; contentezza *f*; *v/t* accontentare, soddisfare

contents ['kəntents] *pl* contenuto *m*

contest ['kəntest] *s* gara *f*; *v/t* contendere

context ['kəntekst] contesto *m*

continent ['kəntinənt] continente *m*

contingency [kən'tindʒənsi] contingenza *f*

continu|al [kən'tinjuəl] continuo; **~ation** continuazione *f*; seguito *m*; **~e** *v/t* continuare; proseguire; **~ity** continuità *f*; **~ous** continuo

contort [kən'tɔ:t] *v/t* contorcere

contour ['kəntuə] contorno *m*

contraband ['kəntrəbænd] contrabbando *m*

contraceptive [ˌkəntrə'sep-

tiv] *a, s* anticoncezionale (*m*)

contract ['kəntrækt] *s* contratto *m*; [kən'trækt] *v/t* contrarre; contrattare; **~ion** contrazione *f*; abbreviazione *f*; **~or** imprenditore *m*

contradict [ˌkəntrə'dikt] *v/t* contraddire; **~ion** contraddizione *f*; **~ory** contraddittorio

contrary ['kəntrəri] *a, s* contrario (*m*); opposto (*m*); **on the ~** al contrario

contrast ['kəntrɑ:st] contrasto *m*; [kən'trɑ:st] *v/t* confrontare; *v/i* contrastare

contribut|e [kən'tribju(:)t] *v/t* contribuire; *v/i* collaborare; **~ion** contributo *m*; collaborazione *f*; **~or** [kən'tribjutə] collaboratore *m*; donatore *m*

contrite ['kəntrait] contrito

contriv|ance [kən'traivəns] apparecchio *m*; **~e** *v/t* trovare il modo di

control [kən'troul] *s* controllo *m*; direzione *f*; dominio *m*; freno *m*; *v/t* controllare; dirigere; dominare; **~ler** controllore *m*

controvers|ial [ˌkəntrə'və:-ʃəl] controverso; **~y** ['~və:si] controversia *f*

contuse [kən'tju:z] *v/t* contundere

convalesc|ence [ˌkənvə-'lesns] convalescenza *f*; **~t** convalescente *m, f*

conven|e [kən'vi:n] *v/t* con-

vocare; **~ience** comodità *f*;
public ~ièe gabinetto *m*
pubblico; **~ient** comodo
convent ['kɔnvent] convento
m

convention convenzione *f*;
assemblea *f*; **~al** convenzionale

convers|ation [ˌkɔnvə'sei-
ʃən] conversazione *f*; **~e**
[kən'vəːs] *v/i* conversare;
a, *s* converso (*m*); contrario
(*m*)

conver|sion [kən'vəːʃən]
conversione *f*; **~t** *s* convertito *m*; *v/t* convertire; **~tible**
trasformabile; convertibile

convey [kən'vei] *v/t* portare;
trasportare; esprimere;
trasmettere; **~ance** mezzo
m di trasporto; **~or belt**
nastro *m* scorrevole

convict [kən'vikt] ergastolano *m*; [kən'vikt] *v/t* dichiarare colpevole; **~ion** convinzione *f*

convince [kən'vins] *v/t* convincere

convoy ['kɔnvɔi] convoglio *m*

convulsion [kən'vʌlʃən]
convulsione *f*

cook [kuk] *s* cuoco(a) (*m* (*f*);
v/t, *v/i* cuocere; cucinare;
~er fornello *m*; **~ery** arte *f*
culinaria; **~ie**, **~y** biscotto *m*

cool [kuːl] *s* fresco *m*; *a* fresco; *fig* calmo; indifferente;
v/t raffreddare; **~ down** *v/t* calmare;
v/i calmarsi

co-op [kou'ɔp] *fam cf* **co-**

operative society

co(-)operat|e [kou'ɔpəreit]
v/i cooperare; **~ion** cooperazione *f*; **~ive** cooperativo;
~ive society cooperativa *f*;
~or collaboratore *m*

co(-)ordinate [kou'ɔːdineit]
v/t coordinare; *s mat* coordinata *f*

cop [kɔp] *fam* poliziotto *m*

cope [koup]: **~ with** *v/i* far
fronte a; lottare contro

copious ['koupjəs] copioso

copper ['kɔpə] rame *m*

copy ['kɔpi] *s* copia *f*; esemplare *m*; edizione *f*; *v/t* copiare; imitare; **~right** diritti *m/pl* d'autore

coral ['kɔrəl] corallo *m*

cord [kɔːd] corda *f*

cordial ['kɔːdjəl] cordiale;
~ity cordialità *f*

corduroy ['kɔːdjurɔi] velluto
m a coste

core [kɔː] nucleo *m*; centro
m; (*fruit*) torsolo *m*

cork [kɔːk] sughero *m*; tappo
m; **~screw** cavatappi *m*

corn [kɔːn] grano *m*; callo *m*
(*del piede*)

corner ['kɔːnə] angolo *m*;
svolta *f*

cornet ['kɔːnit] cornetta *f*

coronation [ˌkɔrə'neiʃən]
incoronazione *f*

coroner ['kɔrənə] magistrato
m inquirente

corpora|l ['kɔːpərəl] *s* caporale *m*; *a* corporale; corporeo; **~tion** corporazione *f*;
ente *m* autonomo

corpse [kɔːps] cadavere *m*

correct [kə'rekt] v/t correggere; **~ion** correzione f

correspond [kɔris'pɔnd] v/i corrispondere; **~ence** corrispondenza f; **~ent** corrispondente m, f

corridor ['kɔridɔ:] corridoio m

corroborate [kə'rɔbəreit] v/t corroborare

corro|de [kə'roud] v/t corrodere; v/i corrodersi; **~sion** [~ʒən] corrosione f

corrugate ['kɔrugeit] v/t corrugare; **~d iron** lamiera f ondulata

corrupt [kə'rʌpt] v/t corrompere; v/i corrompersi; a corrotto; **~ion** corruzione f

corset ['kɔ:sit] busto m

cosmetic [kɔz'metik] cosmetica f; **~ian** [~ə'tiʃən] estetista f

cosm|onaut ['kɔzmənɔ:t] cosmonauta m, f; **~os** cosmo m

cost [kɔst] s costo m; prezzo m; v/i, irr costare; **~ly** a costoso; **~s** pl spese f/pl

costume ['kɔstju:m] costume m; completo m; **bathing ~** costume m da bagno

cosy ['kouzi] accogliente; piacevole

cottage ['kɔtidʒ] casetta f

cotton ['kɔtn] s cotone m; a di cotone; **~ wool** cotone m idrofilo

couch [kautʃ] divano m

cough [kɔf] s tosse f; v/i tossire

council ['kaunsl] concilio m; consiglio m; **~lor** consigliere m

counsel ['kaunsəl] consiglio m; parere m; avvocato m; **~lor** consigliere m

count [kaunt] s conto m; calcolo m; (noble) conte m; v/t, v/i contare; **~ on** contare su

countenance ['kauntinəns] (espressione f del) viso m

counter ['kauntə] s banco m; v/t opporsi a; adv contrario a

counter|act [,kauntə'rækt] v/t neutralizzare; **~balance** contrappeso m; **~clockwise** sinistroso; **~espionage** controspionaggio m; **~feit** ['~fit] falso m; **~part** riscontro m

countess ['kauntis] contessa f

countless ['kauntlis] illimitato; innumerevole

country ['kʌntri] campagna f; paese m; patria f; **~man** compatriota m; contadino m; **~seat** casa f di campagna; **~town** città f di provincia

county ['kaunti] contea f

coupl|e ['kʌpl] s coppia f; paio m; v/t accoppiare; v/i accoppiarsi; **~ing** mec attacco m

coupon ['ku:pɔn] cedola f

courage ['kʌridʒ] coraggio m; **~ous** [kə'reidʒəs] coraggioso

courier ['kuriə] corriere m; messaggero m

course [kɔːs] corso *m*; direzione *f*; portata *f* (*in un pranzo*); (*sport*) pista *f*; **in due ~** in tempo utile; **matter of ~** cosa *f* ovvia

court [kɔːt] *s* corte *f*; tribunale *m*; *v/t* corteggiare; **~eous** [ˈkɔːtʃəs] cortese; **~esy** [ˈkɔːtisi] cortesia *f*; **~ier** cortigiano *m*; **~martial** corte *f* marziale; **~room** aula *f* di udienza; **~ship** corte *f*; **~yard** cortile *m*

cousin [ˈkʌzn] cugino(a) *m* (*f*)

cover [ˈkʌvə] *s* coperta *f*; copertina *f*; riparo *m*; *v/t* coprire; **~ing** copertura *f*

covet [ˈkʌvit] *v/t* invidiare; **~ous** invidioso; bramoso

cow [kau] vacca *f*; femmina *f* (*di elefante ecc*); **~ard** codardo *m*; **~boy** vaccaro *m*

cower [ˈkauə] *v/i* rannicchiarsi

cow-hide vacchetta *f*

coxswain [ˈkɔkswein] timoniere *m*

coy [kɔi] timido

crab [kræb] granchio *m*

crack [kræk] *s* spaccatura *f*; *v/t* spaccare; *v/i* spaccarsi; **~er** petardo *m*; *Am* biscotto *m*; **~up** incidente *m*

cradle [ˈkreidl] culla *f*

craft [krɑːft] abilità *f*; arte *f*; furberia *f*; barchetta *f*; **~sman** artigiano *m*; **~smanship** artigianato *m*; **~y** furbo

crag [kræg] picco *m*

cramp [kræmp] *s* crampo *m*; *v/t* impacciare

crane [krein] *s* gru *f*; *v/t*, *v/i* allungare il collo

crank [kræŋk] manovella *f*; **~ up** avviare (*il motore*) a mano; **~y** eccentrico

crash [kræʃ] *s* fracasso *m*; *comm* crollo *m*; *v/i* crollare; precipitare (*di aeroplano*); **~helmet** casco *m*

crate [kreit] gabbia *f* da imballaggio

crater [ˈkreitə] cratere *m*

crave [kreiv] *v/t* bramare

crawl [krɔːl] *v/i* trascinarsi

crayon [ˈkreiən] matita *f*

crazy (**about**) [ˈkreizi] pazzo (di)

creak [kriːk] *v/i* cigolare; scricchiolare

cream [kriːm] crema *f*; (*del latte*) panna *f*; **~y** cremoso

crease [kriːs] *s* grinza *f*; piega *f* (*del pantalone*); *v/t* sgualcire; *v/i* sgualcirsi

creat|e [kriˈeit] *v/t* creare; **~ion** creazione *f*; creatore *m*; **~or** creatore *m*; **~ure** [ˈkriːtʃə] creatura *f*

credentials [kriˈdenʃəlz] credenziali *f/pl*

credible [ˈkredəbl] credibile

credit [ˈkredit] *s* credito *m*; **~card** tessera *f* assegno; *v/t* credere

creed [kriːd] credo *m*; fede *f*

creek [kriːk] fiumicino *m*

creep [kriːp] *v/i*, *irr* arrampicarsi; strisciare; **~er** *bot* rampicante *m*

cremate ['kri'meit] v/t cremare

crescent ['kresnt] quarto m di luna

cress [kres] crescione m

crest [krest] cresta f; criniera f; cima f; **~fallen** abbattuto

crevasse [kri'væs] crepaccio m

crevice ['krevis] fessura f; crepaccio m

crew [kru:] equipaggio m

crib [krib] presepio m; culla f (di bambino)

cricket ['krikit] grillo m; cricket m

crim|e [kraim] reato m; delitto m; **~inal** ['kriminl] a, s criminale (m,f); delinquente (m)

crimson ['krimzn] cremisi m

cripple ['kripl] s zoppo m; invalido m; mutilato m; v/t mutilare

crisis ['kraisis], pl **~es** ['~i:z] crisi f

crisp [krisp] crespo; croccante

criter|ion [krai'tiəriən], pl **~ria** [~riə] criterio m

critic ['kritik] critico m; **~al** critico; **~ism** ['~sizəm] critica f; **~ize** v/t criticare

croak [krouk] v/i gracidare

crochet ['kroufei] v/t, v/i lavorare all'uncinetto

crockery ['krəkəri] vasellame m

crocodile ['krəkədail] coccodrillo m

crocus ['kroukəs], pl **~es**

[~iz] croco m

crook [kruk] malvivente m; **~ed** ['~id] storto

crop [krəp] s raccolto m; v/t tagliare corto; **~ up** v/i venire fuori

cross [krəs] s croce f; biol incrocio m; v/t attraversare; contrariare; a nervoso; **~eyed** strabico; **~ out** scancellare; **~examination** interrogatorio m in contraddittorio; **~roads** pl crocevia f; **~word puzzle** parole f/pl incrociate

crouch [kraut∫] v/i accucciarsi

crow [krou] s corvo m; cornacchia f; v/i cantare; **~bar** leva f; piede m di porco

crowd [kraud] s folla f; massa f; v/t affollare; v/i affollarsi; **~ed** affollato

crown [kraun] s corona f; v/t incoronare; **~ prince** principe m ereditario

crucial ['kru:∫əl] cruciale; decisivo

crucifix ['kru:sifiks] crocifisso m; **~y** ['~fai] v/t crocifiggere

crude [kru:d] rozzo; volgare; primitivo

cruel [kruəl] crudele; **~ty** crudeltà f

cruet ['kru:(:)it] ampollina f

cruise [kru:z] crociera f

crumb [krʌm] briciola f; **~le** ['~bl] v/t sbriciolare; v/i sbriciolarsi

crumple ['krʌmpl] v/t sgualcire; v/i sgualcirsi

crunch [krʌntʃ] v/t schiacciare rumorosamente

crusade [kruːˈseid] crociata f

crush [krʌʃ] v/t schiacciare; sgualcire

crust [krʌst] crosta f

crutch [krʌtʃ] stampella f

cry [krai] s grido m; pianto m; v/i gridare; piangere

crypt [kript] cripta f

crystal [ˈkristl] s cristallo m; a di cristallo

cube [kjuːb] cubo m; ~ **root** radice f cubica

cuckoo [ˈkukuː] cuculo m

cucumber [ˈkjuːkʌmbə] cetriolo m

cuddle [ˈkʌdl] v/t abbracciare; coccolare

cue [kjuː] battuta f

cuff [kʌf] polsino m; ~**links** pl gemelli m/pl

cuisine [kwiˈziːn] cucina f

culminate [ˈkʌlmineit] v/i culminare

culprit [ˈkʌlprit] colpevole m

cult [kʌlt] culto m; ~**ivate** [ˈ-iveit] v/t coltivare; ~**ural** [ˈkʌltʃərəl] culturale; ~**ure** [ˈ-tʃə] cultura f; ~**ured** colto

cunning [ˈkʌniŋ] s astuzia f; a astuto

cup [kʌp] tazza f; coppa f; ~**board** armadio m

curdle [ˈkəːdl] v/i accagliarsi

cure [kjuə] s cura f; rimedio m; v/t guarire

curfew [ˈkəːfjuː] coprifuoco m

curio|sity [ˌkjuəriˈɔsiti] curiosità f; ~**us** curioso

curl [kəːl] s ricciolo m; v/t arricciare; v/i arricciarsi; ~**y** riccioluto

currant [ˈkʌrənt] ribes m

curren|cy [ˈkʌrənsi] moneta f circolante; **foreign** ~**cy** valuta f estera; ~**t** a, s corrente (f)

curriculum [kəˈrikjuləm], pl ~**a** [ˈ-ə] curricolo m

curse [kəːs] s maledizione f; v/t, v/i maledire

curt [kəːt] brusco

curtail [kəːˈteil] v/t diminuire; ridurre; impedire

curtain [ˈkəːtn] tenda f; thea sipario m

curts(e)y [ˈkəːtsi] s riverenza f; v/i fare una riverenza

curve [kəːv] s curva f; v/t curvare; v/i curvarsi

cushion [ˈkuʃən] cuscino m

custard [ˈkʌstəd] crema f

custody [ˈkʌstədi] custodia f; arresto m

custom [ˈkʌstəm] costume m; abitudine f; ~**ary** consueto; ~**er** cliente m; ~**s** pl dogana f; ~**s officer** doganiere m

cut [kʌt] s taglio m; riduzione f; v/t,v/i,irr tagliare; ~ **down** (tree) abbattere; (price) ridurre

cute [kjuːt] astuto; Am attraente; bellino

cutlery [ˈkʌtləri] posate f/pl

cutlet [ˈkʌtlit] costoletta f

cutter [ˈkʌtə] tagliatore m; (boat) cottro m

cutthroat ['kʌtθrout] assassino *m*

cutting trincea *f*; ritaglio *m*

cycl|e ['saikl] *s* bicicletta *f*; ciclo *m*; *v/i* andare in bicicletta; **~ist** ciclista *m*

cylinder ['silində] cilindro *m*

cynical ['sinikəl] cinico

cypress ['saipris] cipresso *m*

cyst [sist] ciste *f*

Czech [tʃek] *a, s* ceco (*m*); **~oslovak** *a, s* cecoslovacco (*m*)

D

dachshund ['dækshund] bassotto *m*

dad [dæd], **~dy** ['~i] papà *m*; babbo *m*

daffodil ['dæfədil] narciso *m*

daft [dɑːft] sciocco; scemo

dagger ['dægə] daga *f*; pugnale *m*

daily ['deili] *s* quotidiano *m*; *a* giornaliero; quotidiano

dairy ['dɛəri] latteria *f*; **~man** lattaio *m*; **~ product** latticinio *m*

daisy ['deizi] margherita *f*

dam [dæm] *s* diga *f*; argine *m*; *v/t* arginare

damage ['dæmidʒ] *s* danno *m*; perdita *f*; *v/t* danneggiare; *v/i* danneggiarsi

damn [dæm] *v/t* dannare; maledire; **~ it!** maledetto!; **I don't care a ~** non me ne importa niente

damp [dæmp] *a* umido; *s* umidità *f*; *v/t* inumidire

danc|e [dɑːns] *s* danza *f*; ballo *m*; *v/i* danzare; ballare; **~er** ballerino(a) *m* (*f*); **~ing** *s* ballo *m*

dandelion ['dændilaiən] radicchiella *f*

Dane [dein] danese *m, f*

danger ['deindʒə] pericolo *m*; **~ous** pericoloso

dangle ['dæŋgl] *v/t* dondolare; *v/i* dondolarsi

Danish ['deiniʃ] danese

dar|e [dɛə] *s* sfida *f*; *v/t* sfidare; *v/i* osare; **~ing** *s* audacia *f*; *a* audace

dark [dɑːk] *a* oscuro; buio; tenebroso; *s* buio *m*; oscurità *f*; **~en** *v/t* oscurare; *v/i* oscurarsi; **~ness** oscurità *f*; buio *m*

darling ['dɑːliŋ] *s* tesoro *m*; amore *m*; *a* delizioso; incantevole

darn [dɑːn] *s* rammento *m*; *v/t* rammentare

dart [dɑːt] *s* dardo *m*; *v/t* dardeggiare; *v/i* balzare; lanciarsi

dash [dæʃ] *s* scatto *m*; (*pen*) tratto *m*; *v/t* lanciarsi; **~board** cruscotto *m*

data ['deitə] *pl* dati *m/pl*

date [deit] *s* bot dattero *m*; data *f*; *v/t, v/i* datare; **up to ~** aggiornato; moderno; **out of ~** antiquato

daughter ['dɔːtə] figlia *f*; **~in-law** nuora *f*

daunt [dɔːnt] *v/t* scoraggiare

dawn [dɔ:n] s alba f; v/i albeggiare

day [dei] giorno m; giornata f; di m; **all ~ long** tutto il santo giorno; **by ~** di giorno; **every other ~** ogni due giorni; **in the ~s of** ai tempi di; all'epoca di; **the ~ after tomorrow** dopodomani; **the ~ before yesterday** l'altro ieri; **~break** alba f; **~dream** fantasticheria f; **~light-saving time** ora f d'estate

daze [deiz] s stordimento m; v/t stordire

dazzle ['dæzl] v/t abbagliare

dead [ded] morto; **the ~** i morti m/pl; **~en** v/t ammortire; smorzare; **~ end** vicolo m cieco; **~line** limite m; **~lock** punto m morto; **~ly** mortale

deaf [def] sordo; **~en** v/t assordare; **~mute** a, s sordomuto (m)

deal [di:l] s affare m; trattativa f; distribuzione f (di carte); **a good ~** abbastanza; v/t, irr distribuire; **~ in** v/i trattare in; **~er** commerciante m

dean [di:n] decano m

dear [diə] caro; **~ me!** Dio mio!

death [deθ] morte f; **~rate** mortalità f

debase [di'beis] v/t abbassare

debate s dibattito m; discussione f; v/t, v/i dibattere; discutere

debauch [di'bɔ:tʃ] s orgia f; v/t pervertire

debit ['debit] comm s debito m; v/t addebitare

debris ['deibri:] detriti m/pl

debt [det] debito m; **~or** debitore m

decade ['dekeid] decade f; decennio m

decaden|ce ['dekədəns] decadenza f; **~t** decadente

decapitate [di'kæpiteit] v/t decapitare

decay [di'kei] s decomposizione f; decadenza f; v/i decomporsi; decadere

decease [di'si:s] s morte f; v/i decadere; morire

decei|t [di'si:t] inganno m; frode f; **~tful** falso; **~ve** v/t ingannare

December [di'sembə] dicembre m

decen|cy ['di:snsi] decenza f; decoro m; **~t** decente, decoroso

decept|ion [di'sepʃən] inganno m; **~ive** ingannevole

decide [di'said] v/t, v/i decidere

decimal ['desiməl] decimale

decipher [di'saifə] v/t decifrare

decis|ion [di'siʒən] decisione f; **~ve** [di'saisiv] decisivo

deck [dek] ponte m; **~chair** sdraia f

declaim [di'kleim] v/i declamare

declar|ation [deklə'reiʃən] declarazione f; **~e** [di'kleə]

declension

v/t dichiarare; *v/i* dichiararsi

decl|ension [di'klenʃən] declinazione *f;* **.ine** [di'klain] *s* declino *m;* ribasso *m* (*di prezzo*); consunzione *f; v/t gram* declinare; rifiutare; *v/i* declinarsi; rifiutarsi

decode ['di:'koud] *v/t* decifrare

decompos|e [,di:kəm'pouz] *v/t* decomporre; *v/i* decomporsi

decor|ate ['dekəreit] *v/t* decorare; ornare; **.ation** decorazione *f;* ornamento *m;* **.um** decoro *m*

decrease ['di:kri:s] *s* diminuzione *f; v/t, v/i* diminuire

decree [di'kri:] *s* decreto *m; v/t* decretare

decrepit [di'krepit] decrepito

dedicat|e ['dedikeit] *v/t* dedicare; **.ion** dedicazione *f;* (*of a book*) dedica *f*

deduce [di'dju:s] *v/t* dedurre; desumere

deduct [di'dakt] *v/t* dedurre; sottrarre; **.ion** deduzione *f*

deed [di:d] atto *m*

deep [di:p] profondo; **.en** *v/t* approfondire; *v/i* approfondirsi; **.ness** profondità *f*

deer [diə] cervo *m;* daino *m;* **.skin** pelle *f* di daino

deface [di'feis] *v/t* sfigurare

defame [di'feim] *v/t* diffamare; calunniare

defeat [di'fi:t] *s* sconfitta *f; v/t* sconfiggere

defect [di'fekt] difetto *m;* **.ive** difettoso; **mentally .ive** deficiente; anormale

defen|ce, *Am* **.se** [di'fens] difesa *f;* protezione *f;* **.celess** indifeso; **.d** *v/t* difendere; **.dant** *for* accusato *m;* **.der** difensore *m*

defer [di'fə:] *v/t* differire; rimandare; **.ence** deferenza *f*

defiance [di'faiəns] sfida *f;*

deficien|cy [di'fiʃənsi] deficienza *f;* **.t** deficiente; difettoso

deficit ['defisit] disavanzo *m*

defin|e [di'fain] *v/t* definire; **.ite** ['definit] definito; sicuro; **.ition** definizione *f;* **.itive** [di'finitiv] definitivo

deflate [di'fleit] *v/t* deflazionare; sgonfiare

deform [di'fɔ:m] *v/t* deformare; sformare

defraud [di'frɔ:d] *v/t* defraudare

defrost ['di:'frɔst] *v/t* togliere il ghiaccio a; (*refrigerator*) sbrinare

deft [deft] destro; abile

defy [di'fai] *v/t* sfidare

degenerate [di'dʒenərit] *v/i* degenerare

degrade [di'greid] *v/t* degradare

degree [di'gri:] grado *m;* laurea *f*

dejected [di'dʒektid] abbattuto

delay [di'lei] *s* ritardo *m; v/t* ritardare; *v/i* tardare; **without .** immediatamente

delegat|e ['deligit] *s* delegato
m; [-'geit] *v/t* delegare;
~ion [-'geiʃən] delegazione
f

deliberate [di'libəreit] *v/t*,
v/i deliberare; [-it] *a* deliberato; premeditato

delica|cy ['delikəsi] delicatezza *f*; (*food*) leccornia *f*;
~te [-it] delicato

delicious [di'liʃəs] delizioso

delight [di'lait] *s* gioia *f*; incanto m; *v/t* piacere molto;
~ful delizioso

delinquen|cy [di'liŋkwənsi]
delinquenza *f*; **~t** delinquente m

deliver [di'livə] *v/t* liberare;
distribuire (*posta*); pronunciare (*un discorso*); sgravare
(*una partoriente*); **~y** liberazione *f*; distribuzione *f*;
parto m

delu|de [di'lu:d] *v/t* deludere; ingannare

deluge ['delju:dʒ] diluvio m

delusion [di'lu:ʒən] delusione *f*; inganno m; allucinazione *f*

demand [di'mɑ:nd] *s* richiesta *f*; esigenza *f*; *v/t* richiedere; esigere; **in ~** richiesto

democra|cy [di'mɔkrəsi]
democrazia *f*; **~t** ['deməkræt] democratico m; **~tic**
[-'krætik] democratico

demoli|sh [di'mɔliʃ] *v/t* demolire

demon ['di:mən] demonio m

demonstrat|e ['demənstreit] *v/t* dimostrare; **~ion**
dimostrazione *f*; **~ive** [di-'mɔnstrətiv] dimostrativo

demoralize [di'mɔrəlaiz] *v/t*
demoralizzare

den [den] tana *f*

denial [di'naiəl] diniego m;
rifiuto m

denomination [dinɔmi'neiʃən] denominazione *f*; confessione *f*

denote [di'nout] *v/t* denotare; indicare

denounce [di'nauns] *v/t* denunciare

dense [dens] denso; ottuso

dent [dent] *s* intaccatura *f*;
v/t intaccare

dent|al ['dentl] dentale; **~al
surgeon,** *~ist* dentista m, *f*;
~ure dentiera *f*; **~istry**
odontoiatria *f*

deny [di'nai] *v/t* negare; rifiutare

depart [di'pɑ:t] *v/i* partire;
~ment riparto m; **~ment
store** grande magazzino m;
~ure partenza *f*

depend (**on**) [di'pend] *v/i*
dipendere (da); **~ence** dipendenza *f*; **~ent** *s*, *a* dipendente (m)

deplor|able [di'plɔ:rəbl] deplorabile; **~e** *v/t* deplorare

depopulate [di:'pɔpjuleit]
v/t spopolare

deport [di'pɔ:t] *v/t* deportare

depos|e [di'pouz] *v/t* deporre; **~it** [di'pɔzit] *s* deposito
m; sedimento m; *v/t* depositare; **~ition** deposizione *f*;
testimonianza *f*; **~itor** de-

depot 62

positante *m*; correntista *m,f*
depot ['depou] deposito *m*
depraved [di'preivd] depravato
depreciate [di'pri:ʃieit] *v/t* screditare; deprezzare
depress [di'pres] *v/t* deprimere; **∼ion** depressione *f*
deprive [di'praiv] *v/t* privare
depth [depθ] profondità *f*; fondo *m*
deput|ation [ˌdepju'teiʃən] deputazione *f*; delegazione *f*; **∼y** deputato *m*
derail [di'reil] *v/t* deragliare
deride [di'raid] *v/t* deridere
derive [di'raiv] *v/t, v/i* derivare
descen|d [di'sent] *v/t, v/i* scendere; **∼dant** discendente *m*; **∼t** discesa *f*
descri|be [dis'kraib] *v/t* descrivere; **∼ption** descrizione *f*
desert ['dəzət] *a, s* deserto (*m*); [di'zət] *v/t, v/i* desertare; abbandonare
deserve [di'zə:v] *v/t, v/i* meritare
design [di'zain] *s* disegno *m*; *v/t* disegnare
designate ['dezigneit] *v/t* designare
designer [di'zainə] disegnatore *m*
desir|able [di'zaiərəbl] desiderabile; **∼e** *s* desiderio *m*; *v/t* desiderare; **∼ous** desideroso
desk [desk] scrivania *f*; ban-

co *m* (*di scuola*)
desolat|e ['desəleit] desolato; **∼ion** desolazione *f*
despair [dis'peə] *s* disperazione *f*; *v/i* disperare; disperarsi; **in ∼** disperato
despatch *s* spedizione *f*; dispaccio *m*; prontezza *f*; *v/t* spedire
desperate ['despərit] disperato
despise [dis'paiz] *v/t* disprezzare
despite of [dis'pait] *prp* malgrado; nonostante
despond [dis'pond] *v/i* scoraggiarsi
dessert [di'zət] dolci e frutta (*serviti alla fine del pranzo*)
destin|ation [desti'neiʃən] destinazione *f*; **∼e** ['∼in] *v/t* destinare; **∼y** destino *m*; sorte *f*
destitute ['destitju:t] bisognoso
destr|oy [dis'trɔi] *v/t* distruggere; **∼uction** distruzione *f*
detach [di'tætʃ] *v/t* staccare
detail ['di:teil] dettaglio *m*; **in ∼** dettagliatamente
detain [di'tein] *v/t* trattenere
detect [di'tekt] *v/t* scoprire; scorgere; **∼ive** agente *m* (*di polizia*); **∼ive story** romanzo *m* poliziesco
detention [di'tenʃən] detenzione *f*
deter [di'tə:] *v/t* impedire; **∼gent** detergente *m*
deteriorate [di'tiəriəreit] *v/t*

deteriorare; *v/i* deteriorarsi

determin|ation [ditə:mi'neiʃən] determinazione *f*; **~e** [di'tə:min] *v/t* determinare; decidere; *v/i* decidersi

deterrent [di'terənt] misura *f* d'intimidazione *f*

detest [di'test] *v/t* detestare; **~able** detestabile

detonate ['dətouneit] *v/t, v/i* detonare

detour ['deituə] deviazione *f*

detriment ['detriment] detrimento *m*

devalu|ation [ˌdiːvælju'eiʃən] svalutazione *f*; **~e** ['-'vælju:] *v/t* svalutare

devastate ['devəsteit] *v/t* devastare

develop [di'veləp] *v/t* sviluppare; *v/i* svilupparsi; **~ment** sviluppo *m*

deviate ['diːvieit] *v/t* deviare

device [di'vais] congegno *m*; espediente *m*

devil ['devl] diavolo *m*; demonio *m*

devise [di'vaiz] *v/t* escogitare

devoid [di'vɔid]: **~ of** privo di

devote [di'vout] *v/t* dedicare; **~ion** devozione *f*

devour [di'vauə] *v/t* divorare

devout [di'vaut] devoto

dew [dju:] rugiada *f*

dexter|ity [deks'teriti] destrezza *f*; **~ous** ['-rəs] destro; abile

diagnos|e ['daiəgnouz] *v/t*

diagnosticare; **~is** [ˌdaiəg'nousis], *pl* **~es** [-'si:z] diagnosi *f*

dial ['daiəl] *s* quadrante *m*; *v/t tel* fare il numero

dialect ['daiəlekt] dialetto *m*

dialog(ue) ['daiələg] dialogo *m*

diameter [dai'æmitə] diametro *m*

diamond ['daiəmənd] diamante *m*; **~s** *pl* (*cards*) quadri *m/pl*

diaper ['daiəpə] *Am* pannolino *m*

diaphram ['daiəfræm] diaframma *m*

diarrh(o)ea [daiə'riə] diarrea *f*

diary ['daiəri] diario *m*

dict|ate [dik'teit] *v/t, v/i* dettare; **~ion** dizione *f*; **~ionary** vocabolario *m*

die [dai] *v/i* morire; **~ out** scomparire

die [dai] dado *m*, *pl* **dice** [dais] dadi *m/pl.*

diet ['daiət] *s* dieta *f*; regime *m*; *v/i* essere a dieta

differ ['difə] *v/i* differire; **~ence** differenza *f*; **~ent** differente

difficult ['difikəlt] difficile; **~y** difficoltà *f*

diffident ['difidənt] timido

diffus|e [di'fjuːz] *a* diffuso; *v/t* diffondere; **~ion** diffusione *f*

dig [dig] *v/t, irr* vangare; scavare

digest [dai'dʒest, di-] *v/t* digerire; assimilare; **~ion** [di-

ˈdʒestʃən] digestione *f*

digni|fied [ˈdignifaid] dignitoso; **~ty** dignità *f*

digress [daiˈgres] *v/i* fare digressioni

digs [digz] *pl fam* alloggio *m*; stanza *f* (*in affitto*)

dike [daik] diga *f*

dilapidated [diˈlæpideitid] dilapidato

dilate [daiˈleit] *v/t* dilatare

diligen|ce [ˈdilidʒəns] diligenza *f*; **~t** diligente

dilut|e [daiˈlju:t] *v/t* diluire

dim [dim] oscuro; indistinto; fioco; vago; (*of a person*) tonto

dime [daim] *Am* pezzo *m* da dieci centesimi (*of dollaro*)

dimension [diˈmenʃən] dimensione *f*

diminish [diˈminiʃ] *v/t, v/i* diminuire

dimple [ˈdimpl] fossetta *f*

din [din] frastuono *m*

din|e [dain] *v/i* pranzare; **~ing-car** vagone *m* ristorante; **~ingroom** sala *f* da pranzo; **~ner** vagone *m* ristorante

dinner [ˈdinə] pranzo *m*; **~party** tavolata *f*

dip [dip] *v/t* immergere; tuffare

diphtheria [difˈθiəriə] difterite *f*

diploma [diˈpləumə] diploma *m*; **~cy** diplomazia *f*; **~tic** [ˌ~əˈmætik] diplomatico *m*; **~tic** [ˌ~əˈmætik] diplomatico *m*; **dipper** [ˈdipə] escavatore *m*

direct [diˈrekt] *a* diretto; *v/t*

dirigere; **~ current** corrente *f* continua; **~ion** direzione *f*; senso *m*; **~ions** *pl* istruzioni *f/pl*; **~or** direttore *m*; consigliere *m*; **managing ~or** consigliere *m* delegato; (**telephone**) **~ory** elenco *m* (telefonico)

dirt [də:t] sudiciume *m*; sporcizia *f*; **~y** sudicio; sporco

disabled [disˈeibld] invalido

disadvantage [disədˈvɑ:ntidʒ] svantaggio *m*; **~ous** [ˌdisædvɑ:nˈteidʒəs] svantaggioso

disagree [disəˈgri:] *v/i* non essere d'accordo; non andare d'accordo; dissentire; **~able** sgradevole; antipatico; **~ment** disaccordo *m*

disappear [disəˈpiə] *v/i* scomparire; **~ance** scomparsa *f*; sparizione *f*

disappoint [disəˈpoint] *v/t* deludere; **~ment** delusione *f*

disapprov|al [disəˈpru:vəl] disapprovazione *f*; **~e** *v/t, v/i* disapprovare

disarm [disˈɑ:m] *v/t, v/i* disarmare; **~ament** disarmo *m*

disarrange [ˌdisəˈreindʒ] *v/t* mettere in disordine; disorganizzare

disaster [diˈzɑ:stə] disastro *m*; **~rous** disastroso

disbelie|f [ˌdisbiˈli:f] incredulità *f*; **~ve** *v/t, v/i* non credere a

disc [disc] disco *m*

discard [dis'ka:d] *v/t* scartare

discern [di'sə:n] *v/t* discernere

discharge [dis'tʃɑ:dʒ] scarico *m*; sparo *m* (*di arma*); emissione *f* (*di liquido*); licenziamento *m*; *v/t* sparare; emettere; licenziare; compiere (*un dovere*); *v/i* scaricarsi

disciple [di'saipl] discepolo *m*

discipline ['disiplin] disciplina *f*

disclaim [dis'kleim] *v/t* negare

disclose [dis'klouz] *v/t* rivelare; scoprire

discolo(u)r [dis'kʌlə] *v/t* scolorire; *v/i* scolorirsi

discomfort [dis'kʌmfət] disagio *m*

disconcert [ˌdiskən'sə:t] *v/t* sconcertare

disconnect [ˌdiskə'nekt] *v/t* staccare

disconsolate [dis'kɔnsəlit] sconsolato

discontent [ˌdiskən'tent] scontentezza *f*

discontinue [ˌdiskən'tinju:] *v/t* sospendere; *v/i* interrompersi

discord ['diskɔ:d] discordia *f*; *mus* disarmonia *f*; dissonanza *f*; **~ance** [ˌ'kɔ:dəns] discordanza *f*; disaccordo *m*

discotheque ['discoutek] discoteca *f*

discount ['diskaunt] *s* sconto *m*; **give a ~** fare uno sconto

discourage [dis'kʌridʒ] *v/t* scoraggiare; dissuadere

discover [dis'kʌvə] *v/t* scoprire; **~y** scoperta *f*

discredit [dis'kredit] *s* discredito *m*; *v/t* screditare

discreet [~'kri:t] discreto; liberare

discret|e ['dis'kri:t] distinto; separato; **~ion** [dis'kreʃən] discrezione *f*

discriminate [dis'krimineit] *v/t* discriminare; **~ion** discussione *f*

discuss [dis'kʌs] *v/t* discutere; **~ion** discussione *f*

disdain [dis'dein] *s* disdegno *m*; *v/t* disdegnare; **~ful** sdegnoso

disease [di'zi:z] malattia *f*; **~d** malato

disembark ['disim'ba:k] *v/t*, *v/i* sbarcare

disengage ['disin'geidʒ] *v/t* disimpegnare; liberare

disentangle ['disin'tæŋgl] *v/t* districare

disfavo(u)r [dis'feivə] disfavore *m*

disfigure [dis'figə] *v/t* deformare

disgrace [dis'greis] vergogna *f*; **~ful** vergognoso

disguise [dis'gaiz] *s* maschera *f*; travestimento *m*; *v/t* mascherare; travestire

disgust [dis'gʌst] *s* disgusto *m*; *v/t* disgustare; **~ing** disgustoso

dish [diʃ] piatto *m*; **~-cloth** strofinaccio *m*

dishearten [dis'ha:tn] *v/t* scoraggiare

dishonest [dis'ɔnist] disonesto

dishono(u)r [dis'ɔnə] s disonore *m*; *v/t* disonorare; *comm* protestare (una cambiale)

dish-washer lavastoviglie *m*, *f*

disillusion [disi'lu:ʒən] delusione *f*

disinclined ['disin'klaind]: **feel ~ed to** non avere voglia di

disinfect [disin'fekt] *v/t* infettare; **~ant** disinfettante *m*

disinherit ['disin'herit] *v/t* diseredare

disintegrate [dis'intigreit] *v/t* disintegrare

disinterested [dis'intristid] disinteressato

disjointed [dis'dʒɔintid] sconnesso

disk *cf* **disc**

dislike [dis'laik] s antipatia *f*; avversione *f*; *v/t* avere antipatia per; non piacere

dislocate *v/t* dislocare; slogare

disloyal [dis'lɔiəl] sleale

dismal ['dizməl] triste

dismantle [dis'mæntl] *v/t* smontare

dismay [dis'mei] costernazione *f*

dismember [dis'membə] *v/t* smembrare

dismiss [dis'mis] *v/t* mandare via; licenziare; scacciare; **~al** licenziamento *m*

dismount [dis'maunt] *v/i*

scendere

disobedien|ce [disə'bi:djəns] disobbedienza *f*; **~t** disobbediente

disobey [disə'bei] *v/t* disobbedire

disorder [dis'ɔ:də] disordine *m*; confusione

disorganize [dis'ɔ:gənaiz] *v/t* disorganizzare

disown [dis'oun] *v/t* ripudiare

disparage [dis'pæridʒ] *v/t* sprezzare

disparity [dis'pæriti] disparità *f*

dispassionate [dis'pæʃənit] spassionato

dispatch [dis'pætʃ] *cf* **despatch**

dispel [dis'pel] *v/t* dissipare

dispens|ation [dispen'seiʃən] dispensa *f*; **~e** *v/t* dispensare; distribuire; **~e with** fare a meno di

disperse [dis'pə:s] *v/t* sperdere; *v/i* disperdersi

displace [dis'pleis] *v/t* spostare; **~d:** **~d person** profugo *m*

display [dis'plei] s esibizione *f*; mostra *f*; *v/t* esibire; mettere in mostra

displeas|e [dis'pli:z] *v/t* dispiacere; **~ure** dispiacere *m*

dispos|al [dis'pouzəl] disposizione *f*; **~e** *v/t* disporre; **~ition** disposizione *f*; carattere *m*

disproportionate [disprə-'pɔ:ʃnit] sproporzionato

dispute [dis'pju:t] s disputa

f; controversia *f*; *v/t*, *v/i* disputare

disqualif|ication [dis‚kwɔlifi'keiʃən] squalifica *f*; **~y** [‚'kwɔlifai] *v/t* squalificare

disregard [‚disri'gɑːd] *v/t* non dare retta

disreputable [dis'repjutəbl] di cattiva reputazione; malfamato

dissatisf|action ['dis‚sætis-'fækʃən] malcontento *m*; **~ied: be ~ied** essere scontento

dissen|sion [di'senʃən] dissenso *m*; **~t** *s* dissenso *m*; *v/i* dissentire

dissimilar ['di'similə] dissimile

dissipate ['disipeit] *v/t* dissipare; *v/i* dissiparsi

dissociate [di'souʃieit] *v/t* dissociare

dissol|ute ['disəluːt] dissoluto; **~ve** [di'zɔlv] *v/t* dissolvere; *v/i* dissolversi

dissonance ['disənəns] dissonanza *f*

dissuad|e [di'sweid] *v/t* dissuadere; **~sion** dissuasione *f*

distan|ce ['distəns] distanza *f*; **~t** distante

distaste ['dis'teist] ripugnanza *f*; **~ful** ripugnante

distemper [dis'tempə] (*on a wall*) intonaco *m*; (*dogs*) cimurro *m*

distend [dis'tend] *v/t* dilatare

distil [dis'til] *v/t* distillare; **~lation** distillazione *f*

distinct [dis'tiŋkt] distinto; nitido; **~ion** distinzione *f*; nitidezza *f*

distinguish [dis'tiŋgwiʃ] *v/t* distinguere; **~ed** illustre

distort [dis'tɔːt] *v/t* deformare

distract [dis'trækt] *v/t* distrarre; **~ed** sconvolto; **~ion** distrazione *f*

distress [dis'tres] *s* dolore *m*; *v/t* addolorare; **~ed** addolorato; **~ing** doloroso

distribut|e [dis'tribju(ː)t] *v/t* distribuire; **~ion** [‚'bjuːʃən] distribuzione *f*

district ['distrikt] zona *f*

distrust [dis'trʌst] *s* diffidenza *f*; *v/t* diffidare di; **~ful** diffidente

disturb [dis'təːb] *v/t* disturbare; **~ance** disturbo *m*; **~er** perturbatore *m*

disuse [dis'juːs] disuso *m*

ditch [ditʃ] fossa *f*

dive [daiv] tuffo *m*; *v/i* tuffarsi; **~r** tuffatore *m*

diverge [dai'vəːdʒ] *v/i* divergere; **~nce** divergenza *f*

diver|se [dai'vəːs] diverso; **~sion** diversione *f*; deviazione *f*; **~t** *v/t* divertire; deviare

divid|e [di'vaid] *v/t* dividere; *v/i* dividersi

divin|e [di'vain] divino; **~ity** [di'viniti] divinità *f*

divis|ible [di'vizəbl] divisibile; **~ion** divisione *f*

divorce [di'vɔːs] *s* divorzio *m*; *v/t* divorziare; *v/i* divorziarsi

3*

dizz|iness ['dizinis] vertigine *f*; **~y** vertiginoso; **feel ~y, get ~y** avere le vertigini

do *v/t* fare; eseguire; *fam* imbrogliare; **~ away with** sopprimere; abolire; **how ~ you ..?** come sta?; **that will ~** basta così; **~ without** fare a meno di

docile ['dousail] docile

dock [dɔk] *s* bacino *m* con chiusa; **~yard** scalo *m* marittimo

doctor ['dɔktə] *s* dottore *m*; medico *m*; *v/t* medicare; falsificare

document ['dɔkjumənt] *s* documento *m*; **~ary** [~'mentəri] documentario *m*

dodge [dɔdʒ] *s* trucco *m*; *v/t* scansare

doe [dou] cerva *f*

dog [dɔg] cane *m*; **~ged** [~id] tenace

dogma ['dɔgmə] dogma *m*

doings ['du(:)iŋz] *pl fam* ciò che la gente fa, combina, briga

dole [doul] *fam* sussidio *m* di disoccupazione

doll [dɔl] bambola *f*

dollar ['dɔlə] dollaro *m*

dolorous ['dɔlərəs] doloroso

dolphin ['dɔlfin] delfino *m*

dome [doum] cupola *f*

domestic [dou'mestik] domestico; casalingo; **~ate** *v/t* addomesticare

domicile ['dɔmisail] domicilio *m*

domin|ate ['dɔmineit] *v/t* dominare; **~ation** domi-

nio *m*; tirannia *f*; **~eer** [~'niə] *v/i* tiranneggiare

domino ['dɔminou], *pl* **~es** [~nouz] domino *m*

dona|te [dou'neit] *v/t* donare; **~tion** donazione *f*

done [dʌn] fatto; (*food*) cotto

donkey ['dɔŋki] asino *m*; somaro *m*

doom [du:m] destino *m* (*funesto*); **~sday** il Giudizio Universale

door [dɔ:] porta *f*; **~keeper,** *Am* **~man** portinaio *m*; **~step** gradino *m* della porta

dope [doup] *s* narcotico *m*; *v/t* eccitare con stupefacenti

dormant ['dɔ:mənt] addormentato; inattivo

dormitory ['dɔ:mitri] dormitorio *m*

dose [dous] *s* dose *f*; *v/t* dosare

dot [dɔt] punto *m*; puntino *m*

dote [dout]: **~ (up)on** *v/i* adorare

double [dʌbl] *a* doppio; *s* doppio *m*; duplicato *m*; (*film*) controfigura *f*; *v/t* raddoppiare; *v/i* raddoppiarsi; **~breasted** a doppio petto; **~cross** *v/t* ingannare; **~dealing** duplicità *f*; **~meaning** *s* ambiguità *f*; *a* ambiguo

doubt [daut] *s* dubbio *m*; *v/i, v/t* dubitare; **~ful** dubbioso; **~less** senza dubbio

dough [dou] pasta *f*; impasto *m*; **~nut** bombolone *m*

dove [dʌv] colombo *m*;

~tailed a coda di rondine

down [daun] *adv* giù; *prp* giù per; *s* landa *f*; peluria *f*; **~cast** abbattuto; **~fall** rovina *f*; **~pour** diluvio *m*; **~stairs: go ~stairs** scendere le scale; andare al piano di sotto

dowry ['dauəri] dote *f*

doze [douz] *s* sonnellino *m*; *v/i* sonnecchiare

dozen ['dʌzn] dozzina *f*

drab [dræb] *a* smorto; squallido

draft [drɑːft] bozza *f*, brutta copia *f*; tratta *f*; **~sman** disegnatore *m*

drag [dræg] *v/t* trascinare; dragare

dragon ['drægən] dragone *m*; **~fly** libellula *f*

drain [drein] *s* fogna *f*; tubo *m* di scarico; *v/t* scolare; prosciugare; **~age** prosciugamento *m*

drama ['drɑːmə] dramma *m*; **~tic** [drə'mætik] drammatico; **~tist** ['dræmətist] drammaturgo *m*; **~tize** *v/t* drammatizzare

drape [dreip] *v/t* coprire; drappeggiare

drastic ['dræstik] drastico

draught, *Am* **draft** [drɑːft] corrente *f* d'aria; **~s** *pl* dama *f* (*game*)

draw [drɔː] *s* estrazione *f*; attrazione *f*; (*football*) pareggio *m*; *v/t* tirare; estrarre; attrarre; tirare a sorte; (*football*) pareggiare; (*money*) riscuotere; **~ out** tirare

fuori; **~ up** redigere

draw|back inconveniente *m*; **~bridge** ponte *m* levatoio; **~er** cassetto *m*; **~ing** disegno *m*; sorteggio *m*; **~ing-room** salotto *m*

dread [dred] *s* terrore *m*; *v/t* avere il terrore di; temere; **~ful** terribile; spaventoso

dream [driːm] *s* sogno *m*; *v/t, v/i, irr* sognare

dreary ['driəri] triste; melanconico

dregs [dregz] *pl* fondi *m/pl*

drench [drentʃ] *v/t* inzuppare

dress [dres] *s* vestito *m*; abito *m*; *v/t* vestire; medicare; *v/i* vestirsi; **~er** credenza *f* (*di cucina*); **~ing** condimento *m*; *med* bende *f/pl*; **~ing-gown** vestaglia *f*; **~maker** sarta *f*; **~ rehearsal** prova *f* generale

drift [drift] *s* corrente *f*; deriva *f*; proposito *m*; *v/i* andare alla deriva; lasciarsi andare; **~wood** legno *m* flottante

drill [dril] *s* trapano *m*; esercizi *m/pl*; *v/t* perforare; fare esercitare; *v/i* fare esercizi

drink [driŋk] *s* bevanda *f*; *v/t, v/i, irr* bere

drip [drip] *s* goccia *f*; *v/i* gocciolare

driv|e [draiv] *s* passeggiata *f* in carrozza; viale *m* carrozzabile; *v/t, irr* condurre; guidare; *v/i* andare in carrozza; andare in macchina; **~er** autista *m*; **~ing licence**

patente *f*; **~ing school** scuola *f* (di) guida; **~ing-wheel** volante *m*

drizzle [ˈdrizl] *s* pioggerella *f*; *v/i* piovigginare

drone [droun] fuco *m*

droop [druːp] *v/i* languire

drop [drɔp] *s* goccia *f*; *v/t* fare cadere; *v/i* cadere; **~per** contagocce *m*

drown [draun] *v/t* affogare; annegare; *v/i* affogarsi; annegarsi

drowsy [ˈdrauzi] sonnolento

drudge [drʌdʒ] *v/i* affaticarsi

drug [drʌg] *s* droga *f*; *v/t* drogare; **~ addict** tossicomane *m, f*; **~gist** farmacista *m, f*; droghiere *m*; **~store** *Am* farmacia *f*

drum [drʌm] *s* tamburo *m*; (*of an ear*) timpano *m*; *v/i* tamburellare

drunk [drʌŋk] ubriaco; **~ard** ubriacone *m*; **~en** ubriaco

dry [drai] *a* asciutto; arido; secco; *v/t* asciugare; seccare; **~clean** *v/t* lavare a secco; **~ dock** bacino *m* di carenaggio *f*; **~ goods** *pl Am* stoffe *f/pl*; tessuti *m/pl*; **~ness** aridità *f*; siccità *f*

dubious [ˈdjuːbjəs] dubbio

dual [ˈdjuː(ː)əl] duale

duchess [ˈdʌtʃis] duchessa *f*

duck [dʌk] anatra *f*

due [djuː] *a* dovuto; debito; *s* tassa *f*; **be ~ to** dovere

duel [ˈdjuː(ː)əl] duello *f*

duke [djuːk] duca *m*

dull [dʌl] noioso; monotono; (*colour*) smorto; (*sound*) sordo; **~ness** noia *f*

duly [ˈdjuːli] debitamente

dumb [dʌm] muto; **~found** *v/t* stupefare

dummy [ˈdʌmi] *a* imitato; falso; *s* manichino *m*

dump [dʌmp] *v/t* scaricare

dune [djuːn] duna *f*

dung [dʌŋ] letame *m*

dungeon [ˈdʌndʒən] prigione *f* sotterranea

dupe [djuːp] *v/t* ingannare

duplicate [ˈdjuːplikit] *a, s* duplicato (*m*); [~eit] *v/t* duplicare

dura|ble [ˈdjuərəbl] duraturo; **~tion** durata *f*

during [ˈdjuəriŋ] durante

dusk [dʌsk] crepuscolo *m*

dust [dʌst] *s* polvere *f*; *v/t* spolverare; **~bin** bidone *m*; **~er** cencio *m* (*per la polvere*); **~pan** pattumiera *f*; **~y** polveroso

Dutch [dʌtʃ] *s, a* olandese (*m/f*); **the ~** *pl* gli olandesi *m/pl*; **~cheese** formaggio *m* olandese; **~man** olandese *m*; **~woman** olandese *f*

duty [ˈdjuːti] dovere *m*; imposta *f*; **be on ~** essere di servizio; **~y-free** esente da tasse

dwarf [dwɔːf] nano *m*

dwell [dwel] *v/i, irr* abitare; dimorare; **~er** abitante *m*; **~ing** abitazione *f*; dimora *f*

dwindle [ˈdwindl] *v/i* diminuire

dye [dai] *s* tintura *f*; *v/t*

tingere; *v/i* tingersi; **~r's: ~r's and cleaner's** tintoria *f*

dying ['daiiŋ] moribondo

dynamic [dai'næmik] dinamico; **~s** *pl* dinamica *f*

dynamite ['dainəmait] dinamite *f*; **~o** dinamo *f*

dysentery ['disntri] dissenteria *f*

dyspepsia [dis'pepsiə] dispepsia *f*

E

each [i:tʃ] *a* ogni; ciascuno; *pron* ognuno; **~ other** l'un l'altro

eager ['i:gə] ansioso; desideroso; **~ness** ansietà *f*

eagle ['i:gl] aquila *f*

ear [iə] *bot* spiga *f*; *anat* orecchio *m*; **~drum** timpano *m*

earl [ə:l] conte *m*

early ['ə:li] *a* mattutino; mattiniero; *adv* presto; di buon ora

earn [ə:n] *v/t* guadagnare; **~ings** *pl* guadagni *m/pl*

earnest ['ə:nist] serio; **in ~** seriamente; sul serio

earnings ['ə:niŋz] *pl* guadagni *m/pl*

ear|-phone cuffia *f*; **~-ring** orecchino *m*

earth [ə:θ] terra *f*; **~en** di terra; **~enware** vasellame *m* di terracotta; **~quake** terremoto *m*; **~worm** lombrico *m*

ease [i:z] *s* agio *m*; facilità *f*; *v/t* sollevare; calmare

easel ['i:zl] cavalletto *m*

east [i:st] est *m*; oriente *m*; **Near 2** Vicino Oriente; **Middle 2** Medio Oriente

Easter ['i:stə] Pasqua *f*; **~ week** settimana *f* santa

eastern ['i:stən] orientale

eastward(s) ['i:stwəd(z)] verso est

easy ['i:zi] facile; comodo

eat [i:t] *v/t, irr* mangiare; **~ up** consumare; divorare

ebb(-tide) ['eb('taid)] bassa marea *f*

ebony ['ebəni] ebano *m*

eccentric [ik'sentrik] *a, s* eccentrico (*m*)

ecclesiastic [ikli:zi'æstik] ecclesiastico

echo ['ekou] eco *m*

eclipse [i'klips] eclissi *f*

econom|ic [i:kə'nɔmik], **~ical** economo; **~ics** *f/pl* economia *f*; scienze *f/pl* economiche; **~ist** [i'kɔnemist] economista *m*; **~ize** *v/t, v/i* economizzare; **~y** economia *f*

edge [edʒ] *s* bordo *m*; filo *m* (*tagliente*); *v/t* bordare; **~ing** bordo *m*

edible ['edibl] mangiabile

edif|ice ['edifis] edificio *m*; **~y** *v/t* edificare

edit ['edit] *v/t* editare; dirigere; redigere; **~ion** [i'diʃən] edizione *f*; **~or** ['editə] direttore *m*; **~orial** [edi'tɔ:riəl] *a* editoriale; *s* articolo *m* di fondo

educate ['edju:keit] *v/t* istruire; **~ion** istruzione *f*

eel [i:l] anguilla *f*

efface [i'feis] *v/t* scancellare

effect [i'fekt] *s* effetto *m*; conseguenza *f*; risultato *m*; *v/t* effettuare; **~ive** effettivo; efficace; **~s** *pl* effetti *m/pl*; beni *m/pl*

effeminate [i'feminit] effeminato

effervescent [efə'vesnt] effervescente

efficien|cy [i'fiʃənsi] efficienza *f*; **~t** efficace

effort ['efət] sforzo *m*

effusive [i'fju:siv] espansivo

egg [eg] uovo *m*; **~cup** portauovo *m*; **~plant** melanzana *f*; **~shell** guscio *m* d'uovo

egoism ['egouizəm] egoismo *m*

Egypt ['i:dʒipt] Egitto *m*; **~ian** [i'dʒipʃən] *a*, *s* egiziano *(m)*

either ['aiðə, *Am* 'i:ðə] l'uno o l'altro; *(with negative verb)* nessuno; **~ ... or** o ... o; sia ... che; **not ... ~** neanche

eject [i:(')dʒekt] *v/t* cacciare fuori; emettere

elaborate [i'læbərit] *a* elaborato; complicato; [~eit] *v/t* elaborare

elapse [i'læps] *v/i* passare

elastic [i'læstik] *a*, *s* elastico *(m)*

elate [i'leit] *v/t* esaltare

elbow ['elbou] gomito *m*; *v/i* spingere a gomitate

elde|r ['eldə] *a*, *s* maggiore *(m)*; *bot* sambuco *m*; **~rly** anziano; **~st** ['~ist] *a*, *s* maggiore *(m)* *(di tutti)*

elect [i'lekt] *a* eletto; scelto; *v/t* eleggere; **~ion** elezione *f*; **~or** elettore *m*; **~orate** elettorato *m*; votanti *m/pl*

electr|ic [i'lektrik] elettrico; **~ical** elettrico; **~ician** [~'triʃən] elettricista *m*; **~icity** elettricità *f*; **~ocute** [i'lektrəkju:t] *v/t* fulminare

elegan|ce ['eligəns] eleganza *f*; **~t** elegante

element ['elimənt] elemento *m*; componente *m*; **~ary** elementare

elephant ['elifənt] elefante *m*

eleva|te [i'eliveit] *v/t* elevare; **~ion** elevazione *f*; **~or** montacarichi *m*; *Am* ascensore *m*

eligible ['elidʒəbl] eleggibile

elimina|te [i'limineit] *v/t* eliminare; **~ion** eliminazione *f*

elk [elk] alce *m*

ellipse [i'lips] ellissi *f*

elm [elm] olmo *m*

elope [i'loup] *v/i* fuggire

eloquen|ce ['eləkwəns] eloquenza *f*; **~t** eloquente

else [els] altro; **nothing ~** niente altro; **somebody ~** qualcun'altro; **something ~** qualche altra cosa; **~where** in qualche altro posto; da qualche altra parte

elu|de [i'lu:d] *v/t* eludere; **~sive** elusivo

emaciated [i'meiʃieitid] emaciato

emanate ['eməneit] v/i emanare

emancipate [i'mænsipeit] v/t emancipare; **~ion** emancipazione f

embalm [im'baːm] v/t imbalsamare

embankment [im'bæŋkmənt] argine m; diga f

embargo [em'baːgou], pl **~es** [~ouz] embargo m

embark [im'baːk] v/t imbarcare; v/i imbarcarsi; **~ upon something** mettersi a; lanciarsi a; **~ation** [ˌembaː'keiʃən] imbarcazione f

embarrass [im'bærəs] v/t imbarazzare; **~ing** imbarazzato; **~ment** imbarazzo m

embassy ['embəsi] ambasciata f

embellish [im'beliʃ] v/t abbellire

embers ['embəz] pl ceneri f/pl ardenti

embezzle [im'bezl] v/t appropriarsi (con frode)

embitter [im'bitə] v/t amareggiare

emblem ['embləm] emblema m

embody [im'bɔdi] v/t incarnare; incorporare

embolism ['embəlizəm] embolia f

embrace [im'breis] s abbraccio m; v/t abbracciare

embroider [im'brɔidə] v/t ricamare; **~y** ricamo m

emerald ['emərəld] smeraldo m

emerge [i'məːdʒ] v/i emergere

emergency [i'məːdʒənsi] emergenza f; **~ brake** freno m di emergenza; **~ call** numero m telefonico di soccorso; **~ exit** uscita f di sicurezza; **~ landing** aer atterraggio m di fortuna

emery ['eməri] smeriglio m; **~-paper** carta f smerigliata

emigra|nt ['emigrənt] emigrante m; **~te** ['~eit] v/i emigrare; **~tion** emigrazione f

eminent ['eminənt] eminente

emi|ssion [i'miʃən] emissione f; **~t** v/t emettere

emotion [i'mouʃən] emozione f; **~al** emotivo

emperor ['empərə] imperatore m

emphas|is ['emfəsis] enfasi f; **~ize** mettere in rilievo

empire ['empaiə] impero m

employ [im'plɔi] v/t impiegare; adoperare; **~ee** [emplɔi'iː] impiegato m; **~er** datore m di lavoro; padrone m; **~ment** impiego m; occupazione f; **~ment exchange** ufficio m di collocamento

empress ['empris] imperatrice f

empt|iness ['emptinis] vuoto m; **~y** vuoto

enable [i'neibl] v/t dare la possibilità; permettere

enact [i'nækt] v/t mettere in

atto

enamel [i'næməl] *s* smalto *m*; *v/t* smaltare

enchant [in't∫ɑːnt] *v/t* incantare

encircle [in'sɜːkl] *v/t* circondare

enclos|e [in'klouz] *v/t* rinchiudere; **~ure** [~ʒə] recinto *m*

encounter [in'kauntə] *s* incontro *m*; *v/t* incontrare

encourag|e [in'kʌridʒ] *v/t* incoraggiare; **~ement** incoraggiamento *m*

end [end] *s* fine *f*; termine *m*; *v/t, v/i* finire; terminare; **in the ~** in fin dei conti

endanger [in'deindʒə] *v/t* mettere in pericolo

endear [in'diə] *v/t* rendere caro

endeavou|r [in'devə] *s* sforzo *m*; *v/i* sforzarsi

end|ing [endiŋ] fine *f*; conclusione *f*; *gram* desinenza *f*; **~less** interminabile

endorse [in'dɔːs] *comm v/t* ~rare; firmare (*cheques*)

endow [in'dau] *v/t* dotare; **~ed with** dotato di

endur|ance [in'djuərəns] sopportazione *f*; **~e** *v/t* sopportare

enemy ['enimi] *a, s* nemico (*m*)

energ|etic [ˌenə'dʒetik] energico; **~y** ['enədʒi] energia *f*

enforce [in'fɔːs] *v/t* mettere in vigore

enfranchise [in'frænt∫aiz]

v/t affrancare

engage [in'geidʒ] *v/t* occupare; assumere (*in servizio*); **~d** occupato; impegnato; fidanzato; **~ment** impegno *m*; fidanzamento *m*

engine ['endʒin] motore *m*; macchina *f*; **~driver** macchinista *m*; **~er** [endʒi'niə] ingegnere *m*; **~ering** ingegneria *f*

England ['iŋglənd] Inghilterra *f*

English [iŋgliʃ] a inglese; (*language*) inglese *m*; **the ~** *pl* gli inglesi; **~man** inglese *m*; **~woman** inglese *f*

engrav|e [in'greiv] *v/t* incidere; **~ing** incisione *f*

engross [in'grous] *v/t* assorbire

enigma [i'nigmə] enimma *m*

enjoy [in'dʒɔi] *v/t* godere; **~o.s.** *v/r* divertirsi; **~able** piacevole

enlarge [in'lɑːdʒ] *v/t* estendere; ingrandire; **~ment** ingrandimento *m*

enlighten [in'laitn] *v/t* illuminare

enlist [in'list] *v/t* arrolare; *v/i* arrolarsi

enliven [in'laiven] *v/t* ravvivare

enmity ['enmiti] inimicizia *f*

enormous [i'nɔːməs] enorme

enough [i'nʌf] abbastanza

enquire [in'kwaiə] *cf* **inquire**

enrage [in'reidʒ] *v/t* rendere furioso

enrapture [in'ræptʃə] v/t entusiasmare

enrich [in'ritʃ] v/t arricchire

enrol [in'roul] v/t iscrivere; v/i iscriversi; **~ment** iscrizione f; registrazione f

ensign ['ensain] insegna f; bandiera f

enslave [in'sleiv] v/t fare schiavo

ensue [in'sju:] v/i risultare

ensure [in'ʃuə] v/t assicurare

entangle [in'tæŋgl] v/t imbrogliare

enter ['entə] v/t entrare in; comm registrare

enterpris|e ['entəpraiz] impresa f; **~ing** intraprendente

entertain [entə'tein] v/t intrattenere; divertire; ricevere (ospiti); **~ing** divertente; **~ment** trattenimento m; divertimento n

enthusias|m [in'θju:ziæzəm] entusiasmo m; **~t** entusiasta m, f; **~tic** entusiastico; entusiasmato

entice [in'tais] v/t attrarre; allettare

entire [in'taiə] intero

entitle [in'taitl] v/t autorizzare; dare il diritto; **be ~d to** avere il diritto a

entity ['entiti] entità f

entrails ['entreilz] pl viscere f/pl

entrance ['entrəns] entrata f; ingresso m; **~fee** prezzo m d'ingresso

entreat [in'tri:t] v/t supplicare

entrust [in'trʌst] v/t affidare

entry ['entri] ingresso m; entrata f

enumerate [i'nju:məreit] v/t enumerare

envelop [in'veləp] v/t avvolgere; **~e** ['envəloup] busta f

envi|able ['enviəbl] invidiabile; **~ous** invidioso

environ|ment [in'vaiərəment] ambiente m; **~al pollution** inquinamento m dell'ambiente

environs ['environz, in'vaiərənz] pl dintorni m/pl

envisage [in'vizidʒ] v/t contemplare

envoy ['envɔi] inviato m

envy ['envi] s invidia f; v/t invidiare

epidemic (disease) [epi'demik] epidemia f

epidermis [epi'də:mis] epidermide f

epilep|sy ['epilepsi] epilessia f; **~tic** [,epi'leptik] epilettico

episode ['episoud] episodio m

epoch ['i:pɔk] epoca f

equal ['i:kwəl] a, s uguale; **~ity** [i(:)'kwɔliti] uguaglianza f; **~ize** v/t uguagliare

equanimity [ekwə'nimiti] equanimità f

equation [i'kweiʒən] equazione f

equator [i'kweitə] equatore m

equilibrium [,i:kwi'libriəm] equilibrio m

equip [i'kwip] *v/t* equipaggiare; attrezzare; **~ment** attrezzatura *f*

equivalent [i'kwivələnt] equivalente

era ['iərə] epoca *f*

eradicate [i'rædikeit] *v/t* sradicare

erase [i'reiz] *v/t* scancellare

erect [i'rekt] *a* eretto; ritto; *v/t* erigere; innalzare; **~ion** erezione *f*; elevazione *f*

erosion [i'rouʒən] erosione *f*

erotic [i'rɔtik] erotico

err [əː] *v/i* errare; sbagliare

errand ['erənt] commissione *f*; **~boy** fattorino *m*; garzone *m*

errant ['erənt] errante

err|oneous [i'rounjəs] erroneo; **~or** ['erə] errore *m*; sbaglio *m*

erupt [i'rʌpt] *v/i* eruttare

escalator ['eskəleitə] scala *f* mobile

escape [is'keip] *v/t* sfuggire a; evitare; *v/i* sfuggire; scappare; *s* fuga *f*

escort ['eskɔːt] *s* scorta *f*; accompagnatore *m*; [is'kɔːt] *v/t* scortare; accompagnare

especial [is'peʃəl] speciale; **~ly** specialmente; soprattutto

espionage [espiə'nɑːʒ] spionaggio *m*

essay ['esei] saggio *m*; tema *m* (*scolastico*); **~ist** saggista *m*

essen|ce ['esns] essenza *f*; **~tial** [i'senʃəl] essenziale

establish [is'tæbliʃ] *v/t* sta-

bilire; istituire; fondare; **~ment** stabilimento *m*; istituzione *f*; istituto *m*; casa *f* commerciale

estate [is'teit] proprietà *f*; tenuta *f*; **~car** giardinetta *f*; **real ~** beni *m/pl* immobili

esteem [is'tiːm] *s* stima *f*; *v/t* stimare

estimat|e ['estimeit] *s* preventivo *m*; *v/t* valutare; **~ion** valutazione *f*; stima *f*

estrange [is'treindʒ] *v/t* alienare

estuary ['estjuəri] estuario *m*

etcetera [it'setrə, et.] eccetera

etern|al [i(ː)'təːnl] eterno; **~ity** eternità *f*

ether ['iːθə] etere *m*

ethics ['eθiks] *pl* etica *f*

Ethiopia [ˌiːθi'oupjə] Etiopia *f*

eucalyptus [ˌjuːkə'liptəs] eucalipto *m*

Europe ['juərəp] Europa *f*; **~an** [juərə'pi(ː)ən] *a*, *s* europeo (*m*)

evacuate [i'vækjueit] *v/t* evacuare; sfollare; sgombrare

evade [i'veid] *v/t* evitare; sottrarsi a

evaluate [i'væljueit] *v/t* valutare

evangelical [ˌiːvæn'dʒelikəl] evangelico

evaporate [i'væpəreit] *v/t* evaporare; *v/i* evaporarsi

evasion [i'veiʒən] evasione *f*; sotterfugio *m*

eve [iːv] vigilia *f*

even ['iːvən] *a* piano, liscio; uguale, pari; fermo; *adv* anche; perfino; ~ **though** anche se; **not** ~ neanche; *v/t* appianare; livellare; aggiustare

evening ['iːvniŋ] sera *f*; ~ **good** ~ buona sera; ~ **dress** abito *m* da sera

event [i'vent] avvenimento *m*; **at all** ~s in tutti i casi; ~**ful** memorabile; movimentato; ~**ual** eventuale; ~**ually** finalmente

ever ['evə] mai; sempre; **for** ~; ~**green** sempreverde; **per sempre**; ~ **since** da quando

every ['evri] ogni; tutti; ~ **other day** ogni due giorni; ~**body**, ~**one** ognuno; tutti; ~**day** quotidiano; ~**thing** tutto; ~**where** da tutte le parti

eviden|ce ['evidəns] evidenza *f*; testimonianza *f*; **give** ~**ce** testimoniare; ~**t** evidente; chiaro

evil ['iːvl] *s* male *m*; *a* cattivo

evince [i'vins] *v/t* manifestare

evoke [i'vouk] *v/t* evocare

evolution [iːvə'luːʃən] evoluzione *f*; svolgimento *m*

evolve [i'vɔlv] *v/t* evolvere; *v/i* evolversi

ewe [juː] pecora *f*

exact [ig'zækt] *a* esatto; preciso; *v/t* esigere; ~**ly** esattamente; ~**ness** esattezza *f*

exaggerat|e [ig'zædʒəreit]

v/t esagerare; ~**ion** esagerazione *f*

exalt [ig'zɔːlt] *v/t* esaltare; ~**ation** esaltazione *f*

examin|ation [igˌzæmi'nei-ʃən] esame *m*; ~**e** *v/t* esaminare

example [ig'zaːmpl] esempio *m*; **for** ~ per esempio

exasperate [ig'zaːspəreit] *v/t* esasperare

excavate ['ekskəveit] *v/t* scavare

exceed [ik'siːd] *v/t* eccedere; superare

excellen|ce ['eksələns] eccellenza *f*; ~**t** eccellente; ottimo

except [ik'sept] *prp* eccetto; salvo; ~ **for** all'infuori di; *v/t* eccettuare; *v/i* obbiettare; meno; ~**ion** eccezione *f*; ~**ional** eccezionale

excerpt ['eksəpt, ik'sɔːpt] estratto *m*

excess [ik'ses] eccesso *m*; ~ **fare** supplemento *m*; ~**ive** eccessivo

exchange [iks'tʃeindʒ] *s* cambio *m*; Borsa *f*; centrale *f* (telefonica); *v/t* scambiare; ~ **rate** cambio *m*

Exchequer [iks'tʃekə]; **Chancellor of the** ~ Cancelliere *m* dello Scacchiere; Ministro *m* delle Finanze

excit|e [ik'sait] *v/t* eccitare; agitare; ~**ement** eccitazione *f*; agitazione *f*; ~**ing** emozionante; avvincente

excla|im [iks'kleim] *v/t, v/i* esclamare; ~**mation** esclamazione f; **~mation mark** punto m esclamativo

exclu|de [iks'klu:d] v/t escludere; **~sion** esclusione f; **~sive** esclusivo

excommunicate [ˌekskə-'mjuːnikeit] v/t scomunicare

excursion [iks'kəːʃən] gita f

excuse [iks'kjuːz] s scusa f; v/t scusare; **~ me** scusi signore!

execut|e ['eksikjuːt] v/t eseguire; giustiziare; **~ion** esecuzione f; **~ive** [ig'zekjutiv] s potere m esecutivo; a esecutivo

exemplary [ig'zempləri] esemplare

exempt [ig'zempt] a esente; v/t esentare

exercise ['eksəsaiz] s esercizio m; v/t esercitare; **~book** libro m scolastico

exert [ig'zəːt] v/t esercitare; **~ o.s.** v/r sforzarsi; **~ion** sforzo m

exhale [eks'heil] v/t esalare

exhaust [ig'zəːst] scarico m; **~pipe** tubo m di scarico; v/t esaurire; **~ion** esaurimento m

exhibit [ig'zibit] s oggetto m in esposizione; v/t esibire; **~ion** [eksi'biʃən] esposizione f

exhort [ig'zəːt] v/t esortare

exigence [ek'sidʒəns, 'eksi-dʒənsi] esigenza f

exile ['eksail] m esilio m; v/t esiliare

exist [ig'zist] v/i esistere;

~ence esistenza f; **~ent, ~ing** esistente

exit ['eksit] uscita f

exorbitant [ig'zɔːbitənt] esorbitante

exotic [eg'zɔtik] esotico

expan|d [iks'pænd] v/t espandere; sviluppare; v/i espandersi; svilupparsi; **~se** distesa f; **~sion** espansione f; sviluppo m; **~sive** espansivo

expect [iks'pekt] v/t aspettare; aspettarsi; **~ance, ~ation** aspettativa f; **~ant mother** donna f incinta

expedient [iks'piːdjənt] espediente m

expedition [ekspi'diʃən] spedizione f

expel [iks'pel] v/t espellere

expen|d [iks'pend] v/t espendere; consumare; **~diture** spesa f; **~se** spesa f; **~sive** costoso

experience [iks'piəriəns] s esperienza f; v/t provare; sentire; **~d** esperto

experiment [iks'perimənt] s esperimento m; v/t esperimentare

expert ['ekspəːt] a esperto; s esperto m; perito m

expir|ation [ˌekspaiə'reiʃən] espirazione f; morte f; comm scadenza f; **~e** [iks-'paiə] v/i espirare; morire; comm scadere

expla|in [iks'plein] v/t spiegare; **~nation** spiegazione f

explicit [iks'plisit] esplicito

explode [iks'ploud] v/t fare
esplodere; v/i esplodere

exploit [iks'plɔit] s prodezza
f; v/t sfruttare

explor|ation [eksplɔ:'reiʃən]
esplorazione f; **~e** v/t esplorare; **~er** esploratore m

explos|ion [iks'plouʒən]
esplosione f; **~ive** esplosivo

export ['ekspɔ:t] s esportazione f; [eks'pɔ:t] v/t esportare; **~ation** esportazione f;
~er esportatore m

expos|e [iks'pouz] v/t espor-
re; smascherare; **~ition**
[ekspou'ziʃən] esposizione
f; **~ure** esposizione f; sma-
scheramento m; **~ure me-
ter** esposimetro m

express [iks'pres] s espresso
m; **~ train** rapido m; a ap-
posito; espresso; v/t esprimere; **~ion** espressione f;
~ive espressivo

expropriate [eks'prou-
prieit] v/t espropriare

expulsion [iks'pʌlʃən]
espulsione f

exquisite ['ekskwisit] squisito

extant [eks'tænt] esistente

exten|d [iks'tend] v/t esten-
dere; prolungare; allargare;
v/i estendersi; prolungarsi;
allargarsi; **~sion** estensione
f; prolungamento m; allar-
gamento m; **~sive** esteso; **~t**
distesa f; **to a certain ~t**
fino a un certo punto

exterior [eks'tiəriə] s esterno
m; a esteriore; esterno

exterminate [iks'tə:mineit]
v/t sterminare

external [eks'tə:nl] esterno

extin|ct [iks'tiŋkt] estinto;
~guish [iks'tiŋgwiʃ] v/t
estinguere

extirpate ['ekstə:peit] v/t
estirpare

extort [iks'tɔ:t] v/t estorcere

extra ['ekstrə] a extra; straordinario; addizionale; s
supplemento m; aggiunta f;
adv extra; in più

extract ['ekstrækt] estratto
m; [iks'trækt] v/t estrarre;
~ion estrazione f

extradite ['ekstrədait] v/t
estradare

extraordinary [iks'trɔ:dnri]
straordinario

extravagan|ce [iks'trævi-
gəns] stravaganza f; **~t**
stravagante

extrem|e [iks'tri:m] a estre-
mo; s estremo m; estremità
f; **~ist** estremista m, f; **~ity**
[~'tremiti] estremità f

exuberant [ig'zju:bərənt]
esuberante

exult [ig'zʌlt] v/i esultare;
~ant esultante

eye [ai] occhio m; **keep an ~
on** tenere d'occhio; v/t
adocchiare; **~ball** globo m
dell'occhio; **~brow** soprac-
ciglio m; **~glasses** pl occhiali m/pl; **~lash** ciglio m;
~let occhiello m; **~lid** palpebra f; **~shot** vista f; **~sight**
vista f; **~witness** testimone m oculare

fable ['feibl] favola *f*

fabric ['fæbric] tessuto *m*; **~ate** ['~eit] *v/t* inventare; fabbricare

fabulous ['fæbjuləs] favoloso

façade [fə'sɑːd] facciata *f*

fac|e [feis] *s* faccia *f*; viso *m*; **~e to ~e** faccia a faccia; *v/t* fare fronte a; affrontare; essere di fronte a; **~ing** di fronte a

facil|itate [fə'siliteit] *v/t* facilitare; **~ity** facilità *f*

fact [fækt] fatto *m*; **in ~** infatti

factor ['fæktə] fattore *m*; elemento *m*; **~y** fabbrica *f*

faculty ['fækəlti] facoltà *f*

fade [feid] *v/i* (*colour*) sbiadire; (*flowers*) appassire; (*light*) spegnersi; (*memory*) scancellarsi; (*sound*) perdersi

fail [feil] *v/t* abbandonare; essere bocciato (*a un esame*); *v/i* fallire; mancare; **~ure** ['~jə] fallimento *m*; bocciatura *f* (*a un esame*)

faint [feint] *a* debole; (*colour*) pallido; *v/i* svenire

fair [fɛə] *a* biondo; giusto; discreto; bello; buono; *s* fiera *f*; **~ play** giuoco *m* leale; **~ly** piuttosto; giusta; **~ness** giustizia *f*

fairy ['fɛəri] fata *f*; **~tale** fiaba *f*

faith [feiθ] fede *f*; fiducia *f*; **~ful** fedele; **Yours ~fully**

con profonda stima

fake [feik] *s* imitazione *f*; *v/t* imitare; falsificare

falcon ['fɔːlkən] falcone *m*

fall [fɔːl] *s* caduta *f*; abbassamento *m*; ribasso *m*; *v/i* cadere; abbassarsi; **~ asleep** addormentarsi; **~ due** *comm* scadere; **~ ill** ammalarsi; **~ in love with** innamorarsi di; **~ (up)on** attaccare

fallacious [fə'leifəs] fallace

false [fɔːls] falso; **~hood** bugia *f*

falsify ['fɔːlsifai] *v/t* falsificare

falter ['fɔːltə] *v/i* vacillare

fame [feim] fama *f*

famil|iar [fə'miljə] familiare; abbassarsi; (*slang*) tifoso *m*; *v/t* sventolare; ventilare

fanatic [fə'nætik] *a*, *s* fanatico (*m*)

fanc|iful ['fænsiful] fantasioso; **~y** *s* fantasia *f*; capriccio *m*; *a* (di) fantasia; **~y dress** maschera *f*

fang [fæŋ] zanna *f*

fantas|tic [fæn'tæstik] fantastico; **~y** ['fæntəsi] fantasia *f*

far [fɑ:] lontano; **as ~ as** fino a; **by ~** di molto; di gran lungo; **~ better** molto migliore; **how ~?** fin dove? *adv* molto meglio; **~ off** lontano; **~reaching** di grande portata; **so ~** finora

farce [fɑ:s] farsa *f*

fare [feə] cibo *m*; tariffa *f*; **~well** addio *m*

farm [fɑ:m] *s* podere *m*; fattoria *f*; *v/t* coltivare; **~er** agricoltore *m*; **~ hand** bracciante *m*; **~house** casa *f* colonica; **~ing** coltivazione *f*

far-sighted lungimirante

farth|er più lontano; **~est** il più lontano

fascinat|e ['fæsineit] *v/t* affascinare; **~ing** affascinante; **~ion** fascino *m*

fashion ['fæʃən] *s* moda *f*; **~able** di moda

fast [fɑ:st] *a* veloce; fermo; leggero; *adv* velocemente; fermamente; *s* digiuno *m*; *v/i* digiunare

fasten ['fɑ:sn] *v/t* attaccare; fissare; **~er** chiusura *f*; fermatura *f*

fat [fæt] *a*, *s* grasso (*m*)

fat|al ['feitl] fatale; **~e** destino *m*; sorte *f*

father ['fɑ:ðə] padre *m*; **~hood** paternità *f*; **~-in-law** suocero *m*; **~land** patria *f*; **~less** orfano di padre; **~ly** paterno

fatigue [fə'ti:g] *s* fatica *f*; *v/t*

affaticare

fatten ['fætn] *v/t* ingrassare

fatuous ['fætjuəs] fatuo

faucet ['fɔ:sit] *Am* rubinetto *m*

fault [fɔ:lt] colpa *f*; difetto *m*; **~less** perfetto; **~y** difettoso

favo(u)r ['feivə] *s* favore *m*; *v/t* favorire; **~able** favorevole; **~ite** ['~rit] *a*, *s* preferito (*m*)

fear [fiə] *s* paura *f*; timore *m*; *v/t* temere; avere paura di; **~ful** pauroso; terribile

feasible ['fi:zəbl] possibile

feast [fi:st] *s* festa *f* (religiosa); banchetto *m*; *v/t* festeggiare; banchettare

feat [fi:t] prodezza *f*

feather ['feðə] piuma *f*; penna *f*; **~weight** peso *m* piuma

feature ['fi:tʃə] *geog* configurazione *f*; caratteristica *f*; **~s** *pl* fattezze *f*/*pl*; lineamenti *m*/*pl*

February ['februəri] febbraio *m*

fecund ['fi:kənd] fecondo

federa|l ['fedərəl] federale; **~tion** federazione *f*; confederazione *f*

fee [fi:] onorario *m*; quota *f*; tassa *f*

feeble ['fi:bl] debole

feed [fi:d] *s* nutrimento *m*; *v/t* nutrire; dare da mangiare; *v/i* nutrirsi; **be fed up with** essere stufo di; **~ing** nutrizione *f*; **~ing-bottle** poppatoio *m*

feel [fi:l] v/t, irr sentire; toccare; provare; v/i sentirsi; ~ **well** stare bene; **~ing** sentimento m; sensazione f

feign [fein] v/t fingere

felicitate [fi'lisiteit] v/t congratularsi con

fell [fel] v/t abattere

fellow ['felou] s tipo m; compagno m; individuo m; socio m; **~citizen** concittadino m

felt [felt] feltro m

female ['fi:meil] s femmina f; a femminile

feminine ['feminin] femminile

fen [fen] pantano m

fenc|e [fens] s recinto m; stecconato m; v/t chiudere con recinto; v/i schermire; **~ing** scherma f

fend [fend] v/t parare; **~er** Am parafango m

ferment ['fə:ment] s fermento m; v/t far fermentare; v/i fermentare; **~ation** fermentazione f

fern [fə:n] felce f

ferocity [fə'rɔsiti] ferocità f

ferry ['feri] s traghetto m; v/t traghettare

fertil|e ['fə:tail] fertile; **~ity** [~'tiliti] fertilità f; **~ize** ['~ilaiz] v/t fertilizzare

fervent ['fə:vənt] fervente

fester ['festə] v/i suppurare

festival ['festivəl] festa f; mus festival m; **~e** festivo m; **~ities** [~'tivitiz] pl festa f

festoon [fes'tu:n] festone m; ghirlanda f

fetch [fetʃ] v/t andare a prendere; v/i vendersi per

fête [feit] festa f

fetish ['fi:tiʃ] feticcio m

fetters ['fetəz] ceppi m/pl

feudal ['fju:dl] feudale

fever ['fi:və] febbre f; **~ish** febbrile

few [fju:] a, s pochi(e) (m/pl, f/pl); **a ~** alcuni(e)

fiancé [fi'ɑːnsei] fidanzato m; **~e** fidanzata f

fib [fib] (piccola) bugia f

fib|re, Am **~er** ['faibə] fibra f; **~rous** fibroso

fickle ['fikl] incostante

fict|ion ['fikʃən] finzione f; romanzi m/pl; **~tious** [~'ti-ʃəs] fittizio

fiddle ['fidl] s violino m; v/i suonare il violino; giuocare con; **~sticks** pl sciocchezze f/pl

fidelity [fi'deliti] fedeltà f

fidget ['fidʒit] v/i agitarsi

field [fi:ld] campo m; prato m; **~glasses** pl binocolo m

fiend [fi:nd] demonio m

fierce [fiəs] feroce

fiery ['faiəri] focoso

fife [faif] piffero m

fig [fig] fico m

fight [fait] s lotta f; litigio m; v/t, irr combattere; lottare; litigare

figurative ['figjurativ] figurativo

figure ['figə] s figura f; cifra f; v/t raffigurare; v/i fare calcoli; figurare; **~skating** pattinaggio m artistico

fil|e [fail] s lima f; mil fila f;

schedario m; v/t limare; classificare; archiviare

filigree ['filigri:] filigrana f

fill [fil] v/t riempire; occupare; otturare (un dente); ~ **in**, ~ **up** riempire; completare; v/i riempirsi

fillet ['filit] filetto m; fetta f (di pesce)

filling (of tooth) otturazione f; ~ **station** Am stazione f di servizio

filly ['fili] puledra f

film [film] s pellicola f; film m; patina f; v/t filmare; girare una pellicola

filter ['filtə] s filtro m; v/t filtrare

filth [filθ] sudiciume m; ~y sudicio

fin [fin] pinna f

final ['fainl] s finale m; a finale; ultimo; ~ity [fai'næliti] finalità f

finance [fai'næns] s finanza f; v/t finanziare; ~ial [-ʃəl] finanziario; ~ier finanziere m; ~ing finanziamento m

finch [fintʃ] fringuello m

find [faind] v/t, irr trovare; incontrare; ~ **out** scoprire; s scoperta f; ~ings pl conclusioni f/pl; med, for reperto m

fine [fain] a fino; bello; **it is** ~ **weather** fa bel tempo; **that is** ~ va benissimo; s multa f; v/t multare

finger ['fiŋgə] s dito m; pl dita f/pl; **little** ~ unghia f; v/t toccare; ~**nail** unghia f; ~**prints** pl impronte f/pl digitali

finish ['finiʃ] s fine f; termine m; rifinitura f; v/t finire; rifinire

finite ['fainait] finito

Fin|land ['finlənd] Finlandia f; ~n [fin] finlandese m, f; ~nish a, s finlandese (m, f)

fir [fə:] abete m

fire ['faiə] s fuoco m; incendio m; **on** ~ in fiamme; **set on** ~ incendiare; v/t fam licenziare; v/i sparare; ~**arms** pl armi f/pl da fuoco; ~**escape** scala f di sicurezza; ~**extinguisher** estintore m; ~**insurance** assicurazione f contro gli incendi; ~**man** pompiere m; fuochista m; ~**place** camino m; ~**proof** incombustibile; ~**side** camino m; ~**works** pl fuochi m/pl d'artificio

firm [fə:m] a fermo; deciso; s ditta f; ~**ness** fermezza f

first [fə:st] primo; ~ **aid** primo soccorso m; ~**class** ottimo; ~**hand** di prima mano; ~**ly** in primo luogo; ~ **night** thea la prima f; ~ **rate** di prima classe

firth [fə:θ] estuario m

fiscal ['fiskəl] fiscale

fish [fiʃ], pl ~**es** [-'iz] s pesce m; v/t, v/i pescare; ~**er-bone** spina f di pesce; ~**erman** pescatore m; ~**ing rod** canna f da pesca; ~**ing tackle** attrezzi m/pl da pesca; ~**monger's** pescheria f

fissure ['fiʃə] fessura f

fist [fist] pugno m

fit *a* adatto; conveniente; in forma; *v/i* andare bene; *s* attacco *m*; colpo *m*; ~ **on** applicare; ~ **out** attrezzare; ~**ness** opportunità *f*; buona salute *f*; ~**ting** *a* adatto; conveniente; *s* prova *f*; ~**tings** *pl* accessori *m/pl*

fix [fiks] difficoltà *f*; *v/t* fissare; ~ **up** combinare; ~**tures** *pl* infissi *m/pl*

flabbergast ['flæbəgɑːst] *v/t* sbalordire

flabby ['flæbi] floscio

flag [flæg] bandiera *f*; **lower the** ~ abbassare la bandiera; **hoist the** ~ innalzare la bandiera

flagrant ['fleigrənt] flagrante

flake [fleik] scaglia *f*; fiocco *m* (*di* neve)

flamboyant [flæm'bɔiənt] fiammeggiante

flam|e [fleim] *s* fiamma *f*; *v/i* fiammeggiare

flank [flæŋk] *s* fianco *m*; *v/t* fiancheggiare

flannel ['flænl] flanella *f*

flap [flæp] *v/t* battere; *s* battito *m*

flare [flɛə] *v/i* fiammeggiare; brillare

flash [flæʃ] *s* lampo *m*; baleno *m*; *v/i* brillare; ~**light** lampada *f* elettrica

flask [flɑːsk] fiasco *m*

flat [flæt] *a* piatto; piano; monotono; *s* *mus* bemolle *m*; appartamento *m*; ~ **of the hand** palma *f*; ~**ten** *v/t* appiattire; *v/i* appiattirsi

flatter ['flætə] *v/t* lusingare; ~**y** lusinga *f*

flavo(u)r ['fleivə] sapore *m*; gusto *m*; *v/t* dare il sapore do

flaw [flɔː] difetto *m*; ~**less** perfetto; senza difetti

flax [flæks] lino *m*; ~**en** biondo

flea [fliː] pulce *f*

flee [fliː] *v/i*, *v/t*, *irr* fuggire

fleece [fliːs] *s* vello *m*; lana *f*; *v/t* tosare; *fam* pelare

fleet [fliːt] flotta *f*; ~**ing** veloce

Fleming ['flemiŋ] fiammingo *m*; ~**sh** *a*, *s* fiammingo (*m*)

flesh [fleʃ] carne *f* viva; ~**y** carnoso

flexible [fl'eksəbl] flessibile

flick [flik] colpetto *m*

flicker ['flikə] *s* tremolio *m*; *v/i* vacillare

flight [flait] fuga *f*; volo *m*; ~ **of stairs** rampa *f* di scale

flimsy ['flimzi] inconsistente

flinch [flintʃ] *v/i* indietreggiare; smuoversi

fling [fliŋ] *v/t*, *irr* gettare; lanciare

flint [flint] pietra *f* focaia

flippant ['flipənt] leggero; poco serio

flirt [fləːt] *s* civetta *f*; *v/i* civettare; flirtare; ~**ation** flirt *m*

float [flout] *v/i* galleggiare; *v/t* far galleggiare

flock [flɔk] gregge *f* (*di* pecore); stormo *m* (*di* uccelli); branco *m* (*di* animali); *v/i* riunirsi in stormi, a branchi

flog [flɔg] v/t fristare

flood [flʌd] s inondazione f; fig abbondanza f; v/t inondare; **~gates** pl cateratta f

floor [flɔ:] s pavimento m; piano m; v/t pavimentare; fig atterrare; **take the ~** prendere la parola; **~lamp** lampada f a stelo; **~walker** ispettore m di magazzino

flop [flɔp] s fiasco m; v/i far fiasco

florist ['flɔrist] fioraio m

flounder ['flaundə] passera f

flour ['flauə] farina f

flourish ['flʌriʃ] v/t agitare; v/i fiorire; prosperare

flow [flou] s corrente f; flusso m; v/i scorrere; fluire

flower ['flauə] s fiore m; v/i fiorire; **~bed** aiuola f; **~vase** vaso m da fiori; **~show** mostra f di fiori

fluctuate ['flʌktjueit] v/i fluttuare

flu [flu:] cf influenza

flue [flu:] canna f fumaria

fluent ['flu:(ː)ənt] corrente; scorrevole

fluff [flʌf] peluria f

fluid ['flu:(ː)id] a, s liquido (m)

flunk [flʌŋk] v/i Am bocciare

flurry ['flʌri] raffica f (di vento); agitazione f

flush [flʌʃ] s rossore m; v/t sciacquare; v/i arrossire

fluster ['flʌstə] s agitazione f; v/t innervosire

flute [fluːt] flauto m

flutter ['flʌtə] s svolazzamento m; agitazione f; (slang) speculazione f; v/t agitare; v/i svolazzare; agitarsi

flux [flʌks] flusso m

fly [flai] s mosca f; v/i, irr volare; fuggire; **~ing squad** pronto intervento m; **~ing time** durata f di volo

foal [foul] puledro m

foam [foum] s schiuma f; spuma f; v/i schiumare; spumeggiare; **~y** schiumeggiante; spumeggiante

focus ['foukəs] fuoco m; mettere a fuoco

fodder ['fɔdə] foraggio m

foetus ['fiːtəs] feto m

fog [fɔg] nebbia f; **~gy** nebbioso

foil [fɔil] s lamina f; v/t far fallire

fold [fould] s piega f; ovile m; v/t piegare; incrociare (le braccia); **~ing bed** branda f

foliage ['fouliidʒ] fogliame m

folk [fouk] gente f

follow ['fɔlou] v/t, v/i seguire; **~er** seguace m; **~ing** seguente

folly ['fɔli] follia f

fond [fɔnd] affezionato; appassionato; **be ~ of** essere affezionato a; **~le** v/t accarezzare

food [fuːd] cibo m; **~stuffs** pl commestibili m/pl

fool [fuːl] sciocco(a) m (f);

make a ~ of o.s. rendersi ridicolo; *v/t* ingannare; *v/i* fare lo sciocco; **~ish** sciocco; **~ishness** sciocchezza *f*; **~proof** assolutamente sicuro; **~scap** carta *f* protocollo

foot [fut], *pl* **feet** [fiːt] piede *m*; zampa *f (di animali)*; **on ~** a piedi; **put one's ~ in it** fare una gaffe; **~ball** calcio *m*; **~lights** *pl* luci *f/pl* della ribalta; **~print** orma *f*; impronta *f* del piede; **be ~sore** aver male ai piedi; **~step** passo *m*

for [fɔː] *prp* per; per ragione di; *conj* perché

forbear [fɔːˈbɛə] *v/i, irr* guardarsi da; trattenersi da

forbid [fəˈbid] *v/t, irr* proibire; vietare

force [fɔːs] *s* forza *f*; potere *m*; *v/t* forzare; **~ed** [~] *pl* forze *f/pl* armate; **come into ~** entrare in vigore; **~ful** energico

forceps [ˈfɔːseps] *pl* forcipe *m*

forcible [ˈfɔːsəbl] forzato; potente

ford [fɔːd] guado *m*

fore [fɔː] *s* davanti *m*; *a* anteriore; **~arm** avambraccio *m*; **~cast** *v/t* prevedere; *s* previsione *f*; **weather ~cast** previsioni *f/pl* del tempo; **~fathers** *pl* antenati *m/pl*; **~finger** indice *m*; **~front** avanguardia *f*; **~going** precedente; **~ground** primo piano *m*; **~head** [ˈfɔrid] fronte *f*

foreign [ˈfɔrin] straniero; **~ currency** moneta *f* estera; **~er** straniero *m*; **~ exchange** moneta *f* estera; **⊇ Office** Ministero *m* degli Affari Esteri *(in Inghilterra)*

fore|leg gamba *f* anteriore; **~man** capo *m* operaio; **~most** primo; **~see** *v/t* prevedere; **~sight** previsione *f*

forest [ˈfɔrist] foresta *f*

fore|stall *v/t* prevenire; anticipare; **~taste** *v/t* pregustare; **~tell** *v/t* predire

forever [fəˈrevə] per sempre

foreword prefazione *f*

forfeit [ˈfɔːfit] pegno *m*

forge [fɔːdʒ] *v/t* falsificare; **~ry** falsificazione *f*; firma *f* falsa

forget [fəˈget] *v/t, irr* dimenticare; **~ful** dimentico; **~me-not** non ti sordar di me *m*

forgive [fəˈgiv] *v/t, irr* perdonare; **~ness** perdono *m*

forgo [fɔːˈgou] *v/t, irr* rinunciare a

fork [fɔːk] forchetta *f*; forca *f*; biforcazione *f*; *v/i* biforcarsi

forlorn [fəˈlɔːn] abbandonato *m*

form [fɔːm] *s* forma *f*; modulo *m*; banco *m*; modello *m*; *v/t* formare

formal [ˈfɔːməl] formale; **~ity** [~ˈmæliti] formalità *f*

formation [fɔːˈmeiʃən] formazione *f*

former [ˈfɔːmə] *a* preceden-

free

te; **the** ~ il primo; quegli; **~ly** prima; nel passato

formidable ['fɔ:midəbl] formidabile

formula ['fɔ:mjulə] formula f; **~te** v/t formulare

forsake [fə'seik] v/t, irr abbandonare

fort [fɔ:t] fortezza f

forth [fɔ:θ] (in) avanti; fuori; **and so** ~ eccetera; **~coming** prossimo; **~with** immediatamente

fortify ['fɔ:tifai] v/t fortificare

fortitude ['fɔ:titju:d] fortezza f (d'animo)

fortnight ['fɔ:tnait] quindici giorni; **~ly** quindicinale

fortress ['fɔ:tris] fortezza f

fortuitous [fɔ:'tju:(:)itəs] fortuito

fortunate ['fɔ:t∫nit] fortunato

fortune ['fɔ:t∫ən] fortuna f; sorte f

forum ['fɔ:rəm] foro m

forward ['fɔ:wəd] a precoce; adv (in) avanti; in poi; v/t far proseguire; spedire

foster ['fɔstə] v/t nutrire; **~child** figlio m adottivo; **~mother** madre f adottiva

foul [faul] a sudicio; osceno; v/t sporcare

found [faund] v/t fondare; **~ation** fondazione f; **~er** fondatore m; **~ling** trovatello m

foundry ['faundri] fonderia f

fountain ['fauntin] fontana

f; fonte f; **~pen** penna f stilografica

four [fɔ:]: **on all ~s** a quattro zampe; **~footed** quadrupede

fowl [faul] pollame m

fox [fɔks] volpe f

fract|ion ['fræk∫ən] frazione f; **~ure** ['fræktʃə] s frattura f; v/t fratturare; v/t fratturarsi

fragile ['frædʒail] fragile; delicato

fragment ['frægmənt] frammento m

fragran|ce ['freigrəns] fragranza f; **~t** fragrante

frail [freil] delicato; fragile

frame [freim] s cornice f; struttura f; telaio m; v/t incorniciare; **~work** ossatura f; cornice f

franc [fræŋk] franco m

France [frɑ:ns] Francia f

franchise ['frænt∫aiz] diritto m di voto

frank [fræŋk] franco; **~ly** francamente

frankfurter ['fræŋkfətə] salsiccia f

frantic ['fræntik] fuori di sè; frenetico

fratern|al [frə'tə:nl] fraterno; **~ity** fraternità f

fraud [frɔ:d] frode f; **~ulent** fraudolento

freak [fri:k] fenomeno m; uomo m strambo; eccentrico m

freckle ['frekl] lentiggine f

free [fri:] libero; gratuito; ~ **on board** franco a bordo; ~

trade libero scambio *m*; *v/t* liberare; **~dom** libertà *f*; **~mason** massone *m*; **~ticket** biglietto *m* gratuito; **~way** *Am* strada *f* di grande comunicazione

freez|e [fri:z] *v/t, irr* gelare; congelare; *v/i* gelarsi; congelarsi; **~er** frigorifero *m*; **~ing-point** punto *m* di congelamento

freight [freit] nolo *m*

French [frentʃ] *a, s* francese (*m, f*); **the ~** *pl* i francesi; **~window** balcone *m*; **~woman** francese *f*

frequen|cy ['fri:kwənsi] frequenza *f*; **~t** frequente

fresh [freʃ] fresco; nuovo; **~air** aria *f* pura; **~water** acqua *f* dolce; **~man** matricola *f*; **~ness** freschezza *f*

fret [fret] *v/i* innervosirsi; **~ful** nervoso

friar ['fraiə] frate *m*

friction ['frikʃən] frizione *f*; attrito *m*

Friday ['fraidi] venerdì *m*

fridge [fridʒ] *fam* frigorifero *m*

fried [fraid] fritto, cotto

friend [frend] amico(a) *m* (*f*); **boy-** fidanzato *m*; **girl-** fidanzata *f*; **~ly** amichevole; **~ship** amicizia *f*

fright [frait] spavento *m*; **~en** *v/t* spaventare; **~ful** spaventoso; terribile

frigid ['fridʒid] frigido

frill [fril] gala *f*

fringe [frindʒ] frangia *f*; bordo *m*

frisky [friski] allegro

frivolous ['frivələs] frivolo

fro [frou]: **to and ~** avanti e indietro

frock [frɔk] vestito *m*; tonaca *f*

frog [frɔg] rana *f*

frolic [frɔlik] *v/i* far capriole

from [frɔm, frəm] da; fin da; **~ ... to** da ... a

front [frʌnt] *s* davanti *m*; facciata *f*; *a* anteriore; **in (of)** davanti (a); **~ier** ['~iə] frontiera *f*; **~ page** frontespizio *m*; **~ seat** sedile *m* anteriore; **~wheel drive** trasmissione *f* sulle ruote anteriori

frost [frɔst] gelo *m*; **~y** gelido

froth [frɔθ] schiuma *f*; spuma *f*

frown [fraun] *s* aggrottamento *m* delle ciglia; *v/i* aggrottare le ciglia

frozen [frouzn] gelato; congelato

frugal ['fru:gəl] frugale

fruit [fru:t] frutto *m*; frutta *f*; prodotto *m*; **dried ~** frutta secca; **preserved ~** frutta conservata

fruit|ful fruttuoso; **~less** infruttuoso

fruit-pan padella *f*

frustrate [frʌs'treit] *v/t* frustrare

fry [frai] *v/t, v/i* friggere; **~ing-pan** padella *f*

fuel [fjuəl] combustibile *m*

fugitive ['fju:dʒitiv] *a, s* fuggitivo (*m*)

fulfil [ful'fil] *v/t* compiere; eseguire

full [ful] pieno; completo; ~ **board** pensione *f* completa; ~ **stop** punto *m*

fumble [ˈfʌmbl] *v/i* frugare

fume [fjuːm] *s* fumo *m*; vapore *m*; *v/i* fumare; emettere vapore; essere arrabbiato

fun [fʌn] divertimento *m*; svago *m*; **for ~ in ~** per scherzo

function [ˈfʌŋkʃən] funzione *f*; **~ary** funzionario *m*

fund [fʌnd] fondo *m*

fundamental [ˌfʌndə-ˈmentl] fondamentale

funeral [ˈfjuːnərəl] funerale *m*

fungus [ˈfʌŋgəs], *pl* **~i** [ˈfʌŋgai] fungo *m*

funicular [fjuː(ː)ˈnikjulə] funicolare *f*

funnel [ˈfʌnl] imbuto *m*; ciminiera *f* (*di nave, macchina a vapore*)

funny [ˈfʌni] divertente; buffo; strano

fur [fəː] pelliccia *f*; ~ **coat** pelliccia *f*

furious [ˈfjuəriəs] furioso

furnace [ˈfəːnis] fornace *f*; caldaia *f* (*del termosifone*)

furni|sh [ˈfəːniʃ] *v/t* fornire; ammobiliare; **~ture** mobili *m/pl*

furrow [ˈfʌrou] solco *m*; ruga *f*

further [ˈfəːðə] *a* ulteriore; *adv* oltre; più lontano; *v/t* promuovere; favorire; **~er-more** inoltre; **~est** il più lontano (*di tutti*)

furtive [ˈfəːtiv] furtivo

fury [ˈfjuəri] furia *f*

fuse [fjuːz] *s* fusibile *m*; spoletta *f*; *v/t* fulminare; fondere; *v/i* fulminarsi

fusion [ˈfjuːʒən] fusione *f*

fuss [fʌs] *s* agitazione *f*; storie *f/pl*; *v/i* agitarsi; fare storie; **~y** pignolo; difficile

futile [ˈfjuːtail] futile

future [ˈfjuːtʃə] *a* venturo; futuro; *s* futuro *m*; avvenire *m*

fuzzy [ˈfʌzi] confuso

G

gab [gæb] chiacchiere *f/pl*

gabardine [ˈgæbədiːn] gabardina *f*

gadfly [ˈgædflai] tafano *m*

gadget [ˈgædʒit] aggeggio *m*

gag [gæg] *s* bavaglio *m*; *v/t* imbavagliare

gage [geidʒ] pegno *m*

gai|ety [ˈgeiəti] allegria *f*; **~ly** allegramente

gain [gein] *s* (*money*) guada-

gno *m*; (*weight*) aumento *m*; *v/t* guadagnare; aumentare; (*watch*) andare avanti

gait [geit] andatura *f*

gale [geil] bufera *f* di vento

gall [gɔːl] bile *f*; fiele *f*

gallant [ˈgælənt] *a* valoroso; galante

gall-bladder cistifellea *f*; vescica *f* biliare

gallery ['gæləri] galleria *f*; *thea* loggione *m*

galley ['gæli] galea *f*

gallon ['gælən] gallone *m* (*litri* 4,543)

gallop ['gæləp] *s* galoppo *m*; *v*/*i* galoppare

gallows ['gæləuz] *pl* forca *f*

gall-stone calcolo *m* biliare

galore [gə'lɔ:] a bizzeffe

gambl|e ['gæmbl] *v*/*t*, *v*/*i* giuocare; **~er** giuocatore *m*; **~ing** giuoco *m* d'azzardo

gambol ['gæmbəl] salto *m*

game [geim] giuoco *m*; partita *f*; **~keeper** guardacaccia *m*

gander ['gændə] papero *m*

gang [gæŋ] banda *f*; squadra

gangrene ['gæŋgri:n] cancrena *f*

gangster ['gæŋstə] gangster *m*

gangway ['gæŋwei] passerella *f*

gaol [dʒeil] prigione *f*; carcere *m*; **~er** carceriere *m*

gap [gæp] fenditura *f*; breccia *f*; lacuna *f*

gape [geip] *v*/*i* stare con la bocca aperta

garage ['gæra:dʒ] autorimessa *f*

garbage ['ga:bidʒ] rifiuti *m*/*pl*

garden ['ga:dn] giardino *m*; **~er** giardiniere *m*

gargle ['ga:gl] *s* gargarismo *m*; *v*/*i* fare gargarismi

garland ['ga:lənd] ghirlanda *f*

garlic ['ga:lik] aglio *m*

garment ['ga:mənt] indumento *m*; articolo *m* di vestiario

garnish ['ga:niʃ] *v*/*t* guarnire

garret ['gærət] soffitta *f*

garrison ['gærisn] guarnigione *f*

garrulous ['gærələs] loquace

garter ['ga:tə] giarrettiera *f*

gas [gæs] *s* gas *m*; *Am* benzina *f*; *v*/*t* asfissiare

gash [gæʃ] squarcio *m*

gasket ['gæskit] guarnizione *f*

gas-mask maschera *f* antigas

gasoline ['gæsəli:n] *Am* benzina *f*

gasp [ga:sp] *v*/*i* boccheggiare

gas|station *Am* posto *m* di rifornimento; **~stove** fornello *m* a gas

gastritis [gæs'traitis] gastrite *f*

gastronomy [gæs'trɔnəmi] gastronomia *f*

gas-works *pl* officine *f*/*pl* del gas

gate [geit] porta *f*; cancello *m*

gather ['gæðə] *v*/*t* raccogliere; riunire; capire; *v*/*i* riunirsi; **~ing** riunione *f*

gaudy ['gɔ:di] sfarzoso

gauge [geidʒ] *s* calibro *m*; scartamento *m*; misura *f*; indicatore *m*; *v*/*t* misurare; calibrare

gaunt [gɔ:nt] sparuto; macilento

gauze [gɔːz] garza *f*

gawky [gɔːki] goffo

gay [gei] allegro

gaze [geiz] *s* sguardo *m* fisso; *v/i* guardare fisso

gear [giə] equipaggiamento *m*; *mec* ingranaggio *m*; **in** ~ ingranato; in azione; **out of** ~ non ingranato; guasto; ~ **change** cambio *m* delle marce; ~ **lever** leva *f* del cambio

gem [dʒem] gioiello *m*; gemma *f*

gender [dʒendə] genere *m*

general [dʒenərəl] *a* generale; *s* generale *m*; ~**ize** *v/t*, *v/i* generalizzare

generate [dʒenəreit] *v/t* generare; ~**ion** generazione *f*; ~**or** generatore *m*

generosity [ˌdʒenəˈrɔsiti] generosità *f*; ~**us** generoso

genial [dʒiːnjəl] geniale

genital [dʒenitl] genitale; ~**s** *pl* genitali *m/pl*

genitive [dʒenitiv] genitivo *m*

genius [dʒiːnjəs] genio *m*

gentle dolce; ben nato; ~**man** gentiluomo *m*; signore *m*; ~**manlike** cavalleresco; ~**ness** mitezza *f*; ~**woman** gentildonna *f*; signora *f*

genuine [dʒenjuin] genuino; autentico

geography [dʒiˈɔgrəfi] geografia *f*

geology [dʒiˈɔlədʒi] geologia *f*

geometry [dʒiˈɔmitri] geometria *f*

geranium [dʒiˈreinjəm] geranio *m*

germ [dʒəːm] germe *m*

German [dʒəːmən] *s*, *a* tedesco (*m*); ~**y** Germania *f*

germinate [dʒəːmineit] *v/i* germinare

gerund [dʒerənd] gerundio *m*

gesticulate [dʒesˈtikjuleit] *v/i* gesticolare; ~**ure** [dʒestʃə] gesto *m*

get [get] *v/t*, *irr* ottenere; comprare; ricevere; guadagnare; prendere; *v/i* arrivare; raggiungere; diventare; ~ **about** andare in giro; viaggiare; ~ **away** scappare; ~ **back** *v/t* tornare; *v/t* recuperare; ~ **lost** perdersi; ~ **on** procedere; ~ **on with** andare avanti; andare d'accordo con; ~ **out** scendere; *interj* fuori di qui; ~ **ready** prepararsi; ~ **up** alzarsi; **have got** avere; tenere; **have got to** ho da; devo

geyser [gaizə] scaldabagno *m*

ghastly [gɑːstli] orribile

gherkin [gəːkin] cetriolino *m*

ghost [goust] fantasma *m*; spettro *m*; **Holy ♔ Spirito** *m* Santo; **give up the** ~ morire; ~**ly** spettrale

giant [dʒaiənt] gigante *m*

gibbon [gibən] gibone *m*

giblets [dʒiblits] *pl* rigaglie *f/pl*

giddy [gidi] vertiginoso;

feel ~ avere le vertigini

gift [gift] regalo *m*; dono *m*; talento *m*; ~**ed with** dotato di

gigantic [dʒai'gæntik] gigantesco

giggle ['gigl] *s* risata *f* sciocca; *v/i* ridere scioccamente

gild [gild] *v/t, irr* dorare

gill [gil] branchia *f*

gilt-edged securities *pl* titoli *m/pl* sicuri

gin [dʒin] gin *m*

ginger ['dʒindʒə] zenzero *m*

gipsy [dʒipsi] zingaro(a) *m* (*f*)

giraffe [dʒi'rɑːf] giraffa *f*

gird [gəːd] *v/t, irr* cingere; ~**le** cintura *f*; panciera *f*

girl [gəːl] ragazza *f*; ~ **guide** esploratrice *f*; ~**ish** da ragazza

girth [gəːθ] circonferenza *f*

gist [dʒist] sostanza *f*; contenuto *m* essenziale

give [giv] *v/t, irr* dare; regalare; ~ **back** restituire; ~ **in** cedere; ~ **out** distribuire; ~ **up** rinunciare a; ~ **o.s. up** *v/r* arrendersi; ~**n name** nome *m* di battesimo; ~**n to** dedito a

glacier ['glæsjə] ghiacciaio *m*

glad [glæd] contento; lieto; ~**ly** volentieri

glamo(u)r ['glæmə] fascino *m*; ~**ous** affascinante

glance [glɑːns] *s* occhiata *f*; sguardo *m*; *v/i, v/t* dare un'occhiata; gettare uno sguardo; ~ **over a book** sfogliare un libro

gland [glænd] ghiandola *f*

glare [gleə] *s* bagliore *m*; sguardo *m* feroce; *v/t* risplendere; guardare ferocemente

glass [glɑːs] *a* di vetro; di cristallo; *s* vetro *m*; bicchiere *m*; cristallo *m*; specchio *m*; barometro *m*; (**a pair of**) ~**es** *pl* occhiali *m/pl*; **stained** ~ vetro *m* colorato; ~**ware** cristallerie *f/pl*; ~**works** *pl* vetreria *f*

glaucoma [glɔː'koumə] glaucoma *m*

glaze [gleiz] *s* vernice *f*; smalto *m*; *v/t* verniciare; smaltare; fornire di vetri; ~**ier** vetraio *m*

gleam [gliːm] *s* barlume *m*; *v/i* brillare; ~**ing** brillante

glee [gliː] giubilo *m*

glib [glib] pronto di lingua

glide [glaid] *v/i* scivolare; planare; ~**r** aliante *m*

glimmer ['glimə] *s* luce *f* fioca; *v/i* mandare una luce fioca

glimpse [glimps] *s* sguardo *m*; *v/t* intravedere

glint [glint] *s* luccichio *m*; *v/i* luccicare

glisten ['glisn] *v/i* luccicare

glitter ['glitə] *s* luccichio *m*; *v/i* luccicare

gloat [glout] (**over**) *v/i* gioire di

globe [gloub] mappamondo *m*

gloom [gluːm] oscurità *f*; tristezza *f*; ~**y** oscuro; triste

glorify ['glɔːrifai] *v/t* glorificare; **~ious** glorioso; **~y** gloria f

gloss [glɔːs] s lucidezza

glossary ['glɔsəri] glossario m

glove [glʌv] guanto m

glow [glou] s incandescenza f; ardore m; splendore m; v/i ardere; essere incandescente; **~ing** ardente; incandescente; entusiasta; **~worm** lucciola f

glue [gluː] s colla f; v/t incollare

glum [glʌm] triste; di mal umore

glut [glʌt] s saturazione f; sazietà f; v/t saturare; saziare; **~ton** ghiottone m; **~tony** ingordigia f; golosità f

gnarled [nɑːld] nodoso

gnash [næʃ] v/t digrignare (i denti)

gnat [næt] moscerino m

gnaw [nɔː] v/t rodere; rosicchiare

go [gou] v/i, irr andare; camminare; funzionare; **~ ahead** andare avanti; **~ away** andare via; **~ back** tornare; **~ by** passare; **~ for** andare a prendere; attaccare; **~ home** andare a casa; **~ in for** iscriversi a; dedicarsi a; **~ off** andarsene; andare a male; **~ on** continuare; proseguire; **~ out** uscire; spegnersi; **~ through** passare per; **~ up** salire; **~ without** fare a meno; s fam spirito m; energia f; **on the ~** in attività

goad [goud] s pungolo m; v/t pungolare

goal [goul] metà f; porta f (nel calcio); rete f (nel calcio); **~keeper** portiere m

goat [gout] capra f

go-between mediatore m

goblet ['gɔblit] coppa f

goblin ['gɔblin] folletto m

god [gɔd] Dio m; **~child** figlioccio(a) m (f); **~dess** dea f; **~father** padrino m; **~less** ateo; empio; **~ly** devoto; pio; **~mother** madrina f; **~parents** pl padrini m/pl

goggles ['gɔglz] pl occhiali m/pl di protezione

going ['gouiŋ]: **be ~ to** stare per

goitre ['gɔitə] gozzo m

gold [gould] oro m; **~en** d'oro; **~fish** pesce m rosso; **~smith** orefice m

golf [gɔlf] golf m; **~course** campo m da golf; **~er** giocatore m di golf

gone [gɔn] andato; perduto; passato; morto

good [gud] s bene m; a buono; **as ~ as** (tanto) buono quanto; **a ~ deal** parecchio; **~ afternoon** buona sera; **~bye** arrivederci; **~for-nothing** buono a niente m; **♀ Friday** Venerdì m Santo; **it's no ~** non vale niente; è inutile; **~looking** bello; **~ luck!** buona fortuna!; **~ morning** buon giorno; **~ness** bontà f; **~will** buona volontà f

goods pl merce f; ~ **train** treno m merci

goose [gu:s], pl **geese** [gi:s] oca f

gooseberry ['guzbəri] uva f spina; ~**flesh** ['gu:s-] pelle f d'oca

gorge [gɔ:dʒ] geog gola f; ~**ous** splendido; sfarzoso

gorilla [gə'rilə] gorilla m

gospel ['gɔspəl] vangelo m

gossip ['gɔsip] s pettegolezzi m/pl; pettegolo(a) m (f); v/i pettegolare

gothic ['gɔθik] gotico

gourd [guəd] zucca f

gout [gaut] gotta f

govern ['gʌvən] v/t governare; dominare; ~**ess** istitutrice f; ~**ing board** consiglio m amministrativo; ~**ment** governo m

gown [gaun] vestito m; toga f

grab [græb] v/t acchiappare

grace [greis] s grazia f; favore m; v/t favorire; ~**ful** aggraziato

gracious ['greiʃəs] condiscendente; **good ~!** caspita!

grad|e [greid] s grado m; v/t classificare; ~**e crossing** Am passaggio m a livello; ~**ient** ['greidjənt] pendenza f; ~**ual** ['grædʒuəl] graduale; ~**ually** adv a poco a poco; ~**uate** ['~djueit] v/t graduare; v/i (university) laurearsi

graft [grɑ:ft] s innesto m; v/t innestare

grain [grein] grano m

grammar ['græmə] gram-

matica f; ~**ian** grammatico m; ~**school** scuola f media

gram [græm] cf **gramme**

gramme [græm] grammo m

gramophone ['græməfoun] grammofono m

grand [grænd] in grande; illustre; magnifico; ~**daughter** nipote f; ~**eur** ['~ndʒə] splendore m; ~**father** nonno m; ~**iose** grandioso; ~**mother** nonna f; ~**pa** ['~npɑ:] fam nonno m; ~**son** nipote m; ~**stand** tribuna f

granite ['grænit] granito m

granny ['græni] fam nonna f

grant [grɑ:nt] s concessione f; borsa f di studio; v/t concedere; **take for ~ed** essere sicuro; dare per fatto

granulate ['grænjuleit] v/t granulare

grape [greip] uva f; chicco m d'uva; ~**fruit** pompelmo m

graphic ['græfik] grafico

grasp [grɑ:sp] v/t afferrare; s presa f; stretta f; comprensione f; ~**ing** avido; avaro

grass [grɑ:s] erba f; ~**hopper** cavalletta f

grate [greit] s grata f; griglia f; v/t grattugiare

grateful ['greitful] grato; riconoscente; ~**ness** gratitudine f

grating ['greitin] s grata f; inferriata f; a irritante

gratis ['greitis] a gratuito; adv gratis

gratuit|ous [grə'tju(:)itəs]

gratuito; **~y** gratificazione *f*

grave [greiv] *a* grave; serio; *s* tomba *f*

gravel ['grævəl] ghiaia *f*

graveyard camposanto *m*

gravitation [grævi'teiʃən] gravitazione *f*

gravity ['græviti] gravità *f*; serietà *f*

gravy ['greivi] sugo *m* di carne

gray [grei] *Am* grigio

graz|e [greiz] *s* abrasione *f*; *v/t* sfiorare; escoriare; *v/i* pascolare; **~ing** pascolo *m*

greas|e [gri:s] *s* grasso *m*; lubrificante *m*; unto *m*; *v/t* ungere; lubrificare; **~y** grasso; unto; untuoso

great [greit] grande; **a ~ deal** molto; **a ~ many** molti(e); **~est** massimo; **~ness** grandezza *f*

Grecian ['gri:ʃən] greco

greed [gri:d] golosità *f*; avidità *f*; **~y** goloso; avido

Greek [gri:k] *a*, *s* greco (*m*)

green [gri:n] *a* verde; *s* verde *m*; **~grocer** ortolano *m*; **~house** serra *f*; **~s** *pl* verdura *f*

greet [gri:t] *v/t* salutare; **~ing** saluto *m*

grenade [gri'neid] granata *f*

grey [grei] grigio; **~hound** levriere *m*

grid [grid] rete *f*

grie|f [gri:f] dolore *m*; **~vance** lagnanza *f*; **~ve** *v/t*

affliggere; *v/i* essere addolorato; soffrire

grill [gril] *s* griglia *f*; *v/t* fare alla griglia

grim [grim] torvo; fosco

grimace [gri'meis] smorfia *f*

grim|e [graim] sudiciume *m*; **~y** sudicio

grin [grin] *s* sogghigno *m*; *v/i* sogghignare

grind [graind] *v/t*, *irr* macinare; digrignare (*i denti*); *v/i* sgobbare; **~stone** macina *f*

grip [grip] *s* stretta *f*; presa *f*; *v/t* afferrare

gripes [graips] *pl* colica *f*

grisly ['grizli] spaventoso; orribile

gristle ['grisl] cartilagine *f*

grit [grit] sabbia *f*

grizzled ['grizld] grigio

groan [groun] *s* gemito *m*; *v/i* gemere

grocer ['grousə] negoziante *m* di generi alimentari; droghiere *m*; **~'s** **~y** negozio *m* di generi alimentari; (**shop**) drogheria *f*

grog [grog] grog *m*; **~gy** debole; intontito

groin [groin] inguine *m*

groom [grum] *s* mozzo *m* (*di stalla*); *v/t* strigliare

groove [gru:v] *s* solco *m*; *v/t* solcare

grope [group] *v/t*, *v/i* andare a tentoni

gross [grous] grossolano; volgare; *comm* lordo; **~ weight** peso *m* lordo

grotesque [grou'tesk] grottesco

ground [graund] s suolo m;
terreno m; terra f; motivo
m; base f; v/t basare; fondare; v/i incagliarsi; **~floor**
pianterreno m; **~ hog** marmotta f; **~less** infondato; **~
nut** arachide f; **~work** fon-
damento m; base f

group [gru:p] s gruppo m;
v/t raggruppare; v/i rag-
grupparsi

grove [grouv] boschetto m

grow [grou] v/t, irr coltivare; v/i crescere; svilupparsi; diventare; **~ dark**
oscurarsi; farsi buio; **~ less**
diminuire; **~ old** invec-
chiarsi; **~ up** crescere; **~er**
coltivatore m; **~ing** a cre-
scente; s coltivazione f

growl [graul] s borbottio m;
v/i borbottare

grown-up adulto m

growth [grouθ] crescita f;
sviluppo m; med tumore m

grub [grʌb] larva f; **~by** sudicio

grudge [grʌdʒ] s rancore m;
risentimento m; v/t dare
malvolentieri

gruel [gruəl] pappa f

gruesome ['gru:sʌm] maca-
bro; orribile

gruff [grʌf] aspro; sgarbato

grumble ['grʌmbl] v/i borbottare; brontolare; **~r**
brontolone m

grunt [grʌnt] v/i grugnire

guarantee [ˌgærən'ti:] s garanzia f; v/t garantire; **~or**

[ˌ~'tɔ:] mallevadore m; **~y**
['ˌ~ti] garanzia f

guard [gɑ:d] s guardia f; mil
sentinella f; **on one's ~** in
guardia; v/t, v/i proteggere;
custodire; **~ian** guardiano
m; tutore m

guess [ges] s supposizione f;
congettura f; v/t, v/i indovinare; supporre

guest [gest] ospite m, f;
cliente m, f; **~house** pensione f

guid|ance ['gaidəns] guida f;
~e s guida f; v/t guidare; **~e-
book** guida f

guild [gild] arte f; corpora-
zione f

guile [gail] astuzia f

guillotine [ˌgiːlɔ'tiːn] ghi-
gliottina f

guilt [gilt] colpa f; colpevo-
lezza f; **~less** innocente; **~y**
colpevole

guinea ['gini] ghinea f; **~
pig** porcellino m d'India

guise [gaiz] apparenza f;
foggia f

guitar [gi'tɑ:] chitarra f

gulf [gʌlf] golfo m

gull [gʌl] gabbiano m

gullet ['gʌlit] esofago m; gola f; **~y** burrone m

gulp [gʌlp] v/t trangugiare

gum [gʌm] s gomma f; gengiva f; v/t ingommare

gun [gʌn] fucile m; cannone
m; pistola f; **~powder** polvere f da sparo; **~smith**
armaiolo m

gurgle ['gə:gl] s gorgoglio m;
v/t gorgogliare

gush [gʌʃ] s zampillo m; fam effusioni f/pl; v/i zampillare; fare effusioni

gust [gʌst] raffica f

gusto ['gʌstou] gusto m; entusiasmo m

guts [gʌts] pl intestino m; minugia f; **have ~s** avere coraggio

gutter ['gʌtə] cunetta f; grondaia f

guy [gai] spauracchio m; Am uomo m; tipo m

gym [dʒim], **gymnasium** [~'neizjəm] palestra f; **~tics** [~'næstiks] pl ginnastica f

gyn(a)ecologist [ˌgaini'kɔlədʒist] ginecologo m; **~y** ginecologia f

gypsy ['dʒipsi] zingaro(a) m (f)

H

haberdashery ['hæbədæʃə] merceria f

habit ['hæbit] abitudine f; costume m; **~able** abitabile

habitual [hə'bitjuəl] abituale

hack [hæk] cavallo m di nolo; **~neyed** comune; **~saw** sega f per metalli

haddock ['hædək] merluzzo m

h(a)emorrhage ['heməridʒ] emorragia f

hag [hæg] strega f

haggard ['hægəd] magro, sparuto

hail [heil] s grandine f; grido m; saluto m; v/i grandinare; v/t chiamare

hair [hɛə] pelo m; capelli m/pl; **~brush** spazzola f per capelli; **~cut** taglio m di capelli; **~dresser** parrucchiere m per signora; **~drier** asciugatore m per capelli; **~pin** forcina f; **~raising** orripilante; **~y** peloso

half [hɑːlf] s mezzo m; metà

f; a mezzo; adv a metà; **~an hour** mezz'ora f; **~back** (sport) secondo m; **~baked** immaturo; **~breed** mesticcio m; **~brother** fratellastro m; **~moon** mezza luna f; **~witted** scemo; **~yearly** semestrale

halibut ['hælibət] pianuzza f

hall [hɔːl] ingresso m; sala f; salone m

hallo! [hə'lou] ciao!

hallowed ['hæloud] santificato

hallucination [həˌluːsi'neiʃən] allucinazione f

halo ['heilou] aureola f

halt [hɔːlt] s fermata f; v/t fermare; v/i fermarsi

halter ['hɔːltə] capestro m

halve [hɑːv] v/t dividere in due parti uguali; dimezzare

ham [hæm] prosciutto m

hamlet ['hæmlit] piccolo villaggio m

hammer ['hæmə] s martello m; v/t martellare

hammock ['hæmək] amaca f

hamper ['hæmpə] cesta f;
v/t impedire; ostacolare

hamster ['hæmstə] criceto
m

hand [hænd] s mano f; lancetta f (dell'orologio); calligrafia f; at ~ disponibile; **on the one** ~ da una parte; **on the other** ~ dall'altra parte; **on the right** ~ a destra; **second** ~ di seconda mano; v/t porgere; ~ **in**, ~ **over** consegnare; **~bag** borsa f a mano; **~book** manuale m; **~cuffs** pl manette f/pl; **~ful** manata f; pugno m

handi|cap ['hændikæp] s impedimento m; svantaggio m; v/t mettere a svantaggio; **~craft** lavoro m a mano; artigianato m

handkerchief ['hæŋkətʃif] fazzoletto m

handle ['hændl] s manico m; maniglia f; v/t maneggiare; ~ **bar** manubrio m

hand|-luggage bagaglio m a mano; **~made** fatto a mano; **~rail** mancorrente m; **~shake** stretta f di mano; **~some** bello; **~work** lavoro m a mano; **~writing** calligrafia f; **~y** destro; comodo

hang [hæŋ] v/t, irr appendere; attaccare; impiccare (un criminale); v/i pendere; essere sospeso

hangar ['hæŋə] aviorimessa f

hanger ['hæŋə], **coat** ~ gruccia f

hang|ings ['hæŋiŋz] pl tappezzeria f; **~man** boia m; **~over** conseguenze f/pl (di ubriachezza)

hank [hæŋk] matassa f

haphazard ['hæp'hæzəd] a a casaccio

happen ['hæpən] v/i succedere; accadere; trovarsi; **~ing** avvenimento m

happ|ily ['hæpili] felicemente; **~iness** felicità f; **~y** felice; **~y-go-luck** spensierato

harass ['hærəs] v/t tormentare

harbo(u)r ['hɑ:bə] s porto m; fig rifugio m; v/t accogliere; albergare; fig nutrire

hard [hɑ:d] duro; difficile; severo; **~boiled egg** uovo m sodo; **~ up** a corto di quattrini; **~en** v/t indurire; v/i indurirsi; **~headed** pratico; **~hearted** insensibile; **~ly** appena; **~ly ever** quasi mai; **~ness** durezza f; **~ship** sacrificio m; **~ware** ferramenta f/pl; **~y** robusto

hare [hɛə] lepre f; **~bell** campanula f; **~brained** scervellato; **~lip** labbro m leporino

harem ['hɛərəm] arem m

haricot ['hærikou] fagiolino m

hark! [hɑ:k] ascoltate!

harlequin ['hɑ:likwin] Arlecchino m

harm [hɑ:m] s danno m; v/t danneggiare; **~ful** dannoso; **~less** innocuo

harmon|ious [haːˈmounjəs] armonioso; **~y** [ˈhaːməni] armonia f

harness [ˈhaːnis] bardatura f; finimenti m/pl; v/t bardare; fig utilizzare

harp [haːp] s arpa f; **~ on** v/i insistere; **~ist** arpista m, f

harpoon [haːˈpuːn] s fiocina f; v/t fiocinare

harpsichord [ˈhaːpsikɔːd] clavicembalo m

harrow [ˈhærou] v/t fig straziare; s erpice m

harsh [haːʃ] aspro; severo

harvest [ˈhaːvist] s raccolto m; v/t raccogliere; **combine ~er** mietitrebbia f

hash [hæʃ] s ragù m; fig pasticcio m; v/t pasticciare; **make a ~** fare un pasticcio

hast|e [heist] s fretta f; **~en** v/i affrettarsi; **~y** frettoloso

hat [hæt] cappello m

hatch [hætʃ] s covata f; v/t covare; v/i schiudersi; (ideas) maturarsi

hatchet [ˈhætʃit] accetta f

hat|e [heit] s odio m; v/t odiare; **~eful** odioso; **~red** odio m

haught|iness [ˈhɔːtinis] superbia f; **~y** altero; superbo

haul [hɔːl] s retata f (di pesci); fig guadagno m; v/t tirare; trascinare

haunch [hɔːntʃ] anca f

haunt [hɔːnt] s ritrovo m; v/t frequentare; ossessionare

have [hæv, həv] v/t, s, irr avere; **I had rather** prefe-

rirei; **~ got** fam avere; **~ to** dovere

haven [ˈheivn] porto m; rifugio m

havoc [ˈhævək] distruzione f; devastazione f

hawk [hɔːk] falco m; **~er** venditore m ambulante

hawthorn [ˈhɔːθɔːn] biancospino m

hay [hei] fieno m; **~ fever** asma m del fieno; **~loft** fienile m

hazard [ˈhæzəd] s azzardo m; v/t azzardare

haze [heiz] nebbia f; **~y** nebbioso

H-bomb [ˈeitʃbɔm] bomba f H; bomba f all'idrogeno

he pron egli; **~ who** quello che; chi

head [hed] s testa f; capo m; v/t intestare; v/i dirigersi; **~ache** mal m di testa; **~gear** acconciatura f del capo; **~ing** titolo m; **~lights** pl fari m/pl; **~line** titolo m; **~master** direttore m; **~mistress** direttrice f; **~office** sede f centrale; **~quarters** pl quartieri m/pl generali; **~strong** testardo; **~way** progressi m/pl

heal [hiːl] v/t guarire; sanare

health [helθ] salute f; **~y** sano

heap [hiːp] s mucchio m; cumulo m; v/t ammucchiare; accumulare

hear [hiə] v/t, s, irr sentire; **~er** ascoltatore m; **~ing** udito m; ascolto m; udienza f; **with-**

4*

in **..ing** a portata di voce;
~say diceria f
hearse [hə:s] carro m funebre
heart [ha:t] cuore m; **at ~** in fondo; **by ~** a memoria; **~ breaking** straziante; **~ burn** bruciore m di stomaco; **~en** v/t rincorare; **~y** cordiale
hearth [ha:θ] focolare m
heat [hi:t] s caldo m; calore m; v/t riscaldare; v/i riscaldarsi; **~er** stufa f
heathen ['hi:ðən] a, s pagano (m)
heather ['heðə] erica f
heating ['hi:tiŋ] riscaldamento m
heave [hi:v] v/t, irr alzare; sollevare; **~ a sigh** sospirare; **~n** ['hevn] cielo m; paradiso m; **~ly** divino; celeste
heav|iness ['hevinis] pesantezza f; **~y** pesante; **~y current** corrente f elettrica ad alta tensione; **~y-handed** maldestro; **~yweight** peso m massimo
Hebrew ['hi:bru] a, s ebraico (m); ebreo (m)
hectic ['hektik] febbrile; agitato
hedge [hedʒ] s siepe f; v/i essere evasivo; **~hog** riccio m
heed [hi:d] s attenzione f; v/t fare attenzione; **~less** disattento
heel [hi:l] tallone m; tacco m (della scarpa); **take to one's ~s** fuggire

hefty ['hefti] forte; robusto
heifer ['hefə] giovenca f
height [hait] altezza f; fig colmo m; culmine m; **~en** v/t aumentare
heinous ['heinəs] orribile; atroce
heir [ɛə] erede m; **~dom** eredità f; **~ess** ereditaria f
helicopter ['helicɒptə] elicottero m
hell [hel] inferno m; **~ish** infernale
hello ['he'lou] interj buon giorno; (telephone) pronto
helm [helm] timone m
helmet ['helmit] casco m
help [help] s aiuto m; soccorso m; v/t aiutare; soccorrere; **I can't ~ laughing** non posso fare a meno di ridere; **~ful** servizievole; utile; **~ing** porzione f; **~less** impotente
hem [hem] s orlo m; v/t orlare; fare l'orlo a
hemisphere ['hemisfiə] emisfero m
hemlock ['hemlɒk] cicuta f
hemp [hemp] canapa f
hemstitch ['hemstit]'] orlo m a giorno
hen [hen] gallina f
hence [hens] adv da qui; quindi; perciò; **~forth** d'ora in poi
hen|-coop ['henku:p] pollaio m; **~-pecked** dominato dalla moglie
hepatitis [,hepə'taitis] epatite f
her [hə:] adj poss suo, sua (di

lei); suoi; sue (*di lei*); *pron pers* lei, la, le

herald [herəld] *s* araldo *m*; *v/t* annunciare; **~ry** araldica *f*

herb [həːb] erba *f*; **sweet ~s** *pl* erbe *f/pl* aromatiche

herd [həːd] branco *m*; gregge *f*; mandria *f*; *v/t* riunire in greggi; *v/i* formare greggi; **~sman** mandriano *m*

here [hiə] *adv* qui; ~ **are** eccoti; ~**'s to you** alla sua salute; **look ~** guardate qui; ~ **over** ~ per di qui; ~**after** in seguito

hereditary [hi'reditəri] ereditario

here|**in** qui dentro; ~**of** di questo

heresy [herəsi] eresia *f*

heritage ['heritidʒ] eredità *f*

hermit [həːmit] eremito *m*

hernia [həːnjə] ernia *f*

hero [hiərou] eroe *m*; protagonista *m*; **~ic** [hi'rouik] eroico; **~ine** [herouin] eroina *f*; protagonista *f*; **~ism** eroismo *m*

heron [herən] airone *m*

herring [heriŋ] arringa *f*

hers [həːz] *pron poss* suo, sua; il suo, la sua; i suoi, i suoi, le sue; **~elf** sè stessa; lei stessa

hesita|te ['heziteit] *v/i* esitare; **~tion** esitazione *f*

hew [hjuː] *v/t, irr* abbattere (*alberi*); spaccare (*pietra*)

hi! [hai] *Am* ciao

hibernate ['haibəneit] *v/i* svernare

hiccup ['hikʌp] singhiozzo *m*

hide [haid] *v/t* nascondere; *v/i* nascondersi; *s* pelle *f*

hideous ['hidiəs] orribile; mostruoso

hiding-place   nascondiglio *m*

hierarchy ['haiərɑːki] gerarchia *f*

high [hai] alto; elevato; caro, **be ~** essere alticcio; **it is ~ time** sarebbe proprio ora; **~brow** intellettuale; **~handed** arbitrario; **~lands** *pl* regione *f* montuosa; **~light** *v/t* dare risalto; **~ness** altezza *f*; ~ **pressure** alta pressione *f*; ~ **school** scuola *f* media; **~spirited** vivace; ~ **tide** alta marea *f*; **~way** *Am* strada *f* maestra; **~way code** codice *m* stradale

hijack ['haidʒæk] *v/t* rapire (*a piedi*); *s* gita *f*; **~r** viandante *m*

hilarious [hi'lɛəriəs] allegrissimo

hill [hil] colle *m*; collina *f*; **~y** collinoso

hilt [hilt] elsa *f*; impugnatura *f*

him [him] *pron pers* lui, lo, gli; **~self** sè stesso; lui stesso

hind [haind] *s* daina *f*; cerva *f*; *a* posteriore

hinder ['hində] *v/t* impedire; ostacolare

hindmost ['haindmoust] ultimo

hindrance

hindrance ['hindrəns] impedimento *m*; ostacolo *m*

hinge [hindʒ] cardine *m*; ganghero *m*

hint [hint] *s* allusione *f*; accenno *m*; *v/t* alludere; accennare

hinterland ['hintəlænd] retroterra *f*

hip [hip] anca *f*; fianco *m*

hippopotamus [hipə'pɒtəməs] ippopotamo *m*

hire ['haiə] *s* nolo *m*; *v/t* noleggiare; affittare; **~ing** mercenario *m*; **~-purchase** vendita *f* a rate

his *adj poss* suo, sua *(di lui)*; suoi, sue *(di lui)*; *pron poss* suo, sua; il suo, la sua; suoi, sue, i suoi, le sue

hiss [his] *s* fischio *m*; sibilo *m*; *v/t, v/i* fischiare; sibilare

historian [his'tɔriən] storico *m*; **~ic, ~ical** storico; **~y** ['~ɔri] storia *f*

hit [hit] *s* colpo *m*; successo *m*; *v/t* colpire; picchiare; **~-and-run-driving** latitanza *f* del conducente; **~ the nail on the head** dire proprio giusto

hitch [hitʃ] *s* scossa *f*; *v/t* agganciare; **~-hike** fare l'autostop

hither ['hiðə] qui; qua; **~to** finora

hive [haiv] alveare *m*

hoard [hɔːd] *s* provvisione *f*; *v/t* ammassare; accumulare; **~ing** impalcatura *f*

hoarfrost ['hɔː'frɔst] brina *f*

hoarse [hɔːs] rauco

hoax [houks] *s* inganno *m*; *v/t* ingannare

hobble ['hɒbl] *v/i* zoppicare

hobby ['hɒbi] passione *f*; passatempo *m* preferito; **~-horse** cavallo *m* a dondolo; passione *f*

hobgoblin ['hɒgɒblin] folletto *m*

hobo ['houbou] vagabondo *m*

hocus-pocus ['houkəs'poukəs] sciocchezze *f/pl*

hoe [hou] *s* zappa *f*; *v/t* zappare

hog [hɒg] porco *m*; maiale *m*

hoist [hɔist] *s* montacarico *m*; *v/t* innalzare; sollevare

hold [hould] *s* presa *f*; *fig* dominio *m*; *v/t, v/i* tenere; **~ back** ritenere; **~ off** tenere lontano; **~ out** resistere; **~ up** tenere in alto; reggere; trattenere; **~ing** tenuta *f*; **~ up** assalto *m* a mano armata; congestionamento *m*

hole [houl] buco *m*

holiday ['hɒlədi, ~dei] festa *f*; **~s** *pl* vacanze *f/pl*

hollow ['houlou] *a* incavato; *s* incavo *m*; *v/t* scavare

holly ['hɒli] agrifoglio *m*

holy ['houli] santo; **2 Ghost** Spirito *m* Santo; **2 Thursday** Giovedì *m* Santo

homage ['hɔmidʒ]: **pay ~** fare omaggio

home [houm] casa *f*; **at ~** in casa; **~less** senza tetto; **~ly** casalingo; semplice; **~ market** mercato *m* nazionale; **2 Office** Ministero *m* degli Interni (*in Inghilter-ra*); ℒ **Secretary** Ministro *m* degli Interni (*in Inghilterra*); **~sick: feel ~sick** avere la nostalgia; **~ town** città *f* natale; **~ward(s)** a casa, verso casa

homicide ['hɔmisaid] omicidio *m*

homosexual a, s ['hɔmou-'seksjuəl] omosessuale (*m*)

honest ['ɔnist] onesto; **~y** onestà *f*

honey ['hʌni] miele *m*; **~comb** favo *m*; **~moon** luna *f* di miele; **~suckle** caprifoglio *m*

hono(u)r ['ɔnə] s onore *m*; onoranza *f*; (*title*) eccellenza *f*; *v/t* onorare; *comm* accettare; pagare; **~able** onorevole

hood (hud) cappuccio *m*; mantice *m* (*di carrozza, carrozzina*); **~wink** *v/t* ingannare

hoodlum ['hu:dləm] teppista *m*

hoof [hu:f], *pl* **~s, hooves** zoccolo *m*

hook [huk] s gancio *m*; uncino *m*; amo *m*; **by ~ or by crook** per dritto o per traverso; in un modo o in un altro; *v/t* agganciare

hoop [hu:p] cerchio *m* (*di legno o di metallo*)

hooping cough ['hu:piŋkɔf] tosse *f* canina

hoot [hu:t] *v/i* gridare; (*train*) fischiare; (*car*) suonare

hop [hɔp] s salto *m*; *v/i* saltare

hope [houp] s speranza *f*; *v/t, v/i* sperare; **~ful** speranzoso; ottimista; **~less** senza speranza; disperato

horizon [hə'raizn] orizzonte *m*; **~tal** [hɔri'zɔntl] orizzontale

horn [hɔ:n] corno *m*

hornet ['hɔ:nit] calabrone *m*

horny ['hɔ:ni] calloso

horoscope ['hɔrəskoup] oroscopo *m*

horr|ible ['hɔrəbl] orribile; **~id** odioso; **~ify** [~ifai] *v/t* far inorridire; **~or** orrore *m*

horse [hɔ:s] cavallo *m*; cavalleria *f*; **on ~back** a cavallo; **~hair** crine *m* di cavallo; **~man** cavaliere *m*; **~power** cavallo *m* vapore; **~race** corsa *f* di cavalli; **~radish** rafano *m*; **~shoe** ferro *m* di cavallo; **~whip** frustino *m*

horticulture ['hɔ:tikʌltʃə] orticultura *f*

hos|e [houz] s *pl* calze *f/pl*; **~iery** maglieria *f*

hospi|table ['hɔspitəbl] ospitale; **~tal** ospedale *m*; **~tality** ospitalità *f*

host [houst] ospite *m*; moltitudine *f*

hostage ['hɔstidʒ] ostaggio *m*

hostel ['hɔstəl] casa *f* dello studente; **youth ~** albergo *m* della gioventù

hostess ['houstis] padrona *f* di casa

hostil|e ['hɔstail] ostile; **~ity**

[~'tiliti] ostilità f

hot [hɔt] caldo; fig ardente; ~ **dog** salsiccia f con panino; ~ **get** ~ riscaldarsi; **it is** ~ fa caldo; ~**blooded** di sangue caldo; ~**water-bottle** bottiglia f d'acqua calda

hotel [hou'tel] albergo m

hot-headed impulsivo; ~**house** serra f; ~**springs** pl acque f/pl termali; ~**water-bottle** bottiglia f d'acqua calda

hound [haund] cane m da caccia; levriero m

hour ['auə] ora f; ~**ly** ogni ora

house [haus] s casa f; teat sala f; ≳ **of Commons** Camera f dei Comuni; Camera f dei Deputati (in Inghilterra); ≳ **of Lords** Senato m (in Inghilterra); ≳ **s pl of Parliament** Parlamento m (in Inghilterra); v/t alloggiare; ~**keeper** governante f; ~**maid** cameriera f; ~**wife** massaia f; ~**work** lavoro m domestico; faccende f/pl di casa

how [hau] adv come; (exclamatory) come; quanto; ~ **far?** quant'è lontano?; ~ **long?** quanto tempo?; ~ **much?** quanto(a)?; ~ **many?** quanti(e)?; ~ **do you do?**, ~ **are you?** come sta?; **know-how** cognizione f di causa

however conj comunque; tuttavia; adv per quanto ... che sia

howl [haul] s grido m; v/i gridare; urlare

hub [hʌb] mozzo m (di ruota); fig punto m centrale

hubbub ['hʌbʌb] tumulto m; vociare m

huckle ['hʌkl] anca f, fianco m

huddle ['hʌdl] v/i ammucchiarsi; accoccolarsi

hue [hju:] colore m; tinta f

hug [hʌg] abbraccio m forte; v/t abbracciare

huge [hju:dʒ] enorme; immenso

hull [hʌl] scafo m

hullabaloo [hʌləbə'lu:] chiasso m

hullo [hʌ'lou] interj (telephone) pronto

hum [hʌm] s ronzio m; v/t canticchiare (a labbre chiuse); v/i ronzare

human ['hju:mən] umano; ~**e** [~'mein] umano; ~**itarian** [~mæni'teəriən] umanitario; ~**ity** [~'mæniti] umanità f

humble ['hʌmbl] umile; ~**ness** umiltà f

humbug ['hʌmbʌg] sciocchezze f/pl; (person) impostore m

humdrum ['hʌmdrʌm] monotono

humid ['hju:mid] umido; ~**ity** [~ju(:)'miditi] umidità f

humiliate [hju:'milieit] v/t umiliare; ~**ation** umiliazione f; ~**ty** umiltà f

humming-bird ['hʌmiŋbəd] colibrì m

humorous ['hju:mərəs] umoristico; spiritoso

humo(u)r ['hju:mə] umore *m*; umorismo *m*; *v/t* prendere per il verso buono

hump [hʌmp] gobba *f*

hunch [hʌntʃ] gobba *f*; *fam* idea *f*; **.back** gobbo *m*

hundredweight ['hʌndrədweit] quintale *m*

Hungar|ian [hʌŋ'gɛəriən] *a*, *s* ungherese (*m*, *f*); **.y** Ungheria *f*

hung|er ['hʌŋgə] s fame *f*; *v/i* bramare; **.ry** affamato; *be* **.ry** avere fame

hunk [hʌŋk] tozzo *m*

hunt [hʌnt] *s* caccia *f*; *v/t*, *v/i* cacciare; **.er** cacciatore *m*; **.ing** caccia *f*

hurdle ['hə:dl] graticcio *m*; siepe *f* mobile

hurl [hə:l] *v/t* scagliare

hurrah!, **.y** [hurei] evviva!

hurricane ['hʌrikən] uragano *m*

hurry ['hʌri] *s* fretta *f*; *be in a* **.** avere fretta; *v/t* affrettare; *v/i* affrettarsi; **.** **up!** sbrigati!

hurt [hə:t] *s* danno *m*; ferita *f*; *v/t*, *v/i*, *irr* far male a

husband ['hʌzbənd] marito *m*; sposo *m*

hush [hʌʃ] *s* silenzio *m*; *v/t* far star zitto; *interj* zitto!; silenzio!; **.** **up** mettere a tacere

husk [hʌsk] buccia *f*; **.y** rauco; forte

hustle ['hʌsl] *v/t* spingere; *v/i* affaccendarsi

hut [hʌt] capanna *f*

hutch [hʌtʃ] capanna *f*; gabbia *f* (*per conigli*)

hyacinth ['haiəsinθ] giacinto *m*

hybrid ['haibrid] *a*, *s* ibrido (*m*)

hydrant ['haidrənt] idrante *m*

hydraulic [hai'drɔ:lik] idraulico

hydro|carbon ['haidrou-] idrocarburo *m*; **.chloric** cloridrico; **.gen** idrogeno *m*; **.gen bomb** bomba *f* all'idrogeno; **.plane** idrovolante *m*; **.therapy** idroterapeutica *f*

hyena [hai'i:nə] iena *f*

hygien|e ['haidʒi:n] igiene *f*; **.ic** [hai'dʒi:nik] igienico

hymn [him] inno *m*

hyphen ['haifən] trattino *m*

hyphenate ['haifəneit] *v/t* ipnotizzare

hypnotize ['hipnətaiz] *v/t* ipnotizzare

hypocri|sy [hi'pɔkrəsi] ipocrisia *f*; **.te** ['.'] ipocrita *m*,*f*; **.tical** [hipou'kritikəl] ipocrito

hypothe|sis [hai'pɔθisis] ipotesi *f*; **.tical** ipotetico

hysteri|a [his'tiəriə] isteria *f*; isterismo *m*; **.cal** isterico; **.cs** *pl* accesso *m* d'isterismo

I [ai] io
ice [ais] ghiaccio m; **~ cream** gelato m
Iceland ['aisland] Islanda f; **~er** islandese m, f; **~ic** islandese
ice-skate pattino m
ic|icle ['aisikl] ghiacciolo m; **~ing** smaltatura f di zucchero; **~y** gelato; gelido; di ghiaccio
idea [ai'diə] idea f; **~l** a, s ideale (m); **~lize** v/t idealizzare
ident|ical [ai'dentikəl] identico; **~fication** [~fi'keiʃən] identificazione f; **~ifation papers** pl documenti m/pl; **~fy** v/t identificare; **~ty** identità f; **~ty card** carta d'identità
idiom ['idiəm] idioma m; modo m di dire
idle ['aidl] s ozioso; vano; v/i oziare; **~ness** ozio m
idol ['aidl] idolo m; **~ize** v/t deificare; idolatrare
if [if] se; **as ~** come se; **~ not** se non
ignit|e [ig'nait] v/t accendere; **~ion** [ig'niʃən] ignizione f; combustione f
ignoble [ig'noubl] ignobile
ignoran|ce ['ignərəns] ignoranza f; **~e** [ig'nɔ:] v/t trascurare
ill [il] a malato; adv male; s male m; **fall ~** ammalarsi; **~advised** imprudente
illegal [i'li:gəl] illegale

illiterate [i'litərit] a, s inalfabeto (m)
ill-tempered di brutto carattere; **~timed** inopportuno; **~treated** maltrattato
illuminat|e [i'lju:mineit] v/t illuminare; **~ion** illuminazione f
illus|ion [i'lu:ʒən] illusione f; **~ory** illusorio
illustrat|e ['iləstreit] v/t illustrare; **~ion** illustrazione f; **~ive** illustrativo
illustrious [i'lʌstriəs] illustre
ill will cattiva volontà f
imag|e ['imidʒ] immagine f; **~ination** [i,mædʒi'neiʃən] immaginazione f; fantasia f; **~ine** [i'mædʒin] v/t immaginare
imbecile ['imbisi:l] imbecile
imitate ['imiteit] v/t imitare
immeasurable [i'meʒərəbl] immensurabile
immediate [i'mi:djət] immediato
immature [,imə'tjuə] immaturo
immense [i'mens] immenso
immerse [i'mə:s] v/t immergere
immigra|nt ['imigrənt] a, s immigrante (m, f); **~tion** immigrazione f
im|minent ['iminənt] imminente; **~mobile** [i'moubail] immobile; **~moderate** immoderato; **~modest** immodesto; impudico;

improvement

~**moral** immorale; ~**mortal** [i'mɔːtl] immortale; ~**mune** immune

impact ['impækt] urto m; impressione f

impair [im'pɛə] v/t danneggiare; menomare

impart [im'pɑːt] v/t impartire; comunicare

impatient [im'peiʃənt] impaziente

imped|e [im'piːd] v/t impedire; ostacolare; ~**iment** impedimento m

impending [im'pendiŋ] imminente

imperative [im'perətiv] a imperioso; imperativo; s imperativo m

imperfect [im'pɔːfikt] a, s imperfetto (m)

imperial [im'piəriəl] imperiale

im|peril [im'peril] v/t mettere in pericolo; ~**permeable** impermeabile; ~**personal** impersonale

imperishable [im'periʃəbl] non deperibile

impetuous [im'petjuəs] impetuoso

impet|us ['impitəs], pl ~**es** [~iz] impeto m

implement ['implimənt] strumento m

implicate ['implikeit] v/t implicare; ~**ion** implicazione f

implicit [im'plisit] implicito

implore [im'plɔː] v/t supplicare

imply [im'plai] v/t implicare; insinuare

impolite [,impə'lait] scortese; ~**ness** scortesia f

import [im'pɔːt] v/t importare; ['impɔːt] s importazione f; ~**ance** [~'pɔːtəns] importanza f; ~**ant** importante; ~**ation** importazione f

importune [im'pɔːtjuːn] v/t importunare

impos|e [im'pouz] v/t imporre; ~**e upon** approfittare; ~**ing** imponente

impossible [im'pɔsibl] impossibile

impostor [im'pɔstə] impostore m

impotent ['impotənt] impotente

impoverish [im'pɔvəriʃ] v/t impoverire

impregnate ['impregneit] v/t impregnare; ingravidare

impresario [,impre'sɑːriou] impresario m

impress [im'pres] v/t impressionare; imprimere; ~**ion** impressione f; ~**ive** impressionante

imprint [im'print] s impronta f; v/t imprimere; stampare

imprison [im'prizn] v/t imprigionare; ~**ment** imprigionamento m

improper [im'prɔpə] scorretto; sconveniente

improve [im'pruːv] v/t, v/i migliorare; ~**ment** miglioramento m

improvise

improvise [ˈɪmprəvaiz] v/t, v/i improvvisare

impudent [ˈɪmpjudənt] sfacciato

impuls|e [ˈɪmpʌls] impulso m; **~ive** [imˈpʌlsiv] impulsivo

impunity [imˈpjuːniti] impunito

impure [imˈpjuə] impuro

in [in] prp in; a; entro; adv dentro; in casa; **~ 1979** nel 1979; **~ my opinion** secondo me; **~ the morning** di mattina; **~ time** a tempo; **~ order** in regola; **~ print** stampato

in|accessible [inækˈsesəbl] inaccessibile; **~accurate** inesatto; **~active** inattivo; **~appropriate** inadatto; **~attentive** disattento; distratto

inborn [ˈinbɔːn] innato

incapable incapace

incapacit|ate [inkəˈpæsiteit] v/t incapacitare; **~y** incapacità f

incarcerate [inˈkɑːsəreit] v/t incarcerare

incarnate [inˈkɑːnit] v/t incarnare

incense [ˈinsens] s incenso m; [inˈsens] v/t incensare; fig far arrabbiare

incentive [inˈsentiv] incentivo m

incessant [inˈsesənt] incessante

incest [ˈinsest] incesto m

inch [intʃ] pollice m (2,54 cm)

inciden|ce [ˈinsidəns] incidenza f; **~t** s incidente m; a incidente; inerente; **~tal** fortuito; **~tally** a proposito

incise [inˈsaiz] v/t incidere

incite [inˈsait] v/t incitare; **~ment** incitamento m

incline [inˈklain] s pendio m; v/t, v/i pendere; **~d** propenso

inclu|de [inˈkluːd] v/t comprendere; **~ding** compreso; **~sion** inclusione f; **~sive terms** pl prezzo m globale

income [ˈinkʌm] rendita f; reddito m; entrata f; **~e-tax** imposta f sul reddito; **~ing** in arrivo

inconceivable [inkənˈsiːvəbl] inconcepibile

inconsiderate irriguardoso; incurante

inconsistent inconsistente

inconstant incostante

inconvenien|ce s inconveniente m; v/t disturbare; scomodare; **~t** scomodo

incorporate [inˈkɔːpəreit] v/t incorporare

incredible incredibile

increase [inˈkriːs] s aumento m; v/t aumentare; v/i aumentarsi

incriminate [inˈkrimineit] v/t incriminare

incubator [ˈinkjubeitə] incubatrice f

incur [inˈkəː] v/t incorrere in; **~ debts** contrarre debito

indebted [inˈdetid] indebitato

indecen|cy [in'di:snsi] indecenza f; **~t** indecente

indecisive [,indi'saisiv] indeciso

indeed [in'di:d] infatti; effettivamente; **~?** veramente?; davvero?

indefatigable [indi'fætigəbl] instancabile

indefinite [in'definit] indefinito

indelicate [in'delikeit] indelicato

indemni|fy [in'demnifai] v/t indennizzare; **~ty** indennità f

indent [in'dent] v/t dentellare

independen|ce indipendenza f; **~t** indipendente

indescribable [indis'kraibəbl] indescrivibile

indeterminate indeterminato; indefinito

index ['indeks] indice m

India ['indjə] India f; **~-rubber** gomma f per cancellare; **~n** a, s indiano (m); **(Red) ~** pellirossa m; **~ summer** estate f di San Martino

indicat|e ['indikeit] v/t indicare; **~ion** indicazione f; **~ive** indicativo; **~or** indicatore m

indict [in'dait] v/t accusare; **~ment** accusa f

indifferen|ce indifferenza f; **~t** indifferente

indigent ['indidʒənt] indigente

indigesti|ble [,indi'dʒestəbl] indigesto; **~on** indigestione f

indignant [in'dignənt] indignato; **~ation** indignazione f

indirect [in'dairekt] indiretto

indiscre|et [indis'kri:t] indiscreto; **~tion** indiscrezione f

indiscriminate [indis'kriminit] che non fa discriminazioni; generale

indispensable [indis'pensəbl] indispensabile

indispos|ed [indis'pouzd] indisposto; **~ition** indisposizione f

in|disputable ['indis'pju:təbl] indiscutibile; **~distinct** confuso

individual [indi'vidjuəl] a individuale; s individuo m

indolen|ce ['indələns] indolenza f; **~t** indolente

indoor ['indɔ:] interno; interiore; in casa; **~s** in casa

indorse [in'dɔ:s] cf **endorse**

induce [in'dju:s] v/t indurre

induction [in'dʌkʃən] induzione f

indulge [in'dʌldʒ] v/t assecondare; v/i indulgere; abbandonarsi a; **~nce** indulgenza f; **~nt** indolente

industr|ial [in'dʌstriəl] industriale; **~ialize** v/t industrializzare; **~ious** attivo; industrioso; **~y** ['indəstri] industria f

in|effective [ini'fektiv] inef-
ficace; **~efficient** [-'fiʃənt]
inefficiente

inept [i'nept] inetto

inequality [ini:'kwɔliti] in-
guaglianza f; disuguaglianza f

inert [i'nə:t] inerte; **~ia** [~ʃiə]
inerzia f

in|evitable [in'evitəbl] ine-
vitabile; **~exhaustible** [-ig-
z'ɔstəbl] inesauribile;
~expensive [-iks'pənsiv]
poco costoso; di poco
prezzo; **~experienced**
[-iks'piəriənsd] inesperto;
~expressible [-iks'pre-
səbl] inesprimibile

infam|ous [infəməs] infa-
me; **~y** infamia f

infan|cy [infənsi] infanzia f;
~t bimbo(a) m (f); **~tile** [in-
fəntail] infantile

infect [in'fekt] v/t infettare;
contagiare; **~ion** infezione
f; **~ious** contagioso

infer [in'fə:] v/t inferire;
~ence [infərəns] deduzione
f

inferior [in'fiəriə] s, a inferiore (m); **~ity** [~'ɔriti] infe-
riorità f

infernal [in'fə:nl] infernale

infidelity [infi'deliti] infedeltà f

infiltrate [infiltreit] v/t in-
filtrare

infinite ['infinit] infinito;
~y [in'finiti] infinità f

infirm [in'fə:m] infermo

inflammable [in'flæməbl]
infiammabile

inflat|e [in'fleit] v/t, v/i gon-

fiare; **~ion** gonfiamento;
(financial) inflazione f

inflect [in'flekt] v/t inflet-
tere

inflexible [in'fleksəbl] inflessibile

inflict [in'flikt] v/t infligge-
re; **~ion** inflizione f

influen|ce ['influəns] s in-
fluenza f; v/t influenzare;
~tial [~'enʃəl] influente

influenza [influ'enzə] influenza f

influx ['inflʌks] afflusso m

inform [in'fɔ:m] v/t infor-
mare; **~ against** denunciare; **~al** informale; **~ation**
[infə'meiʃən] informazione
f; **~ation office** ufficio m
informazioni; **~er** informa-
tore m; denunciante m

infuriate [in'fjuərieit] v/t
infuriare

infuse [in'fju:z] v/t infon-
dere

ingen|ious [in'dʒi:njəs] in-
gegnoso; **~uity** [~i'nju(:)iti]
ingegnosità f

ingot ['ingət] lingotto m

ingredient [in'gri:djənt] ingrediente m

inhabit [in'hæbit] v/t abitare; **~ant** abitante m, f

inhale [in'heil] v/t inalare

inherent [in'hiərənt] ine-
rente

inherit [in'herit] v/t eredi-
tare; **~ance** eredità f

initial [i'niʃəl] a, s iniziale (f)

inject [in'dʒekt] v/t iniettare; **~ion** iniezione f

injur|e ['indʒə] v/t ferire;

~ious [in'dʒuəriəs] ingiurioso; **~y** [˖'˖əri] ferita f

injustice [in'dʒʌstis] ingiustizia f

ink [iŋk] inchiostro m

inkling ['iŋkliŋ] nozione f vaga; accenno m vago

inland ['inlənd] a s interno; adv nell'interno; verso l'interno

inmate ['inmeit] inquilino m; ricoverato m

inmost ['inmoust] intimo; profondo

inn [in] albergo m; locanda f

inner ['inə] interiore; interno

innocen|ce ['inəsns] innocenza f; **~t** innocente

innovation [inou'veiʃən] innovazione f

inquest ['inkwest] inchiesta f

inquir|e [in'kwaiə] v/t domandare; v/i indagare; informarsi; **~y** indagine f

inquisit|ion [˛inkwi'ʒiʃən] inquisizione f; **~ive** [in'kwizitiv] curioso

insane [in'sein] pazzo; folle; **~ity** [in'sæniti] pazzia f; follia f

inscri|be [in'skraib] v/t iscrivere; **~ption** [˖ipʃən] iscrizione f

insect ['insekt] insetto m

insert [in'səːd] v/t inserire

inside [in'said] a interiore; interno; s interno m; adv nell'interno; **~ out** al rovescio; rivoltato

insight [in'sait] penetrazione f

insincere insincero

insist [in'sist] v/i insistere

in|solent ['insələnt] insolente; **~soluble** ˖'sɔljubl] insolubile

insomnia [in'sɔmniə] insonnia f

insomuch [insou'mʌtʃ] fino al punto; tanto

inspect [in'spekt] v/t ispezionare; **~ion** ispezione f; **~or** ispettore m

inspir|ation [inspə'reiʃən] ispirazione f; **~e** [in'spaiə] v/t ispirare

instal(l) [in'stɔːl] v/t installare; **~ation** installazione f; impianto m; **~ment** puntata f; rata f; **~ment payment** pagamento m a rate

instan|ce ['instəns] istanza f; esempio m; **for ~ce** per esempio; **~t** istante m; **~tly** immediatamente

instead [in'sted] adv invece; **~ of** prp invece di; al posto di

instinct ['instinkt] istinto m; **~ive** [in'stiŋktiv] istintivo

institu|te ['institjuːt] s istituto m; v/t istituire; **~ion** istituzione f

instruct [in'strʌkt] v/t istruire; **~ion** istruzione f; **~ive** istruttivo

instrument ['instrumənt] strumento m

insufferable insopportabile

insulate ['insjuleit] v/t isolare

insurance [in'ʃuərəns] assicurazione f; **~ company** compagnia f d'assicurazioni

insure [in'ʃuə] v/t assicurare

insurrection [insə'rekʃən] insurrezione f

intact [in'tækt] intatto

integrate ['intigreit] v/t integrare; v/i integrarsi

intellect ['intilekt] intelletto m; **~ual** [~'lektjuəl] intellettuale

intelligen|ce [in'telidʒəns] intelligenza f; informazione f; **~t** intelligente

intend [in'tend] v/t intendere; avere intenzione di

intens|e [in'tens] intenso; **~ity** intensità f; **~ive** intensivo

intent [in'tent] intento; **~ion** intenzione f

inter [in'tə:] v/t seppellire

intercede [intə(:)'si:d] v/i intercedere

interchange [intə(:)-'tʃeindʒ] s scambio m; v/t scambiare; v/i scambiarsi

intercourse ['intə(:)kɔ:s] rapporto m; rapporti m/pl sessuali

interdict [intə(:)'dikt] v/t interdire; proibire

interest ['intrist] s interesse m; v/t interessare; **~ing** interessante

interfer|e [intə'fiə] v/i intromettersi; intervenire; **~e with** ostacolare; **~ence** in-

tromissione f

interior [in'tiəriə] a interiore; interno; s interiore m

intermediary [intə(:)'mi:djəri] a, s intermediario (m)

inter|mingle v/t inframmischiare; v/i inframmischiarsi; **~mission** intervallo m

intern [in'tə:n] Am medico m assistente

interpret [in'tə:prit] v/t, v/i interpretare; **~er** interprete m, f

inter|rupt [intə'rʌpt] v/t interrompere; **~sect** v/t intersecare; v/i incrociarsi

interval ['intəvəl] intervallo m

interven|e [intə(:)'vi:n] v/i intervenire; **~tion** [~'venʃən] intervento m

interview ['intəvju:] s intervista f; colloquio m; v/t intervistare

intestines [in'testinz] pl intestino m

intima|cy [intiməsi] intimità f; **~te** a intimo; v/t annunciare; comunicare

into ['intu, 'intə] in

intolerant [in'tɔlərənt] intollerante

intoxicat|e [in'tɔksikeit] v/t ubriacare; med intossicare

intricate ['intrikit] intricato

intrigue [in'tri:g] s intrigo m; trama f; v/i intrigare

introduc|e [intrə'dju:s] v/t presentare; introdurre; **~tion** [~'dʌkʃən] presentazione f; introduzione f

intrude [in'tru:d] v/i intromettersi

intuition [intju(:)'iʃən] intuizione f

inundation [inʌn'deiʃən] inondazione f

invade [in'veid] v/t invadere

invalid [in'væli(:)d] a, s malato (m); [in'vælid] invalido

invaluable [in'væljuəbl] inestimabile

invent [in'vent] v/t inventare; **~ion** invenzione f

inver|se ['in'və:s] inverso; **~t** v/t invertire; **~ted commas** pl virgolette f/pl

invest [in'vest] v/t investire; **~ment** investimento m

invit|ation [invi'teiʃən] invito m; **~e** [in'vait] v/t invitare

invoice ['invɔis] fattura f

involve [in'vɔlv] v/t coinvolgere; significare

inward ['inwəd] interno; intimo; **~(s)** verso l'interno

iodine ['aiədi:n] iodio m

irascible [i'ræsibl] irascibile

Ireland ['aiələnd] Irlanda f

Irish ['aiəriʃ] a, s irlandese (m, f); **~man** irlandese m

irk [ə:k] v/t infastidire

iron ['aiən] s ferro m; ferro m da stiro; a di ferro; ferreo; v/t stirare

ironic(al) [ai'rɔnik(əl)] ironico

irregular irregolare

irrelevant non pertinente

irrespective of senza tenere conto di

irrigat|e ['irigeit] v/t irrigare; **~ion** irrigazione f

island ['ailənd] isola f

isolat|e ['aisəleit] v/t isolare; **~ion** isolazione f

issue ['iʃu:] s problema m; esito m; discendenza f; emissione f; pubblicazione f; v/t emettere; pubblicare; v/i uscire; emergere; risultare

it pron pers esso, essa; lo, la; impers **~ is hot** fa caldo; **who is ~?** chi è ?

Italian [i'tæljən] a, s italiano (m)

italic [i'tælik] corsivo

itch [itʃ] s prurito m; v/i prudere

item ['aitəm] articolo m; voce f; numero m (di rivista)

itinerary [i'tinərəri] itinerario m

its [its] pron poss suo, sua; il suo, la sua; **~elf** [it'self] sè; sè stesso; **by ~elf** si dà sè

ivory ['aivəri] ivorio m

ivy ['aivi] edera f

J

jab [dʒæb] v/t, v/i pugnalare

jack [dʒæk] mec binda f; cricco m; fante m (a carte)

jackal ['dʒækɔ:l] sciacallo m

jackass ['dʒækæs] asino m

jacket ['dʒækit] giacca f

jack|-knife coltello m a serramanico; **~ of all trades**

uomo *m* di tutti i mestieri

jade [dʒeid] giada *f*

jagged [dʒægid] dentellato; frastagliato

jaguar [dʒə:gjuə] giaguaro *m*

jail [dʒeil] carcere *m*; prigione *f*

jam [dʒæm] *s* marmellata *f*; blocco *m* (*stradale*); *v/t* incastrare; *v/i* incastrarsi

janitor [dʒænitə] bidello *m*

January [dʒænjuəri] gennaio *m*

Japan [dʒə'pæn] Giappone *m*; **∼ese** [dʒæpə'ni:z] *a*, *s* giapponese (*m*, *f*)

jar [dʒɑ:] *s* barattolo *m*; scossa *f*; *v/t* stonare; scuotere

jargon [dʒɑ:gən] gergo *m*

jasmin(e) [dʒæsmin] gelsomino *m*

jaundice [dʒɔ:ndis] itterizia *f*

javelin [dʒævlin] giavellotto *m*

jaw [dʒɔ:] mascella *f*

jealous [dʒeləs] geloso

jeer [dʒiə] *s* derisione *f*; *v/t*, *v/i* deridere

jelly [dʒeli] gelatina *f*; **∼ fish** medusa *f*

jeopardize [dʒepədaiz] *v/t* mettere in pericolo

jerk [dʒɔ:k] *s* scatto *m*; *v/t* strappare; *v/i* muoversi a scatti

jersey [dʒɔ:zi] maglia *f*

jest [dʒest] *s* scherzo *m*; *v/i* scherzare

Jesuit [dʒezjuit] gesuita *m*

Jesus [dʒi:zəs] Gesù

jet [dʒet] getto *m*; aeroplano *m* a reazione; **∼ engine** motore *m* a reazione

jetty [dʒeti] molo *m*

Jew [dʒu:] ebreo *m*

jewel [dʒu:əl] gioiello *m*; **∼(l)er** gioielliere *m*; **∼lery** gioielli *m/pl*

Jew|ess [dʒu(:)is] ebrea *f*; **∼ish** ebreo; ebraico

jiffy [dʒifi] *Am fam* istante *m*

jig [dʒig] giga *f*

jingle [dʒiŋgl] *s* tintinnio *m*; *v/t* tintinnare

job [dʒɔb] impiego *m*; lavoro *m*; posto *m*

jockey [dʒɔki] fantino *m*

jog [dʒɔg] *s* urto *m*; *v/t* urtare

join [dʒɔin] *v/t* unire; raggiungere; *v/i* unirsi; associarsi; **∼er** falegname *m*

joint [dʒɔint] *s* articolazione *f*; giuntura *f*; pezzo *m* di carne (*macellata*); *fam* locale *m*; *a* unito; collettivo; **∼ stock company** società *f* anonima

joke [dʒouk] *s* scherzo *m*; barzelletta *f*; *v/i* scherzare

jolly [dʒɔli] *a* allegro; *adv fam* molto

jolt [dʒoult] *s* scossa *f*; sobbalzo *m*; *v/t*, *v/i* scuotere

jostle [dʒɔsl] *v/t* spingere

journal [dʒɔ:nl] giornale *m*; diario *m*; **∼ist** giornalista *m*

journey [dʒɔ:ni] *s* viaggio *m*; *v/i* viaggiare; **∼man** operaio *m* esperto

joy [dʒɔi] allegria *f*; **∼ful** allegro

jubil|ant [dʒu:bilənt] giubi-

lante; **~e** giubileo *m*
judg|e [dʒʌdʒ] *s* giudice *m*;
v/t giudicare; **~ment** giudizio *m*
judicious [dʒu(ː)'diʃəs] giudizioso
jug [dʒʌg] brocca *f*; anfora *f*
juggle ['dʒʌgl] *v/i* fare giochi
di destrezza; raggirare; **~r**
prestigiatore *m*
Jugoslav ['juːgouˈslɑːv] *a, s*
iugoslavo (*m*); **~ia** Iugoslavia *f*
juic|e [dʒuːs] sugo *m* (*di carne*); succo *m* (*di frutta*); **~y**
succoso
juke-box ['dʒuːk-] music-
box *m*
July [dʒu(ː)'lai] luglio *m*
jumble ['dʒʌmbl] *s* confusione *f*; mescolanza *f*; *v/t*
confondere; mescolare
jump [dʒʌmp] *s* salto *m*;
balzo *m*; *v/i* saltare; balzare; **~y** nervoso

junction ['dʒʌŋkʃən] unione
f; nodo *m* ferroviario
June [dʒuːn] giugno *m*
jungle ['dʒʌŋgl] giungla *f*
junior ['dʒuːnjə] *s* giovane
m; subalterno *m*; *a* più giovane; di grado inferiore
junk [dʒʌŋk] robaccia *f*
juri|sdiction giurisdizione
f; **~sprudence** giurisprudenza *f*; **~st** giurista *m, f*
juror ['dʒuərə] giurato *m*
jury ['dʒuəri] giuria *f*
just [dʒʌst] *a* giusto; *adv*
esattamente; giustamente;
appena; in questo momento
justice ['dʒʌstis] giustizia *f*
justif|ication [dʒʌstifi'keiʃən] giustificazione *f*; **~y**
['‑fai] *v/t* giustificare
jut [dʒʌt] *v/i* sporgere
juvenile ['dʒuːvinail] giovanile; **~ court** tribunale *m*
dei minorenni

K

kale, kail [keil] cavolo *m*
kangaroo [ˌkæŋgə'ruː] canguro *m*
keel [kiːl] chiglia *f*
keen [kiːn] acuto; entusiasta
keep [kiːp] *v/t* tenere; mantenere; conservare; trattenere; osservare; festeggiare;
v/i mantenersi; conservarsi; continuare; **~ in mind**
tener presente; **~ on** continuare; proseguire; seguitare; **~ talking** continuare a
parlare; **~ to** tenersi a; **~**

books tenere i libri; fare la
contabilità; **~er** custode *m,
f*; **~ing** custodia *f*; **~sake** ricordo *m*
kennel ['kenl] canile *m*
kerb [kəːb] bordo *m* del marciapiede
kernel ['kəːnl] gheriglio *m*;
fig nocciolo *m*
kettle ['ketl] bollitore *m*;
~drum timpano *m*
key [kiː] chiave *f*; *mus* chiave
f; tasto *m*; *mec* chiavetta *f*;
tasto *m* (*della macchina da*

scrivere); **~board** tastiera *f*; **~hole** buco *m* della serratura; **~ring** anello *m* portachiavi

kick [kik] *s* calcio *m*; *v/t, v/i* dare calci

kid [kid] capretto *m*; *fam* bambino(a) *m (f)*; *v/t* rapire; prendere in giro

kidnap ['kidnæp] *v/t* rapire; **~per** rapitore *m*; **~ping** rapimento *m*

kidney ['kidni] rene *m*; rognone *m*

kill [kil] *v/t* uccidere; ammazzare; **~ing** *fam* buffo

kilo(gram(me) ['kilougræm] chilogramma *m*; **~metre** chilometro *m*; **~watt** kilowatt

kilt [kilt] gonnellina *f* scozzese

kimono [ki'mounou] chimono *m*

kin [kin] parentela *f*

kind [kaind] *a* gentile; buono; **~ regards** *pl* cordiali saluti *m/pl*; *s* genere *m*; specie *f*; tipo *m*

kindergarten ['kindəgɑːtn] giardino *m* d'infanzia

kindle ['kindl] *v/t* accendere; *v/i* ardere

kind||ly ['kaindli] gentile; **~ness** gentilezza *f*

kindred ['kindrid] *s* parenti *m/pl*; parentela *f*; *a* affine

king [kiŋ] re *m*; **~dom** reame *m*; **~fisher** martin *m* pescatore

kiosk [ki'ɔsk] chiosco *m*

kiss [kis] *s* bacio *m*; *v/t* baciare

kit [kit] gattuccio *m*; **~bag** sacco *m* a spalla

kitchen ['kitʃin] cucina *f*; **~ garden** orto *m*

kite [kait] aquilone *m*

kitten ['kitn] gattino *m*

knack [næk] facoltà *f*

knapsack ['næpsæk] zaino *m*

knead [niːd] *v/t* impastare

knee [niː] ginocchio *m*; **~l (down)** *v/i, irr* inginocchiarsi

knickerbockers ['nikəbɔkəz] *pl* calzoni *m/pl* alla zuava

knickers *pl* mutande *f/pl* da donna

knife [naif], *pl* **knives** [~vz] *s* coltello *m*; *v/t* accoltellare

knight [nait] cavaliere *m*

knit [nit] *v/t, irr* fare a maglia; *v/i* lavorare a maglia; fare la calza; **~ting-needle** ferro *m* da calza; **~wear** maglieria *f*

knob [nɔb] bottone *m*; pomo *m*; bernoccolo *m*

knock [nɔk] colpo *m*; *v/t* bussare; **~ down** rovesciare; investire; **~ out** mettere fuori combattimento

knot [nɔt] *s* nodo *m*; gruppo *m*; *naut* miglio *m* marino; *v/t* annodare; **~ty** nodoso; *fig* difficile

know [nou] *v/t, v/i, irr* sapere; conoscere; **~ing** abile; accordo; **~ledge** conoscenze *f/pl*; sapere *m*; **~ how to** sapere; **to my ~ledge** per quanto sappia io; a quel che

so; **without my ~ledge** a
mia insaputa; **make ~n** far
sapere; far conoscere; **well-**

~n ben conosciuto
knuckle ['nʌkl] nocca *f*
Koran [kɔ'rɑːn] Corano *m*

L

label ['leibl] *s* etichetta *f*; *v/t*
mettere un'etichetta; *fig*
classificare
laboratory [lə'bɔrətəri] laboratorio *m*
laborious [lə'bɔːriəs] labo-
rioso
labor union *Am* sin-
dacato *m* (operaio)
labo(u)r ['leibə] *s* fatica *f*;
lavoro *m* faticoso; mano *f*
d'opera; doglie *f/pl* del parto; ♀ **Party** Partito *m* Labo-
rista; **hard ~** lavori *m/pl*
forzati; *v/t* affaticarsi; **~er:**
(farm) ~er bracciante *m*;
(manual) ~er operaio *m*
labyrinth ['læbərinθ] labirinto *m*
lace [leis] *s* pizzo *m*; merletto
m; *v/t* allacciare
lack [læk] *s* mancanza *f*; *v/t*
mancare di; *v/i* mancare
lacquer ['lækə] lacca *f*
lad [læd] giovane *m*; ragazzo
m
ladder ['lædə] *s* scala *f* (a
piuoli); smagliatura *f* (*di
calze*)
Ladies *pl* Signore *f/pl*; **~ and
Gentlemen** Signore e Si-
gnori
ladle ['leidl] romaiolo *m*
lady ['leidi] signora *f*; **~doc-
tor** dottoressa *f*; **~like** elegante; ben educato

lag [læg] *v/i* rimanere indietro
lagoon [lə'guːn] laguna *f*
lair [lɛə] covo *m*; tana *f*
lake [leik] lago *m*
lamb [læm] agnello *m*
lame [leim] zoppo; *v/t* zoppicare
lament [lə'ment] *s* lamento
m; *v/t* lamentare; *v/i* lamentarsi; **~able** deplorevole
lamp [læmp] lampada *f*; **~
shade** paralume *m*
lance [lɑːns] *s* lancia *f*; *v/t*
surg tagliare coi bisturi
land [lænd] *s* terra *f*; terreno
m; suolo *m*; paese *m*; **by ~**
per terra; *v/t* sbarcare; atterrare; **~holder** proprietario *m* di terra; **~ing** sbarco
m; atterraggio *m*; **~lady**
['lænleidi] padrona *f* di casa; **~lord** padrone *m* di casa;
~mark punto *m* di riferimento; **~scape** passaggio
m; **~slide** frana *f*
lane [lein] viottolo *m*
language ['læŋgwidʒ] lingua *f*; linguaggio *m*
languid ['læŋgwid] langui-
do; **~ish** *v/i* languire; **~or**
languore *m*
lank [læŋk] magro; **~ hair**
capelli *m/pl* lisci
lantern ['læntən] lanterna *f*

lap [læp] grembo *m*; **~el** [lə-'pɛl] risvolta *f*

lapse [læps] periodo *m* di tempo

larceny ['lɑːsəni] furto *m*

lard [lɑːd] strutto *m*; **~er** dispensa *f*

large [lɑːdʒ] grande; ampio, grosso; **at ~** latitante; **~ly** in gran parte

lark [lɑːk] allodola *f*; *fam* scherzo *m*

larva ['lɑːvə] larva *f*

laryn|gitis [ˌlærin'dʒaitis] laringite *f*; **~x** laringe *f*

lascivious [lə'siviəs] lascivo

lash [læʃ] ciglio *m*; sferza *f*; *v/t* sferzare

lass [læs] ragazza *f*

lasso [læ'suː] laccio *m*

last [lɑːst] a ultimo; passato; finale; **~ but one** penultimo; **~ night** stanotte; ieri sera; **~ week** la settimana scorsa; *adv* in ultimo; finalmente; **at ~** alla fine; *v/i* durare; **~ing** duraturo; **~ly** in ultimo; **~ name** nome *m* di famiglia

latch [lætʃ] saliscendi *m*; **~key** chiavetta *f*

late [leit] *a* in ritardo; recente; ultimo; *adv* tardi; **it is ~** è tardi; **I am ~** sono in ritardo; **~ly** ultimamente; recentemente; **~r on** più tardi; **at** il più tardi *(di tutti)*; il più recente *(di tutti)*

lath [lɑːθ] listello *m*

lathe [leið] tornio *m*

lather ['lɑːðə] schiuma *f*

Latin ['lætin] *s, a* latino *(m)*

latitude ['lætitjuːd] latitudine *f*

latter ['lætə] *pron* questi; ultimo; secondo; *a* ultimo; secondo

lattice ['lætis] grata *f*

laudable ['lɔːdəbl] lodevole

laugh [lɑːf] *s* risata *f*; *v/i* ridere; **~ter** risata *f*

launch [lɔːntʃ] *s* lancia *f*; *v/t* lanciare; varare; **~ing** varo *m*

laund|erette [lɔːndə'ret] lavanderia *f* con autoservizio; **~ress** lavandaia *f*; **~ry** lavanderia *f*

laurel ['lɔrəl] lauro *m*

lavatory ['lævətəri] gabinetto *m*

lavender ['lævində] lavanda *f*

lavish ['læviʃ] prodigo; *v/t* prodigare

law [lɔː] legge *f*; diritto *m*; **by ~** per legge; **civil ~** diritto civile; **criminal ~** diritto penale; **~-court** tribunale *m*; **~ful** legale; legittimo; **~less** illegale; illegittimo

lawn [lɔːn] prato *m*

law|suit ['lɔːsjuːt] causa *f*; **~yer** ['lɔːjə] avvocato *m*

lax [læks] trascurato; **~ative** *a, s* lassativo *(m)*; purgante *(m)*

lay [lei] *v/t, irr* porre; collocare; **~ down** deporre; **~ out** stendere

layer ['leiə] strato *m*

layman ['leimən] laico *m*

lazy ['leizi] pigro

lead[1] [liːd] *s* guida *f*; guinza-

lens

glio *m*; *elec* filo *m*; *v/t*, *irr* guidare; condurre

lead² [led] piombo *m*; mina *f* (*del lapis*); **~ed** di piombo

leader ['li:də] capo *m*

leaf [li:f], *pl* **leaves** [~vz] foglia *f*; **~let** foglietto *m*

league [li:g] lega *f*

leak [li:k] *s* fuga *f*; perdita *f*; *v/i* perdere; *naut* far acqua; **~age** perdita *f*; *v/i* difettose

lean [li:n] *a* magro; scarno; *v/i*, *irr* appoggiarsi; **~ out** sporgersi

leap [li:p] *s* salto *m*; balzo *m*; *v/t* saltare; balzare; **~year** anno *m* bisestile

learn [lə:n] *v/t*, *v/i*, *irr* imparare; **~ed** dotto; erudito; **~ing** sapere *m*; cultura *f*; istruzione *f*

lease [li:s] *s* contratto *m* d'affitto; *v/t* affittare

leash [li:ʃ] guinzaglio *m*

least [li:st] *s* il meno; il minimo; *a* minimo; *adv* minimamente; **at ~** almeno

leather ['leðə] cuoio *m*; pelle *f*

leave [li:v] *s* permesso *m*; congedo *m*; licenza *f*; *irr* partire; *v/t* lasciare; abbandonare

lecture ['lektʃə] *s* conferenza *f*; lezione *f* (*universitaria*); *v/i* fare una conferenza; fare la lezione; **~r** conferenziere *m*; docente *m* universitario

ledge [ledʒ] ripiano *m*

leech [li:tʃ] sanguisuga *m*

leek [li:k] porro *m*

leer [liə] *s* occhiata *f* lasciva;

v/i dare un'occhiata lasciva

left [left] *s* sinistra *f*; *a* sinistro; **to the ~** a sinistra; alla sinistra; **~-handed** mancino; **~-luggage office** deposito *m* bagagli; **~overs** *pl* resti *m/pl*; rimanenze *f/pl*

leg [leg] gamba *f*; (*animal*) zampa *f*; (*furniture*) piede *m*; **pull s.o.'s ~** prendere in giro

legacy ['legəsi] lascito *m*

legal ['li:gəl] legale; legittimo; **~ize** *v/t* legalizzare; legittimare

legation [li'geiʃən] legazione *f*

legend ['ledʒənd] leggenda *f*; **~ary** leggendario

legible ['ledʒəbl] leggibile

legion ['li:dʒən] legione *f*

legislation [ledʒis'leiʃən] legislazione *f*; **~ive** ['~lətiv] legislativo; **~or** legislatore *m*

legitimate [li'dʒitimit] legittimo

leisure ['leʒə] tempo *m* libero; **~ly** senza fretta

lemon ['lemən] limone *m*; **~ade** [~'neid] limonata *f*; **~ juice** succo *m* di limone; **~ squash** limonata *f*

lend [lend] *v/t*, *irr* prestare; **~ing library** biblioteca *f* circolante

length [leŋθ] lunghezza *f*; **at ~** a lungo; **~en** *v/t* allungare; *v/i* allungarsi; **~wise** ['~waiz] per il lungo

lenient ['li:njənt] indulgente

lens [lenz] lente *f*

Lent [lent] quaresima *f*

lentil [ˈlentil] lenticchia *f*

leopard [ˈlepəd] leopardo *m*

leprosy [ˈleprəsi] lebbra *f*

less [les] meno; **grow ~** diminuire; **more or ~** più o meno; **~en** *v/t* diminuire; attenuare; **~er** minore

lesson [ˈlesn] lezione *f*

lest [lest] per paura che

let [let] *v/t, irr* lasciare; permettere; affittare; **~ down** abbassare; abbandonare; **~ in** far entrare; **~ off** esentare; sparare; lasciare in libertà; lasciare senza punizione; **~ out** far uscire

lethal [ˈliːθəl] letale

lethargy [ˈleθədʒi] letargia *f*

letter [ˈletə] lettera *f*; **registered ~** lettera raccomandata; **~box** cassetta *f* postale

lettuce [ˈletis] lattuga *f*

leuc(a)emia [ljuː(ˈ)kiːmiə] leucemia *f*

level [ˈlevl] livello *m*; **~ crossing** passaggio *m* a livello; *v/t* livellare; spianare

lever [ˈliːvə] leva *f*

levity [ˈleviti] levità *f*

levy [ˈlevi] *s* imposta *f*; *v/t* imporre; arrolare

lewd [luːd] lascivo

liab|ility [laiəˈbiliti] responsabilità *f*; *pl comm* passività *f*; **~le** [ˈlaiəbl] responsabile; soggetto a; tenuto a

liaison [liː(ˈ)eizən] relazione *f*

liar [ˈlaiə] bugiardo(a) *m* (*f*)

libel [ˈlaibl] *s* diffamazione *f*; *v/t* diffamare

liberal [ˈlibərəl] *s, a* liberale (*m*)

liberat|e [ˈlibəreit] *v/t* liberare; **~ion** liberazione *f*

liberty [ˈlibəti] libertà *f*; **be at ~** essere libero

librar|ian [laiˈbrɛəriən] bibliotecario *m*; **~y** [ˈlibrəri] biblioteca *f*

Libya [ˈlibiə] Libia *f*; **~n** *a, s* libico (*m*)

lice [lais] (*pl di* louse) pidocchi *m/pl*

licen|ce, *Am* **~se** [ˈlaisəns] licenza *f*; permesso *m*; patente *f*; *v/t* autorizzare; permettere; **~tious** [laiˈsenʃəs] licenzioso

lick [lik] *s* leccata *f*; *v/t* leccare

lid [lid] coperchio *m*; *anat* palpebra *f*

lie[1] [lai] *s* bugia *f*; menzogna *f*; *v/i* mentire

lie[2] [lai] *v/i, irr* essere sdraiato; giacere; essere situato; **~ down** sdraiarsi

lieutenant [lefˈtenənt] luogotenente *m*

life [laif], *pl* **lives** [~vz] vita *f*; **~belt** cintura *f* di salvataggio *m*; **~boat** barca *f* di salvataggio; **~buoy** salvagente *m*; **~insurance** assicurazione *f* sulla vita; **~jacket** giubbotto *m* di salvataggio; **~less** senza vita

lift [lift] *s* ascensore *m*; montacarichi *m*; passaggio *m* (*in macchina*); *v/t* alzare; elevare; *v/i* dissiparsi

ligature [ˈligətʃuə] legatura *f*

light [lait] s luce f; giorno m; a leggero; chiaro; v/t (**up**) accendere; illuminare; v/i accendersi; **~en** v/i alleggerire; **~er** accendisigaro m; **~house** se faro m; **~ing** illuminazione f; **~ning** lampo m; **~ning-conductor** parafulmine m

like [laik] a simile; adv come; s simile m; v/t piacere; amare; avere simpatia; **feel ~** aver voglia di; **I ~ tea** mi piace il tè; **~lihood** probabilità f; **~ly** probabile; **~ness** somiglianza f; **~wise** similmente

liking [laikiŋ] simpatia f

lilac [lailək] lilla m

lily [lili] giglio m

limb [lim] membro m

lime [laim] calce f; bot tiglio m; **~light** luce f della ribalta

limit [limit] s limite m; v/t limitare

limp [limp] a floscio; debole; v/i zoppicare

line [lain] s linea f; ruga f; comm ramo m; v/t rigare; foderare; v/i **~ up** allinearsi

linen [linin] lino m; biancheria f

liner [lainə] transatlantico m

linger [liŋgə] v/i indugiare

lingerie [læːnʒəri] lingeria f

linguist [liŋgwist] linguista m, f

lining [lainiŋ] fodera f

link [liŋk] s legame m; v/t collegare

links [liŋks] pl campo m da golf

lion [laiən] leone m; **~ess** leonessa f

lip [lip] labbro m; **~stick** rossetto m

liqueur [li'kjuə] liquore m

liquid [likwid] a, s liquido (m); **~ate** v/t liquidare

liquorice [likəris] liquorizia f

lisp [lisp] v/i balbettare

list [list] s lista f; elenco m; v/t elencare

listen [lisn] v/i ascoltare

listless [listlis] indifferente; svogliato

literal [litərəl] letterale

litera|ry [litərəri] letterario; **~ture** ['~ritʃə] letteratura f

lithe [laið] flessibile

lit|re, Am **~er** [liːtə] litro m

litter [litə] s lettiga f; figliata f (di animali); rifiuti m/pl; **~basket**, **~bin** secchio m della spazzatura

little [litl] a piccolo; poco; **~ finger** mignolo m; s poco m; adv poco

live [laiv] a vivo; vivente; [liv] v/i vivere; abitare; **~lihood** [laivlihud] sussistenza f; **~ly** [laivli] vivace

liver [livə] fegato m

livestock [laivstɔk] bestiame m

livid [livid] livido; furioso

living [liviŋ] a vivo; vivente; s vita f; **~room** soggiorno m

lizard [lizəd] lucertola f

load

load [loud] s carica f; v/t caricare

loaf [louf], pl **loaves** [~vz] pagnotta f; pane m; v/i oziare; **~er** bighellone m

loam [loum] terriccio m

loan [loun] s prestito m; v/t prestare; **on ~** in prestito

loath [louθ] restio; **~e** [louð] v/t detestare; **~some** ripugnante

lobby ['lɔbi] ingresso m; corridoio m

lobe [loub] lobo m

lobster ['lɔbstə] aragosta f

loca|l ['loukəl] locale; **~lity** [~'kæliti] località f; **~lize** v/t localizzare; **~te** [lou'keit] v/t individuare; **be ~ted** trovarsi; **~tion** situazione f

loch [lɔk] Scot lago m

lock [lɔk] s serratura f; chiusa f; v/t chiudere a chiave

locomotive [,loukə'moutiv] locomotiva f

locust ['loukəst] locusta f

lodge [lɔdʒ] casetta f; portineria f; v/t, v/i alloggiare; **~er** pensionante m; **~ings** pl stanze f/pl in affitto

loft [lɔft] abbaino m; solaio m; **~y** alto; altero

log [lɔg] ceppo m; tronco m; **~(-book)** naut diario m di bordo

loggerhead ['lɔgəhed]: **at ~s** with in urto con

loggia ['lɔdʒə] loggia f

logic ['lɔdʒik] logica f; **~al** logico

loin [lɔin] lombo m

loiter ['lɔitə] v/i indugiare

London ['lʌndən] Londra f; **~er** londinese m, f

lone|liness ['lounlinis] solitudine f; **~ly**, **~some** solitario; solo

long [lɔŋ] a lungo; adv a lungo; **in the ~ run** alla lunga; **as ~ as** finché; **~ ago** molto tempo fa; **all day ~** tutto il giorno; **how ~?** per quanto tempo?; **no ~er** non più; **~ since** da molto tempo; **~ for** v/i bramare; desiderare (fortemente)

long-distance call telefonata f interurbana

longing desiderio m (forte)

look [luk] s sguardo m; aspetto m; espressione f; v/i guardare; sembrare; **~ after** curare; occuparsi di; **~ at** guardare; **~ for** cercare; **~ bad** star male; sembrare brutto; **~ into** investigare; **~ out** take care; badare; **~ over** riguardare; **~ing-glass** specchio m

loom [lu:m] telaio m

loop [lu:p] laccio m; **~hole** scappatoia f

loose [lu:s] sciolto; **~n** v/t sciogliere

loot [lu:t] bottino m; v/t saccheggiare

lord [lɔːd] signore m; 2 **Mayor** Sindaco m di Londra; 2**'s Prayer** paternostro m

lorry ['lɔri] camion m; autotreno m

lose [lu:z] v/t, v/i irr perdere; **~s** [lɔs] perdita f; **be at a ~s**

non sapere che fare; **~t** perduto; **get ~t** perdersi

lost-property office ufficio *m* oggetti smarriti

lot [lɔt] destino *m*; sorte *f*; quantità *f*; **a ~ of**, **~s of** molto

lotion ['louʃən] lozione *f*

lottery ['lɔtəri] lotteria *f*

lotus ['loutəs] loto *m*

loud [laud] alto; forte; vistoso; **~ly** ad alta voce; **~ speaker** altoparlante *m*

lounge [laundʒ] salotto *m*

louse [laus], *pl* **lice** [lais] pidocchio *m*

lout [laut] zoticone *m*

love [lʌv] *s* amore *m*; *v/t* amare; voler bene; **fall in ~** innamorarsi; **make ~** far l'amore; **~affair** amori *m/pl*; **~r** amante *m*; **~ly** bello; **~story** romanzo *m* d'amore

loving ['lʌvin] affettuoso

low [lou] *a* basso; *v/i* muggire; **~er** *a* più basso; inferiore; *v/t* abbassare; **~lands** terra *f* bassa; **~ly** umile; **~tide**, **~ water** marea *f* bassa

loyal ['lɔiəl] leale; **~ty** lealtà *f*

lozenge ['lɔzindʒ] losanga *f*; pasticca *f*

lubrica|nt ['lu:brikənt] *a*, *s* lubrificante (*m*); **~te** *v/t* lubrificare

lucid ['lu:sid] lucido

luck [lʌk] sorte *f*; fortuna *f*; **~y** fortunato; **bad ~** sfortuna *f*; **good ~** buona fortuna

lucrative ['lu:krətiv] lucrativo

ludicrous ['lu:dikrəs] ridicolo; assurdo

lug [lʌg] *v/t* reascinare

luggage ['lʌgidʒ] bagagli *m/pl*; **~carrier** facchino *m*; **~(delivery) office** ufficio *m* dei bagagli; **~ ticket** scontrino *m* dei bagagli; **~van** bagagliaio *m*

lukewarm ['lu:kwɔ:m] tepido; *fig* indifferente

lull [lʌl] *s* momento *m* di calma; *v/t* cullare; addormentare; **~aby** ['~əbai] ninnananna *f*

lumbago [lʌm'beigou] lombaggine *f*

lumber ['lʌmbə] legname *m*

luminous ['lu:minəs] luminoso

lump [lʌmp] *s* massa *f*; pezzo *m*; gonfiore *m*; zolletta *f* (*di zucchero*); **~ sum** somma *f* globale

luna|cy ['lu:(j)u:nəsi] pazzia *f*; follia *f*; **~r** lunare; **~tic** ['lu:nətik] *a*, *s* pazzo (*m*); **~tic asylum** manicomio *m*

lunch [lʌntʃ] (seconda) colazione *f*

lung [lʌŋ] polmone *m*

lurch [lɔ:tʃ] *v/i* traballare

lure [ljuə] *s* attrattiva *f*; inganno *m*; *v/t* attrarre

luscious ['lʌʃəs] saporoso

lust [lʌst] sensualità *f*; lussuria *f*

lusty ['lʌsti] robusto

Lutheran ['lu:θərən] *a*, *s* luterano (*m*)

luxur|ious [lʌg'zjuəriəs] lussuoso; **~y** ['lʌkʃəri] lusso *m*

lying falso
lymph [limf] linfa *f*
lynch [lintʃ] *v/t* linciare

lynx [liŋks] lince *f*
lyric ['lirik] *a* lirico; *s* poema *m* lirico

M

macaroni [ˌmækə'rouni] pasta *f* asciutta; maccheroni *m/pl*
machine [mə'ʃiːn] macchina *f*; **-gun** mitragliatrice *f*; **sewing-~** macchina da cucire
mackerel ['mækrəl] sgombro *m*
mack [mæk] *fam for* **mackintosh** ['-intoʃ] impermeabile *m*
mad [mæd] pazzo; folle; **be ~** andare pazzo per; **go ~** impazzire
madam ['mædəm] signora *f*
made [meid] fatto; fabbricato; **~ up** fittizio; truccato
madhouse manicomio *m*
magazine [mægə'ziːn] rivista *f*
magic ['mædʒik] *a* magico; *s* magia *f*; **-ian** [mə'dʒiʃən] mago *m*
magistrate ['mædʒistreit] magistrato *m*
magnet ['mægnit] calamita *f*; **-ic** magnetico
magnify ['mægnifai] *v/t* ampliare; esagerare
magnitude ['mægnitjuːd] grandezza *f*
mahogany [mə'hɔgəni] mogano *m*
maid [meid] cameriera *f*; **old ~** zitella *f*

mail [meil] *s* corrispondenza *f*; *v/t* mandare per posta; **-box** buca *f* per lettere; **-man** postino *m*
maim [meim] *v/t* mutilare
main [mein] principale; essenziale; **-land** continente *m*
main|tain [mein'tein] *v/t* mantenere; sostenere; **-tenance** ['meintənəns] mantenimento *m*; manutenzione *f*
maize [meiz] granturco *m*
majest|ic [mə'dʒestik] maestoso; **-y** ['mædʒisti] maestà *f*; maestosità *f*
major ['meidʒə] *s* maggiore *m*; *a* maggiore; più importante; **- road** strada *f* principale
majority [mə'dʒɔriti] maggioranza *f*; età *f* maggiore
make [meik] *s* marca *f*; fattura *f*; fabbricazione *f*; *v/t*, *irr* fare; produrre; **~ fun of** prendere in giro; **~ good** riparare; **~ known** far sapere; far conoscere; **~ the best of** approfittare; **~ out** stendere; capire; **~ up** formare; comporre; truccarsi; **~ up for** compensare; **~ up one's mind** decidersi; **~ it up** far pace; **-r** creatore *m*; **-shift** espediente *m*; **-up** trucco *m*

malady ['mælədi] malattia f

malaria [mə'lɛəriə] malaria f

male [meil] s maschio m; a maschile

male|diction [mæli'dikʃən] maledizione f; **.factor** malfattore m; **.volent** [mə'levələnt] malevolo

malic|e ['mælis] malignità f; **.ious** [mə'liʃəs] maligno

malignant [mə'lignənt] maligno

malnutrition ['mælnju(:)-'triʃən] cattiva nutrizione f

malt [mɔ:lt] malto m

mammal ['mæməl] mammifero m

man [mæn], pl **men** [men] uomo m

manage ['mænidʒ] v/t dirigere; amministrare; v/i riuscire; **.ment** direzione f; amministrazione f; gestione f; **.r** direttore m; amministratore m; gestore m; impresario m

mandate ['mændeit] mandato m

mane [mein] criniera f

maneuver [mə'nu:və] Am for manoeuvre

manger ['meindʒə] mangiatoia f

mangle ['mæŋgl] s mangano m; v/t manganare

mania ['meinjə] mania f

manifest ['mænifest] a manifesto; chiaro; v/t manifestare

manifold ['mænifould] molteplice

manipulate [mə'nipjuleit] v/t manipolare

man|kind [mæn'kaind] genere m umano; **.ly** virile

manner ['mænə] maniera f; modo m; **.s** pl maniere f/pl

manoeuvre [mə'nu:və] s manovra f; v/t, v/i manovrare

manslaughter ['mænslɔ:-tə] omicidio m

mansion ['mænʃən] palazzo m

mantelpiece ['mæntlpi:s] mensola f di caminetto

manual ['mænjuəl] a, s manuale (m)

manufacture [,mænju'fæktʃə] s fabbricazione f; v/t fabbricare

manure [mə'njuə] concime m; v/t concimare

manuscript ['mænjuskript] manoscritto m

many ['meni] molti(e); **a great .** moltissimi(e)

map [mæp] carta f

maple ['meipl] acero m

marble ['mɑ:bl] marmo m

March [mɑ:tʃ] marzo m

mare [mɛə] giumenta f

margarine [,mɑ:dʒə'ri:n] margarina f

margin ['mɑ:dʒin] margine m; bordo m

marine [mə'ri:n] a marino; marittimo; s marina f

marionette [,mæriə'net] pupazzo m

maritime ['mæritaim] marittimo

mark [mɑ:k] s segno m;

marca f; voto m (scolastico; v/t segnare; marcare; correggere (compiti); **~ed** segnato

market ['mɑːkit] s mercato m; v/t piazzare sul mercato

marmalade ['mɑːməleid] marmellata f di arance

marquis ['mɑːkwis] marchese m

marri|age ['mæridʒ] matrimonio m; **~age certificate, ~age lines** pl fede f di matrimonio; **~ed** sposato(a); **get ~ed** sposarsi

marrow ['mærou] midolla f; zucchino m

marry ['mæri] v/t sposare; sposarsi con; v/i sposarsi

marsh [mɑːʃ] palude f

marshal ['mɑːʃəl] maresciallo m

martial ['mɑːʃəl] marziale

martyr ['mɑːtə] martire m

marvel ['mɑːvəl] s meraviglia f; v/i meravigliarsi; **~(l)ous** meraviglioso

mascot ['mæskət] portafortuna m

masculine ['mæskjulin] maschile

mash [mæʃ] v/t schiacciare; **~ed potatoes** pl purè m di patate

mask [mɑːsk] maschera f

mason ['meisn] muratore m; massone m; **~ry** massoneria f

mass [mæs] massa f; (church) messa f

massage ['mæsɑːʒ] s massaggio m; v/t fare massaggi a

massive ['mæsiv] massiccio

mast [mɑːst] albero m

master ['mɑːstə] s padrone m; maestro m; v/t impadronirsi di; **~key** comunale f; **~ly** autorevole; **~piece** capolavoro m

mat [mæt] stoia f

match [mætʃ] fiammifero m; partita f; uguale m; v/t assortire; **~ing** assortito

mate [meit] s compagno m; naut secondo m; v/t accoppiare

material [mə'tiəriəl] s materiale m; tessuto m; a materiale

matern|al [mə'təːnl] materno; **~ity** maternità f

mathematic|ian [mæθimə'tiʃən] matematico m; **~s** [~'mætiks] pl matematica f

maths [mæθs] fam for **mathematics**

matriculate [mə'trikjuleit] v/t, v/i immatricolare

matron ['meitrən] matrona f; caposala f (in un ospedale)

matter ['mætə] s faccenda f; **what's the ~?** che cosa c'è?; **it doesn't ~** non importa; v/i importare; **a ~ of fact** fatto m

mattress ['mætris] materasso m

matur|e [mə'tjuə] a maturo; comm scaduto; v/i maturare; comm scadere; **~ity** maturità f; comm scadenza f

Maundy Thursday ['mɔːndi] giovedì m santo

May [mei] maggio m

may [mei] *v/d* potere; **~ I come in?** posso entrare?; **~be** forse

mayonnaise [ˌmeiəˈneiz] maionese *m*

mayor [mɛə] sindaco *m*

maze [meiz] labirinto *m*

me [mi(ː)] *pron* me; mi; **it's ~** sono io; **he told ~** me disse

meadow [ˈmedou] prato *m*

meag|re, *Am* **~er** [ˈmiːgə] magro; scarno; povero

meal [miːl] pasto *m*; farina *f*

mean [miːn] *s* medio; meschino; *v/t*, *irr* significare; voler dire; **~s** *pl* mezzi *m/pl*; **by no ~s** in nessun modo; per niente; **by ~s of** per mezzo di

meaning significato *m*; **~less** senza senso

mean|time, **~while** frattempo

measles [ˈmiːzlz] *sg* morbillo *m*

measure [ˈmeʒə] *s* misura *f*; *v/t* misurare; **~ment** misura *f*

meat [miːt] carne *f*

mechani|c [miˈkænik] meccanico *m*; **~cal** meccanico; **~cs** *pl* meccanica *f*; **~sm** [ˈmekənizəm] meccanismo *m*; **~ze** *v/t* meccanizzare

medal [medl] medaglia *f*

meddle [ˈmedl] *v/i* intromettere

mediat|e [ˈmiːdieit] *v/t*, *v/i* mediare; **~ion** mediazione *f*

medic|al [ˈmedikəl] medico; **~ine** [ˈmedsin] medicina *f*

medieval [ˌmediˈiːvəl] medioevale

meditat|e [ˈmediteit] *v/t*, *v/i* meditare; **~ion** meditazione *f*

Mediterranean [meditəˈreinjən] (**Sea**) (**Mar** *m*) mediterraneo

medium [ˈmiːdjəm] *a* medio; *s* mezzo *m*

meek [miːk] remissivo

meet [miːt] *v/t*, *v/i* incontrare; far fronte; **~ing** riunione *f*; incontro *m*

melancholy [ˈmelənkəli] malinconia *f*

mellow [ˈmelou] maturo; tenere

melon [ˈmelən] mellone *m*

melt [melt] *v/t* fondere; sciogliere; *v/i* fondersi; sciogliersi

member [ˈmembə] membro *m*; socio *m*; **~ship** affiliati *m/pl*

memory [ˈmeməri] memoria *f*; ricordo *m*

men [men] *pl of* **man**

menace [ˈmenəs] *s* minaccia *f*; *v/t*, *v/i* minacciare

mend [mend] *v/t* accomodare; rammendare; riparare

menstruation [ˌmenstruˈeiʃən] mestruazione *f*; regole *f/pl*

mental [ˈmentl] mentale; **~ home** manicomio *m*

mention [ˈmenʃən] *s* accenno *m*; *v/t* accennare; **don't ~ it!** prego!, non c'è di che!

menu [ˈmenjuː] lista *f*

merchan|dise [ˈmɜːtʃəndaiz] merce *f*; **~t** commerciante *m*

merci|ful ['mə:siful] misericordioso; **~less** senza pietà

mercury ['mə:kjuri] mercurio *m*

mercy ['mə:si] misericordia *f*; pietà *f*

mere [miə] semplice

merge [mə:dʒ] *v/t* fondere; *v/i* fondersi

merit ['merit] *s* merito *m*; *v/t* meritare

merr|iment ['meriment] allegria *f*; **~y** allegro; **~y-go-round** carosello *m*

mess [mes] pasticcio *m*; confusione *f*; **make a ~** fare un pasticcio

mess|age ['mesidʒ] messaggio *m*; **~enger** ['mesindʒə] messaggero *m*

metal ['metl] *s* metallo *m*; *a* di metallo; **~lic** [mi'tælik] metallico

meter ['mi:tə] contatore *m* (*del gas, della luce*)

method ['meθəd] metodo *m*

met|re, *Am* **~er** ['mi:tə] metro *m*

metropolitan [metrə'politən] metropolitano

mew [mju:] *v/i* miagolare

Mexic|an ['meksikn] *a*, *s* messicano (*m*); **~o** Messico *m*

mice [mais] *pl of* **mouse**

microphone ['maikrəfəun] microfono *m*

middle ['midl] *a* medio; di mezzo; *s* mezzo *m*; **2 Ages** medioevo *m*; **~ class** ceto *m*

medio; classe *f* media

midnight mezzanotte *f*

midwife levatrice *f*

might [mait] *s* potere *m*; **~y** potente

migra|te [mai'greit] *v/i* migrare; **~tion** migrazione *f*

mild [maild] mite; dolce

mile [mail] miglio *m*

military ['militəri] militare

milk [milk] *s* latte *m*; *v/t* mungere; **~man** lattaio *m*

mill [mil] molino *m*; fabbrica *f*

milliner ['milinə] modista *f*

million ['miljən] milione *m*; **~aire** [~'nɛə] miliardario *m*

mimic ['mimik] *v/t* imitare

mince [mins] *s* carne *f* tritata; *v/t* tritare

mind [maind] *s* mente *f*; spirito *m*; **bear in ~** tenere presente; **change one's ~** cambiare idea; *v/t* badare a; *v/i* dispiacersi; **do you ~?** ti dispiace?; **never ~** non importa

mine¹ [main] *pron poss* mio, mia, miei; mie; il mio, la mia, i miei, le mie

mine² [mein] *s* miniera *f*; mina *f*; *v/t*, *v/i* minare; **~r** minatore *m*

mineral ['minərəl] minerale *m*

mingle ['miŋgl] *v/t* mescolare

miniature ['minjətʃə] miniatura *f*

minimum ['miniməm] *a*, *s* minimo (*m*)

minist|er ['ministə] ministro *m*; pastore *m*; **~ry** ministero m

mink [miŋk] visone m

minor ['maina] a minore; s
minorenne m; **.ity** [.'nɔriti]
minoranza f; (age) minorità
f

minster ['minstə] duomo m

minstrel ['minstrəl] trova-
tore m

mint [mint] bot menta f;
zecca f

minus ['mainəs] prp meno

minute [mai'nju:t] a minuto; ['minit] s minuto m; **.s** pl
verbale m

miracle ['mirəkl] miracolo
m; **.ulous** miracoloso

mirror ['mirə] specchio m

mirth [mə:θ] allegria f

misadventure disgrazia f

misapply v/t applicare sba-
gliatamente

misapprehend v/t fraintendere; **.sion** malinteso m

misbehave v/i comportarsi
male

miscarriage aborto m; **.y**
v/i abortire

mischief ['mistʃif] birichi-
nata f; **.vous** birichino

misdeed malefatto m

miser ['maizə] avaro

miserable ['mizərəbl] misero; **.y** miseria f

mishap ['mishæp] contrattempo m; incidente m

mislay v/t, irr (**lay**) smarrire

mislead v/t, irr (**lead**) svia-
re; ingannare

mismanage v/t ammini-
strare male

misprint [mis'print] errore
m di stampa

misrule malgoverno m; v/t
governare male

Miss [mis] s signorina f

miss [mis] v/t perdere; sentire la mancanza di; v/i
mancare

missile ['misail] missile m

mission ['miʃən] missione f

mist [mist] nebbia f

mistake [mis'teik] s sbaglio
m; v/t fraintendere; **by ~**
per sbaglio; **make a ~** fare
uno sbaglio

Mister ['mistə] signore m

mistletoe ['misltou] vischio
m

mistress ['mistris] padrona
f; (school) maestra f; signora
f; amante f

mistrust [mis'trʌst] s sfiducia f; v/t diffidare di

misty ['misti] nebbioso

misunderstand v/t, irr
(**stand**) fraintendere;
.ing malinteso m

misuse ['mis'ju:z] s abuso
m; maltrattamento m; v/t
abusare; maltrattare

mix [miks] v/t mescolare; v/i
mescolarsi; **.ture** miscela f;
miscuglio m

moan [moun] s gemito m;
v/i gemere

mob [mɔb] folla f

mobile ['moubail] mobile m

mock [mɔk] a falso; finto;
imitato; v/t deridere; **.ery**
derisione f

mode [moud] (way) modo
m; (fashion) moda f

model ['mɔdl] *a* modello; *s* modello *m*; modella *f*

moderate ['mɔdərit] *a* moderato; *v/t* moderare

modern ['mɔdən] moderno

modest ['mɔdist] modesto; **~y** modestia *f*

modify ['mɔdifai] *v/t* modificare

moist [mɔist] umido

molar ['moulə]: **~ teeth** = molari *m/pl*

molest [mou'lest] *v/t* molestare

moment ['moumənt] momento *m*; **~ary** momentaneo

monarch ['mɔnək] monarca *m*; **~y** monarchia *f*

monastery ['mɔnəstəri] monastero *m*

Monday ['mʌndi] lunedì *m*

monetary ['mʌnitəri] monetario

money ['mʌni] denaro *m*; **~ order** vaglia *m* postale

monk [mʌŋk] monaco *m*

monkey ['mʌŋki] scimmia *f*

monopolize [mə'nɔpəlaiz] *v/t* monopolizzare

monotonous [mə'nɔtənəs] monotono

monst|er ['mɔnstə] *s* mostro *m*; *a* enorme; **~rous** mostruoso

month [mʌnθ] mese *m*; **~ly** mensile

monument ['mɔnjumənt] monumento *m*

mood [mu:d] umore *m*; capriccio *m*; **~y** di malumore; capriccioso

moon [mu:n] luna *f*; **~light** luce *f* della luna; **~shine** chiaro *m* di luna

moor [muə] *s* brughiera *f*; *v/t* ormeggiare

mop [mɔp] straccio *m*; *v/t* pulire

moral ['mɔrəl] *a*, *s* morale (*m*); **~ity** moralità *f*; **~ize** *v/t*, *v/i* moralizzare; **~s** *pl* morale *f*

morbid ['mɔ:bid] morboso

more [mɔ:] *a* più; *adv* più; di più; **~ and ~** sempre più; **once ~** ancora una volta; **~over** inoltre

morning ['mɔ:niŋ] mattina *f*; **good ~** buon giorno; **tomorrow ~** domani mattina; *a* mattutino

morose [mə'rous] non socievole; sgarbato

morph|ia ['mɔ:fjə], **~ine** ['fi:n] morfina *f*

mortal ['mɔ:tl] *a*, *s* mortale (*m*); **~ity** [~'tæliti] mortalità *f*

mortgage ['mɔgidʒ] *s* ipoteca *f*; *v/t* ipotecare

mortician [mɔ:'tiʃən] *Am* imprenditore *m* di pompe funebri

mortuary ['mɔ:tjuəri] camera *f* mortuaria

mosaic [mou'zeiik] mosaico *m*

Moslem ['mɔzləm] *cf* **Muslim**

mosque [mɔsk] moschea *f*

mosquito [məs'ki:tou] zanzara *f*; **~net** zanzariera *f*

moss [mɔs] muschio *m*

most [moust] *a* la maggior parte; *adv* il più; **at (the) ~** al più; il più o meno

moth [mɔθ] tarma *f*

mother ['mʌðə] madre *f*; **~country** patria *f*; **~hood** maternità *f*; **~-in-law** suocera *f*; **~ly** materno; **~of-pearl** madreperla *f*; **~tongue** lingua *f* materna

motif [mou'ti:f] motivo *m*

motion ['mouʃən] movimento *m*; **~less** immobile; **~picture** pellicola *f*

motive ['moutiv] *s* motivo *m*; *a* motore

motor ['moutə] *a*, *s* motore (*m*); **~bicycle**, **~bike** motocicletta *f*; **~boat** motoscafo *m*; **~car** automobile *f*; macchina *f*; **~cycle** motocicletta *f*; **~ist** automobilista *m*; **~ize** *v/t* motorizzare; **~road** autostrada *f*

mould [mould] *s* muffa *f*; forma *f*; *v/t* modellare; formare

mound [maund] montagnola *f*

mount [maunt] *s* monte *m*; *v/t* salire

mountain ['mauntin] montagna *f*; **~eer** [~'niə] alpinista *m*; **~ range** catena *f* di montagne

mourn [mɔ:n] *v/t*, *v/i* piangere; **~ful** afflitto; lugubre; **~ing** lutto *m*

mouse [maus], *pl* **mice** [mais] topo *m*

moustache [məs'tɑ:ʃ] baffi *m/pl*

mouth [mauθ], *pl* **~s** [mauðz] bocca *f*; sbocco *m*; **~ful** boccata *f*; boccone *m*; **~piece** bocchino *m*; portavoce *m*

move [mu:v] *s* mossa *f*; *v/t* muovere; *v/i* muoversi; **~ment** movimento *m*; **~ies** ['mu:viz] *pl* cinema *m*; **~ing** commovente

much [mʌtʃ] molto; **as ~ as** tanto quanto; **so ~ the better** tanto meglio; **too ~** troppo; **very ~** moltissimo

muck [mʌk] sudiciume *m*

mucus ['mju:kəs] *biol* muco *m*

mud [mʌd] fango *m*

muddle ['mʌdl] *s* confusione *f*; imbroglio *m*; *v/t* imbrogliare

muddy ['mʌdi] fangoso; **~guard** parafango *m*

muff [mʌf] manicotto *m*

muffle ['mʌfl] *v/t* attutire

mug [mʌg] coppa *f*

mulberry ['mʌlbəri] moro *m*

mule [mju:l] mulo *m*

multiple ['mʌltipl], *s*, *a* multiplo (*m*); **~plication table** [~pli'keiʃən] abbaco *m*; tavola *f* pitagorica; **~ply** ['~plai]; *v/t* moltiplicare; **~tude** moltitudine *f*

mumble ['mʌmbl] *v/t*, *v/i* borbottare

mummy [mʌmi] mummia *f*

mumps [mʌmps] *pl* orecchioni *m/pl*

munch [mʌntʃ] *v/t* masticare

municipal [mju(:)'nisipəl] municipale; **~ity** [~'pæliti] municipalità *f*

munition [mju(:)'niʃən], *pl* munizioni *f/pl*

murder ['məːdə] *s* assassinio *m*; *v/t* assassinare; **~er** assassino *m*

murmur ['məːmə] *s* mormorio *m*; *v/t* mormorare

musc|le ['mʌsl] muscolo *m*; **~ular** ['~kjulə] muscoloso

muse [mjuːz] *v/t*, *v/i* meditare

museum [mju(:)'ziəm] museo *m*

mushroom ['mʌʃrum] fungo *m*

music ['mjuːzik] musica *f*; **~al** *a* musicale; *s* film *m* musicale; **~al comedy** operetta *f*; **~hall** varietà *f*; **~ian** musicista *m*, *f*

musket ['mʌskit] moschetto *m*; **~eer** moschettiere *m*

Muslim ['muslim] *a, s* mussulmano (*m*)

must¹ [mʌst] *v/d* dovere; avere *q*; **I ~ write** devo scrivere; **it ~ be late** deve

essere tardi

must² [mʌst] *s* muffa *f*

mustache ['mʌstæʃ] *Am* baffi *m/pl*

mustard ['mʌstəd] senape *f*; mostarda *f*

muster ['mʌstə] *v/t* radunare

musty ['mʌsti] ammuffito

mute [mjuːt] *a* muto; *s* muto(a) *m/f*

mutilate ['mjuːtileit] *v/t* mutilare

mutin|ous ['mjuːtinəs] sedizioso; ribelle; **~y** ammutinamento *m*

mutter [mʌtə] *v/t*, *v/i* borbottare

mutton [mʌtn] carne *f* di montone

mutual ['mjuːtʃuəl] reciproco

muzzle ['mʌzl] museruola *f*

my [mai] *a poss* mio, mia, miei, mie

myrtle ['məːtl] mirto *m*

myself [mai'self] me stesso

myster|ious [mis'tiəriəs] misterioso; **~y** ['~təri] mistero *m*; **~ify** ['mistifai] *v/t* mistificare

N

nag [næg] *v/t* trovare da ridire su tutto

nail [neil] *s* chiodo *m*; *v/t* inchiodare

naïve [nɑːˈiːv] ingenuo

naked ['neikid] nudo

name [neim] *s* nome *m*; *v/t* nominare; **~less** senza nome; **what is your ~?** Qual'è

il suo nome?

nanny ['næni] bambinaia *f*

nap [næp] pisolino *m*; pelo *m*

nape [neip] nuca *f*

napkin ['næpkin] tovagliolo *m*

narcosis [nɑːˈkousis] narcosi *f*

newsreel

narcotic [nɑː'kɔtik] *a*, *s* narcotico (*m*)

narrat|e [næ'reit] *v/t* narrare; **~ion** narrazione *f*

narrow ['nærou] *a* stretto; ristretto; *v/t* restringere; *v/i* restringersi

nasty ['nɑːsti] brutto

nation ['neiʃən] nazione *f*; **~al** ['næʃənl] nazionale; **~ality** [ˌ~'næliti] nazionalità *f*

native ['neitiv] *a* nativo; indigeno; *s* indigeno *m*; **~ language** lingua *f* madre

natural ['nætʃrəl] naturale

nature ['neitʃə] natura *f*

naught [nɔːt] zero *m*

naughty ['nɔːti] birichino

nausea ['nɔːsjə] nausea *f*; **~ting** ['~ieitiŋ] ripugnante

nave [neiv] navata *f*

navel ['neivəl] ombelico *m*

navy ['neivi] marina *f*

near [niə] *a* vicino; *adv* vicino; *prp* vicino a; *v/i* avvicinarsi; **~ly** quasi; **~ness** prossimità *f*; **~-sighted** miope

neat [niːt] ordinato

necessary ['nesisəri] necessario

necessit|ate [ni'sesiteit] *v/t* richiedere; **~y** necessità *f*

neck [nek] collo *m*; **~lace** ['~lis] collana *f*; **~tie** cravatta *f*

need [niːd] *s* bisogno *m*; *v/t*, *v/i* avere bisogno di; **he ~ not come** non è necessario che venga

needle ['niːdl] ago *m*

negation [ni'geiʃən] negazione *f*; **~ve** ['negətiv] *s* negativo *m*; *a* negativo

neglect [nig'lekt] *s* trascuratezza *f*; *v/t* trascurare

negligible ['neglidʒəbl] trascurabile

negotiat|e [ni'gouʃieit] *v/t* negoziare; contrattare; **~ion** trattative *f/pl*

negr|ess ['niːgris] negra *f*; **~o** ['~ou], *pl* **~oes** negro *m*

neighbo(u)r ['neibə] vicino(a) *m* (*f*); **~hood** vicinanza *f*; **~ing** vicino

neither ['neiðə, *Am* 'niːðə] *a*, *pron* nessuno (dei due); *conj* nè; neppure; **~ ... nor** nè ... nè

nephew ['nevju(ː)] nipote *m*

nerv|e [nɔːv] nervo *m*; **~ous** nervoso; **~ousness** nervosità *f*

nest [nest] nido *m*

net [net] rete *f*

Netherlands ['neðələndz] *pl* Paesi *m/pl* Bassi

nettle ['netl] ortica *f*

network ['netwɔːk] rete *f*

neurosis [njuə'rousis] nevrosi *f*

neut|er ['njuːtə] *a*, *s* neutro (*m*); **~ral** *a*, *s* neutro (*m*); **~ral gear** *aut* marcia *f* folle

never ['nevə] mai; non ... mai; **~theless** nonostante

new [njuː] nuovo; fresco; **~born** neonato; **~s** [njuːz] *pl* notizie *f/pl*; **~s-boy** giornalaio *m*; **~spaper** giornale *m*; **~sreel** attualità *f/pl*; notiziario *m*; 2 **Year's Day** il primo dell'anno

next [nekst] *a* prossimo; **~door** accanto; **~month** il mese prossimo; **~time** la volta prossima

nibble ['nibl] *v/t, v/i* rosicchiare

nice [nais] simpatico; bello; carino

nickname ['nikneim] soprannome *m*

nicotine ['nikəti:n] nicotina *f*

niece [ni:s] nipote *f*

niggardly ['nigədli] taccagno

night [nait] notte *f*; **at ~** di notte; **last ~** stanotte; ieri sera; **tomorrow ~** domani sera; **~gown** camicia *f* da notte; **~ingale** rosignolo *m*

nip [nip] *s* pizzicotto *m*; *v/t* pizzicare

nipple ['nipl] capezzolo *m*

no [nou] *adv* no; non; *a* nessuno; **it's ~ good** non serve; **~ matter** non importa; **~ one** nessuno

noble ['noubl] nobile

nobody ['noubədi] nessuno

nod [nɔd] *s* cenno *m*; *v/i* fare cenno

noise [nɔiz] rumore *m*; **~less** silenzioso; **~y** rumoroso

nominal ['nɔminl] nominale; **~te** ['-eit] *v/t* nominare; **~tion** nomina *f*

non|-alcoholic analcolico; **~descript** indefinito

none [nʌn] nessuno

non-existent inesistente

nonsense ['nɔnsəns] sciocchezze *f/pl*

non|-smoker non fumatori *m/pl*; **~stop** senza fermate

noodle ['nu:dl]: **~s** *pl* tagliatelle *f/pl*

noon [nu:n] mezzogiorno *m*

nor [nɔː] nè; neppure

north [nɔːθ] *s* nord *m*; *a* del nord; settentrionale; *adv* al nord; **~erly, ~ern** del nord; **~wards** al nord; verso il nord

Norw|ay ['nɔːwei] Norvegia *f*; **~egian** [nɔː'wi:dʒən] *a, s* norvegese (*m, f*)

nostrils ['nɔstrils] narici *f/pl*

not [nɔt] non; **~ at all** per niente; **~ yet** non ancora

notary ['noutəri] notaio *m*

note [nout] *s* nota *f*; biglietto *m*; appunto *m*; *v/t* notare; **~book** agenda *f*; quaderno *m*; **~paper** carta *f* da scrivere; **~worthy** notevole

nothing ['nʌθiŋ] niente; nulla; **for ~** gratis

notice ['noutis] *s* avviso *m*; attenzione *f*; *v/t* notare; avvertire; **give ~** preavvisare; dare gli otto giorni

notion ['noufən] nozione *f*; opinione *f*; idea *f*

notwithstanding [nɔtwiθ-'stændiŋ] nonostante

nougat ['nu:gɑː] torrone *m*

noun [naun] nome *m*; sostantivo *m*

nourish ['nʌriʃ] *v/t* nutrire; **~ing** nutriente; **~ment** nutrimento *m*

novel ['nɔvəl] *a* nuovo; *s* romanzo *m*; **~ty** novità *f*

November [nou'vembə] novembre *m*

now [nau] ora; **~ and then** ogni tanto

nowhere ['nouwεə] da nessuna parte

nucle|ar ['nju:kliə] nucleare; **~us** ['nju:kliəs] nucleo *m*

nud|e [nju:d] nudo

nuisance ['nju:sns] fastidio *m*

null [nʌl] nullo; **~ify** *v/t* annullare

numb [nʌm] intorpidito

number ['nʌmbə] *s* numero *m*; *v/t* numerare

numer|al ['nju:mərəl] *s* numero *m*; *a* numerale; **~ous** numeroso

nun [nʌn] monaca *f*; **~nery** convento *m* (di monache)

nurs|e [nə:s] *s* infermiera *f*; bambinaia *f*; **~ing** cura *f*; **~ery** stanza *f* dei bambini; **~ery school** giardino *m* d'infanzia

nut [nʌt] noce *f*; *mech* dado *m*; **~crackers** schiaccianoci *m*

O

oak [ouk] quercia *f*

oar [ɔ:] *s* remo *m*; *v/t* remare

oat [out]: **~s** *pl* avena *f*

oath [ouθ] giuramento *m*; bestemmia *f*

oatmeal giocchi *m/pl* d'avena

obdurate ['ɔbdjurit] ostinato

obedien|ce [ə'bi:djəns] ubbidienza *f*; **~t** ubbidiente

obey [ə'bei] *v/t* ubbidire

obituary [ə'bitjuəri] necrologia *f*

object ['ɔbdʒikt] oggetto *m*; *gram* complimento *m*; [ɔb'dʒekt] obiettare; *v/i* opporsi; **~ion** obiezione *f*; **~ive** *a, s* obiettivo (*m*)

obligat|ion [ɔbli'geiʃən] obbligo *m*; **~ory** [ɔ'bligətəri] obbligatorio

oblig|e [ə'blaidʒ] *v/t* obbligare; costringere

oblique [ə'bli:k] obliquo

obliterate [ə'blitəreit] *v/t* cancellare; spegnere

oblivious [ə'bliviəs] dimentico

oblong ['ɔblɔŋ] oblungo

obnoxious [ɔb'nɔkʃəs] odioso

obscen|e [ɔb'si:n] osceno

obscure [ɔb'skjuə] *a* oscuro; *v/t* oscurare

observan|ce [əb'zə:vəns] osservanza *f*; **~t** osservante

observ|ation [ˌɔbzə(:)-'veiʃən] osservazione *f*; **~atory** osservatorio *m*; **~e** *v/t* osservare; **~er** osservatore *m*

obsess [əb'ses] *v/t* ossessionare; **~ion** ossessione *f*

obsolete ['ɔbsəli:t] caduto in disuso

obstacle ['ɔbstəkl] ostacolo *m*

obstetric|ian [ˌɔbste'triʃən] ostetrico *m*; **~s** *pl* ostetricia *f*

obstina|cy ['ɔbstinəsi] ostinazione *f*; **~te** ostinato

obstruct [əb'strʌkt] *v/t* ostacolare

obtain [əb'tein] *v/t* ottenere

obvious ['ɔbviəs] ovvio

occasion [ə'keiʒən] occasione *f*; **~al** raro; **~ally** di quando in quando

Occident ['ɔksidənt] occidente *m*

occult [ɔ'kʌlt] occulto

occupant ['ɔkjupənt] inquilino *m*; occupante *m*

occup|ation [ˌɔkju'peiʃən] occupazione *f*; impiego *m*; **~y** ['~pai] *v/t* occupare

occur [ə'kəː] *v/i* accadere; **~rence** [ə'kʌrəns] avvenimento *m*

ocean ['ouʃən] oceano *m*; **~liner** transatlantico *m*

o'clock [ə'klɔk]: **it is two ~** sono le due

October [ɔk'toubə] ottobre *m*

ocul|ar ['ɔkjulə] oculare; **~ist** oculista *m*, *f*

odd [ɔd] strano; dispari, strano; **thirty ~** trenta e tanto; **~s and ends** *pl* oggetti *m/pl* disparati

odo|u|r ['oudə] odore *m*

of [ɔv, əv] *prp* di, a, da, per; **~ silk** di seta; **a friend ~ mine** un mio amico; **~ late** ultimamente; **~ course** naturalmente

off [ɔf] *prp* via da; lontano da; *adv* via; lontano; **take ~** *v/t* togliere; *v/i* decollare (*dell'aeroplano*)

offen|ce, *Am* **~se** [ə'fens] offesa *f*; reato *m*; **~d** *v/t* offendere; *v/i* trasgredire; **~sive** offensiva *f*; *a* offensivo

offer ['ɔfə] *s* offerta *f*; proposta *f*; *v/t* offrire; *v/i* offrirsi; **~ing** offerta *f*

office ['ɔfis] ufficio *m*; **~r** ufficiale *m*

official [ə'fiʃəl] *a* ufficiale; *s* funzionario *m*

offspring ['ɔ(:)fspriŋ] progenie *f*

often ['ɔfn] spesso

oil [ɔil] *s* olio *m*; petrolio *m*; *v/t* ungere; **~cloth** tela *f* cerata; **~painting** pittura *f* a olio; **~y** oleoso; untuoso

ointment ['ɔintmənt] unguento *m*; pomata *f*

okay ['ou'kei] okay; va bene

old [ould] vecchio; anziano; antico; **~age** vecchiaia *f*; **~fashioned** passato di moda; all'antica; **2 Testament** Antico Testamento *m*; **~ town** città *f* vecchia

olive ['ɔliv] oliva *f*

Olympic games [ou'limpik] *pl* olimpiadi *f/pl*

omelet(te) ['ɔmlit] frittata *f*

omen ['oumen] augurio *m*; presagio *m*

ominous ['ɔminəs] minaccioso

omi|ssion [ə'miʃən] omissione *f*; **~t** *v/t* omettere

omnipotent [ɔm'nipɔtənt]

onnipotente

on [ɔn] *prp* su; sopra; **~ account of** a causa di; **~ Monday** il lunedì; **~ foot** a piedi; **~ horseback** a cavallo; **~ purpose** apposta; *adv* avanti; addosso; **go ~!** avanti!; **come ~!** andiamo!; **and so ~** e così via

once [wʌns] una volta; **at ~** subito; **~ more** ancora una volta

one [wʌn] *a* un, uno(a); unico; *pron* uno *m*; una *f*; un tale *m*; **~ hundred** cento; **it is ~** è l'una; **~ by ~** uno a uno; **~ self** sè stesso ~; **~ sided** unilaterale; **~way** (*street*) a senso unico

onion ['ʌnjən] cipolla *f*

only ['ounli] *a* unico; solo; *adv* solo; solamente; *conj* solo che

onward ['ɔnwəd] avanti; **~s** in avanti

open ['oupən] *a* aperto; libero; *v/t* aprire; *v/i* aprirsi; **~ing** apertura *f*; inaugurazione *f*

opera ['ɔpərə] opera *f*; **~glasses** *pl* binocolo *m* da teatro

operate ['ɔpəreit] *v/t* operare; **~ion** [ɔpə'reiʃən] operazione *f*; **~or** ['ɔpəreitə] operatore *m*

opinion [ə'pinjən] opinione *f*

opponent [ə'pounənt] antagonista *m*; avversario *m*

opportune ['ɔpətju:n] opportuno; **~ity** [ɔpə'tju:niti]

occasione *f*

oppose [ə'pouz] *v/t* opporre; opporsi a; **~ed contrario**; **~ing** contrario; opposto; **~ite** ['ɔpəzit] *s* opposto *m*; *a* contrario; opposto; *prp* di fronte; **~ition** [ɔpə'ziʃən] opposizione *f*

oppress [ə'pres] *v/t* opprimere; **~ion** oppressione *f*; **~ive** oppressivo

optical ['ɔptikəl] ottico; **~ian** [ɔp'tiʃən] ottico *m*; **~s** *pl* ottica *f*

optional ['ɔpʃənl] facoltativo

opulent ['ɔpjulənt] opulente

opus ['ɔpəs, 'oupəs] opera *f*

or [ɔ:] o; oppure

oral ['ɔ:rəl] orale

orange ['ɔrindʒ] arancia *f*; **~ade** ['eid] aranciata *f*

orator ['ɔrətə] oratore *m*

orchard ['ɔ:tʃəd] frutteto *m*

orchestra ['ɔ:kistrə] orchestra *f*

orchid ['ɔ:kid] orchidea *f*

ordain [ɔ:'dein] *v/t* ordinare

ordeal [ɔ:'di:l] prova *f* dura

order ['ɔ:də] *s* ordine *m*; **put in ~** mettere in ordine; **out of ~** guasto; **in ~ to** per (*e infinito*); **in ~ that** affinché; *v/t* ordinare; **~ly** ordinato

ordinary ['ɔ:dnri] comune; solito

ore [ɔ:] minerale *m*

organ ['ɔ:gən] organo *m*

organic [ɔ:'gænik] organico; **~sm** ['ɔ:gənizəm] organismo *m*

organization [ɔ:gənai'zei-

ation

ione f; ~e
izzare
Oriente m;

orientation [ˌɔːrienˈteiʃən]
orientazione f

origin [ˈɔridʒin] origine m; ~**al** [əˈridʒinl] s, a originale (m); ~**ality** [ɔridʒiˈnæliti] originalità f; ~**ate** [əˈridʒineit] v/i avere origine

orna|ment [ˈɔːnəmənt] s ornamento m; v/t adornare; ~**te** [ɔːˈneit] ornato

orphan [ˈɔːfən] orfano(a) m (f); ~**age** orfanotrofio m

oscillate [ˈɔsileit] v/i oscillare

ostrich [ˈɔstritʃ] struzzo m

other [ˈʌðə] a, pron altro, altra, altri, altre; **the ~ day** recentemente; ~**wise** [ˈwaiz] altrimenti

ought [ɔːt] v/d: **I ~** dovrei; **he ~ to write** dovrebbe scrivere

ounce [auns] oncia f

our [ˈauə] a nostro(a, i, e); ~**s** il nostro, la nostra, i nostri, le nostre; ~**selves** noi stessi

oust [aust] v/t soppiantare

out [aut] adv fuori; prp fuori di; **go ~** uscire; **way ~** uscita f; ~ **of danger** fuori pericolo; ~**burst** esplosione f; ~**come** risultato m; ~**doors** all'aperto; ~**fit** corredo m; equipaggiamento m; ~**law** fuorilegge m; ~**lay** spesa f; ~**let** uscita f; ~**live** v/t sopravvivere a;

~**look** prospettiva f; ~**put** produzione f; ~**rage** s oltraggio m; v/t oltraggiare; ~**rageous** scandaloso; ~**side** a, s esterno (m); adv fuori; prp fuori di; ~**skirts** pl periferia f; ~**spoken** franco; sincero; ~**standing** preminente; comm in sospeso; ~**ward** esteriore; esterno; ~**wit** v/t superare (in furberia)

oval [ˈouvəl] a, s ovale m.

oven [ˈʌvn] forno m

over [ˈouvə] prp sopra; ~ **again** di nuovo; ~ **and** ~ ripetutamente

over|all [ˈouvərɔːl] grembiule m; tuta f; ~**board** in mare; ~**burden** v/t sovraccaricare; ~**coat** soprabito m; ~**come** v/t, irr superare; vincere; ~**do** v/t esagerare; ~**due** scaduto; ~**flow** v/t inondare; v/i straripare; ~**head costs** pl spese f/pl generali; ~**hear** v/t, irr udire per caso; ~**joyed** contentissimo; ~**load** v/t sovraccaricare; spese f/pl; ~**look** v/t dominare; passare sopra; ~**night** durante la notte; ~**seas** d'oltremare; ~**sight** svista f; ~**state** v/t esagerare; ~**strain** tensione f eccessiva; ~**take** v/t, irr raggiungere; sorpassare; ~**throw** v/t rovesciare; ~**time** straordinario m

overture [ˈouvətjuə] preludio m

over|turn v/t capovolgere;

~weight peso *m* eccessivo;
~whelm *v/t* sopraffare;
~work *v/i* lavorare troppo
owe [ou] *v/t* dovere
owing ['ouin] **to** dovuto a
owl [aul] civetta *f*; gufo *m*
own [oun] *v/t* possedere; *a.*
proprio; **~er** proprietario *m*
ox [ɔks], *pl* **~en** ['ɔn]
bue *m*
ox|ide ['ɔksaid] ossido *m*;
~ygen ['ɔksidʒən] ossigeno
m
oyster ['ɔistə] ostrica *f*

P

pace [peis] passo *m*
pacif|ic [pə'sifik] pacifico;
~ist pacifista *m*, *f*; **~y**
['pæsifai] *v/t* pacificare
pack [pæk] *s*, balla *f*; sacco *m*
(*di bugie*); banda *f* (*di ladri*);
mazzo *m* (*di carte*); *v/t* im-
ballare; *v/i* fare le valigie
pack|age ['pækidʒ] collo *m*;
balla *f*; **~et** pacchetto *m*
pact [pækt] patto *m*
pad [pæd] tampone *m*; cuscinetto *m*; imbotti-
tura *f*; **~lock** lucchetto *m*
pagan ['peigən] *a*, *s* pagano
(*m*)
page [peidʒ] *s* pagina *f*; *v/t*
impaginare
pageant ['pædʒənt] corteo *m*
(*storico*)
pain [pein] *s* dolore *m*; pena
f; *v/t* affliggere; soffrire;
~ful doloroso; **~less** indo-
lore
paint [peint] *s* pittura *f*; *v/t*
dipingere; *v/i* dipingersi;
~er pittore *m*; **~ing** pittura
f; quadro *m*
pair [pɛə] *s* paio *m*; **~ of
scissors** forbici *f/pl*; **~ of
scales** bilancia *f*; **~ of
glasses** occhiali *m/pl*; **~ of**
trousers pantaloni *m/pl*; **~
of shoes** paio *m* di scarpe; **~**
v/t accoppiare
palace ['pælis] palazzo *m*;
reggia *f*
palate ['pælit] palato *m*
pale [peil] pallido; **grow ~**
impallidire
palm [pɑ:m] palmo *m* (*della
mano*); palma *f*
palpitat|e ['pælpiteit] *v/i*
palpitare; **~ion** palpitazione
f
paltry ['pɔ:ltri] meschino
pamphlet ['pæmflit] opuscolo *m*
pan [pæn] tegame *m*; padella
f; **~cake** frittella *f*
pane [pein] vetro *m*
panel ['pænl] pannello *m*
pang [pæŋ] dolore *m* acuto
panic ['pænik] *s* panico *m*;
v/t perdere la testa
pant [pænt] *v/i* affannare
panther ['pænθə] pantera *f*
panties ['pæntiz] *pl fam* mutandine *f/pl*
pantry ['pæntri] dispensa *f*
pants [pænts] *pl* calzoni
m/pl; mutande *f/pl*
papa [pə'pɑ:] papà *m*
paper ['peipə] carta *f*; gior-

nale *m*; **~back** libro *m* tascabile; **~ money** carta *f* moneta

par [pɑː] pari *f*; **be on a ~ with** essere alla pari di

parachut|e ['pærəʃuːt] paracadute *m*; **~ist** paracadutista *m*

parade [pə'reid] *s* sfilata *f*; *v/i* sfilare

paradise ['pærədais] paradiso *m*

paradox ['pærədɔks] paradosso *m*

paragraph ['pærəgrɑːf] paragrafo *m*

parallel ['pærəlel] *a, s* parallelo (*m*)

paraly|se, *Am* **~ze** ['pærəlaiz] *v/t* paralizzare; **~sis** [pə'rælisis] paralisi *f*

paramount ['pærəmaunt] supremo

parasite ['pærəsait] parassita *m*

parasol [ˌpærə'sɔl] parasole *m*

parcel ['pɑːsl] *s* pacco *m*; *v/t* fare un pacco

parch [pɑːtʃ] *v/t* inaridire; **~ment** pergamena *f*

pardon ['pɑːdn] *s* perdono *m*; *v/t* perdonare; **I beg your ~** scusi; **~able** perdonabile

pare [pɛə] *v/t* sbucciare

parent ['pɛərənt] padre *m*; madre *f*; **~s** *pl* genitori *m/pl*

parenthe|sis [pə'renθisis], *pl* **~ses** [~siːz] parentesi *f*

parish ['pæriʃ] parrocchia *f*; **~ priest** parroco *m*

park [pɑːk] *s* parco *m*; *v/t* parcheggiare; **~ing** parcheggio *m*

parliament ['pɑːləmənt] parlamento *m*; **Member of ♀ Brit** deputato *m*

parlo(u)r ['pɑːlə] salotto *m*

parrot ['pærət] pappagallo *m*

parsley ['pɑːsli] prezzemolo *m*

parsimony ['pɑːsiməni] parsimonia *f*

parson ['pɑːsn] parroco *m* (*anglicano*)

part [pɑːt] *s* parte *f*; **take ~** partecipare; *v/t* separare; *v/i* separarsi; **~ with** disfarsi di

partake [pɑː'teik] *v/i* partecipare

partial ['pɑːʃəl] parziale; **~ity** [~ʃi'æliti] parzialità *f*

participate [pɑː'tisipeit] *v/i* partecipare

particular [pə'tikjulə] *a* particolare; speciale; *s* particolare *m*; (**personal**) **~s** *pl* particolari *m/pl*

parting ['pɑːtiŋ] (*hair*) riga *f*

partisan [ˌpɑːti'zæn] *a, s* partigiano (*m*)

partition [pɑː'tiʃən] divisione *f*; parete *f* divisoria

partly ['pɑːtli] in parte

partner ['pɑːtnə] socio(a) *m* (*f*); **~ship** società *f*

partridge ['pɑːtridʒ] pernice *f*

party ['pɑːti] partito *m*; festa *f*; ricevimento *m*

pass [pɑːs] *s* passo *m*; passaggio *m*; *v/t* passare; approvare (*una legge*); **~age** ['pæsidʒ] passaggio *m*; corridoio *m*; brano *m*; **~enger** ['pæsindʒə] passeggero *m*; **~er-by** ['pɑːs-'bai] passante *m*

passion ['pæʃən] passione *f*; **~ate** appassionato

passive ['pæsiv] passivo

pass|port ['pɑːspɔːt] passaporto *m*; **~word** parola *f* d'ordine

past [pɑːst] *a*, *s* passato (*m*); *prp* oltre; dopo; *adv* oltre; **half ~ six** le sei e mezzo; **~ hope** senza speranza

paste [peist] *s* pasta *f*; colla *f*; *v/t* incollare; **~board** cartone *m*

pastime ['pɑːstaim] passatempo *m*

pastry ['peistri] pasta *f* frolla; pasticceria *f*

pasture ['pɑːstʃə] *s* pascolo *m*; *v/i* pascolare

pat [pæt] *s* colpetto *m*; *v/t* dare colpetti (*con la mano*)

patch [pætʃ] *s* toppa *f*; *v/t* rattoppare; **~work** raffazzonamento *m*

patent ['peitənt, *Am* 'pætənt] *a* brevettato, *s* brevetto *m*; *v/t* far brevettare; **~ leather** pelle *f* lucida

patern|al [pə'təːnl] paterno; **~ity** paternità *f*

path [pɑːθ], *pl* **~s** [pɑːðz] sentiero *m*

pathetic [pə'θetik] patetico; commovente

patien|ce ['peiʃəns] pazienza

f; **~t** *a* paziente; *s* ammalato *m*

patriot ['peitriət] *a*, *s* patriota (*m*, *f*)

patrol [pə'troul] *s* pattuglia *f*; *v/t* pattugliare

patron ['peitrən] *s* patrono *m*; **~age** ['pætrənidʒ] patronato *m*; **~ize** ['pætrənaiz] *v/t* frequentare; *comm* favorire

pattern ['pætən] modello *m*; campione *m*

paunch [pɔːntʃ] pancia *f*

pauper ['pɔːpə] povero *m*

pause [pɔːz] *s* pausa *f*; *v/i* fermarsi

pave [peiv] *v/t* pavimentare; **~ment** marciapiede *m*

pavilion [pə'viljən] padiglione *m*

paw [pɔː] zampa *f*

pawn [pɔːn] *s* pegno *m*; *v/t* impegnare; **~shop** monte *m* di pietà

pay [pei] *s* paga *f*; *v/t* pagare; **~ back** rimborsare; **~ cash** pagare in contanti; **~ in advance** pagare in anticipo; **~ a visit** fare una visita; **~able** pagabile; **~ment** pagamento *m*

pea [piː] pisello *m*

peace [piːs] pace *f*; **~ful** pacifico

peach [piːtʃ] pesca *f*

peacock ['piːkɔk] pavone *m*

peak [piːk] cima *f*; culmine *m*

peal [piːl] *s* scampanio *m*; *v/i* scampanare; risuonare

peanut ['piːnʌt] arachide *f*

pear [pɛə] pera *f*

pearl [pɔːl] perla *f*

peasant ['pezənt] contadino *m*

pebble ['pebl] sassolino *m*

peck [pek] *v/t* beccare

peculiar [pi'kjuːljə] strano; **~ity** [ˌ~li'æriti] peculiarità *f*

pedal ['pedl] *s* pedale *m*; *v/t* pedalare

pedant ['pedənt] pedante *m*

peddler ['pedlə] *cf* **pedlar**

pedestrian [pi'destriən] pedone *m*; **~ crossing** passaggio *m* pedonale

pedigree ['pedigriː] albero *m* genealogico

pedlar ['pedlə] venditore *m* ambulante

peel [piːl] *v/t* sbucciare; *s* buccia *f*

peep [piːp] *v/i* far capolino

peer [piə] *s* pari *m*; *v/t* guardare da presso

peevish [piːviʃ] nervoso; innervosito

peg [peg] piuolo *m*

pelican ['pelikan] pelicano *m*

pelvis ['pelvis] *anat* pelvi *f*

pen [pen] penna *f*

penalty ['penlti] pena *f*

penance ['penəns] penitenza *f*

pence [pens] *pl* of **penny**

pencil ['pensil] matita *f*; **~-sharpener** temperalapis *m*

pendant ['pendənt] *s, a* pendente (*m*); **~ing** *a* pendente; sospeso; *prp* durante

pendulum ['pendjuləm] pendolo *m*

penetrate ['penitreit] *v/t* penetrare

penguin ['peŋgwin] pinguino *m*

penicillin [ˌpeni'silin] penicillina *f*

peninsula [pi'ninsjulə] penisola *f*

penitent ['penitənt] penitente

penknife temperino *m*

penniless ['penilis] senza soldi

penny ['peni], *pl* **pence** [pens] soldo *m*

pension ['penʃən] *s* pensione *f*; *v/t* pensionare; **~er** pensionato *m*

pensive ['pensiv] pensoso

penthouse ['penthaus] appartamentino *m* in soffitta

people ['piːpl] popolo *m*; gente *f*

pepper ['pepə] pepe *m*; **~mint** menta *f*

per [pəː] per

perambulator ['præmbjuleitə] carrozzina *f* (*per bambini*)

perceive [pə'siːv] *v/t* accorgersi di

percent, ~age [pə'sent] percentuale *f*

per|ception percezione *f*

perch [pɔːtʃ] *v/i* appollaiarsi; posarsi

percussion [pə'kʌʃən] percussione *f*

peremptory [pə'remptəri] perentorio

perfect [pə'fikt] *a* perfetto; *s gram* passato *m* prossimo; *v/t* perfezionare; **~ion** perfezione f

perforation [ˌpəːfəˈreiʃən]
perforazione f

perform [pəˈfɔːm] v/t eseguire; thea rappresentare; **~ance** esecuzione f; rappresentazione f

perfume ['pəːfjuːm] s profumo m; v/t profumare

perhaps [pəˈhæps, præps]
forse

peril ['peril] pericolo m; **~ous** pericoloso

period ['piəriəd] periodo m; punto m

perish ['periʃ] v/i perire; **~able** deperibile

perm, ~anent [pəːm] permanente; **~anent wave**
permanente f

permi|ssion [pəˈmiʃən] permesso m; **~t** v/t permettere; s permesso m

perpetual [pəˈpetʃuəl] perpetuo

perplex [pəˈpleks] v/t rendere perplesso

persecut|e ['pəːsikjuːt] v/t perseguitare; **~ion** persecuzione f; **~or** persecutore m

persevere [pəːsiˈviə] v/i perseverare

Persian ['pəːʃən] a, s persiano (m)

persist [pəˈsist] v/i persistere; **~ence** persistenza f; **~ent** persistente

person ['pəːsn] persona f; **~age** personaggio m; **~al**
personale; **~ality** [ˌpəːsəˈnæliti] personalità f; **~ify** [ˈ~'sɔ-

nifai] v/t personificare; **~nel** [ˌ~səˈnel] personale m

perspective [pəˈspektiv]
prospettiva f

perspir|ation [pəːspəˈreiʃən] traspirazione f; sudore m; **~e** [pəsˈpaiə] v/i traspirare; sudare

persua|de [pəˈsweid] v/t persuadere; **~sion** [ˌ~ʒən]
persuasione f; **~sive** persuasivo

perturb [pəˈtəːb] v/t perturbare

perus|al [pəˈruːzəl] lettura f; **~e** v/t leggere attentamente

pervade [pəːˈveid] v/t permeare

perver|se [pəˈvəːs] perverso; ostinato; **~sion** perversione f; corruzione f

pessimis|m ['pesimizəm]
pessimismo m; **~t** pessimista m, f

pest [pest] peste f; **~er** v/t infastidire; tormentare

pet [pet] animale m domestico; beniamino m

petal ['petl] petalo m

petition [piˈtiʃən] petizione f

petrify ['petrifai] v/t petrificare

petrol ['petrəl] benzina f; **~ station** posto m di rifornimento

petticoat ['petikout] sottoveste f

petty ['peti] meschino; insignificante

pew [pjuː] banco m di chiesa

pharmac|ist ['fɑːməsist]
farmacista m (laureato in

farmacia); **~y** farmacia f (facoltà)

pheasant ['feznt] fagiano m

phenomenal [fi'nɔminl] fe-
nomenale

philolog|ist [fi'lɔlɔdʒist] fi-
lologista m; **~y** filologia f

philosoph|er [fi'lɔsəfə] filo-
sofo m; **~ic, ~ical** filosofico;
~y filosofia f

phone [foun] fam for
telephone

photo ['foutou] fam for
~graph ['~təgraːf] fotografia f; **take ~s** fare foto-
grafie

photograph|er [fə'tɔgrəfə]
fotografo m; **~y** fotografia f

phrase [freiz] frase f

physic|al ['fizikəl] fisico;
~ian [fi'ziʃən] medico m;
~ist ['~sis] fisico m; **~s** eg
fisica f

physique [fi'ziːk] fisico m

pian|ist ['pjænist, 'pjənist]
pianista m, f; **~o** ['pjænou,
'pja:nou] pianoforte m

pick [pik] s piccone m; scelta
f; v/t scegliere; cogliere; **~
up** raccogliere

picket ['pikit] picchetto m

pickle ['pikl]: **~s** pl sottaceti
m/pl; **~** v/t mettere sotto
aceto

pickpocket borsaiuolo m

picnic ['piknik] merenda f
(in campagna)

picture ['piktʃə] quadro m;
~gallery pinacoteca f; **~
postcard** cartolina f illu-
strata; **~sque** [~'resk] pitto-
resco

pie [pai] torta f; pasticcio m

piece piːs] pezzo m; **~ of
advice** consiglio m; **~ of
furniture** mobile m

pier [piə] molo m; pilone m

pierce [piəs] v/t forare; penetrare

piety ['paiəti] pietà f

pig [pig] maiale m; porco m

pigeon ['pidʒin] piccione m;
~hole casella f

pig|sty porcile m; **~tail** trec-
cia f

pike [paik] luccio m

pile [pail] s mucchio m; v/t
ammucchiare; **~ up** am-
mucchiarsi

pilgrim ['pilgrim] pellegri-
no m; **~age** pellegrinaggio m

pill [pil] pillola f

pillar ['pilə] pilastro m; colonna f; fig sostegno m

pillow ['pilou] cuscino m

pilot ['pailət] s pilota m; v/t
pilotare

pimple ['pimpl] foruncolo
m

pin [pin] s spillo m; v/t attaccare con lo spillo

pincers ['pinsəz] pl pinze
f/pl; tenaglie f/pl

pinch [pintʃ] s pizzico m; v/t
pizzicare

pine [pain] s pino m; v/i
struggersi; **~apple** ananas
m

pink [piŋk] a rosa

pinnacle ['pinəkl] pinnacolo
m; fig culmine m

pint [paint] pinta f

pioneer [paiə'niə] pioniere
m

pious ['paɪəs] pio
pipe [paɪp] tubo *m*; canna *f* (*dell'organo*); pipa *f* (*per fumare*)
pirate ['paɪərɪt] pirata *m*
pistol ['pɪstl] pistola *f*
piston ['pɪstən] *mech* pistone *m*; stantuffo *m*
pit [pɪt] pozzo *m*; *thea* platea *f*
pitch [pɪtʃ] *s* pece *f*; grado *m*; tono *m*; *v/t* lanciare; ~ **dark** buio pesto
piteous ['pɪtɪəs] pietoso
pitfall trappola *f*
piti|ful ['pɪtɪful] pietoso; **~less** spietato
pity ['pɪtɪ] *s* pietà *f*; *v/t* compatire; **what a ~** che peccato!
pivot ['pɪvət] *s* pernio *m*; *v/i* girare su pernio
placard ['plækɑːd] manifesto *m*; affisso *m*
place [pleɪs] *s* posto *m*; luogo *m*; **in ~ of** al posto di; **take ~** avere luogo; *v/t* mettere
placid ['plæsɪd] placido
plague [pleɪg] *s* peste *f*; pestilenza *f*; *v/t* tormentare
plain [pleɪn] *a* piatto; chiaro; semplice; *s* pianura *f*
plaint|iff ['pleɪntɪf] querelante *m*; **~ive** lamentoso
plait [plæt, *Am* pleɪt] treccia *f* (*di capelli*)
plan [plæn] *s* progetto *m*; *v/t* progettare
plane [pleɪn] *a* piano; *s* platano *m*; aeroplano *m*
planet ['plænɪt] pianeta *m*
plank [plæŋk] asse *f*; tavola *f*

plant [plɑːnt] *s* pianta *f*; impianto *m*; *v/t* piantare; **~ation** [plæn'teɪʃən] piantagione *f*
plaque [plɑːk] placca *f*
plaster ['plɑːstə] *s* gesso *m*; cerotto *m*; intonaco *m*; *v/t* intonacare
plastic ['plæstɪk] plastico; **~s** *pl* plastica *f*
plate [pleɪt] *s* piatto *m*; targa *f*; tavola *f*; dentiera *f*
platform ['plætfɔːm] piattaforma *f*
platinum ['plætɪnəm] platino *m*
play [pleɪ] *s* giuoco *m*; *thea* commedia *f*; *v/t* giuocare; *thea* rappresentare; (*instrument*) suonare; **~er** (*game*) giocatore *m*; (*instrument*) sonatore *m*; **~ful** scherzoso; **~ground** campo *m* per ricreazione; **~mate** compagno *m* di giochi; **~wright** drammaturgo *m*
plead [pliːd] *v/t* difendere (*una causa*); addurre; *v/i* supplicare
pleas|ant ['pleznt] piacevole; simpatico; **~e** [pliːz] *v/t* piacere a; **~ed** contento; **~ure** ['pleʒə] piacere *m*
pleat [pliːt] *s* piega *f*; *v/t* piegare
pledge [pledʒ] *s* pegno *m*; *v/t* impegnare
plentiful ['plentɪful] abbondante; **~y** abbondanza *f*
pliable ['plaɪəbl] flessibile
pliers ['plaɪəz] *pl* pinzette *f/pl*

plight

plight [plait] difficoltà *f*

plot [plɔt] *s* cospirazione *f*; trama *f* (*di commedia, libro*); pezzo *m* (*di terreno*); *v/t* cospirare

plough, *Am* **plow** [plau] *s* aratro *m*; *v/t* arare

pluck [plʌk] *s* coraggio *m*; *v/t* cogliere; spenare (*un pollo*)

plug [plʌg] *s* tappo *m*; spina *f*; presa *f*; *v/t* tappare

plum [plʌm] susina *f*; prugna *f*

plumage ['plu:midʒ] piumaggio *m*

plump [plʌmp] grassoccio

plunder ['plʌndə] *s* bottino *m*; *v/t* saccheggiare

plunge [plʌndʒ] *s* tuffo *m*; immersione *f*; *v/t* tuffare; immergere

plural ['pluərəl] *a*, *s* plurale (*m*)

plus [plʌs] più

ply [plai] *s* piega *f*; *v/t* assalire; *v/i* andare e venire

pneumonia [nju(:)'mounjə] polmonite *f*

poach [poutʃ] *v/t* cuocere in camicia (*di uova*); cacciare di frodo; **~er** cacciatore *m* di frodo

pocket ['pɔkit] *s* tasca *f*; *v/t* intascare; **~book** portafoglio *m*

poem ['pouim] poesia *f*

poet ['pouit] poeta *m*; **~ry** ['~itri] poesia *f*

poignant ['pɔinənt] commuovente

point [pɔint] punto *m*; punta *f*; **on the ~ of** sul punto di;

come to the ~ venire al sodo; **see the ~** capire; **~ed** appuntato; **~less** inutile; **~ out** far notare

poise [pɔiz] *s* equilibrio *m*; *v/t* equilibrare

poison ['pɔizn] *s* veleno *m*; *v/t* avvelenare; **~ous** velenoso

poke [pouk] *v/t* attizzare (*il fuoco*); dare colpi

Poland ['poulənd] Polonia *f*

polar ['poulə] polare; **~ bear** orso *m* bianco

Pole [poul] polacco(a) *m* (*f*)

pole [poul] palo *m*; *elec* polo *m*

polemic [pɔ'lemik] polemico

police [pɔ'li:s] polizia *f*; **~man** poliziotto *m*; guardia *f*; vigile *m* urbano; **~ station** commissariato *m*

policy ['pɔlisi] politica *f*; polizza *f* (*di assicurazioni*)

polio ['pouliou], **~myelitis** ['pouliou,maiə'laitis] poliomielite *f*

Polish ['pouliʃ] polacco

polish ['pɔliʃ] *v/t* lucidare; verniciare; *s* lucido *m*; vernice *f*

polite [pɔ'lait] cortese; **~ness** cortesia *f*

politic|al [pɔ'litikəl] politico; **~ian** [pɔli'tiʃən] politico *m*; **~s** ['pɔlitiks] *pl* politica *f*

poll [poul] lista *f* elettorale; elezione *f*; scrutinio *m*

pollut|e [pɔ'lu:t] *v/t* contaminare; **~ion** contaminazione *f*

pound

pomp [pɔmp] pompa f; **~ous** pomposo

pond [pɔnd] laghetto m

ponder ['pɔndə] v/t meditare; **~ous** ponderoso m

pontiff ['pɔntif] pontefice m

pony ['pouni] cavallino m

poodle ['puːdl] barboncino m

pool [puːl] laghetto m

poor [puə] povero

pop [pɔp] scoppio m

pope [poup] papa m

poplar ['pɔplə] pioppo m

poppy ['pɔpi] papavero m

popul|ar ['pɔpjulə] popolare; **~arity** [ˌpɔpju'læriti] popolarità f; **~ate** ['~eit] v/t popolare; **~ation** popolazione f

porcelain ['pɔːslin, -lein] porcellana f

porch [pɔːtʃ] portico m; veranda f

pore [pɔː] poro m

pork [pɔːk] carne f di maiale

pornography [pɔː'nɔgrəfi] pornografia f

porridge ['pɔridʒ] papa f d'avena

port [pɔːt] porto m

portable ['pɔːtəbl] portatile

porter ['pɔːtə] facchino m; portiere m

portfolio [pɔːt'fouljou] cartella f; portafoglio m (ministeriale)

porthole [pɔthoul] oblò m

portion ['pɔːʃən] porzione f

portly ['pɔːtli] corpulento

Portugal [ˌpɔːtjugəl] il Portogallo

portrait ['pɔːtrit] ritratto m

Portuguese [ˌpɔːtjuˈgiːz] a, s portoghese (m, f)

pose [pouz] s posa f; v/t porre; v/i posare

position [pə'ziʃən] posizione f

positive ['pɔzətiv] a, s positivo (m)

possess [pə'zes] v/t possedere; **~ion** possesso m

possib|ility [pɔsə'biliti] possibilità f; **~le** ['pɔsəbl] possibile; **~ly** possibilmente

post [poust] s posto m; posta f; palo m; v/t imbucare; mandare; spedire; **~age** affrancatura f; **~age stamp** francobollo m; **~card** cartolina f postale; **~er** manifesto m

poste restante [poust'restãːnt] fermo posta

postpone [poust'poun] v/t rimandare

posture ['pɔstʃə] atteggiamento m

pot [pɔt] pentola f

potato [pə'teitou] s patata f; pl **~es** patata f

potent ['poutənt] potente

pottery ['pɔtəri] stoviglie f/pl

pouch [pautʃ] borsa f

poultice ['poultis] cataplasma m

poultry ['poultri] pollame m

pounce [pauns] v/t acchiappare

pound [paund] s libbra f; **~ sterling** sterlina f; v/t pestare

pour [po:] v/t versare; v/i
riversarsi

poverty ['povəti] povertà f

powder ['paudə] polvere f

power ['pauə] potere m; potenza f; **~ful** potente; **~less**
impotente; **~-plant,**
~station centrale f elettrica

practica|ble ['præktikəbl]
praticabile; **~ce** ['~tis] pratica f; esercizio m; **~se** v/t
esercitare; praticare; v/i
esercitarsi

prairie ['prɛəri] prateria f

praise [preiz] s lode f; v/t
lodare

pram [præm] fam carrozzina f

prank [prænk] burla f

pray [prei] v/t pregare; **~er**
[prɛə] preghiera f

preach [pri:tʃ] v/t, v/i predicare; **~er** predicatore m

preced|e [pri(:)'si:d] v/t, v/i
precedere; **~ent** ['presidənt] precedente m

precept ['pri:sept] precetto
m

precious ['preʃəs] prezioso

precipi|ce ['presipis] precipizio m; **~tate** [pri'sipiteit]
v/t, v/i precipitare; **~tation**
[~'teiʃən] precipitazione f; **~tous** precipitoso

precis|e [pri'sais] preciso;
~ion [~'siʒən] precisione f

precocious [pri'kouʃəs] precoce

predecessor ['pri:disesə]
predecessore m

predicament [pri'dikəmənt] difficoltà f

predict [pri'dikt] v/t predire

predisposition ['pri:dispə-'ziʃən] predisposizione f

predomina|nt [pri'dominənt] predominante; **~te** v/i
predominare

preface ['prefis] prefazione
f; eccl prefazio m

prefer [pri'fə:] v/t preferire;
~able ['prefərəbl] preferibile; **~ence** ['prefərəns] preferenza f

prefix ['pri:fiks] prefisso m

pregnan|cy ['pregnənsi]
gravidanza f; **~t** incinta

prejudice ['predʒudis] s
pregiudizio m; v/t pregiudicare

preliminary [pri'liminəri]
preliminare

premeditate [pri(:)-'mediteit] v/t, v/i premeditare

premier ['premjə] primo
ministro m

premise ['premis] premessa
f; **~s** pl locale m

premium ['pri:mjəm] premio m

preoccup|ation [pri(:)ɔkju-'peiʃən] preoccupazione f;
~y [~'ɔkjupai] v/t preoccupare

prepar|ation [prepə'reiʃən]
preparazione f; preparativo
m; preparato m; **~e** [pri'pɛə]
v/t preparare

preposition [prepə'ziʃən]
preposizione f

preposterous [pri'postərəs]
assurdo

Presbyterian [ˌprezbi'tiə-riən] a, s. presbiteriano (m)

prescri|be [pris'kraib] v/t prescrivere; ordinare; **~ption** [ˌ'kripʃən] ricetta f medica

presence ['prezns] presenza f

present[1] ['preznt] s regalo m; presente m; a presente; attuale; **at ~** attualmente; **be ~** at assistere a

present[2] [pri'zent] v/t presentare; regalare

presentation [prezen'tei-ʃən] presentazione f; **~ly** ['prezntli] tra un poco

preserv|ation [prezə(:)'vei-ʃən] conservazione f; **~e** [pri'zə:v] v/t conservare; preservare; **~es** pl conserve f/pl

preside [pri'zaid] v/t presiedere; **~ncy** [pri'zidənsi] presidenza f; **~nt** presidente m

press [pres] s stampa f; v/t premere; comprimere; insistere; **~ure** ['~ʃə] pressione f

prestige [pres'ti:ʒ] prestigio m

presume [pri'zju:m] v/t presumere

presumpt|ion [pri'zʌmp-ʃən] presunzione f; **~uous** presuntuoso

preten|ce, Am **~se** [pri'tens] finzione f; **~d** v/t fingere; **~sion** pretesa f

pretext ['pri:tekst] pretesto m

pretty ['priti] a carino; adv fam abbastanza

prevail [pri'veil] v/i prevalere; **~ on** indurre

prevent [pri'vent] v/t impedire; **~ion** misura f preventiva

previous ['pri:vjəs] precedente

prey [prei] preda f

price [prais] s prezzo m; v/t valutare; **~less** inestimabile; **~-list** listino m dei prezzi

prick [prik] s puntura f; v/t punzecchiare; **~ one's ears** drizzare gli orecchi

pride [praid] orgoglio m

priest [pri:st] sacerdote m

primary ['praiməri] primario; **~ school** scuola f elementare

prime [praim] primo; principale

primitive ['primitiv] primitivo

prince [prins] principe m; **~ss** ['~ses] principessa f

principal ['prinsəpəl] a principale;; s principale m; capo m; **~ity** [ˌprinsi-'pæliti] principato m

principle ['prinsəpl] principio m

print [print] s stampa f; impronta f; tessuto m stampato; v/t stampare; **in ~** stampato; **~ed matter** stampe f/pl; **~ing-works** pl tipografia f

prior ['praiə] a. antecedente; s priore m; **~ity** [ˌ'ɔriti] priorità f

prison ['prizn] prigione *f*; carcere *m*; **~er** prigioniero *m*

privacy ['praivəsi, 'pri-] intimità *f*; solitudine *f*

private ['praivit] privato

privation [prai'veiʃən] privazione *f*

privilege ['privilidʒ] privilegio *m*; **~d** privilegiato

prize [praiz] *s* premio *m*; *v/t* valutare

probability [probə'biliti] probabilità *f*; **~le** ['~əbl] probabile

probation [prə'beiʃən] prova *f*

probe [proub] *v/t* sondare; *s* sonda *f*

problem ['prɔblem] problema *m*

procedure [prə'si:dʒə] procedura *f*

proceed [prə'si:d] *v/i* procedere; **~ings** *pl* procedimento *m*; **~s** ['prousi:dz] *pl* ricavo *m*

process ['prouses] processo *m*; **~ion** [prə'seʃən] processione *f*; corteo *m* funebre

proclaim [prə'kleim] *v/t* proclamare; **~mation** [prɔklə'meiʃən] proclamazione *f*

procure [prə'kjuə] *v/t* procurare

prodigal ['prɔdigəl] prodigo

prodigious [prə'didʒəs] prodigioso; **~y** ['prɔdidʒi] prodigio *m*

produce [prə'dju:s] *s* prodotto *m*; *v/t* produrre; **~r**

produttore *m*; regista *m* (*di teatro, e di cinema*)

product ['prɔdəkt] prodotto *m*

profane [prə'fein] profano

profess [prə'fes] *v/t* professare; esercitare; **~ion** professione *f*; **~ional** professionale; **~or** professore *m*

proficiency [prə'fiʃənsi] conoscenza *f*; **~t** esperto

profile ['proufail] profilo *m*

profit ['prɔfit] *s* profitto *m*; **~ and loss** guadagno e perdita; *v/t* giovare; **~ by** *v/i* approfittare; **~able** vantaggioso

profound [prə'faund] profondo

profusion [prə'fju:ʒən] profusione *f*

prognosis [prɔg'nousis], *pl* **~es** [~si:z] prognosi *f*

program(me) ['prougræm] programma *m*

progress ['prougres] *s* progresso *m*; [~'gres] *v/i* fare progressi; **~ive** [prə'gresiv] progressivo

prohibit [prə'hibit] *v/t* proibire; **~ion** [proui'biʃən] proibizione *f*

project [prɔdʒekt] *s* progetto *m*; [prə'dʒekt] *v/t* progettare; *v/i* sporgere; **~ile** proiettile *m*; **~ion** proiezione *f*; **~or** proiettore *m*

prologue, *Am* **~log** ['proulɔg] prologo *m*

prolong [prou'lɔŋ] *v/t* prolungare

promenade [prɔmi'nɑ:d]

passeggiata *f*; lungomare *m*

prominent [ˈprɒminənt] prominente

promise [ˈprɒmis] *s* promessa *f*; *v/t* promettere

promote [prəˈmout] *v/t* promuovere; **.ion** promozione *f*

prompt [prɒmpt] *a* pronto; *v/t* incitare; suggerire; **.er** suggeritore *m*

prone [ˈproun] prostrato; propenso

pronoun [ˈprounaun] pronome *m*

pronounce [prəˈnauns] *v/t* pronunciare; **.unciation** [ˌʌnʌnsiˈeiʃən] pronuncia *f*

proof [pruːf] prova *f*; bozze *f*/*pl* (di stampe)

prop [prɒp] *s* appoggio *m*; sostegno *m*; *v/t* appoggiare; sostenere

propaganda [ˌprɒpəˈgændə] propaganda *f*

propagate [ˈprɒpəgeit] *v/t* propagare

propel [prəˈpel] *v/t* spingere

propensity [prəˈpensiti] propensione *f*

proper [ˈprɒpə] proprio; vero; **.ty** proprietà *f*

prophecy [ˈprɒfisi] profezia *f*; **.sy** [ˈɹ.ai] *v/t* profetizzare; **.t** profeta *m*

propitious [prəˈpiʃəs] propizio

proportion [prəˈpɔːʃən] proporzione *f*; **out of ~** sproporzionato

proposal [prəˈpouzəl] proposta *f*; proposta *f* di matri-

monio; **.e** *v/t* proporre; *v/i* fare una proposta di matrimonio; **.ition** [prɒpəˈziʃən] proposizione *f*; proposta *f*

proprietary [prəˈpraiətəri] brevettato; **.or, .ress** proprietario(a) *m* (*f*)

propulsion [prəˈpʌlʃən] propulsione *f*

prose [prouz] prosa *f*

prosecute [ˈprɒsikjuːt] *v/i* intentare giudizio; **.ion** [ˌprɒsiˈkjuːʃən] processo *m*

prospect [ˈprɒspekt] prospettiva *f*

prospectus [prəsˈpektəs] opuscolo *m*

prosper [ˈprɒspə] *v/i* prosperare; **.ity** [ˈɹ.ˈperiti] prosperità *f*; **.ous** [ˈɹ.pərəs] prosperoso

prostitute [ˈprɒstitjuːt] *s* prostituta *f*; *v/t* prostituire; **.ion** [ˌprɒstiˈtjuːʃən] prostituzione *f*

prostrate [ˈprɒstreit] *a* prostrato; *v/t* prostrare

protect [prəˈtekt] *v/t* proteggere; **.ion** protezione *f*; **.ive** protettivo

protest [ˈproutest] *s* protesta *f*; *v/i* protestare

Protestant [ˈprɒtistənt] *a*, *s* protestante (*m*, *f*); **.ism** protestantesimo *m*

protract [prəˈtrækt] *v/t* protrarre

protrude [prəˈtruːd] *v/i* sporgere

proud [praud] orgoglioso; superbo

prove [pruːv] *v/t* provare;

v/i risultare

proverb ['prɔvəːb] proverbio *m*; **~ial** [prə'vəːbjəl] proverbiale

provide [prə'vaid] *v/t* provvedere; **~d (that)** purché

providence ['prɔvidəns] provvidenza *f*

provinc|e ['prɔvins] provincia *f*; **~ial** [prə'vinʃəl] provinciale

provision [prə'viʒən] provvista *f*

provo|cation [prɔvə'keiʃən] provocazione *f*; **~ke** [prə'vouk] *v/t* provocare

proxy ['prɔksi] procura *f*

prude [pruːd] puritana *f*

pruden|ce ['pruːdəns] prudenza *f*; **~t** prudente

prune [pruːn] *s* prugna *f* secca; *v/t* potare

psalm [sɑːm] salmo *m*

pseudo ['sjuːdou] pseudo; **~nym** pseudonimo *m*

psychiatr|ist [sai'kaiətrist] psichiatra *m, f*; **~y** psichiatria *f*

psych|ic ['saikik] psichico; **~ological** [saikə'lɔdʒik] psicologico; **~ologist** [~'kɔlədʒist] psicologo *m*; **~ology** [~'kɔlədʒi] psicologia *f*

pub [pʌb] *fam* osteria *f*

puberty ['pjuːbəti] pubertà *f*

public ['pʌblik] *a, s* pubblico; **~ house** bar *m*; **~ity** [~'lisiti] pubblicità *f*

publish ['pʌbliʃ] *v/t* pubblicare; **~ing house** casa *f* editrice

pudding ['pudiŋ] budino *m*

puddle ['pʌdl] pozzanghera *f*

puff [pʌf] *s* soffio *m*; *v/t* soffiare

pull [pul] *v/t* tirare

pulley ['puli] puleggia *f*

pull-over [pulʌvə] golf *m*; pullover *m*

pulp [pʌlp] polpa *f*

puls|ate [pʌl'seit] *v/i* pulsare; **~e** polso *m*

pulverize ['pʌlvəraiz] *v/t* polverizzare

pump [pʌmp] *s* pompa *f*; *v/t* pompare

pumpkin ['pʌmpkin] zucca *f*

punch [pʌntʃ] *s* pugno *m*; *v/t* dare un pugno a

Punch [pʌntʃ] burattino *m*; **~ and Judy show** ['dʒuːdi] teatro *m* di burattini

punctual ['pʌŋktjuəl] puntuale

punctuation [pʌŋktju'eiʃən] punteggiatura *f*

puncture ['pʌŋktʃə] foratura *f*

pungent ['pʌndʒənt] pungente

punish ['pʌniʃ] *v/t* punire; **~ment** punizione *f*; castigo *m* [solaro *m*]

pupil ['pjuːpl] alunno *m*;

puppet ['pʌpit] burattino *m*

puppy ['pʌpi] cucciolo *m*

purchase ['pəːtʃəs] *s* acquisto *m*; *v/t* acquistare; comprare

pure [pjuə] puro

purgative ['pəːgətiv] *a, s*

purgante (m)

purgatory ['pɜ:gətəri] purgatorio m; **e** [~pɜ:dʒ] s purga f; v/t purgare

purify ['pjuərifai] v/t purificare

Puritan ['pjuəritən] a, s puritano (m)

purple ['pɜ:pl] s porpora f; a porporeo

purport ['pɜ:pət] significato m

purpose ['pɜ:pəs] s scopo m; proposito m; v/i proporsi; **on ~** apposta

purr [pɜ:] v/i far le fusa

purse [pɜ:s] s portamonete m

pursue [pə'sju:] v/t inseguire; continuare; v/i proseguire; **~it** [~'sju:t] inseguimento m; occupazione f

pus [pʌs] pus m

push [puʃ] s spinta f; v/t spingere

puss [pus], **~y(-cat)** gatto m

put [put] v/t, irr mettere; **~ back** rimettere; **~ down** deporre; **~ in** inserire; **~ off** rimandare; **~ on** mettersi; indossare; **~ out** spegnere; **~ up** ospitare; **~ up with** sopportare

putrefy ['pju:trifai] v/t putrefare; v/i putrefarsi; **~id** putrido

puzzle ['pʌzl] rompicapo m; problema m; v/i essere perplesso; **(cross-word) ~** cruciverba m

pyjamas [pə'dʒɑ:məz] pl pigiama m

pylon ['pailon] pilone m

pyramid ['pirəmid] piramide f

Q

quack [kwæk] v/i schiamazzare

quadrangle ['kwɔdræŋgl] quadrangolo m

quadruped ['kwɔdruped] quadrupede m; **~le** quadruplo

quaint [kweint] strano

quake [kweik] v/i tremare

qualification [ˌkwɔlifi'keiʃən] requisito m; titolo m; **~ied** ['~faid] idoneo; **~y** v/t qualificare; v/i essere idoneo

quality ['kwɔliti] qualità f

qualm [kwɑ:m] nausea f; fig scrupolo m

quantity ['kwɔntiti] quantità f

quarantine ['kwɔrənti:n] quarantena f

quarrel ['kwɔrəl] s litigio m; v/i litigare; **~some** litigioso

quarry ['kwɔri] cava f

quarter ['kwɔ:tə] quarto m; quartiere m; trimestre m; **a ~ (of an hour)** un quarto (d'ora); **~ly** trimestrale

quartet(te) [kwɔː'tet] quartetto *m*

quaver ['kweivə] *v/i* tremolare

quay [kiː] banchina *f*

queen [kwiːn] regina *f*

queer [kwiə] strano

quell [kwel] *v/t* reprimere

quench [kwentʃ] *v/t* spegnere; calmare

querulous ['kwerʊləs] querulo

query ['kwiəri] *s* domanda *f*; *v/t* mettere in dubbio; interrogare

question ['kwestʃən] *s* domanda *f*; questione *f*; **ask a** ~ fare una domanda; *v/t* interrogare; mettere in dubbio; **~able** in questione; dubbioso; **~mark** punto *m* interrogativo; **~naire** [ˌkwestiə'nɛə] questionario *m*

queue [kjuː] *s* coda *f*; ~ **(up)** *v/i* far la coda

quick [kwik] veloce; rapido; **~en** *v/t* affrettare; **~ness** velocità *f*; rapidità *f*

quiet ['kwaiət] *a* tranquillo; quiete; silenzioso; *s* tranquillità *f*; quiete *f*

quilt [kwilt] coltrone *m*

quinine [kwi'niːn, *Am* 'kwainain] chinino *m*

quit [kwit] *v/t* lasciare; smettere

quite [kwait] completamente; abbastanza

quiver ['kwivə] *v/i* tremare

quiz [kwiz] *s* esame *m*; *v/t* esaminare

quota ['kwoutə] quota *f*

quot|ation [kwou'teiʃən] citazione *f*; *comm* quotazione *f*; **~ation marks** *pl* virgolette *f/pl*; **~e** [kwout] *v/t* citare; *comm* quotare

quotient ['kwouʃənt] quoziente *m*

R

rabbi ['ræbai] rabbino *m*

rabbit ['ræbit] coniglio *m*

rabble ['ræbl] ciurmaglia *f*

race [reis] *s* razza *f*; corsa *f* *(di cavalli)*; **~course** ippodromo *m*; **~horse** cavallo *m* da corsa

rack [ræk] *s* rete *f*; tortura *f*; *v/t* torturare

racket ['rækit] racchetta *f*

racoon [rə'kuːn] procione *m* lavatore

radar ['reidə] radiotelemetro *m*

radian|ce ['reidjəns] splendore *m*; **~t** risplendente

radi|ate ['reidieit] *v/t* irradiare; **~o** radio *f*; **~o station** stazione *f* radio

radioactive radioattivo

radish ['rædiʃ] ravanello *m*

raffle ['ræfl] lotteria *f*

raft [rɑːft] zattera *f*

rag [ræg] cencio *m*; straccio *m*

rage [reidʒ] s rabbia f; v/i infuriare; essere furibondo

raid [reid] s incursione f; v/t assalire

rail [reil] s sbarra f; inferriata f; rotaia f (del treno); **~ing(s)** pl inferriata f

railway ferrovia f; **~ guide** orario m ferroviario

rain [rein] s pioggia f; v/i piovere; **~bow** arcobaleno m; **~coat** impermeabile m; **~y** piovoso

raise [reiz] v/t alzare; allevare; **~ one's voice** alzare la voce

raisin ['reizn] uva f passa

rake [reik] rastrello m

rally ['ræli] s riunione f; v/t riunire; v/i riunirsi

ram [ræm] montone m

ramble ['ræmbl] v/i vagare; divagare

rampart ['ræmpaːt] bastione m

ranch [raːntʃ, Am ræntʃ] azienda f

random ['rændəm] caso m; casaccio m; **at ~** a casaccio

range [reindʒ] s estensione f; fila f; serie f; catena f (di montagne) assortimento m; cucina f economica; v/t disporre; v/i estendersi; andare

rank [ræŋk] s fila f; grado m; rango m; v/t classificare; a esuberante; flagrante

ransack ['rænsæk] v/t frugare; saccheggiare

ransom ['rænsəm] s riscatto m; v/t ricattare

rap [ræp] s colpo m; picchio m; v/t colpire; picchiare

rapacious [rə'peiʃəs] rapace

rape [reip] s ratto m; v/t rapire; violare

rapid ['ræpid] rapido; **~ity** [rə'piditi] rapidità f

rapt [ræpt] rapito; estasiato; **~ure** estasi f

rare [rɛə] raro

rascal ['raːskəl] mascalzone m

rash [ræʃ] a imprudente; s sfogo m; eruzione f

raspberry ['raːzbəri] lampone m

rat [ræt] topo m; **I smell a ~** qualche gatto ci cova sotto

rate [reit] s tasso m; velocità f; **at any ~** in ogni caso; **~ of exchange** cambio m; v/t valutare; calcolare

rather ['raːðə] abbastanza; piuttosto; **I would ~** I had **~** preferirei

ratify ['rætifai] v/t ratificare

ratio ['reiʃiou] proporzione f

ration ['ræʃən] s razione f; v/t razionare

rational ['ræʃənl] razionale; **~ize** ['~ʃnəlaiz] v/t razionalizzare

rattle ['rætl] s sonaglio m; rumore m secco; v/i fare rumori secchi; v/t il fig innervosire; **~ snake** serpente m a sonagli

ravage ['rævidʒ] v/t devastare

rave [reiv] v/i delirare

raven ['reivn] corvo m; **~ous** ['rævənəs] vorace; affamato

ravine [rə'vi:n] burrone *m*

raving ['reiviŋ] delirante

ravish ['ræviʃ] *v/t* estasiare

raw [rɔ:] crudo; grezzo; ~ **flesh** carne *f* viva; ~ **material** materia *f* prima; ~ **silk** seta *f* cruda

ray [rei] raggio *m*

razor ['reizə] rasoio *m*

reach [ri:tʃ] *s* distesa *f*; portata *f*; *v/t* raggiungere; *v/i* estendersi

react [ri'ækt] *v/i* reagire; **~ion** reazione *f*; **~ionary** [~ʃnəri] reazionario; *ar* reattore *m*

read [ri:d] *v/t*, *irr* leggere; ~ **aloud** leggere ad alta voce; **~er** lettore *m*

readiness prontezza *f*

reading ['ri:diŋ] lettura *f*

readjust ['ri:ə'dʒʌst] *v/t* raggiustare

ready ['redi] pronto; ~ **made** confezionato

reaffirm ['ri:ə'fə:m] *v/t* riaffermare

real [riəl] reale; vero; ~ **estate**, ~ **property** beni *m/pl* immobili; **~ism** realismo *m*; **~ist** realista *m*, *f*; **~istic** realistico; **~ity** [ri(:)-'æliti] realtà *m*; **~ize** *v/t* rendersi conto; realizzare; **~ly** veramente

realm [relm] reame *m*; regno *m*

reap [ri:p] *v/t* mietere; **~er** mietitore *m*

rear [riə] *a* posteriore; *s* parte *f* posteriore; *v/t* allevare; educare; sollevare; *v/i* (ca-

valli) impennarsi; **~guard** retroguardia *f*; **~lamp**, **~light** riflettore *m* posteriore

rearmament [ri(:)'ɑ:məmənt] riarmo *m*

rear-view mirror specchio *m* retrovisore

reason ['ri:zn] *s* ragione *f*; *v/i* ragionare; **~able** ragionevole; **~ing** ragionamento *m*

reassure [ri:ə'ʃuə] *v/t* rassicurare

rebate ['ri:beit] sconto *m*; restituzione *f*

rebel ['rebl] *a*, *s* ribelle (*m*); *v/i* ribellarsi; **~lion** [~'beljən] ribellione *f*

re-book ['ri:'buk] *v/t* cambiare la prenotazione

rebound [ri'baund] *v/i* rimbalzare

rebuff [ri'bʌf] *v/t* respingere

rebuke [ri'bju:k] *v/t* rimproverare

recall [ri'kɔ:l] *v/t* rievocare; ricordare

recapture ['ri:'kæptʃə] *v/t* riprendere; catturare di nuovo

recast ['ri:'kɑ:st] *v/t* rifare

recede [ri'si:d] *v/i* recedere

receipt [ri'si:t] ricevuta *f*

receive [ri'si:v] *v/t* ricevere; **~r** ricevitore *m*

recent ['ri:snt] recente

reception [ri'sepʃən] ricevimento *m*; accoglienza *f*

recess [ri'ses] nicchia *f*

recipe ['resipi] ricetta *f*

recipient [ri'sipiənt] recipiente *m*

reciprocal [riˈsiprəkəl] reciproco

recit|al [riˈsaitl] racconto *m*; *mus* audizione *f*; recital *m*; **~e** *v/t* recitare; raccontare

reckless [ˈreklis] temerario

reckon [ˈrekən] *v/t* contare; pensare

reclaim [riˈkleim] *v/t* reclamare

recline [riˈklain] *v/i* sdraiarsi

recogni|tion [rekəgˈniʃən] riconoscimento *m*; **~ze** *v/t* riconoscere

recoil [riˈkɔil] *v/i* indietreggiare

recollect [rekəˈlekt] *v/t* ricordare; **~ion** ricordo *m*

recommend [rekəˈmend] *v/t* raccomandare; **~ation** [ˌrekəmenˈdeiʃən] raccomandazione *f*

recompense [ˈrekəmpens] *s* ricompensa *f*; *v/t* ricompensare

reconcil|e [ˈrekənsail] *v/t* riconciliare; **~iation** [ˌsiliˈeiʃən] riconciliazione *f*

reconsider [ˈriːkənˈsidə] *v/t* riconsiderare

reconstruct [ˈriːkənˈstrʌkt] *v/t* ricostruire

record [ˈrekɔːd] *s* registro *m*; disco *m*; primato *m*; ricordo *m*; [riˈkɔːd] *v/t* registrare; incidere; **~er** registratore *m*; **~player** giradischi *m*

recourse [riˈkɔːs] ricorso *m*

recover [riˈkʌvə] *v/t* recuperare; *v/i* rimettersi; **~y** guarigione *f*; ricupero *m*

recreation [rekriˈeiʃən] ricreazione *f*; riposo *m*

recruit [riˈkruːt] *s* recluta *f*; *v/t* reclutare

rectangle [ˈrektæŋgl] rettangolo *m*

rectify [ˈrektifai] *v/t* rettificare

rector [ˈrektə] rettore *m*; parroco *m*

recuperate [riˈkjuːpəreit] *v/t* recuperare; *v/i* rimettersi

recur [riˈkəː] *v/i* ricorrere; ritornare; ripetersi; **~rence** [riˈkʌrəns] ricorrenza *f*; ritorno *m*; ripetizione *f*

red [red] rosso; 2 **Cross** Croce *f* Rossa; **~den** *v/i* arrossire; **~dish** rossiccio

rede|em [riˈdiːm] *v/t* redimere; **~emer** redentore *m*; **~mption** [riˈdempʃən] redenzione *f*

red|-handed in flagrante; 2 **Indian** indiano *m*

redouble [riˈdʌbl] *v/i* raddoppiarsi

reduc|e [riˈdjuːs] *v/t* ridurre; **~tion** [~ˈdʌkʃən] riduzione *f*

redundant [riˈdʌndənt] sovrabbondante

reed [riːd] canna *f*

reef [riːf] scoglio *m*; scogliera *f*

reek [riːk] *v/i* fumare; odorare male; **~ of** odorare di

re-establish *v/t* ristabilire

refer [riˈfəː] *v/t* riferire; *v/i* riferirsi a; **~ee** [refəˈriː] arbitro *m*; **~ence** [ˈrefrəns] referenza *f*; riferimento *m*; allusione *f*; **~ence book**

opera *f* di consultazione

refill ['ri:fil] *s* ricambio *m*; *v/t* riempire

refine [ri'fain] *v/t* raffinare; *v/i* raffinarsi; ~ment raffinatezza *f*; ~ry raffineria *f*

reflect [ri'flekt] *v/t* riflettere; ~ion riflesso *m*; riflessione *f*

reflex ['ri:fleks] riflesso *m*

reform [ri'fɔ:m] *s* riforma *f*; *v/t* riformare; ~ation [refə-'meiʃən] riforma *f*

refract [ri'frækt] *v/t* rifrangere; ~ion rifrazione *f*; ~ory refrattario

refrain [ri'frein] *s* ritornello *m*; *v/i* trattenersi

refresh [ri'freʃ] *v/t* rinfrescare; ~ment rinfresco *m*

refrigerator [ri'fridʒəreitə] frigorifero *m*

refuge ['refju:dʒ] *s* rifugio *m*; ~e [͵refju(:)'dʒi:] profugo *m*

refund [ri:'fʌnd] *s* rimborso *m*; *v/t* rimborsare

refus|al [ri'fju:zəl] rifiuto *m*; ~e *v/t* rifiutare; ['refju:s] *s* rifiuti *m/pl*

refute [ri'fju:t] *v/t* confutare

regain [ri'gein] *v/t* recuperare

regard [ri'ga:d] *s* considerazione *f*; **with ~ to**, ~ing riguardo a; ~less of ciò nonostante; senza tenere in considerazione; **kind ~s** *pl* cordiali saluti *m/pl*

regenerate [ri:'dʒenəreit] *v/t* rigenerare

regent ['ri:dʒənt] reggente *m*

regime [rei'ʒi:m] regime *m*

regiment ['redʒimənt] *s* reggimento *m*; *v/t* reggimentare

region ['ri:dʒən] regione *f*; ~al regionale

regist|er ['redʒistə] *s* registro *m*; *v/t* registrare; iscrivere; ~ration [͵redʒis'treiʃən] registrazione *f*

regret [ri'gret] *s* dispiacere *m*; rammarico *m*; *v/t* rammaricarsi di; *v/i* dispiacersi; ~table spiacevole

regula|r ['regjulə] regolare; ~rity [͵ʌ'læriti] regolarità *f*; ~te ['regjuleit] *v/t* regolare; ~tion regolamento *m*

rehears|al [ri'hə:səl] prova *f*; ~e *v/t*, *v/i* provare

reign [rein] *v/i* regnare; *s* regno *m*

rein [rein] redine *m/pl*

reindeer ['reindiə] renna *f*

reinforce [ri:in'fɔ:s] *v/t* rinforzare

reissue [ri:'isju:, -'iʃju:] *v/t* ristampare

reject [ri'dʒekt] *v/t* respingere; scartare; *s* scarto *m*

rejoice [ri'dʒɔis] *v/i* far festa

relapse [ri'læps] *s med* ricaduta *f*; *v/i* ricadere

relat|e [ri'leit] *v/t* raccontare; riguardare; *v/i* riferirsi a; ~ed affine; connesso; ~ion [ri'leiʃən] relazione *f*; rapporto *m*; parente *m*; ~ionship rapporto *m*; parentela *f*; ~ive ['relətiv] *a* relativo; *s* parente *m*

relax [ri'læks] *v/t* rilassare; *v/i* rilassarsi

relay ['ri:'lei] v/t ritrasmettere

release [ri'li:s] s liberazione f; v/t liberare

relent [ri'lent] v/i ritornare su una decisione; lasciarsi intenerire

relevant ['relivənt] pertinente

reliable [ri'laiəbl] fidato

relic ['relik] reliquia f

relief [ri'li:f] sollievo m; assistenza f; cambio m; soccorso m

relieve [ri'li:v] v/t sollevare

religion [ri'lidʒən] religione f; **~us** religioso

relinquish [ri'liŋkwiʃ] v/t abbandonare

relish ['reliʃ] s gusto m; piacere m; v/t gustare; piacere

reluctance [ri'lʌktəns] riluttanza f; **~t** riluttante

rely [ri'lai]: **~(up)on** v/t contare su

remain [ri'mein] v/i rimanere; **~der** resto m

remand [ri'mɑ:nd] v/t mandare in carcere

remark [ri'mɑ:k] s osservazione f; v/t, v/i osservare; **~able** notevole

remedy ['remidi] s rimedio m; v/t rimediare

remember [ri'membə] v/t ricordarsi di; **~rance** ricordo m

remind [ri'maind] v/t ricordare

reminiscence [,remi'nisnt] reminiscenza f

remiss [ri'mis] negligente

remit [ri'mit] v/t rimettere; **~tance** rimessa f

remnant ['remnənt] resto m; scampolo m

remodel ['ri:'mɔdl] v/t rimodellare

remonstrate ['remənstreit] v/i protestare

remorse [ri'mɔ:s] rimorso m; **~less** spietato

remote [ri'mout] remoto; lontano

removal [ri'mu:vəl] trasloco m; **~e** v/t togliere; v/i sgomberare

remunerate [ri'mju:nəreit] v/t rimunerare

renaissance [rə'neisəns] rinascimento m

render ['rendə] v/t rendere; fare

renew [ri'nju:] v/t rinnoverare; **~al** rinnovamento m

renounce [ri'nauns] v/t rinunciare a

renown [ri'naun] fama f; **~ed** famoso

rent [rent] s affitto m; v/t affittare

reopen ['ri:'oupən] v/t riaprire; **~ing** riapertura f

repair [ri'pɛə] v/t riparare

reparation [repə'reiʃən] riparazione f

repay [ri:'pei] v/t, irr rimborsare; restituire

repeat [ri'pi:t] v/t ripetere

repel [ri'pel] v/t respingere; **~lent** ripellente

repent [ri'pent] v/t pentirsi di; **~ance** pentimento m; **~ant** pentito

repetition [repi'tiʃən] ripetizione *f*

replace [ri'pleis] *v/t* sostituire; **ment** sostituzione *f*

replenish [ri'pleniʃ] *v/t* riempire di nuovo

reply [ri'plai] *s* risposta *f*; *v/i* rispondere

report [ri'pɔːt] *s* rapporto *m*; resoconto *m*; *v/t* riferire; denunciare; **er** giornalista *m*, *f*

repose [ri'pouz] *s* riposo *m*; *v/i* riposare

reprehend [,repri'hend] *v/t* riprendere

represent [,repri'zent] *v/t* rappresentare; **ation** rappresentazione *f*; **ative** *a* rappresentativo; *s* rappresentante *m*

repress [ri'pres] *v/t* reprimere; **ion** repressione *f*

reprieve [ri'priːv] *s* sospensione *f*; *v/t* sospendere

reprimand ['reprimɑːnd] *s* rimprovero *m*; *v/t* rimproverare

reprint ['riː'print] *s* ristampa *f*; *v/t* ristampare

reprisal [ri'praizəl] rappresaglia *f*

reproach [ri'proutʃ] *s* rimprovero *m*; *v/t* rimproverare

reproduce [ri:prə'djuːs] *v/t* riprodurre; *v/i* riprodursi; **tion** [,'dʌkʃən] riproduzione *f*

reproof [ri'pruːf] rimprovero *m*; **ve** [ri'pruːv] *v/t* rimproverare

reptile ['reptail] rettile *m*

republic [ri'pʌblik] repubblica *f*; **an** *a*, *s* repubblicano (*m*)

repudiate [ri'pjuːdieit] *v/t* ripudiare

repugnance [ri'pʌgnəns] ripugnanza *f*; **t** ripugnante

repulse [ri'pʌls] *v/t* respingere; **ion** ripugnanza *f*; **ive** ripugnante

reputable ['repjutəbl] rispettabile; **ation** riputazione *f*; **e** [ri'pjuːt] *s* fama *f*

request [ri'kwest] *s* richiesta *f*; domanda *f*; **by ~, on ~** a richiesta; *v/t* richiedere

require [ri'kwaiə] *v/t* avere bisogno di; **ment** necessità *f*; requisiti *m/pl*; **site** ['rekwizit] *a* necessario; *s* requisito *m*

rescue ['reskjuː] *v/t* salvare; *s* salvamento *m*

research [ri'səːtʃ] *s* ricerca *f*; **~ work** ricerche *f/pl*; **~ worker** ricercatore *m*

resemblance [ri'zembləns] rassomiglianza *f*; **e** *v/t* rassomigliare

resent [ri'zent] *v/t* risentirsi di; **ful** risentito; **ment** risentimento *m*

reservation [rezə'veiʃən] riserva *f*; posto *m* prenotato; **e** [ri'zəːv] *s* riserbo *m*; *v/t* riservare; prenotare

reservoir ['rezəvwɑː] serbatoio *m*

reside [ri'zaid] *v/i* risiedere; **nce** ['rezidəns] residenza

retire

f; **~nce permit** permesso *m* di soggiorno; **~nt** a residente; s abitante *m*

residue ['rezidju:] residuo *m*

resign [ri'zain] *v/t* dimettersi; **~ation** [rezig'neiʃən] dimissioni *f/pl*

resin ['rezin] resina *f*

resist [ri'zist] *v/t, v/i* resistere; **~ance** resistenza *f*; **~ant** resistente

resolut|e ['rezəlut] risoluto; deciso; **~ion** risoluzione *f*; risolutezza *f*

resolve [ri'zɔlv] *v/t* risolvere; decidere; *v/i* decidersi

resonan|ce ['reznəns] risonanza *f*; **~t** risonante

resort [ri'zɔ:t] s ricorso *m*; espediente *m*; luogo *m* di villeggiatura; **~ to** *v/i* ricorrere a

resound [ri'zaund] *v/i* risuonare

resource [ri'sɔ:s] risorsa *f*; **~ful** pieno di risorse

respect [ris'pekt] s rispetto *m*; **in every ~** sotto tutti i punti di vista; *v/t* rispettare; **~able** rispettabile; **yours ~fully** con la più profonda stima; **~ive** rispettivo; **~s** pl ossequi *m/pl*

respiration [ˌrespi'reiʃən] respirazione *f*; **~e** [ris'paiə] *v/t, v/i* respirare

respite ['respait] respiro *m*; tregua *f*

resplendent [ris'plendənt] risplendente

respon|d [ris'pɔnd] *v/t* ri- spondere; **~se** risposta *f*; responso *m*; **~sibility** [risˌpɔnsi'biliti] responsabilità *f*; **~sible** responsabile

rest [rist'pɔnd] s riposo *m*; resto *m*; *v/t* appoggiare; *v/i* riposarsi

restaurant ['restərɔn, 'restərənt] ristorante *m*; trattoria *f*

rest|ful riposante; **~less** agitato

restor|ation [restə'reiʃən] restauro *m*; restaurazione *f*; **~e** [ris'tɔ:] *v/t* restaurare; restituire

restrain [ris'trein] *v/t* trattenere; frenare; **~t** freno *m*; controllo *m*

restrict [ris'trikt] *v/t* restringere; limitare; **~ion** restrizione *f*

result [ri'zʌlt] s risultato *m*; *v/i* risultare

resume [ri'zju:m] *v/t* riprendere

resurrection [rezə'rekʃən] risurrezione *f*

retail ['ri:teil] s vendita *f* a dettaglio; [ri:'teil] *v/t* vendere a dettaglio; **~er** venditore *m* a dettaglio

retain [ri'tein] *v/t* ritenere; trattenere

retaliate [ri'tælieit] *v/i* rendere

retard [ri'tɑ:d] *v/t* ritardare

retention [ri'tenʃən] ritenimento *m*

reticent ['retisənt] reticente

retir|e [ri'taiə] *v/i* ritirare; andare in pensione; andare a riposo; **∼ed** in pensione; a riposo; **∼ement** riposo *m*

retort [ri'tɔ:t] *s* risposta *f*; *v/t* rispondere

retrace [ri'treis] *v/t* rintracciare

retract [ri'trækt] *v/t* ritrarre

retreat [ri'tri:t] *s* ritiro *m*; ritirata *f*; *v/i* ritirarsi

retribution [retri'bju:ʃən] retribuzione *f*

return [ri'tə:n] *s* ritorno *m*; **by ∼ of post** a giro di posta; *v/t* restituire; rimandare; *v/i* (ri)tornare; **∼ ticket** biglietto *m* di andata e ritorno

reunion [ˌri:'ju:njən] riunione *f*; **∼te** [ˌri:'ju:nait] *v/t* riunire; *v/i* riunirsi

reveal [ri'vi:l] *v/t* rivelare

revel ['revl] *s* baldoria *f*; *v/i* far baldoria

revelation [ˌrevi'leiʃən] rivelazione *f*; **∼s** apocalisse *f*

revenge [ri'vendʒ] *s* vendetta *f*; *v/t* vendicare; **∼ful** vendicativo

revenue ['revinju:] entrata *f*; reddito *m*

revere [ri'viə] *v/t* riverire; venerare; **∼nce** ['revərəns] riverenza *f*; **∼nd** reverendo

reverse [ri'və:s] *s* rovescio *m*; contrario *m*; *v/t* capovolgere; *a* contrario; opposto; **∼gear** retromarcia *f*; **∼ible** rivoltabile

revert [ri'və:t] *v/i* ritornare

review [ri'vju:] *s* rivista *f*; recensione *f*; *v/t* passare in rivista; recensire; **∼er** critico *m*

revis|e [ri'vaiz] *v/t* rivedere; correggere; **∼ion** [ˌ'viʒən] revisione *f*; correzione *f*

reviv|al [ri'vaivəl] risveglio *m*; rinascita *f*; **∼e** *v/t* far rivivere; ridare vita; *v/i* riprendere vita; riprendere i sensi

revoke [ri'vouk] *v/t* revocare

revolt [ri'voult] *s* rivolta *f*; *v/i* ribellarsi

revolution [revə'lu:ʃən] rivoluzione *f*; **∼ary** *a*, *s* rivoluzionario (*m*); **∼ize** *v/t* rivoluzionare

revolve [ri'vɔlv] *v/i* girare; **∼r** rivoltella *f*

reward [ri'wɔ:d] *s* ricompensa *f*; *v/t* ricompensare

rheumat|ic [ru:'mætik] reumatico; **∼ism** ['ru:mətizəm] reumatismo *m*

rhubarb ['ru:ba:b] rabarbaro *m*

rhyme [raim] *s* rima *f*; *v/i* rimare

rhythm ['riðəm] ritmo *m*; **∼ic**, **∼ical** ritmico

rib [rib] costola *f*; stecca *f* (dell'ombrello)

ribbon ['ribən] nastro *m*

rice [rais] riso *m*

rich [ritʃ] ricco; **∼es** [ˌ'iz] *pl*, **∼ness** ricchezza *f*

ricket|s ['rikits] *pl* rachitismo *m*; **∼y** rachitico

rid [rid] *v/t*, *irr* liberare; **get ∼ of** liberarsi

riddle ['ridl] indovinello *m*; enigma *m*

rid|e [raid] *s* cavalcata *f*; passeggiata *f* (*in bicicletta, in* macchina); v/i, irr cavalcare; andare in bicicletta; andare in macchina; **~er** cavaliere m

ridge [ridʒ] cresta f

ridicule ['ridikju:l] s ridicolo m; v/t mettere in ridicolo; **~ous** [~'dikjuləs] ridicolo

riding ['raidiŋ] equitazione f

rifle ['raifl] fucile m

rift [rift] spaccatura f; fig dissenso m

right [rait] s destra f; bene m; giusto m; a destro; diretto; corretto; **all ~** va bene; **~ angle** angolo m retto; **be ~** avere ragione; **put ~, set ~** mettere in ordine; **on the ~, to the ~** a destra; **~eous** retto; giusto; **~ of way** precedenza f

rigid ['ridʒid] rigido

rigorous ['rigərəs] rigoroso; **~o(u)r** rigore m

rim [rim] bordo m

rind [raind] buccia f

ring [riŋ] s cerchio m; anello m; recinto m; arena f (pugilato); pista f (corse); suono m; suonata f (campanello); v/t suonare (campanello); **~ up** telefonare

ringlet ['riŋlit] ricciolo m

rink [riŋk] pista f (di pattinaggio)

rinse [rins] v/t sciacquare

riot ['raiət] s tumulto m; v/i tumultuare

rip [rip] s strappo m; v/t strappare

ripe [raip] maturo; **~n** v/t,

v/i maturare; **~ness** maturità f

ripple ['ripl] s increspatura f; v/i incresparsi

rise [raiz] s salita f; aumento m; origine f; v/i salire; sorgere; alzarsi

risk [risk] s rischio m; v/t rischiare

rite [rait] rito m; **funeral ~es** pl riti m/pl funebri

rival ['raivəl] a rivale; s rivale m; concorrente m; v/t concorrere con; **~ry** rivalità f; concorrenza f

river ['rivə] fiume m

road [roud] strada f; via f; **~ map** carta f stradale; **~ sign** cartello m stradale

roam [roum] v/i vagare

roar [rɔ:] s ruggito m; v/i ruggire

roast [roust] a, s arrosto m; v/t arrostire

rob [rob] v/t derubare; **~ber** ladro m; **~bery** furto m

robe [roub] toga f; tunica f

robin ['robin] pettirosso m

robot ['roubət] robot m

robust [rou'bʌst] robusto; vigoroso

rock [rɔk] roccia f; v/t cullare; dondolare; v/i dondolarsi; **~er** sedia f a dondolo

rocket ['rɔkit] razzo m

rocking-chair sedia f a dondolo

rocky ['rɔki] roccioso

rod [rɔd] bacchetta f; verga f; canna f (da pesca)

roe [rou] cerva f

6*

rogu|e [roug] furfante *m*;
~ish birichino

role, rôle [roul] parte *f*; ruolo *m*

roll [roul] *s* rotolo *m*; panino *m*; *v/t* rotolare; avvolgere; *v/i* rotolarsi; **~er** rullo *m*; cilindro *m*; **~er-skates** *pl* pattini *m/pl* a rotelle

Roman ['roumən] *a, s* romano (*m*)

romance [rou'mæns] romanzo *m* cavalleresco; *mus* romanza *f*

Romanesque [ˌroumə'nesk] di stile romano

romantic [rou'mæntik] romantico

roof [ru:f] tetto *m*

rook [ru:k] cornacchia *f*

room [rum] stanza *f*; camera *f*; posto *m*; **~mate** compagno(a) *m(f)* di stanza; **~y** spazioso

roost [ru:st] pertica *f*; **~er** gallo *m*

root [ru:t] radice *f*; origine *m*; **~ out** *v/t* sradicare

rope [roup] corda *f*

rosary [ˈrouzəri] rosario *m*

ros|e [rouz] rosa *f*; **~e-bush** rosaio *m*; **~emary** rosmarino *m*; **~y** roseo

rot [rɔt] *s* putrefazione *f*; marciume *m*; decadenza *f*; *v/i* imputridire; marcire; decadere

rota|ry [ˈroutəri] rotario; **~tion** [rou'teiʃən] rotazione *f*

rotten [ˈrɔtn] putrido; marcio

rouge [ru:ʒ] rossetto *m*

rough [rʌf] ruvido; rozzo; agitato (*del mare*)

round [raund] *a* tondo; rotondo; *s* tondo *m*; giro *m*; cerchio *m*; *prp* intorno a; *adv* intorno; in giro; **all the year ~** tutto l'anno; *v/t* arrotondare; girare; **~ off** *v/t* completare

rouse [rauz] *v/t* destare; svegliare

route [ru:t] itinerario *m*; percorso *m*

routine [ru:'ti:n] abitudini *f/pl* fisse; pratica *f*

rove [rouv] *v/i* vagabondare

row [rou] *s* fila *f*; passeggiata *f* in barca (*a remi*); *v/t* remare

row [rau] chiasso *m*

royal [ˈrɔiəl] reale

rub [rʌb] *v/t* strofinare

rubber [ˈrʌbə] cauccù *m*; gomma *f*; **~boots** *pl* stivali *m/pl* di gomma

rubbish [ˈrʌbiʃ] rifiuti *m/pl*; *fam* sciocchezze *f/pl*

rubble [ˈrʌbl] rottami *m/pl* di mattoni o di sassi

ruby [ˈru:bi] rubino *m*

rucksack [ˈruksæk] sacco *m* da montagna

rudder [ˈrʌdə] timone *m*

ruddy [ˈrʌdi] rubicondo

rude [ru:d] scortese; sgarbato

ruffian [ˈrʌfjən] malfattore *m*

ruffle [ˈrʌfl] increspatura *f*; *v/t* increspare

rug [rʌg] coperta *f*; tappe-

said

tino *m*; **~ged** ruvido; aspro

ruin ['ru:in] *s* rovina *f*; *v/t* rovinare

rul|e [ru:l] *s* regola *f*; regolamento *m*; **as a ~e** generalmente; *v/t* governare; regolare; **~er** governatore *m*; riga *f* (*per tracciare linee*)

rum [rʌm] rum *m*

rumble ['rʌmbl] *v/i* rumoreggiare

ruminant ['ru:minənt] ruminante *m/pl*

rummage ['rʌmidʒ] *v/t*, *v/i* frugare

rumo(u)r ['ru:mə] voce *f*; **it is ~ed** si dice

run [rʌn] *s* corsa *f*; serie *f*; **in the long ~** alla lunga; *v/t*, *irr* far correre; gestire; *v/i* correre; scorrere; essere in visione (*di un film*); **~**

across incontrare; **~ away** fuggire; **~ into** investire; **~ out of** essere a corto di; **~ over** investire; **~ning** corridore *m*

runway ['rʌnwei] pista *f*

rupture ['rʌptʃə] rottura *f*; ernia *f*

rural ['ruərəl] rurale

rush [rʌʃ] *s bot* giunco *m*; precipizio *m*; afflusso *m*; *v/t* precipitare; *v/i* precipitarsi; **~ hours** *pl* ore *f/pl* di punta

Russia ['rʌʃə] Russia *f*; **~n** *a*, *s* russo (*m*)

rust [rʌst] *s* ruggine *f*; *v/i* arrugginirsi

rustic ['rʌstik] rustico

rustle ['rʌsl] *s* fruscio *m*; *v/i* frusciare

rusty ['rʌsti] arrugginito

S

Sabbath ['sæbəθ] giorno *m* di riposo

sable ['seibl] zibellino *m*

sabotage ['sæbɑtɑ:ʒ] sabotaggio *m*

sack [sæk] sacco *m*; saccheggio *m*; **give the ~** licenziare; *v/t* saccheggiare

sacrament ['sækrəmənt] sacramento *m*

sacred ['seikrid] sacro

sacrifice ['sækrifais] *s* sacrificio *m*; *v/t* sacrificare

sacrilege ['sækrilidʒ] sacrilegio *m*

sad [sæd] triste; **~den** *v/t*

intristire

saddle ['sædl] sella *f*

sadness ['sædnis] tristezza *f*

safe [seif] *a* sicuro; salvo; *s* cassaforte *f*; **~ and sound** sano e salvo; **~guard** *s* salvaguardia *f*; *v/t* salvaguardare; **~ty** sicurezza *f*; salvezza *f*; **~ty-belt** cintura *f* di sicurezza; **~ty-pin** spillo *m* di sicurezza; **~ty-valve** valvola *f* di sicurezza

sag [sæg] *v/i* pendere; piegarsi; cadere

sagacious [sə'geiʃəs] sagace

said [sed] detto

sail [seil] *s* vela *f*; passeggiata *f* in barca (*a vela*); *v/t* navigare; **~ing-boat** barca *f* a vela; **~or** marinaio *m*

saint [seint] *s* santo(a) *m* (*f*); *a* santo; San (*davanti nomi maschili che non iniziano con st, o z, o vocale*); **All 2's Day** Tutti i Santi

sake [seik]: **for the ~ of peace** per amor di pace; per motivi di pace; **for God's ~** per l'amor di Dio

salad ['sæləd] insalata *f*; **~bowl** insalatiera *f*

salary ['sæləri] stipendio *m*

sale [seil] vendita *f*; **on ~** in vendita; **~sman** venditore *m*; commesso *m* (*di negozio*)

saliva [sə'laivə] saliva *f*

sallow ['sælou] olivastro

salmon ['sæmən] salmone *m*

salon ['sælɔn] salone *m*

saloon [sə'lu:n] sala *f* grande; *Am* birreria *f*

salt [sɔ:lt] sale *m*; *v/t* salare; **~y** salato

salute [sə'lu:t] *s* saluto *m*; *v/t* salutare

salvation [sæl'veiʃən] redenzione *f*; **2 Army** Esercito *m* della Salvezza

salve [sɑ:v] unguento *m*

same [seim] stesso; medesimo

sample ['sɑ:mpl] *s* campione *m*; *v/t* provare; **~book** campionario *m*

sanatorium [sænə'tɔ:riəm] sanatorio *m*

sanctify ['sæŋktifai] *v/t* santificare

sanction ['sæŋkʃən] *s* sanzione *f*; *v/t* autorizzare

sanctuary ['sæŋktjuəri] santuario *m*

sand [sænd] sabbia *f*

sandal ['sændl] sandalo *m*

sandpaper carta *f* vetrata

sandwich ['sænwidʒ] panino *m* ripieno; tartina *f*

sandy ['sændi] sabbioso

sane [sein] sano

sanguinary ['sæŋgwinəri] sanguinario

sanita|ry ['sænitəri] sanitario; igienico; **~ry napkin**, **~ry towel** assorbente *m* igienico; **~tion** igiene *f*

sanity ['sæniti] sanità *f*

Santa Claus [sæntə'klɔ:z] babbo *m* Natale

sap [sæp] *s* linfa *f*; *v/t* minare

sapphire ['sæfaiə] zaffiro *m*

sarcas|m ['sɑ:kæzəm] sarcasmo *m*; **~tic** [sɑ:'kæstik] sarcastico

sardine [sɑ:'di:n] sardina *f*

Sardinia Sardegna *f*; **~n** *a*, *s* sardo (*m*)

Satan ['seitən] Satano *m*

satchel ['sætʃəl] cartella *f*

satellite ['sætəlait] satellite *m*

satir|e ['sætaiə] satira *f*; **~ical** [sə'tirikəl] satirico

satisf|action [sætis'fækʃən] soddisfazione *f*; **~actory** soddisfacente; **~y** ['~fai] *v/t* soddisfare

Saturday ['sætədi] sabato *m*

sauc|e [sɔ:s] salsa *f*; **~epan** casseruola *f*; **~er** piattino *m*; **~y** impertinente

saunter ['sɔːntə] *v/i* andare piano piano

sausage ['sɔsidʒ] salsiccia *f*

savage ['sævidʒ] *a*, *s* selvaggio (*m*)

sav|e [seiv] *prp* salvo; eccetto; *v/t* salvare; economizzare; risparmiare; **~ings** *pl* risparmi *m/pl*; **~ings-bank** cassa *f* di risparmio

savio(u)r ['seivjə] salvatore *m*; redentore *m*

savo(u)r ['seivə] *s* gusto *m*, sapore *m*; *v/t* sapere di; **~y** *a* saporito

saw [sɔː] *s* sega *f*; *v/t*, *irr* segare; **~dust** segatura *f*

Saxon ['sæksn] *a*, *s* sassone (*m*, *f*)

say [sei] *v/t*, *v/i*, *irr* dire; **they ~** dicono; **I ~!** davvero!; **that is to ~** cioè; **~ing** detto *m*

scab [skæb] crosta *f*

scaffold ['skæfəld] patibolo *m*; **~ing** impalcatura *f*

scald [skɔːld] *s* scottatura *f*; *v/t* scottare

scale [skeil] *s* scala *f*; scaglia *f* (*della pelle*); *v/t* scalare; **~s** *pl* bilancia *f*

scalp [skælp] cuoio *m* capelluto

scandal ['skændl] scandalo *m*; **~ous** scandaloso

Scandinavian [skændi'neivjən] *a*, *s* scandinavo (*m*)

scant [skænt], **~y** scarso

scapegoat ['skeitgout] capro *m* espiatorio

scar [skɑː] cicatrice *f*

scarce [skɛəs] difficile a tro-
vare; **~ely** appena; **~ely ever** quasi mai; **~ity** carestia *f*

scare [skɛə] *s* spavento *m*; *v/t* spaventare; **~crow** spauracchio *m*

scarf [skɑːf], *pl* **~s** [~fs], **scarves** [~vz] sciarpa *f*

scarlet ['skɑːlit] scarlatto; **~ fever** scarlattina *f*

scatter ['skætə] *v/t*, *v/i* spargere; sparpagliare

scene [siːn] scena *f*; scenata *f*; **~ry** scenario *m*; panorama *m*; paesaggio *m*

scent [sent] *s* profumo *m*; *v/t* profumare

sceptic ['skeptik] *s*, *a* scettico (*m*); **~al** scettico

schedule ['∫edjuːl], *Am* ['skedʒuːl] *s* lista *f*; programma *m*; *Am* orario *m*; *v/t* schedare

scheme [skiːm] *s* piano *m*; progetto *m*; sistema *m*; *v/i* intrigare

schola|r ['skɔlə] studioso *m*; **~rship** borsa *f* di studio

school [skuːl] scuola *f*; **~ing** istruzione *f*; **~master** maestro *m*; insegnante *m*; **~mate** compagno(a) *m* (*f*) di scuola; **~teacher** maestro(a) *m* (*f*); professore *m*; professoressa *f*

scien|ce ['saiəns] scienza *f*; **~tific** scientifico; **~tist** scienziato *m*

scissors ['sizəz] *pl* forbici *f/pl*

scoff [skɔf]: **~ at** *v/t* deridere

scold [skould] v/t rimproverare

scoop [sku:p] s cucchiaia f; ramaiuolo m; v/t travasare

scope [skoup] s libertà f d'azione; campo m (d'attività)

scorch [skɔ:tʃ] v/t bruciare

score [skɔ:] s ventina f; punteggio m; spartito m; v/t segnare

scorn [skɔ:n] s disprezzo m; v/t disprezzare; **~ful** sprezzante

Scot [skɔt] scozzese m, f

Scotch [skɔtʃ], **Scottish** a, s scozzese (m, f)

Scotch|man, **~woman**, **Scotsman**, **Scotswoman** scozzese m, f

scoundrel ['skaundrəl] mascalzone m

scout [skaut] esploratore m

scowl [skaul] v/i guardare male

scramble ['skræmbl] s precipizio m; v/i precipitarsi; **~d eggs** uova f/pl strapazzate

scrap [skræp] s pezzetto m; rottame m; litigio m; v/t scartare; v/i litigare

scrape [skreip] v/t raschiare

scratch [skrætʃ] s graffio m; v/t graffiare

scream [skri:m] s strillo m; urlo m; v/i strillare; urlare

screech [skri:tʃ] s strillo m (acuto); v/i strillare

screen [skri:n] s paravento m; schermo m (cinematografico) v/t riparare, proteggere

screw [skru:] s vite f; v/t avvitare; **~driver** giravite m

scribble ['skribl] s scarabocchio m; v/t scarabocchiare

script [skript] scrittura f; copione m (di un film); **~ure** scrittura f; **the Holy ₤ures** pl la Sacra Scrittura

scrub [skrʌb] v/t strofinare

scrup|le ['skru:pl] scrupolo m; **~ulous** ['~pjuləs] scrupoloso

scrutinize ['skru:tinaiz] v/t scrutinare

sculpt|or ['skʌlptə] scultore m; **~ure** scultura f

scum [skʌm] schiuma f; feccia f

scurvy ['skə:vi] scorbuto m

scythe [saið] s falce f; v/t falciare

sea [si:] mare m; **at ~** sul mare; **~gull** gabbiano m

seal [si:l] s zool foca f; sigillo m; v/t sigillare

sea level livello m del mare

sealing-wax ceralacca f

seam [si:m] cucitura f; giacimento m

seaport porto m di mare

search [sə:tʃ] s. ricerca f; v/t cercare; **~light** riflettore m

seasick: be ~ avere il mal di mare; **~ness** mal m di mare

seaside costa f; lido m

season ['si:zn] s stagione f; v/t condire; **~able** di stagione; **~ing** condimento m; **~ticket** biglietto m d'abbonamento m

seat [si:t] s posto m (a sedere); panchina f; sede f; fondello *m* (*del calzone*); *v/r* ~ **o.s.** sedersi; ~**belt** cintura *f* di sicurezza

seaweed alga *f*

seclu|ded [si'klu:did] appartato; ~**sion** solitudine *f*; ritiro *m*

second ['sekənd] *a* secondo; 2-**class** di seconda classe; *s.* secondo *m*; *v/t* appoggiare; assecondare; ~**ary** secondario; ~**ary school** scuola *m* media; ~ **floor** *Am* primo piano; ~**rate** di qualità minore

secre|cy ['si:krisi] segretezza *f*; ~**t** *a*, *s* secreto (*m*)

secretary ['sekrətri] segretario *m*

secret|e [si'kri:t] *v/t* *med* secernere; ~**ion** secrezione *f*

sect [sekt] setta *f*

sect|ion ['sekʃən] sezione *f*; ~**or** ['sektə] settore *m*

secular ['sekjulə] secolare

secur|e [si'kjuə] *a* sicuro; *v/t* assicurare; ~**ity** sicurezza *f*

sedative ['sedətiv] *a*, *s* sedativo (*m*)

sediment ['sedimənt] sedimento *m*

seduc|e [si'dju:s] *v/t* sedurre; ~**tion** [~'dʌkʃən] seduzione *f*

see [si:] *v/t*, *irr* vedere; ~ **off** accompagnare; ~ **to** provvedere a

seed [si:d] seme *m*

seek [si:k] *v/t*, *irr* cercare

seem [si:m] *v/i* sembrare

seep [si:p] *v/i* trasudare

seesaw ['si:sɔ:] altalena *f*

segregate ['segrigeit] *v/t* segregare

seismograph ['saizməgrɑ:f] sismografo *m*

seiz|e [si:z] *v/t* afferrare; ~**ure** presa *f*; *med* attacco *m*

seldom ['seldəm] raramente

select [si'lekt] *a* scelto; *v/t* scegliere; ~**ion** selezione *f*

self [self], *pl* **selves** [~vz] *a* stesso; *s* se stesso; ~**com-mand** padronanza *f* di se stesso; ~**confidence** fiducia *f* in se stesso; ~**con-tained** riservato; ~**ish** egoista; ~**made man** uomo *m* fatto da sé; ~**possessed** padrone *m* di se stesso; ~**reliant** conscio del proprio valore; ~**sacrificing** che sacrifica se stesso; ~**serv-ice** autoservizio *m*; ~**timer** *phot* autoscatto *m*

sell [sel] *v/t*, *irr* vendere; *v/i* vendersi; ~**er** venditore *m*; ~**ing** vendita *f*

semblance ['sembləns] apparenza *f*

semester [si'mestə] semestre *m*

semicolon ['semi'koulən] punto *m* e virgola

senat|e ['senit] senato *m*; ~**or** senatore *m*

send [send] *v/t*, *irr* mandare; spedire; ~ **back** rimandare

senior ['si:njə] maggiore di età; più anziano

sensation [sen'seiʃən] sensazione *f*; ~**al** sensazionale

sens|e [sens] *v/t* accorgersi di; *s.* senso *m*; buon senso *m*; significato *m*; **~eless** senza significato; assurdo; **~ible** sensato; **~itive** sensibile; **~ual** sensuale; **~uality** sensualità *f*

sentence ['sentəns] *s* sentenza *f*; frase *f*; *v/t* condannare

sentiment ['sentimənt] sentimento *m*; **~al** [~'mentl] sentimentale

sentry ['sentri] sentinella *f*

separat|**e** ['sepərit] *a* separato; ['sepəreit] *v/t* separare; *v/i* separarsi; **~ion** [,sepə'reiʃən] separazione *f*

September [səp'tembə] settembre *m*

septic ['septik] settico

seque|**l** ['si:kwəl] seguito *m*; **~nce** successione *f*; serie *f*

serenade [,seri'neid] serenata *f*

serene [si'ri:n] sereno

sergeant ['sɑ:dʒənt] sergente *m*

serial ['siəriəl] romanzo *m* a puntate

series ['siəri:z] *pl* serie *f*

serious ['siəriəs] serio; grave

sermon [sə:mən] predica *f*

serpent ['sə:pənt] serpente *m*; **~ine** serpentino

serum ['siərəm] siero *m*

serv|**ant** ['sə:vənt] domestico(a) *m (f)*; **~e** *v/t, v/i* servire; **~ice** servizio *m*

serviette [,sə:vi'et] tovagliolo *m*

servile ['sə:vail] servile

session ['seʃən] sessione *f*

set [set] . partita *f*; serie *f*; servizio *m*; **hair ~** messa *f* in

piega; *v/t, irr* disporre; mettere; regolare; fissare; **~ aside** mettere da parte; **~ on fire** incendiare; **~ up** stabilire; mettere su; *v/i* tramontare (*del sole*); solidificarsi; **~back** contrattempo *m*

sett|**er** compositore *m*; **~ing** ambiente *m*; messa *f* in scena

settle ['setl] *v/t* sistemare; accomodare; stabilire; *comm* saldare; pagare; *v/i* sistemarsi; accomodarsi; **~ment** sistemazione *f*; colonia *f*; *comm* saldo *m*

sever ['sevə] *v/t* separare; *v/i* separarsi

several ['sevrəl] vari; diversi

sever|**e** [si'viə] severo; **~ity** severità *f*

sew [sou] *v/t, irr* cucire

sew|**age** ['sju(:)idʒ] acque *f/pl* luride; **~er** fogna *f*

sewing ['souiŋ] cucito *m*; **~ machine** macchina *f* da cucire

sex [seks] sesso *m*

sexton ['sekstən] sacrestano *m*

sexual ['seksjuəl] sessuale

shabby ['ʃæbi] logoro; malandato

shad|**e** [eid] *s.* ombra *f*; paralume *m*; sfumatura *f*; *v/t* dare ombra; ombreggiare; **~ow** ['ʃædou] ombra *f*

shaft [ʃɑːft] asta *f*; raggio *m* (*di luce*); pozzo *m* (*di miniera*)

shake [ʃeik] *s.* scossa *f*; *v/t*

scuotere; agitare; ~ **hands with** stringere la mano a; v/i tremare

shall [[æl] v/d dovere; or: future tense of verb

shallow ['∫æləu] poco profondo; fig superficiale

sham [∫æm] a finto; falso; s finzione f

shame [∫eim] vergogna f; **what a ~!** che peccato; **~ful** vergognoso; **~less** svergognato

shampoo [∫æm'pu:] shampoo m

shank [∫æŋk] gamba f; stinco m; mech asta f

shape [∫eip] s forma f; v/t formare; modellare; **~less** informe; **~ly** ben fatto

share [∫εə] s parte f; porzione f; comm azione f; s/t (con)dividere; **~holder** azionista m, f

shark [∫ɑ:k] pescecane m

sharp [∫ɑ:p] a acuto; affilato; vivace; penetrante; piccante; s mus diesis m; adv in punto; **four o'clock ~** alle quattro in punto; **~en** v/t affilare; aguzzare; **~ener** temperalapis m

shatter ['∫ætə] v/t frantumare; v/i andare in frantumi; frantumarsi

shave [∫eiv] v/t, v/i, irr far la barba

shawl [∫ɔ:l] scialle m

she [∫i:] lei, ella, essa; (in nomi composti) femmina; **~ cat** gatta f; **~goat** capra f

sheaf [∫i:f], pl **sheaves** [~vz]

fascio m

shear [∫iə] v/t, irr tosare

sheath [∫i:θ] astuccio m; guaino m

shed [∫ed] s capanna f; v/t togliersi

sheep [∫i:p], pl ~ pecora f; **~dog** cane m pastore; **~ish** vergognoso

sheer [∫iə] puro; fine

sheet [∫i:t] lenzuolo m; foglio m (di carta); laken f

shelf [∫elf], pl **shelves** [~vz] scaffale m; ripiano m

shell [∫el] conchiglia f; guscio m (dell'uovo); proiettile m

shelter ['∫eltə] rifugio m; asilo m; riparo m; v/t riparare; v/i ripararsi; rifugiarsi

shepherd ['∫epəd] pastore m

shield [∫i:ld] s scudo m; protezione f; v/t proteggere

shift [∫ift] s cambiamento m; turno m; v/t cambiare; spostare

shilling ['∫iliŋ] scellino m

shin(-bone) ['∫in(-)] anat stinco m

shine [∫ain] s lustro m; splendore m; v/i, irr brillare; splendere

shingle ['∫iŋgl] assicella f

shingles ['∫iŋglz] pl fuoco m di Sant'Antonio; erpete m

ship [∫ip] s nave f; v/t spedire; **~load** carico m; **~ment** spedizione f; **~owner** armatore m, f; **~ping agent** spedizioniere m marittimo; **~ping company** compagnia f di navigazione; **~wreck** naufragio *m*; **~yard** cantiere *m* navale

shire [ˈʃaiə] contea *f*

shirk [ʃəːk] *v*/*t*, *v*/*i* evitare; sottrarsi a

shirt [ʃəːt] camicia *f*

shiver [ˈʃivə] *s* brivido *m*; *v*/*i* rabbrividire

shock [ʃɔk] *s* cozzo *m*; colpo *m*; *v*/*t* scandalizzare; **~ing** scandaloso

shoe [ʃuː] *s* scarpa *f*; ferro *m* (*da cavallo*); *v*/*t* calzare; ferrare; **~lace** laccio *m*; **~maker** calzolaio *m*; **~shop** calzoleria *f*

shoot [ʃuːt] *bot* germoglio *m*; tiro *m*; *v*/*t*, *v*/*i* irr fucilare; *v*/*i* germogliare; sparare; andare a caccia; **~ing** caccia *f*

shop [ʃɔp] negozio *m*; **~assistant** commesso *m*; **~keeper** negoziante *m*; **~ping** compra *f*; **~window** vetrina *f*

shore [ʃɔː] riva *f*; spiaggia *f*

short [ʃɔːt] corto; breve; basso (*di statura*); **~cut** interrompere; abbreviare; **run~** essere a corto di; **~age** scarsezza *f*; **~circuit** corto circuito *m*; **~coming** difetto *m*; **~cut** scorciatoia *f*; **~en** *v*/*t* accorciare; abbreviare; **~hand** stenografia *f*; **~ly** tra poco; **~s** *pl* pantaloni *m*/*pl* corti; **~sighted** miope; poco accorto; **~term** a breve scadenza

shot [ʃɔt] sparo *m*; tiro *m*

shoulder [ˈʃouldə] spalla *f*;

~blade scapola *f*; **~strap** bretella *f*

shout [ʃaut] *s* grido *m*; *v*/*t* gridare

shove [ʃʌv] *s* spinta *f*; *v*/*t* spingere

shovel [ˈʃʌvl] pala *f*

show [ʃou] *s* mostra *f*; esposizione *f*; spettacolo *m*; revista *f*; ostentazione *f*; *v*/*t*, irr mostrare

shower [ˈʃauə] acquazzone *m*; **~bath** doccia *f*

shred [ʃred] *s* pezzetto *m*; *v*/*t* tagliuzzare

shrew [ʃruː] biscetica *f*; **~d** perspicace

shriek [ʃriːk] *s* strillo *m*; *v*/*t* strillare

shrill [ʃril] stridulo

shrimp [ʃrimp] gamberetto *m*

shrine [ʃrain] santuario *m*

shrink [ʃrink] *v*/*i*, irr restringersi

Shrove Tuesday [ˈʃrouv-ˈtjuːzdi] martedì *m* grasso

shrub [ʃrʌb] arbusto *m*; cespuglio *m*

shrug [ʃrʌg] *s* alzata *f* di spalle; *v*/*t* stringersi nelle spalle

shudder [ˈʃʌdə] *s* brivido *m*; *v*/*i* rabbrividire

shuffle [ˈʃʌfl] *v*/*t* mescolare (*carte*); *v*/*i* strascicarsi

shut [ʃʌt] *v*/*t*, irr chiudere; *v*/*i* chiudersi; **~ up!** sta zitto!; **~ter** persiana *f*; saracinesca *f*; phot otturatore *m*

shy [ʃai] timido; **~ness** timidezza f

sick [sik] malato; ~ **of** stanco di; **be** ~ essere malato, vomitare; ~**en** v/i ammalare; ammalarsi

side [said] lato m; parte f; fianco m; ~ **by** ~ fianco a fianco; **take** ~**s with**, ~ **with** prendere la parte di; ~**board** credenza f; ~**walk** Am marciapiede m; ~**ways** di lato

siege [si:dʒ] assedio m

sieve [siv] staccio m; vaglio m

sift [sift] v/t stacciare; crivellare

sigh [sai] s sospiro m; v/i sospirare

sight [sait] vista f; spettacolo m; **by** ~ di vista; **at first** ~ a prima vista; ~**seeing** visita f della città

sign [sain] s segno m; v/t firmare; far segno a

signal [signl] s segnale m; v/t segnalare; fare segnali

signature [signit∫ə] firma f

signif|icance [sig'nifikəns] significato m; ~**icant** [sig-'nifikənt] significativo m; ~**y** [signifai] v/t significare

silen|ce [sailəns] s silenzio m; v/t far tacere; ~**t** silenzioso

silk [silk] seta f; ~**worm** baco m da seta

sill [sil] davanzale m

silly [sili] sciocco

silver [silvə] argento m; ~ **wedding** nozze f/pl d'argento; ~**y** aregntino

similar [simile] simile; ~**ity** [~l'læriti] somiglianza f

simpl|e [simpl] semplice; ~**ify** [~'fai] v/t semplificare

simulate [simjuleit] v/t simulare

simultaneous [siməl-'teinjəs] simultaneo

sin [sin] s peccato m; v/i peccare

since [sins] adv da allora; conj da che; da quando; prp da; fino da

sincer|e [sin'siə] sincero; ~**ity** [~'seriti] sincerità f

sinew [sinju:] nerbo m

sing [siŋ] v/t, v/i cantare

singe [sindʒ] v/t bruciare

singer [siŋə] cantante m, f

single [siŋl] solo; unico; singolo; ~**handed** senza aiuto

singular [siŋgjulə] singolare

sinister [sinistə] sinistro

sink [siŋk] s acquaio m; v/t, irr immergere; affondare

sinner [sinə] peccatore m, peccatrice f

sip [sip] sorso m

sir [sə:] signore m

sirloin [sə:lɔin] lombo m

sister [sistə] sorella f; suora f; ~**in-law** cognata f

sit [sit] v/i, irr essere seduto; ~ **down** sedersi

site [sait] posto m; sito m

sitting [sitiŋ] a seduto; s seduta f; udienza f; ~ **room** salotto m

situat|ed [sitjueitid] situato; ~**ion** situazione f; posizione *f*; posto *m*; impiego *m*

size [saiz] grandezza *f*; misura *f*

skat|e [skeit] *s* pattino *m*; *v/i* pattinare; **~ing-rink** pista *f* da pattinaggio

skeleton ['skelitn] scheletro *m*

skeptic [skeptik] *Am for* **sceptic**

sketch [sketʃ] *s* schizzo *m*; abbozzo *m*; *v/t* schizzare; abbozzare

ski [ski] *s* sci *m*; *v/i* sciare

skid [skid] *v/i* sbandare

skier ['ski:ə] sciatore *m*

skil|ful ['skilful] abile; destro; **~l** abilità *f*; **~led** pratico; esperto; **~led worker** operaio *m* specializzato

skim [skim] *v/t* scremare; sfiorare

skin [skin] *s* pelle *f*; *v/t* pelare

skip [skip] *v/i* saltare

skirmish ['skə:miʃ] *s* scaramuccia *f*; *v/i* scaramucciare

skirt [skə:t] *s* gonna *f*; sottana *f*; *v/t* costeggiare

skittles ['skitlz] *sg* birillo *m*

skull [skʌl] cranio *m*; teschio *m*

skunk [skʌŋk] moffetta *f*

sky [skai] cielo *m*; **~scraper** grattacielo *m*

slab [slæb] lastra *f*

slack [slæk] *a* allentato; inattivo; **~en** *v/i* allentarsi; **~s** *pl* pantaloni *m/pl* larghi (*da donna*); calzoni *m/pl*

slam [slæm] *v/t* sbattere

slander ['slɑ:ndə] *s* calun-

nia *f*; *v/t* calunniare

slang [slæŋ] gergo *m*

slant [slɑ:nt] *s* pendio *m*; punto *m* di vista; *v/i* inclinarsi

slap [slæp] *s* schiaffo *m*; *v/t* schiaffeggiare

slash [slæʃ] *s* squarcio *m*; *v/t* tagliare

slate [sleit] tegola *f*; lavagnetta *f*

slaughter ['slɔ:tə] *s* macello *m*; massacro *m*; *v/t* macellare; massacrare; **~house** mattatoio *m*

Slav [slɑ:v, slæv] *a*, *s* slavo (*m*)

slave [sleiv] *s* schiavo(a) *m* (*f*); *v/i* lavorare come un negro; **~ry** schiavitù *f*

slay [slei], *v/t* irr ammazzare

sled(ge) [sled(ʒ)] slitta *f*

sleek [sli:k] *a* liscio; *v/t* lisciare

sleep [sli:p] *s* sonno *m*; *v/t*, *v/i* dormire; **~er** cuccetta *f*; **~ing-bag** sacco *m* a pelo; **~ing-pill** sonnifero *m*; **~less** insonne; **~walker** sonnambulo(a) *m* (*f*); **~y** assonnato

sleet [sli:t] nevischio *m*

sleeve [sli:v] manica *f*

sleigh [slei] slitta *f*

slender ['slendə] slanciato

slice [slais] *s* fetta *f*; *v/t* affettare

slide [slaid] *v/i, v/t, irr* scivolare; **~ rule** regolo *m* calcolatore

slight [slait] leggero

slim [slim] *a* sottile; magro; *v/i* dimagrire

slim|e [slaim] melma *f*; **~y** melmoso

sling [slin] *s* fionda *f*; *v/t*, *irr* lanciare; scagliare

slip [slip] *s* svista *f*; federa *f*; sottoveste *f*; *v/i* scivolare; sbagliare; **~per** pantofola *f*; **~pery** scivoloso

slit [slit] *s* fessura *f*; *v/t*, *irr* tagliare

slogan ['slougən] parola *f* d'ordine; motto *m*

slope [sloup] *s* pendenza *f*; *v/i* inclinarsi

sloppy ['slopi] trasandato; fradiccio

slot [slot] buco *m*

sloth [slouθ] pigrizia *f*

slot-machine distributore *m* automatico

slovenly ['slʌvnli] trasandato; trasurato

slow [slou] lento; **~ down** *v/t*, *v/i* rallentare; **~ly** lentamente; adagio; piano; **~ motion** rallentatore *m*

sluice [slu:s] chiusa *f*

slums [slʌmz] quartiere *m* povero; bassofondo *m*

slush [slʌʃ] fanghiglia *f*

slut [slʌt] puttana *f*

sly [slai] astuto; furbo

smack [smæk] *s* pacca *f*; battello *m*; *v/i* schiaffeggiare

small [smɔːl] piccolo; **~ hours** *pl* ore *f/pl* piccole; **~pox** vaiolo *m*

smart [smɑːt] *a* elegante; sveglio; *s* bruciore *m*; *v/i* bruciare

smash [smæʃ] *s* crollo *m*;

scontro *m*; *v/t* frantumare; *v/i* frantumarsi; **~ing** (*gergo*) bellissimo

smear [smiə] *v/t* macchiare

smell [smel] *s* odore *m*; **nasty ~** puzzo *m*; *v/t* sentire l'odore; *v/i* odorare

smelt [smelt] *v/t* fondere

smile [smail] *s* sorriso *m*; *v/i* sorridere

smith [smiθ] fabbro *m*

smock [smɔk] camiciotto *m*; camice *m*

smoke [smouk] *s* fumo *m*; *v/t* fumare; affumicare; *v/i* emettere fumo; **~ing-compartment** (*s*)compartimento *m* per fumatori; **no ~ing** proibito fumare

smooth [smuːð] *a* liscio; *v/t* lisciare

smother ['smʌðə] *v/t* soffocare

smo(u)lder ['smouldə] *v/i* bruciare senza fiamma; *fig* covare

smudge [smʌdʒ] *s* macchia *f*; *v/t* macchiare

smug [smʌg] soddisfatto di sè

smuggle ['smʌgl] *v/t* far passare di contrabbando; *v/i* fare il contrabbando; **~er** contrabbandiere *m*; **~ing** contrabbando *m*

smut [smʌt] *s* macchia *f*; **~ty** macchiato; *fig* osceno

snack [snæk] spuntino *m*

snail [sneil] lumaca *f*; **at a ~'s pace** a passo di tartaruga

snake [sneik] serpente *m*; serpe *f*

snap [snæp] *s* rumore *m* secco; *v/t* rompere con rumore secco; *fig* rispondere male; **~fastener** bottone *m* a molla; **~shot** *phot* istantanea *f*

snare [snɛə] rappola *f*

snarl [snɑ:l] *s* ringhio *m*; *v/i* ringhiare

snatch [snætʃ] *v/t* afferrare; strappare

sneak [sni:k] *v/i* fare la spia

sneer [snɪə] *s* ghigno *m*; *v/i* sogghignare; **~at** disprezzare

sneeze [sni:z] *s* starnuto *m*; *v/i* starnutire

sniff [snif] *v/t* annusare

snivel ['snivl] *v/i* piagnucolare

snore [snɔ:] *v/i* russare

snout [snaut] muso *m*; grugno *m*

snow [snou] *s* neve *f*; *v/i* nevicare; **~drop** bucaneve *m*; **~fall** nevicata *f*; **~flake** fiocco *m* di neve; **~storm** tormenta *f* di neve

snuff [snʌf] tabacco *m* da naso

snug [snʌg] comodo; **~gle** *v/i* rannicchiarsi

so [sou] *adv*, *pron* così; in questo modo; **~ far** fino a questo momento; fino a questo punto; **~ long** tanto tempo; arrivederci; **~ much** tanto; **I think ~** credo di sì; **Mr. ~ and ~** Signor Tal dei Tali

soak [souk] *v/t* bagnare; inzuppare

soap [soup] *s* sapone *m*; *v/t* insaponare

soar [sɔ:] *v/i* volare

sob [sɔb] *s* singhiozzo *m*; *v/i* singhiozzare

sober ['soubə] non ubriaco; sobrio; serio

soccer ['sɔkə] *Am* calcio *m*

socia|ble ['souʃəbl] socievole; **~l** sociale; **~l insurance** assicurazione *f* sociale; **~lism** socialismo *m*; **~list** *a*, *s* socialista (*m*, *f*)

society [sə'saiəti] società *f*

sock [sɔk] calzino *m*

socket ['sɔkit] orbita *f*

soda ['soudə] **~-water** seltz *m*

sofa ['soufə] sofà *m*

soft [sɔft] morbido; molle; dolce; **~ drink** bibita *f* non alcoolica; **~ water** acqua *f* dolce; **~en** *v/t* ammorbidire; *v/i* intenerirsi

soil [sɔil] *s* terreno *m*; suolo *m*; *v/t* sporcare

sojourn ['sɔdʒə:n] *s* soggiorno *m*; *v/i* soggiornare

soldier ['souldʒə] soldato *m*; militare *m*

sole [soul] *s* pianta *f* del piede; suola *f* (*della scarpa*); sogliola *f*; *v/t* risuolare

solemn ['sɔləm] solenne; grave

solicit [sə'lisit] *v/t* sollecitare; importunare; **~or** avvocato *m*

solid ['sɔlid] solido; *f*; **~ify** [sə-'lidifai] *v/t* solidificare

solit|ary ['sɔlitəri] solitario; **~ude** ['sɔlitju:d] solitudine *f*

solo ['soulou] *a* solo; **~ist** solista *m, f*

solu|ble ['sɔljubl] *a* solubile; **~tion** [sə'lu:ʃən] soluzione *f*

solve [sɔlv] *v/t* risolvere; **~nt** solvente

some [sʌm, səm] *a* un po' di; qualche; alcuno; alcuni; *pron* qualcuno; alcuni; **~body, ~one** qualcuno; **~body else** qualcun altro; **~how** qualche modo; **~what** piuttosto; **~where** in qualche parte

somersault ['sʌməsɔ:lt] capriola *f*; salto *m* mortale

son [sʌn] figlio *m*; **~-in-law** genero *m*

song [sɔŋ] canzone *f*; canto *m*

soon [su:n] presto; tra un po'; **as ~ as** appena che; **as ~ as possible** il più presto possibile; **~er or later** presto o tardi

soothe [su:ð] *v/t* calmare

soporific [ˌsɔpə'rifik] *a*, soporifico *(m)*

sorcer|er ['sɔ:sərə] strega *f*; mago *m*; **~y** stregoneria *f*

sordid ['sɔ:did] sordido

sore [sɔ:] *a* dolente; **my foot is ~** mi fa male il piede

sorrow ['sɔrou] dolore *m*

sorry [sɔri] dispiacere; dispiaciuto; **be ~** dispiacersi

sort [sɔ:t] genere *m*; specie *f*; *v/t* scegliere; classificare

soul [soul] anima *f*; **All ~s' Day** Tutti i Santi

sound [saund] *a* solido; profondo; logico; *v/t* suonare;

med ascoltare; *v/i* suonare; **~proof** con isolamento acustico

soup [su:p] minestra *f*; brodo *m*; zuppa *f*

sour ['sauə] acerbo; acido

source [sɔ:s] fonte *f*; origine *m*

south [sauθ] *s* sud *m*; *a* meridionale; **~ern** meridionale *m*; **~east** sud-est *m*

souvenir ['su:vəniə] ricordo *m*

sovereign ['sɔvrin] *a*, *s* sovrano

sow[1] [sau] scrofa *f*

sow[2] [sou] *v/t*, *irr* seminare; spargere; **~ing-machine** seminatrice *f*

space [speis] spazio *m*; **~ious** spazioso

spade [speid] vanga *f*; **~s** *pl* (a carte) picche *f/pl*

Spain [spein] Spagna *f*

span [spæn] palmo *m* (della mano); periodo *m* (di tempi); *v/t* abbracciare

spangle ['spæŋgl] lustrino *m*

Spaniard ['spænjəd] spagnolo(a) *m* (*f*)

spaniel ['spænjəl] spagnolo *m*

Spanish ['spæniʃ] spagnolo

spank [spæŋk] *v/t* sculacciare

spanner ['spænə] chiave *f* inglese

spare [spɛə] *a* di ricambio; di riserva; disponibile; **~ parts** *pl* parti *f/pl* di ricambio; **~ time** tempo *m* libero; v/t risparmiare; **~ing** economo

spark [spɑːk] s scintilla f; **~ingplug** candela f d'accensione; **~le** v/i scintillare

sparrow ['spærou] passero m

sparse [spɑːs] sparso

spasm ['spæzəm] spasmo m; **~odic** [~'mɔdik] spasmodico

spatter ['spætə] s spruzzo m; v/t spruzzare

speak [spiːk] v/i, irr parlare; **~er** oratore m

spear [spiə] lancia f

special ['speʃəl] speciale; particolare; **~ity** [~i'æliti] specialità f; **~ize** v/i specializzarsi; **~ly** specialmente; soprattutto

species ['spiːʃiːz] pl specie f

specific [spi'sific] specifico

specimen ['spesimin] campione m; esemplare m

specta|cle ['spektəkl] spettacolo m; **~cles** pl occhiali m/pl; **~cular** [spek'tækjulə] spettacolare; **~tor** [spek'teitə] spettatore m

speculat|e ['spekjuleit] v/t, v/i speculare; **~ion** speculazione f

speech [spiːtʃ] discorso m; parlare m

speed [spiːd] velocità f; **at full ~** a tutta velocità; v/i, irr sfrecciare; **~ up** accelerare; **~ometer** tachimetro m; **~y** veloce

spell [spel] s incanto m; fascino m; v/t, v/i, irr scri-

vere; **~ing** ortografia f

spend [spend] v/t, irr spendere (danaro); passare (tempo)

sperm [spəːm] sperma m

spher|e [sfiə] sfera f; **~ical** ['sferikl] sferico

spic|e [spais] spezie f/pl; **~y** saporoso

spider ['spaidə] ragno m; **~'s web** ragnatela f

spike [spaik] chiodo m

spill [spil] v/t, irr rovesciare; v/i rovesciarsi

spin [spin] v/i, irr girare

spinach ['spinidʒ] spinaci m/pl

spindle ['spindl] fuso m

spine [spain] spina f dorsale

spinster ['spinstə] zittella f

spiral ['spaiərəl] spirale

spirit ['spirit] spirito m; **~s** pl alcool m; **high ~s** allegria f; **low ~s** abbattimento m; **~ed** vivace; **~ual** ['~tjuəl] spirituale

spit [spit] s spiedo m; saliva f; v/t, irr sputare

spite [spait] dispetto m; **in ~ of** malgrado; **~ful** dispettoso

spittle ['spitl] saliva f

splash [splæʃ] s schizzo m; v/t schizzare

spleen [spliːn] bile f

splend|id ['splendid] splendido; **~o(u)r** splendore m

splint [splint] med stecca f; **~er** s scheggia f; v/t scheggiare

split [split] rottura f; spaccatura f; v/t, irr spaccare

spoil [spɔil] s bottino m; v/t, irr guastare; v/i guastarsi; **.t child** bambino m viziato

spoke [spouk] raggio m

spokesman portavoce m

sponge [spʌndʒ] s spugna f; v/t sbafare

sponsor ['spɔnsə] garante m

spontaneous [spɔn'teinjəs] spontaneo

spook [spu:k] spettro m

spool [spu:l] bobina f

spoon [spu:n] cucchiaio m; **.ful** cucchiaiata f

sport [spɔ:t] sport m; **.sman, .swoman** sportivo(a) m (f)

spot [spɔt] luogo m; posto m; macchia f; v/t macchiare; fam vedere; individuare

spout [spaut] becco m

sprain [sprein] s storta f; v/t storcere

sprat [spræt] sardinetta f

sprawl [sprɔ:l] v/i sdraiarsi

spray [sprei] spruzzo m; v/t spruzzare

spread [spred] s distesa f; v/t, irr stendere; v/i stendersi

sprig [sprig] rametto m

spring [spriŋ] s primavera f; fonte f (di acqua); mech molla f; salto m; v/i, irr balzare; nascere; derivare; **.board** trampolino m

sprinkle ['spriŋkl] v/t spruzzare

sprint [sprint] s corsa f; v/i correre a tutta velocità; **.er** velocista m, f

sprout [spraut] germoglio

m; **Brussels .s** cavolini m/pl di Brusselle

spy [spai] s spia f; v/t, v/i spiare

squad [skwɔd] squadra f

squalid ['skwɔlid] squallido

squander ['skwɔndə] v/t scialcquare

square [skwɛə] a quadrato; s piazza f; quadrato m; v/t quadrare; elevare al quadrato; saldare (i conti)

squash [skwɔʃ] s spremuta f; v/t spremere; schiacciare

squat [skwɔt] v/i accucciarsi

squeak [skwi:k] s cigolio m; v/i cigolare

sqeamish ['skwi:miʃ] schizzinoso

squeeze [skwi:z] v/t spremere; strizzare

squint [skwint] s strabismo m; v/i essere strabico

squirm [skwə:m] v/i contorcersi

squirrel ['skwirəl] scoiattolo m

squirt [skwə:t] s schizzetto m; v/t schizzare

stab [stæb] s pugnalata f; v/t pugnalare

stability [stə'biliti] stabilità f; **.ilize** ['steibilaiz] v/t stabilizzare

stable[1] [steibl] stabile

stable[2] [steibl] stalla f; scuderia f

stack [stæk] s pagliaio m; mucchio m; v/t ammucchiare

stadium ['steidjəm] stadio m

staff

---

staff [stɑːf] bastone *m*; asta *f*; personale *m*

stag [stæg] cervo *m*

stage [steidʒ] *s* palcoscenico *m*; *v/t* mettere in scena

stagger ['stægə] *v/i* barcollare

stagnate ['stægneit] *v/i* stagnare

stain [stein] *s* macchia *f*; *v/t* macchiare; *v/i* macchiarsi; **~ed glass** vetro *m* colorato; **~less** immacolato; **~less steel** acciaio *m* inossidabile

stair [steə] gradino *m*; scalino *m*; **~s** *pl* scale *f/pl*

stake [steik] *s* palo *m*; rogo *m*; **be at ~** essere in giuoco; *v/t* rischiare; scommettere

stale [steil] raffermo; stantio

stalk [stɔːk] *s bot* stelo *m*; passo *m* maestoso; *v/i* andare maestosamente; *v/t* inseguire

stall [stɔːl] bancarella *f*; edicola *f*; poltrona *f* (*di teatro*)

stallion ['stæljən] stallone *m*

stalwart ['stɔːlwət] robusto

stamina ['stæminə] vigore *m*

stammer ['stæmə] *s* balbuzie *f*; *v/t*, *v/i* balbettare

stamp [stæmp] *s* francobollo *m*; timbro *m*; impronta *f*; *v/t* stampare; timbrare; *v/i* pestare i piedi

stand [stænd] *s* banco *m*; edicola *f*; sostegno *m*; piedistallo *m*; posizione *f*; *v/t*, *irr* appoggiare; resistere a;

sopportare; *v/i* stare in piedi; **~ up** alzarsi in piedi; **~ up against** ribellarsi contro; **~ for** rappresentare; **~ out** resistere

standard ['stændəd] stendardo *m*; livello *m*

standing ['stændiŋ] riputazione *f*

stand|point punto *m* di vista; **~still: be at a ~still** essere fermo

star [stɑː] stella *f*

starboard ['stɑːbəd] lato *m* destro (*della nave*)

starch [stɑːtʃ] *s* amido *m*; *v/t* inamidire

stare [stɛə] *s* sguardo *m* fisso; *v/i* fissare; guardare fisso

stark [stɑːk] rigido; vero e proprio; **~ naked** nudo del tutto

starling ['stɑːliŋ] stornello *m*

start [stɑːt] *s* principio *m*; soprassalto *m*; partenza *f*; *v/t* iniziare; *v/i* trasalire; partire

start|le ['stɑːtl] *v/t* far trasalire; allarmare; **~ling** allarmante

starv|ation [stɑːˈveiʃən] fame *f*; **~e** *v/i* morire di fame; *v/t* far morire di fame

state [steit] stato *m*; condizione *f*; *v/t* dichiarare; affermare; **2 Department** *Am* ministero *m* degli esteri; **~ly** imponente; **~ment** dichiarazione *f*; affermazione *f*; **~sman** uomo *m* di Stato

static ['stætik] statico

stop

station ['steiʃən] stazione f;
~**ary** stazionario; ~**er** cartolaio m; ~**master** capo m
stazione

statistics [stə'tistiks] sg statistica f; pl statastiche f/pl

steal [sti:l] v/t, irr rubare

steam [sti:m] vapore m;
~**boat** piroscafo m

steel [sti:l] acciaio m

steep [sti:p] erto; ripodo

steeple [sti:pl] campanile m

stem [stem] s bot stelo m;
stirpe f; gram radicale f

stench [stentʃ] puzzo m; fetore m

stencil ['stensl] stampino m

step [step] s passo m; scalino
m; ~ **in** entrare; ~**brother**
fratellastro m; ~**father** patrigno m; ~**mother** matrigna f

steril|e ['sterail] sterile; ~**ize**
['ilaiz] v/t sterilizzare

sterling ['stə:liŋ] a genuino;
s sterlina f

stern [stə:n] a severo; s poppa f

stew [stju:] s stufato m; v/t
cuocere a fuoco lento

steward ['stjuəd] amministratore m; cameriere m
(sulla nave); ~**ess** cameriera
f; stewardess f

stick [stik] s bastone m; v/t,
irr incollare; affiggere; ficcare; v/i attaccarsi; ~**er** etichetta f; ~**y** attaccaticcio

stiff [stif] duro; difficile; rigido; ~**en** v/t irrigidire; v/i
irrigidirsi

stifle ['staifl] v/t soffocare

still [stil] a immobile; calmo; silenzioso; adv ancora;
tuttavia; s calma f; quiete f;
v/t calmare; ~**born** nato
morto; ~**ness** quiete f

stimul|ant ['stimjulənt] a, s
stimolante; ~**ate** v/t stimolare; ~**us** stimolo m

sting [stiŋ] s puntura f; v/t
pungere

stingy ['stindʒi] tirchio

stink [stiŋk] s puzzo m; v/i,
irr puzzare

stipulate ['stipjuleit] v/t stipolare

stir [stə:] s agitazione f; movimento m; v/t agitare; girare; v/i muoversi

stirrup ['stirəp] staffa f

stitch [stitʃ] s punto m; v/t
cucire

stock [stɔk] s bestiame m;
stirpe f; merce f in magazzino; v/t tenere in magazzino; ~**breeder** allevatore
m di bestiame; ~**broker**
agente m di cambio; ~ **exchange** borsa f; ~**holder**
azionista m

stocking ['stɔkiŋ] calza f

stock-taking inventario m

stocky ['stɔki] tozzo

stoic ['stouik] stoico

stomach ['stʌmək] s stomaco m; v/t mandare giù; tollerare

ston|e [stoun] s pietra f; sasso
m; med calcolo m; nocciolo
m; v/t lapidare; ~**y** pietroso

stool [stu:l] sgabello m

stoop [stu:p] v/i curvarsi

stop [stɔp] s fermata f; v/t

fermare; *v/i* fermarsi; **~page** arresto *m*; **~over** fermata *f* intermedia; **~per** tappo *m*; **~ping** sosta *f*

stor|age ['stɔːrɪdʒ] magazzinaggio *m*; **~e** [stɔː] *s* grande magazzino *m*; provvista *f*; *v/t* immagazzinare; accumulare; **~e-house** magazzino *m*

storey ['stɔːrɪ] piano *m*

stork [stɔːk] cicogna *f*

storm [stɔːm] tempesta *f*; temporale *m*; **~y** tempestoso

story ['stɔːrɪ] storia *f*; racconto *m*

stout [staut] forte; robusto; solido

stove [stouv] stufa *f*; fornello *m*

stow [stou] *v/t* stivare; **~away** passeggero *m* clandestino

straggle ['strægl] *v/i* dispersdersi

straight [streit] diritto; retto; *adv* subito; *v/t* raddrizzare; **~forward** franco

strain [strein] *s* tensione *f*; *v/i* sforzarsi; **~er** colino *m*

strait [streit] stretto *m*; **in ~s** in difficoltà; **~jacket** camicia *f* di forza

strand [strænd] riva *f*

strange [streindʒ] strano; **~r** sconosciuto *m*

strangle ['stræŋgl] *v/t* strangolare

strap [stræp] cinghia *f*

strateg|ic, ~ical [strə'tiːdʒik] strategico; **~y** ['strætidʒi]

strategia *f*

straw [strɔː] paglia *f*; **~berry** fragola *f*

stray [strei] smarrito; randagio

streak [striːk] *s* striscia *f*; *v/t* striare; **~y** striato

stream [striːm] *s* corrente *f*; flume *m*; *v/i* scorrere; **~lined** aerodinamico

street [striːt] strada *f*; **~car** *Am* tram *m*

strength [streŋθ] forza *f*; **~en** *v/t* rinforzare

strenuous ['strenjuəs] strenuo

stress [stres] *s* tensione *f*; enfasi *f*; *v/t* mettere l'accento su; mettere in rilievo

stretch [stretʃ] *s* distesa *f*; *v/t* stendere; *v/i* stendersi; allargarsi; **~er** barella *f*

strew [strjuː] *v/t*, *irr* cospargere

stricken ['strikən] colpito

strict [strikt] severo

stride [[straid] *s* passo *m* grande; *v/i*, *irr* andare a passi grandi

strife [straif] lotta *f*

strike [straik] *s* sciopero *m*; *v/t* colpire; suonare (*orologio*); **be on ~** fare sciopero; *v/i*, *irr* scioperare; **~breaker** crumiro *m*; **~r** scioperante *m*

string [striŋ] *s* corda *f*; spago *m*; *v/t*, *irr* infilare

strip [strip] *s* striscia *f*; *v/t* spogliare; *v/i* spgliarsi

stripe [straip] striscia *f*; riga *f*; **~d** a strisce; a righe

strive [straiv] *v/i, irr* sforzarsi

stroke [strouk] colpo *m*; attacco *m*; **~ of luck** colpo di fortuna

stroll [stroul] passeggiatina *f*

strong [strɔŋ] forte; robusto

structure [strʌktʃə] struttura *f*

struggle ['strʌgl] *s* lotta *f*; *v/i* lottare

stub [stʌb] mozzicone *m*

stubble ['stʌbl] stoppia *f*

stubborn ['stʌbən] testardo

stud [stʌd] bottone *m* della camicia

student ['stju:dənt] studente *m*; studentessa *f*; **~io** ['stju:diou] *s* studio *m*; **~ious** studioso; **~y** ['stʌdi] *s* studio *m*; *v/t* studiare

stuff [stʌf] *s* materia *f*; materiale *m*; tessuto *m*; *v/t* imbottire; **~ and nonsense** sciocchezze *f/pl*; **~ing** imbottitura *f*

stumble ['stʌmbl] *v/i* inceppare

stump [stʌmp] moncone *m*

stun [stʌn] stordire

stupefy ['stju:pifai] *v/t* stupefare

stupid ['stju:pid] stupido; **~ity** stupidità *f*

sturdy ['stə:di] robusto

stutter ['stʌtə] *v/i* balbettare

sty¹ [stai] porcile *m*

sty² [stai] orzaiolo *m*

style [stail] stile *m*

subconscious ['sʌb'kɔnʃəs] *a* subcosciente; **~ness** subcoscienza *f*

subdue [səb'dju:] *v/t* soggiogare

subject ['sʌbdʒikt] *a* soggetto; **~ to** soggetto a; *s* soggetto *m*; argomento *m*; suddito *m*; *v/t* sottomettere; esporre; **~ion** soggezione *f*

subjunctive [səb'dʒʌŋktiv] *a, s* congiuntivo (*m*)

sublime [sə'blaim] sublime

sunmarine ['sʌbməri:n] sommergibile *m*

submerge [səb'mə:dʒ] *v/t* sommergere

submission [səb'miʃən] sottomissione *f*; **~ssive** remissivo; **~t** v/t sottomettere

subscribe [səb'skraib] *v/i* abbonarsi; **~ber** abbonato *m*; **~ption** [səb'skripʃən] abbonamento *m*

subsequent ['sʌbsikwənt] successive

subside [səb'said] *v/i* abbassare; decrescere; tacere; **~y** ['sʌbsidi] sussidio *m*

substance ['sʌbstəns] sostanza *f*; **~tial** [səb'stænʃəl] sostanziale

substitute ['sʌbstitju:t] *s* sostituto *m*; supplente *m*; *v/t* sostituire; supplire

subtle ['sʌtl] sottile; fine

subtract [səb'trækt] sovv sivo

subway ['sʌbwei] fe *f* sotterranea; me tana *f*

succeed [sək'si:d] re a; succedere a; 'ses] successo riuscito; **~es**

vo; **~essor** successore *m*

such [sʌtʃ] *a*, *pron* tale

suck [sʌk] *v/t* succhiare

sudden [ˈsʌdn] improvviso

suds [sʌdz] *pl* schiuma *f*

sue [sju:] *v/t* citare

suède [sweid] camoscio *m*

suet [sjuit] lardo

suffer [ˈsʌfə] *v/t*, *v/i* soffrire; **~er** vittima *f*; **~ing** sofferenza *f*

suffic|e [səˈfais] *v/i* bastare; **~iency** [səˈfiʃənsi] sufficienza *f*; **~ient** sufficiente

suffocate [ˈsʌfəkeit] *v/t* soffocare; *v/i* soffocarsi

sugar [ˈʃugə] *s* zucchero *m*; *v/t* zuccherare

suggest [səˈdʒest] *v/t* suggerire; **~ion** suggestione *f*; **~ive** suggestivo

suicide [ˈsjuisaid] (*person*) suicida *n*, *f*; (*act*) suicidio *m*

suit [sju:t] *s* vestito *m*; *jur* causa *f*; *v/t* stare bene a; andare bene a; convenire a; **~able** adotto; comodo; **~case** valigia *f*

suite [swi:t] serie *f*; appartamenti *m/pl*

sulk [sʌlk] *v/i* tenere il broncio; **~y** imbronciato

sullen [ˈsʌlən] cupo; imbronciato

sulphur [ˈsʌlfə] zolfo *m*

sum [sʌm] *s* somma *f*; *v/t* sommare; **~ up** riassumere

~ummar|ize [ˈsʌm:əraiz] *v/t* riassumere; **~y** sommario *m*

~immer [ˈsʌmə] estate *f*

~mmit [ˈsʌmit] cima *f*

summon [ˈsʌmən] *v/t* citare; convocare; chiamare; **~s** [ˈ~z], *pl* **~ses** [ˈ~ziz] citazione *f*; chiamata *f*

sun [sʌn] sole *m*; **~bathe** *v/i* prendere il sole; **~beam** raggio *m* di sole; **~burnt** bruciato dal sole; abbronzatura *f*

Sunday [ˈsʌndi] domenica *f*

sundries [ˈsʌndriz] *pl* generi *m/pl* diversi

sun|rise alba *f*; sorgere *m* del sole; **~set** tramonto *m*; **~shine** sole *m*; **~stroke** indolazione *f*

superb [sju(ː)ˈpəːb] splendido

super|ficial [sjuːpəˈfiʃəl] superficiale; **~fluous** [ˈ~pəːfluəs] superfluo; **~highway** *Am* autostrada *f*

superintend *v/t* sovrintendere a; **~ent** sovrintendente *m*

supernatural sovrannaturale

superstition [ˌsjuːpəˈstiʃən] superstizione *f*

supervis|e [ˈsjuːpəvaiz] *v/t* sorvegliare; **~or** sorvegliante *m*

supper [ˈsʌpə] cena *f*

supplement [ˈsʌplimənt] supplemento *m*

suppl|ier [səˈplaiə] fornitore *m*; **~y** *s* provvista *f*; *v/t* fornire

support [səˈpɔːt] *s* appoggio *m*; *v/t* sostenere; appoggiare

suppos|e [səˈpouz] *v/t* sup-

porre; **~ition** [ˌsʌpə-
ˈziʃən] supposizione *f*

suppress [sə'pres] *v/t* sopprimere

suprem|acy [sju'preməsi]
supremazia *f*; **~e** [ˈpriːm]
supremo

sure [[uə] sicuro; **make ~ of**
assicurarsi di; **~ty** garante *m*

surf [səːf] frangenti *m/pl*

surface ['səːfis] superficie *f*

surg|eon ['səːdʒən] chirurgo
m; **~ery** chirurgia *f*; ambu-
latorio *m*; **~ical** chirurgico

surly ['səːli] scontroso

surmise [səːˈmaiz] *v/t* congetturare

surmount [səːˈmaunt] *v/t*
surmontare

surname ['səːneim] cognome *m*

surpass [səːˈpɑːs] *v/t* sorpas-
sare; superare

surplus ['səːpləs] *s* sovrappiù *m*; *a* in sovrappiù

surprise [sə'praiz] *s* sorpresa
f; *v/t* sorprendere

surrender [sə'rəndə] *s* resa
f; *v/t* abbandonare; *v/i* arrendersi

surround [sə'raund] *v/t* circondare; **~ings** *pl* dintorni
m/pl

survey ['səːvei] *s* esame *m*;
[səːˈvei] *v/t* esaminare; **~or**
[səːˈveiə] geometra *m*

surviv|al [sə'vaivəl] soprav-
vivenza *f*; **~e** *v/t, v/i* sopravvivere

susceptible [sə'septəbl] suscettibile

suspect [['sʌspekt] *a* sospet-

to; [səs'pekt] *v/t* sospettare

suspen|d [səs'pond] *v/t* so-
spendere; **~der** *f*; giarrettiera
f; **~sion** sospensione *f*

suspicio|n [səs'piʃən] so-
spetto *m*; **~us** sospettoso

sustain [səs'tein] *v/t* sostenere

swallow ['swolou] *v/t* inghiottire; *s orn* rondinella *f*

swamp [swomp] palude *f*;
~y paludoso

swan [swon] cigno *m*

swarm [swoːm] *s* sciame *m*;
v/i sciamare

swarthy ['swoːði] di carnagione scura

sway [swei] *v/i* oscillare

swear [sweə] *v/t, v/i, irr* bestemmiare; giurare;
~word bestemmia *f*

sweat [swet] *s* sudore *m*; *v/i,
irr* sudare

Swed|e [swiːd] svedese *m, f*;
~en Svezia *f*; **~ish** svedese

sweep [swiːp] *v/t, irr* spazzare; *v/i* distendersi

sweet [swiːt] *a* dolce; *s* caramella *f*; **~heart** innamora-
to(a) *m* (*f*); tesoro

swell [swel] *a* elegante; *v/t,
irr* gonfiare; *v/i* gonfiarsi;
~ing gonfiore *m*

swerve [swəːv] *v/i* deviare

swift [swift] rapido; veloce;
~ness rapidità *f*; velocità *f*

swim [swim] *v/t, irr* nuotare; **~ming** nuoto *m*; **~ming
pool** piscina *f*

swindle ['swindl] *s* truffa *f*;
v/t truffare; **~r** truffatore *m*

swine [swain], *pl* ~ maiale *m*

swing [swiŋ] s altalena f;
oscillazione f; v/t, v/i, irr
dondolare

swirl [swə:l] v/i trubinare

Swiss [swis] a, s svizzero (m)

switch [switʃ] s interruttore
m; v/t cambiare; **~ on** accendare la luce; **~ off** spegnere la luce; **~board** quadro m

Switzerland ['switsələnd]
Svizzera f

swollen ['swoulən] gonfio

sword [sɔ:d] spada f

syllable ['siləbl] sillaba f

symbol ['simbəl] simbolo m;
~ic(al) [~'bɔlik(əl)] simbolico

sympath|etic [ˌsimpə'θetik]
comprensivo; **~y** ['simpəθi]
comprensione f

symphony ['simfəni] sinfonia f

symptom ['simptəm] sintomo m

synonym ['sinənim] sinonimo m

syntax ['sintæks] sintassi f

synthe|sis ['sinθisis], pl **~ses**
['~si:z] sintesi f; **~tic** [~'θetik] sintetico

syringe ['sirindʒ] siringa f

syrup ['sirəp] sciroppo m

system ['sistim] sistema m;
metodo m; **~atic** [ˌsistə'mætik] sistematico

T

tab [tæb] etichetta f

table ['teibl] tavolta f; **~cloth**
tovaglia f; **~spoon** cucchiaio m

tablet ['tæblit] pasticca f;
sleeping ~ sonnifero m

tacit ['tæsit] tacito; **~urn** taciturno

tack [tæk] puntina f

tact [tækt] tatto m; **~ful** discreto; di tatto; **~ics** [pl tattica f; **~less** indiscreto; senza
tatto

tadpole ['tædpoul] girino m

tag [tæg] cartellino m

tail [teil] coda f

tailor ['teilə] sarto m

taint [teint] traccia f; v/t
guastare

take [teik] v/t, v/i, irr prendere;

portare; **~ advantage of**
approfittare di; **~ charge of**
incaricarsi di; **~off** togliere;
(aeroplane) decollare; **~
place** aver luogo; **~ up** raccogliere; intraprendere

tale [teil] racconto m; **fairy-
~** favola f

talent ['tælənt] talento m;
~ed dotato

talk [tɔ:k] s conversazione f;
discorso m; v/i parlare; discorrere; **~ative** loquace

tall [tɔ:l] alto; grande

tallow ['tælou] sega f

tame [teim] a addomesticato; v/t addomesticare; **~r**
domatore m

tamper ['tæmpə]: **~ with** v/i
modificare

tan [tæn] *s* concia *f*; abbronzatura *f*; *v/t* conciare; abbronzare

tangerine [ˌtændʒəˈriːn] mandarino *m*

tangle [ˈtæŋgl] *s* imbroglio *m*; *v/t* imbrogliare

tank [tæŋk] serbatoio *m*

tanner [ˈtænə] conciatore *m*

tantalize [ˈtæntəlaiz] *v/t* tormentare

tantamount [ˈtæntəmaunt] equivalente

tap [tæp] *s* rubinetto *m*; chiave *f*; colpetto *m*; *v/t* battere

tape [teip] nastro *m*; **~re-corder** registratore *m*

tapestry [ˈtæpistri] arazzi *m/pl*; tappezzeria *f*

tapeworm tenia *f*

tar [tɑː] catrame *m*

target [ˈtɑːgit] bersaglio *m*; obiettivo *m*

tariff [ˈtærif] tariffa *f*

tart [tɑːt] *a* acido; *s* torta *f*

task [tɑːsk] compito *m*

taste [teist] *s* gusto *m*; sapore *m*; *v/t* assaggiare; *v/i* avere il gusto di; sapere di; **~ful** di buon gusto; **~less** senza gusto; **~y** saporito

tattle [ˈtætl] *v/i* ciarlare

tattoo [təˈtuː] tatuaggio *m*

tax [tæks] *s* tassa *f*; imposta *f*; *v/t* tassare; **~free** esente da imposte

taxi [ˈtæksi] tassi *m*; **~driver** tassista *m*

taxpayer contribuente *m*; **~return** dichiarazione *f* delle imposte

tea [tiː] tè *m*

teach [tiːtʃ] *v/t*, *irr* insegnare; **~er** insegnante *m*; **~ing** insegnamento *m*

team [tiːm] squadra *f*; **~work** lavoro *m* collettivo

teapot teiera *f*

tear [tɛə] *s* strappo *m*; *v/t*, *irr* strappare

tear² [tiə] lacrima *f*; **~ful** lacrimoso

tea-room sala *f* da tè

tease [tiːz] *v/t* prendere in giro; cardare (*lana*)

teat [tiːt] tettarella *f*

techn|ical [ˈteknikəl] tecnico; **~ician** [~ˈniʃən] tecnico *m*; **~ique** [~ˈniːk] tecnica *f*

tedious [ˈtiːdjəs] noioso

teen|ager [ˈtiːnˌeidʒə] adolescente *m*, *f*; **~s** *pl* dai 13 ai 19 anni

teeth [tiːθ] *pl* of **tooth**

teetotal(l)er [tiːˈtoutlə] astemio *m* (completo)

telegra|m [ˈteligræm] telegramma *m*; **~ph** telegrafo *m*; **~phic** [~ˈgræfik] telegrafico; **~phy** [tiˈlegrəfi] telegrafia *f*

telephone [ˈtelifoun] *s* telefono *m*; *v/t*, *v/i* telefonare; **~call** telefonata *f*; **~ex-change** centrale *m* telefonica

tele|printer [ˈteliprintə] telescrivente *m*; **~type(writer)** telescrivente *f*

televis|e [ˈtelivaiz] *v/t* trasmettere per televisione; **~ion** televisione *f*; **~ion set** apparecchio *m* televisio

tell 188

tell [tel] *v/t, v/i, irr* dire; raccontare

temper ['tempə] *s* umore *m*; indole *m*; collera *f*; tempera *f (metalli)*; **lose one's ~** predere la pazienza; *v/t* temperare *(metalli)*; **~ament** temperamento *m*; **~ance** temperanza *f*; astinenza *f* (completa); **~ate** temperato; **~ature** temperatura *f*; febbre *f*

tempest ['tempist] tempesta *f*; **~uous** [~'pestjuəs] tempio *m*

temporal ['tempərəl] temporale; **~ary** temporaneo

tempt [tempt] *v/t* tentare; **~ation** tentazione *f*; **~ing** allettante

tenant ['tenənt] inquilino *m*

tend [tend] *v/i* tendere; **~ency** tendenza *f*

tender [['təndə] tenero; **~ness** tenerezza *f*

tendon ['tendən] tendine *f*

tennis ['tenis] tennis *m*; **~ court** campo *m* da tennis

tense [tens] *a* teso; *s gram* tempo *m*; **~ion** tensione *f*

tent [tent] tenda *f*

tepid ['tepid] tiepido

term [tə:m] *s* termine *m*; periodo *m*; limite *m*; trimestre *m*; **~s** *pl* condizioni *f/pl*; **be on good ~s with** essere in buoni rapporti con; **come to ~s** venire in un accordo

terminal ['tə:minl] terminale

terminus ['tə:minəs] capoli-

nea *m*; termine *m*

terrible ['terəbl] terrible; spaventoso

terrific [tə'rifik] tremendo; **~y** ['terifai] *v/t* spaventare

territory ['teritəri] territorio *m*

terror ['terə] terrore *m*; **~ism** terrorismo *m*; **~ist** terrorista *m, f*; **~ize** *v/t* terrorizzare

test [test] *s* prova *f*; *v/t* provare

testament ['testəmənt] testamento *m*

testify ['testifai] *v/t* testimoniare

testimonial [testi'mounjəl] *a* testimoniale; *s* certificato *m*; **~y** ['~məni] testimonianza *f*

text [tekst] testo *m*

textile ['tekstail] *a* tessile; *s* tessuto *m*

texture ['tekstʃə] tessitura *f*

than [ðæn, ðən] di; che; **more ~ ten** più di dieci; **more ~ once** più di una volta

thank [θæŋk] *v/t* ringraziare; **~ful** grato; **~s** *pl* grazie *f/pl*

that [ðæt, ðət], *pl* **those** [ðouz] *a pron* quello, quella; *pron rel, pl* **that** [ðæt], il, la quale, il, la quale; *conj* che

thatch [ðætʃ] tetto *m* di paglia

thaw [θɔ:] *s* disgelo *m*; *v/i* disgelarsi

the [ðə, ði] il, lo, la; *pl* i, gli, le

theatre, *Am* **~er** ['θiətə] teatro *m*; **~rical** [θi'ætrikəl] teatrale

theft [θeft] furto *m*

their [ðɛə], *pl adj poss* il loro, la loro, i loro, le loro; **~s** *pron poss* il loro, la loro, i loro, le loro

them [ðem, ðəm] *pl* li, le, loro

theme [θi:m] tema *m*

themselves [ðəm'selvz] sè stessi, sè stesse

then [ðen] allora; poi; quindi; dunque

theological [θiə'lɔdʒikəl] teologico; **~y** teologia *f*

theoretic(al) [θiə'retik(əl)] teorico; **~y** [‿'ri] teoria *f*

therapeutic(al) [θerə'pju:tik(əl)] terapeutico; **~s** *pl* terapeutica *f*

therapy ['θerəpi] terapia *f*

there [ðɛə] li; là; **~** is c'è; **~ are** ci sono; **~ was** c'era; **~fore** quindi

thermometer [θə'mɔmitə] termometro *m*; **~s flask** termos *m*

these [ði:z] *pl of* **this**

thesis ['θi:sis], *pl* **~es** ['‿i:z] tesi *f*

they [ðei] *pl* essi, esse, loro

thick [θik] spesso; denso; folto; fitto

thief [θi:f], *pl* **thieves** [‿vz] ladro *m*

thigh [θai] coscia *f*

thimble ['θimbl] ditale *m*

thin [θin] magro; fine; sottile

thing [θin] cosa *f*

think [θink] *v/t, v/i, irr* pen-

sare; **~er** pensatore *m*

thirst [θə:st] sete *f*; **~y** assetato

this [ðis], *pl* **these** [ði:z] *a*, *pron* questo, questa

thistle ['θisl] cardo *m*

thorax ['θɔ:ræks] torace *m*

thorn [θɔ:n] spina *f*

thorough ['θʌrə] completo; approfondito; perfetto; minuzioso; **~fare** arteria *f* (*di grande traffico*); strada *f* principale

those [ðouz] *pl of* **that**

though [ðou] sebbene, benchè

thought [θɔ:t] pensiero *m*; **~ful** pensieroso; **~less** sconsiderato

thousand ['θauzənd] mille *m*

thrash [θræʃ] *v/t* battere; bastonare

thread [θred] *s* filo *m*; *v/t* infilare

threat [θret] *s* minaccia *f*; **~en** *v/t* minacciare

three [θri:] tre; **~fold** triplice

threshold ['θreʃhould] soglia *f*

thrift [θrift] economia *f*; frugalità *f*; **~y** economo; frugale

thrill [θril] *s* brivido *m*; *v/i* rabbrividire; **~er** romanzo *m* giallo; **~ing** emozionante

thrive [θraiv] *v/i, irr* prosperare

throat [θrout] gola *f*

throb [θrɔb] *v/i* palpitare

throne [θroun] trono *m*

throng [θrɔn] *s* folla *f*; *v/t* affollare

throttle ['θrɔtl] s valvola f;
v/t strangolare

through [θru:] a diretto; prp
attraverso; **~out** prp in tutto; adv dappertutto; **go ~
pass ~** attraversare; **~ train**
diretto m

throw [θrou] s lancio m; v/t,
irr lanciare; gettare; buttare

thrust [θrʌst] s spinta f; v/t,
irr cacciare

thud [θʌd] tonfo m

thumb [θʌm] pollice m

thump [θʌmp] s botta f; v/t
dare pugni a

thunder ['θʌndə] s tuono m;
v/i tuonare; **~bolt** fulmine
m; **~storm** temporale m

Thursday ['θə:zdi] giovedì
m

thus [ðʌs] così; in questo
modo

thwart [θwɔ:t] v/t frustrare

thy [ðai] eccl, poet tuo

thyroid gland ['θairɔid] ti-
roide f

tick [tik] fare tic-tac

ticket ['tikit] biglietto m; etichetta f; **~office** biglietteria
f

tickle ['tikl] v/t solleticare

tidy ['taidi] a ordinato; v/t
mettere in ordine

tie [tai] s cravatta f; v/t legare

tier [tiə] fila f

tiger ['taigə] tigre f

tight [tait] stretto; **~en** v/t
stringere; v/i stringersi

tile [tail] mattonella f; pia-
strella f

till[1] [til] prp fino a; conj fin-
chè

till[2] v/t lavorare; coltivare

till[3] cassetto m

tilt [tilt] s inclinazione f; v/t
inclinare; v/i inclinarsi

timber ['timbə] legname m

time [taim] s tempo m;
volta f; ora; **have a good ~**
divertirsi; **what ~ is it?** che
ore sono?; v/t cronometra-
re; **~less** eterno; **~ly** opportuno; **on ~** in orario; in
tempo; **~table** orario m

timid ['timid] timido;
~orous timoroso

tin [tin] stagno m; latta f;
scatola f

tinge [tindʒ] v/t sfumare; s
sfumatura f

tinned in scatola; **~opener**
apriscatole m

tint [tint] tinta f

tiny ['taini] minuscolo

tip [tip] s punta f; mancia f;
v/t dare la mancia

tipsy ['tipsi] brillo

tiptoe ['tiptou] v/i andare in
punta dei piedi

tire[1] ['taiə] v/t stancare; **~d**
stanco; **~some** noioso

tire[2] ['taiə] pneumàtico m

tissue ['tisju:] tessuto m; **~
paper** carta f velina

titbit ['titbit] boccone m delicato

title ['taitl] titolo m

to [tu:, tu, tə] prp a; verso; **it
is five minutes ~ ten** sono
le dieci meno cinque; **~ and
fro** avanti e indietro; **have ~**
dovere

toad [toud] rospo m

toast [toust] s pane m abbrustolito; brindisi *m*; *v/t* abbrustolire; fare un brindisi a; *v/i* brindare

tobacco [təˈbækou] tabacco *m*; **⁓nist** tabaccaio *m*

today [təˈdei] oggi

toe [tou] dito *m* del piede

together [təˈgeðə] insieme

toil [tɔil] *s* fatica *f*; *v/i* affaticare

toilet [ˈtɔilit] toeletta *f*; gabinetto; **⁓paper** carta *f* igienica

token [ˈtoukən] segno *m*

tolera|ble [ˈtɔlərəbl] tollerabile; **⁓nce** tolleranza *f*; **⁓nt** tollerante

tomato [təˈmɑːtou, *Am* təˈmeitou], *pl* **⁓es** pomodoro *m*

tomb [tuːm] tomba *f*; **⁓stone** lapide *f* sepolcrale

tomcat [ˈtɔmˈkæt] gatto *m*

tomorrow [təˈmɔrou] domani; **⁓night** domani sera; **the day after ⁓** dopodomani

ton [tʌn] tonnellata *f*

tone [toun] tono *m*

tongs [tɔŋz] *pl* mollette *f/pl*

tongue [tʌŋ] lingua *f*

tonic [ˈtɔnik] tonico *m*

tonsil [ˈtɔnsl] tonsilla *f*; **⁓litis** [ˌsiˈlaitis] tonsillite *f*

too [tuː] troppo; **⁓ much** troppo

tool [tuːl] arnese *m*; strumento *m*

tooth [tuːθ], *pl* **teeth** [tiːθ] dente *m*; **⁓ache** mal *m* di denti; **⁓brush** spazzolino *m* da denti; **⁓less** senza denti; **⁓paste** dentifricio *m*

top [tɔp] *s* cima *f*; **at the ⁓ of** in testa; **from ⁓ to bottom** da capo a fondo; **⁓ hat** cilindro *m*

topic [ˈtɔpik] argomento *m*; **⁓al** del giorno

topsy-turvy [ˈtɔpsiˈtəːvi] sottosopra

torch [tɔːtʃ] torcia *f*; lampadina *f* elettrica

torment [ˈtɔːment] *s* tormento *m*; *v/t* tormentare

torrent [ˈtɔrənt] torrente *m*

tortoise [ˈtɔːtəs] tartaruga *f*

torture [ˈtɔːtʃə] *s* tortura *f*; *v/t* torturare

toss [tɔs] *v/t* buttare in aria; buttare; *v/i* agitarsi

total [ˈtoutl] *a*, *s* totale (*m*)

totalitarian [ˌtoutæliˈtɛəriən] totalitario

totter [ˈtɔtə] *v/i* traballare

touch [tʌtʃ] *s* tocco *m*; tatto *m*; *v/t* toccare; commuovere; **get in ⁓ with** mettersi in contatto con; **⁓ing** commuovente; **⁓y** permaloso; suscettibile

tough [tʌf] difficile; resistente; duro; tenace

tour [tuə] *s* giro *m*; viaggio *m*; *v/t* viaggiare; **⁓ist** turista *m*, *f*; **⁓ist agency**, **⁓ist office** agenzia *f* (di) viaggi

tournament [ˈtuənəmənt] torneo *m*; concorso *m*

tow [tou] *v/t* rimorchiare

toward(s) [təˈwɔːd(z)] verso

towel [ˈtauəl] asciugamano *m*

tower [ˈtauə] torre *f*

town [taun] città f; ~ **hall** municipio m

tow-rope cavo m da rimorchio

toy [tɔi] giocattolo m

trace [treis] s traccia f; v/t rintracciare

track [træk] pista f; sentiero m; binario m; **~-and-field events** pl atletica f leggera

traction ['trækʃən] trazione f; **~or** trattrice f

trade [treid] s commercio m; mestiere m; occupazione f; v/t trattare; **~ mark** marca f di fabbrica; ~ **union** sindacato m

tradition [trə'diʃən] tradizione f; **~al** tradizionale

traffic ['træfik] s traffico m; v/t trafficare; commerciare; **~-light(s** pl) semaforo m; **~ regulations** pl regolamento m stradale; **~ sign** segnale m stradale

traged|y ['trædʒidi] tragedia f; **~ic(al)** tragico

trail [treil] s traccia f; scia f; v/t trascinare; v/i trascinarsi; **~er** rimorchio m; (cinema) presentazione f

train [trein] s treno m; seguito m; serie f; v/t ammaestrare; allenare; **~er** allenatore m; **~ing** allenamento m

trait [trei, Am treit] caratteristica f

traitor ['treitə] traditore m

tram [træm] tram m

tramp [træmp] s vagabondo m; v/i calpestare; vagabondare

trample ['træmple] v/t calpestare

trance [trɑːns] catalessi f; estasi f

tranquil ['træŋkwil] tranquillo; **~(l)ity** tranquillità f; **~(l)ize** v/t tranquillizzare

transact [træn'zækt] v/t trattare; **~ion** transazione f

transcend [træn'send] v/i trascendere

transcri|be [træn'skraib] v/t trascrivere; **~ption** trascrizione f

transfer ['trænsfəː] s trasferimento m; [træns'fəː] v/t trasferire

transform [træns'fɔːm] v/t trasformare; **~ation** trasformazione f

transfusion [træns'fjuːʒən] trasfusione f

transgress [træns'gres] v/t tragredier; **~ion** trasgressione f

transient ['trænziənt] transitorio; passeggero

transit ['trænsit] transito m; **~ion** [~'siʒən] trasnsizione f; **~ory** ['trænsitəri] transitorio

translat|e [træns'leit] v/t tradurre; **~ion** traduzione f; **~or** traduttore m, traduttrice f

transmi|ssion [trænz'miʃən] trasmissione f; **~t** v/t trasmettere; **~tter** trasmettitore m

transparent [træns'pɛərənt] trasparente

transpire [træns'paiə] v/i

traspirare

transport ['trænspɔ:t] s trasporto m; [træns'pɔ:t] v/t trasportare; **~ation** trasporto m

trap [træp] s trappola f; v/t prendere in trappola

trapeze [trə'pi:z] trapezio m

trash [træʃ] robaccia f; sciocchezze f/pl

travel ['trævl] v/i viaggiare; s viaggiare m; **~ agency** agenzia f viaggi; **~(l)er** viaggiatore m; **~(l)er's cheque** (Am check) assegno m turistico; taveller cheque m

tray [trei] vassoio m

treacherous ['tretʃərəs] traditore

tread [tred] v/i, v/t irr camminare; calpestare; passare

treason ['tri:zn] tradimento m

treasur|e ['treʒə] s tesoro m; v/t tenere caro; **~er** tesoriere m; **~y** tesoreria f; **2y-Department** Am Ministero m del Tesoro

treat [tri:t] v/t trattare; **~ise** ['~iz] trattato m; **~y** trattato m

treble ['trebl] a triplo; v/t triplicare; v/i triplicarsi

tree [tri:] albero m

trefoil ['tri:fɔil] trifoglio m

tremble ['trembl] v/i tremare

tremendous [tri'mendəs] enorme; tremendo

tremor ['tremə] tremore m; fremito m

trench [trentʃ] trincea f

trend tendenza f

trespass ['trespəs] s trasgressione f; v/i trasgredire; **~er** trasgressore m

trial ['traiəl] prova f; processo m; **on ~** in prova

triangle ['traiæŋgl] triangolo m

tribe [traib] tribù f

tribunal [trai'bju:nl] tribunale m

tributary ['tribjutəri] affluente m

trick [trik] s trucco m; v/t ingannare

trickle ['trikl] v/i gocciolare

trifle ['traifl] nonnulla m

trigger ['trigə] grilletto m

trim [trim] a ordinato; v/t tagliare; guarnire; **~mings** pl guarnizioni f/pl

trinket ['triŋkit] gioiello m

trip [trip] s gita f; v/i inciampare

tripe [traip] trippa f

triple ['tripl] s triplo m; v/t triplicare; **~ts** ['~its] pl fratelli m/pl trigemini

triumph ['traiəmf] s trionfo m; v/i trionfare

trivial ['triviəl] banale; trascurabile

troll(e)y ['trɔli] carrello m; carretto m; **~bus** filobus m

trombone [trɔm'boun] tromba f; trombone m

troop [tru:p] truppa f; banda f

trophy ['troufi] trofeo m

tropic[al] ['trɔpik(əl)] tropicale; **~s** *pl* paesi *m*/*pl* tropicali

trot [trɔt] *s* trotto *m*; *v*/*i* trottare

trouble [trʌbl] *s* disturbo *m*; seccatura *f*; guaio *m*; *v*/*t* disturbare; seccare; **~d** preoccupato; seccare; **~some** fastidioso; seccante

trough [trɔf] trogolo *m*

trousers [trauzəz] *pl* pantaloni *m*/*pl*

trout [traut] trotta *f*

truant [tru(ː)ənt]: **play ~** marinare la scuola; far forca

truce [truːs] tregua *f*

truck [trʌk] carro *m*; autocarro *m*

trudge [trʌdʒ] *v*/*i* camminare faticosamente

true [truː] vero; **~ly** veramente; **yours ~ly** con profonda stima

trumpet [trʌmpit] tromba *f*

truncheon [trʌntʃən] bastone *m*

trunk [trʌŋk] tronco *m*; baule *m*; **~call** chiamata *f* interurbana

trust [trʌst] *s* fiducia *f*; *v*/*t* fidarsi di; **~ee** [~tiː] fiduciario *m*; **~ful** fiducioso

truth [truːθ], *pl* **~s** [~ðz] verità *f*

try [trai] *s* prova *f*; tentativo *m*; *v*/*t*, *v*/*i* provare; tentare; **~ing** duro; difficile

tub [tʌb] tino *m* tinozza *f*

tube [tjuːb] tubo *m*; *fam* metropolitana *f*

tuberculosis [tjuː(ː)bəːkjuˈlousis] tubercolosi *f*

tuck [tʌk] piega *f*

Tuesday [tjuːzdi] martedì *m*

tuft [tʌft] ciuffo *m*

tug [tʌg] *v*/*t* tirare

tulip [tjuːlip] tulipano *m*

tumble [tʌmbl] *v*/*i* cadere; **~r** bicchiere *m*

tummy [tʌmi] *fam* pancina *f*

tumo(u)r [tjuːmə] tumore *m*

tumult [tjuːmʌlt] tumulto *m*; **~uous** [~ˈmʌltjuəs] tumultuoso

tun [tʌn] tonnellata *f*; botte *f*

tuna [tuːnə], *pl* **~(s)** tonno *m*

tune [tjuːn] *s* motivo *m*; *v*/*i* armonizzare; **out of ~** scordato

tunnel [tʌnl] galleria *f*

turban [təːbən] turbante *m*

Turk [təːk] turco(a) *m* (*f*)

turkey [təːki] tacchino *m*

Turkey [təːki] Turchia *f*; **~ish** *a*, *s* turco (*m*)

turmoil [təːmoil] tumulto *m*

turn [təːn] *s* turno *m*; volta *f*; giro *m*; cambio *m*; **it is your ~** tocca a te; *v*/*t* voltare; girare; cambiare; **~ off** spegnere; **~ on** accendere; **~ out** produrre; **~ over** girare; **~ up** comparire; **~ing** svolta *f*; curva *f*

turnip [təːnip] rapa *f*

turnover giro *m* d'affari

turpentine [təːpəntain] acqua *f* ragia

turquoise [təːkwɑːz] turchese

turtle [təːtl] tartaruga *f*

tusk [tʌsk] zanna *f*
tweezers ['twi:zəz] *pl* pinzette *f/pl*
twice [twais] due volte
twilight ['twailait] crepuscolo *m*
twin [twin] *a*, *s* gemello (*m*)
twine [twain] *s* spago *m*; *v/t* attorcigliare
twinkle ['twiŋkl] *s* scintillo *m*; *v/i* scintillare
twirl [twə:l] *v/t* girare
twist [twist] *v/t* torcere
twitter ['twitə] *v/i* cinguettare
two [tu:] due; ~fold doppio; ~

type [taip] *s* tipo *m*; *v/t* scrivere a macchina; ~writer macchina *f* da scrivere
typhoid (fever) ['taifɔid] febbre *f* tifoidea
typhus ['taifəs] tifo *m*
typical ['tipikəl] tipico
typist ['taipist] dattilografo(a) *m* (*f*)
tyrannical [ti'rænikəl] tirannico; ~ize ['tirənaiz] *v/t* tiranneggiare; ~y tirannia *f*
tyrant ['taiərənt] tiranno *m*
tyre ['taiə] pneumàtico *m*

~way traffic traffico *m* contrario

U

udder ['ʌdə] mammella *f*
ugly ['ʌgli] brutto
ulcer ['ʌlsə] ulcera *f*
ulterior [ʌl'tiəriə] ulteriore
ultimate ['ʌltimit] ultimo
umbrella [ʌm'brelə] ombrello *m*
umpire ['ʌmpaiə] *s* arbitro *m*; *v/t* fare da arbitro
unabated [ʌnə'beitid] non diminuito
unable [ʌn'eibl] incapace; ~acceptable inaccettabile; ~accountable inspiegabile; ~accustomed non abituato; insolito; ~affected naturale; semplice; ~ afraid senza paura
unanimous [ju(:)'næniməs] unanime
unapproachable inaccessibile; ~armed disarmato;

~asked non richiesto; ~assuming modesto
unavailable non disponibile; ~avoidable inevitabile; ~aware inconsapevole
unbalanced non equilibrato; ~bearable insopportabile; ~becoming sconveniente; ~believer miscredente *m*
unbend *v/t* raddrizzare; ~ing inflessibile
unbias(s)ed imparziale; ~bind *v/t* sciogliere; slegare; ~broken intatto; ~button *v/t* sbottonare
uncared (for) trascurato; ~ceasing incessante; ~certain incerto; ~changeable immutevole; ~checked incontrollato
uncle ['ʌŋkl] zio *m*

un|comfortable scomodo; ~common raro; ~completed incompleto; ~compromising intransigente; ~conditional incondizionale; ~confirmed non confermato

unconscious inconsapevole; senza conoscenza; inconscio; ~ness incoscienza f

un|controllable incontrollabile; ~conventional spregiudicato

un|couth [ʌnˈkuːθ] sgraziato; ~cover v/t scoprire

unction ['ʌŋkʃən] unzione f

un|cultivated incolto; ~damaged intatto; ~deniable innegabile

under ['ʌndə] sotto; inferiore; ~ age minorenne; ~ way in corso

under|clothing biancheria f personale; ~done [ˌʌn-dəˈdʌn] poco cotto; ~estimate v/t sottovalutare; ~go v/t subire

underground [ˌʌndə-ˈgraund] a sotterraneo; ['ʌndə~] s metropolitana f

under|line v/t sottolineare; ~mine v/t minare; ~neath sotto; ~paid mal pagato; ~pass sottopassaggio m; ~rate v/t sottovalutare

undersecretary sottosegretario m

under|signed sottoscritto; ~stand a, v/i, irr capire; ~standing a comprensivo; s comprensione f

undertak|e v/t, irr intraprendere; ~er imprenditore m di pompe funebri; ~ing impresa f

under|value v/t sottovalutare; ~wear biancheria f personale; ~wood sottobosco m

underworld inferno m; malavita f

un|deserved immeritato; ~desirable non desiderabile; ~developed sottosviluppato

un|disputed incontestato; ~disturbed indisturbato

undo v/t, irr disfare; ~dress v/t spogliare; v/i spogliarsi

unemploy|ed disoccupato; ~ment disoccupazione f

unequal disuguale; ~(l)ed ineguagliato

un|erring infallibile; ~even disuguale; ~expected inaspettato; ~failing immancabile; ~fair ingiusto; ~faithful infedele; ~familiar non familiare; ~fasten v/t sciogliere; slacciare; ~favo(u)rable sfavorevole; ~finished incompiuto; ~fit inabile; ~fold v/t aprire; spiegare; ~foreseen imprevisto

unfortunate sfortunato; ~ly sfortunatamente

un|founded infondato; ~friendly non cordiale; ~furnished non ammobiliato; ~generous poco generoso; ~graceful senza grazia; sgraziato; **~gracious** sgarbato; **~grateful** ingrato; **~guarded** non sorvegliato; non attento

un|happy infelice; **~harmed** illeso; **~healthy** non sano; malsano; **~heard (of)** inaudito

unhinge [ʌn'hɪndʒ] v/t scardinare; sconvolgere

unification [juːnifi'keiʃən] unificazione f

uniform ['juːnifɔːm] a uniforme; s uniforme m; divisa f

unify ['juːnifai] v/t unificare

un|imaginable inimmaginabile; **~important** non importante; insignificante

uninhabit|able inabitabile; **~ed** inabitato

uninjured illeso

un|intelligent non intelligente; **~ible** inintelligibile

un|intentional non intenzionale; **~interested** non interessato; disinteressato; **~interrupted** non interrotto; **~invited** non invitato

union ['juːnjən] unione f; **~ist** sindacalista m, f

unique [juː'niːk] unico

unit ['juːnit] unità f; **~e** ['nait] v/t unificare; unire; v/i unirsi; ℒ**ed Nations** Nazioni f/pl Unite; ℒ**ed States** Stati m/pl Uniti; **~y** unità f

universal [juːni'vɜːsəl] universale; **~e** ['vɜːs] universo m; **~ity** ['vɜːsiti] università f

un|just ingiusto; **~kind** cat

tivo; **~known** sconosciuto; **~lace** v/t slacciare; **~lawful** illecito; illegale

unless [ən'les] a meno che

unlike diverso; **~ly** improbabile

un|limited illimitato; **~load** v/t scaricare; **~lock** v/t aprire (con la chiave); **~lucky** sfortunato; **~mannerly** maleducato; **~married** nubile (di donna); celibe (di uomo); non sposato

unmask v/t smascherare

un|mistakable inconfondibile; chiaro; **~natural** non naturale; **~necessary** non necessario; inutile; **~noticed, ~observed** inosservato; **~official** non ufficiale; **~opposed** incontrastato

unpack [ʌn'pæk] v/t disfare le valigie

un|paid non pagato; **~paralleled** unico; senza pari; **~pardonable** imperdonabile; **~pleasant** spiacevole; **~popular** impopolare; **~practical** non pratico; **~precedented** senza precedenti; **~prejudiced** imparziale; **~prepared** impreparato; **~profitable** senza profitto; **~provided** sprovvisto; **~published** inedito; non pubblicato; **~punished** impunito; **~qualified** incompetente; **~questionable** incontestabile; **~quiet** inquieto; agitato

un|reasonable irragionevo

le; **~refined** non raffinato; **~reliable** che non dà affidamento; **~reserved** non riservato; senza riserve; **~resisting** senza resistenza; che non oppone resistenza; **~restrained** illimitato; sfrenato; **~ripe** non maturo; immaturo; **~rival(l)ed** impareggiabile; **~ruly** turbolento

un|safe non sicuro; pericoloso; **~said** non detto; **~satisfactory** non soddisfacente; **~screw** v/t svitare; **~scrupulous** senza scrupoli; **~seen** non visto; inosservato; **~selfish** altruista; **~shrinkable** irrestringibile; **~skilled** inesperto; **~solved** insoluto; non risoluto; **~sound** non solido; cattivo; **~speakable** indicibile; **~spoilt** non guastato; (*of a child*) non viziato; **~stable** instabile; **~successful** non riuscito; senza successo; **~suitable** inadatto; **~thinkable** impensabile; **~tidy** disordinato; **~tie** v/t slegare; disfare

until [ən'til] *prp* fino a; *conj* finché ... non

un|timely inopportuno; **~tiring** instancabile; **~touched** non toccato; **~tried** non provato; **~troubled** tranquillo; non turbato; **~true** falso

un|used non usato; **~varying** invariabile; **~veil** v/t svelare; togliere il velo a;

~warranted ingiustificato; **~well** indisposto; **~willing** maldisposto

up [ʌp] *prp* su; per; **~ and down** su e giù; **~ to date** moderno; aggiornato; **~ to now** fino ad ora; **what's ~?** che c'è?

up|bringing educazione *f*; **~hill** in salita; difficile; arduo; **~hold** v/t, irr sostenere

up|holsterer [ʌp'houlstərə] tappezziere *m*; **~keep** mantenimento *m*

upon [ə'pɔn] su, sopra

upper ['ʌpə] superiore

up|right diritto; in piedi; *fig* onesto; **~roar** clamore *m*; chiasso *m*; **~root** v/t sradicare

upset v/t, irr rovesciare; turbare; sconvolgere

upside down sottosopra

up|stairs sopra; al piano di sopra; **~wards** in alto

uranium [ju'reinjəm] uranio *m*

urban ['ə:bən] urbano

urchin ['ə:tʃin] monello *m*

urge [ə:dʒ] v/t spingere; s spinta *f*; **~nt** urgente

urin|ate ['juərineit] v/i orinare; **~e** orina *f*

urn [ə:n] urna *f*

us [ʌs, əs] noi; ci

usage ['ju:zidʒ] uso *m*

use [ju:s] s uso *m*; impiego *m*; [ju:z] v/t usare; adoperare; impiegare; **it is no ~** non serve; **what is the ~ of?** a che cosa serve?; **~ up** con-

sumare; **~d to** abituato a;
get ~d to abituarsi a
usher ['ʌʃə] usciere *m*; **~ette**
[~'ret] maschera *f*
usual ['juːʒʊəl] abituale;
usuale; solito
utensil [juːʊ)'tensl] utensile *m*

uterus ['juːtərəs] utero *m*
utili|ty [juːʊ)'tiliti] utilità *f*;
~ze *v/t* utilizzare
utmost ['ʌtmoust] estremo;
massimo
utter ['ʌtə] *a* completo; assoluto; *v/t* proferire

V

vaca|ncy ['veikənsi] posto *m*
vacante; **~nt** vacante; vuoto; libero; **~te** [və'keit] *v/t*
liberare; **~tion** vacanza *f*
vaccin|ate ['væksineit] *v/t*
vaccinare; **~ation** vaccina-
zione *f*; **~e** ['~iːn] vaccino *m*
vacuum ['vækjuəm] vuoto
m; **~ cleaner** aspirapolvere
m
vagabond ['vægəbɔnd] *a*, *s*
vagabondo (*m*)
vague [veig] vago
vain [vein] vanitoso; vano;
in ~ invano
valerian [və'liəriən] valeriana *f*
valet ['vælit] cameriere *m*
valid ['vælid] valido; **~ity**
[və'liditi] validità *f*
valu|able ['væljuəbl] prezio-
so; di valore; **~ables** *pl* oggetti *m/pl* di valore; **~e** *s*
valore *m*; *v/t* valutare; tenersi; **~eless** senza valore
valve [vælv] valvola *f*
vampire ['væmpaiə] vampiro *m*
van [væn] camioncino *m*;
furgoncino *m*
vanish ['væniʃ] *v/i* sparire
vanity ['væniti] vanità *f*

vapor|ize ['veipəraiz] *v/t* va-
porizzare; **~ous** vaporoso
vapo(u)r ['veipə] vapore *m*
varia|ble ['veəriəbl] variabi-
le; **~nt** variante *f*; **~tion** va-
riazione *f*
varicose vein ['værikous]
varice *f*; vena *f* varicosa
var|ied ['veərid] svariato;
~iety [və'raiəti] varietà *f*;
~ious ['veəriəs] vario; diverso
varnish ['vaːniʃ] *s* vernice *f*;
v/t verniciare
vary ['veəri] *v/t*, *v/i* variare
vase [vaːz, *Am* veis, veiz]
vaso *m*
vast [vaːst] vasto; enorme
vat [væt] tino *m*
Vatican ['vætikən] Vatica-
no *m*
vault [vɔːlt] volta *f*; salto *m*
veal [viːl] carne *f* di vitello
vegeta|bles ['vedʒitəblz] *pl*
verdure *f/pl*; **~rian** [ˌvedʒi-
'teəriən] vegetariano *m*;
~tion [ˌ~'teiʃən] vegetazione
f
vehement ['viːəmənt] vee-
mente
vehicle ['viːikl] veicolo *m*
veil [veil] *s* velo *m*; *v/t* velare

vein [vein] vena f

velocity [vi'lɔsiti] velocità f

velvet ['velvit] velluto m

venal ['vi:nl] venale

vend [vend] v/t vendere; **~ing machine** distributore m automatico

venera|ble ['venərəbl] venerabile; **~te** v/i venerare

venereal [vi'niəriəl] venereo

Venetian [vi'ni:ʃən] a, s veneziano (m); **~ blinds** pl tende f/pl alla veneziana

vengeance ['vendʒəns] vendetta f

venom ['venəm] veleno m; **~ous** velenoso

vent [vent] v/t dare sfogo a; sfogare; **~ilate** ['ventileit] v/t ventilare; **~ilator** ventilatore m

ventriloquist [ven'triləkwist] ventriloquo m

venture ['ventʃə] s ventura f; rischio m; v/t rischiare; v/i arrischiarsi

veranda(h) [və'rændə] terrazza f coperta

verb [və:b] verbo m

verdict ['və:dikt] verdetto m

verge [və:dʒ] bordo m

verify ['verifai] v/t verificare

versatility [,və:sə'tiliti] versatilità f

vers|e [və:s] verso m; **~ed** versato; **~ion** versione f

vertebra ['və:tibrə], pl **~e** ['-i:] vertebra f

vertical ['və:tikəl] verticale

vertiginous [və:'tidʒinəs] vertiginoso

very ['veri] molto f; **the ~**

best l'ottimo m; (selfsame) stesso

vest [vest] maglia f (di lana o di cotone)

vestry ['vestri] sagrestia f

vessel ['vesl] recipiente m; nave f

vet [vet] fam for **veterinary**

veteran ['vetərən] veterano m

veterinary (surgeon) ['vetərinəri] s veterinario m

veto ['vi:tou], pl **~es** veto m; v/t vietare

vex [veks] v/t far arrabbiare; dispiacere

vibrat|e [vai'breit] v/t, v/i vibrare; **~ion** vibrazione f

vice [vais] vizio m

vice- (prefix) vice-; **~-president** vicepresidente m

vicinity [vi'siniti] vicinanza f

vicious ['viʃəs] vizioso; cattivo

victim ['viktim] vittima f

victor ['viktə] vincitore m; **~ious** [vik'tɔ:riəs] vittorioso; **~y** ['viktəri] vittoria f

view [vju:] s veduta f; panorama m; **in ~ of** in vista di; v/t considerare; **~point** punto m di vista

vigil ['vidʒil] vigilia f; veglia f; **~ant** vigilante

vigo|rous ['vigərəs] vigoroso; **~(u)r** vigore m

vile [vail] vile

village ['vilidʒ] paese m

villain ['vilən] mascalzone m

vindicate ['vindikeit] v/t rivendicare

vindictive [vin'diktiv] vendicativo

vine [vain] bot vite f; ~gar ['viniga] aceto m; ~yard ['vinjad] vigneto m

vintage ['vintidʒ] vendemmia f

viol|ate ['vaialeit] v/t violare; ~ation violazione f; contravvenzione f; ~ence violenza f; ~ent violento

violet ['vaialit] s mammola f; a viola

violin [vaiə'lin] violino m

viper ['vaipə] vipera f

virgin ['və:dʒin] vergine f; ~ity [~'dʒiniti] verginità f

virile ['virail] virile; ~ity [~'riliti] virilità f

virtu|al ['və:tʃuəl] virtuale; ~e virtù f

virus ['vaiərəs] virus m

visa ['vi:zə] visto m

visib|ility [vizi'biliti] visibilità f; ~le visibile

vision ['viʒən] visione f; ~ary visionario m

visit ['vizit] s visita f; v/t visitare; ~or visitatore m

vital ['vaitl] vitale; ~ity [~'tæliti] vitalità f

vitamin ['vitəmin] vitamina f

vivaci|ous [vi'veiʃəs] vivace; ~ty [~'væsiti] vivacità f

vivid ['vivid] vivo; vivace

vocabulary [vou'kæbjuləri] vocabolario m

vocation [vou'keiʃən] vocazione f

vogue [voug] voga f; moda f; **in** ~ di moda

voice [vɔis] s voce f; v/t esprimere

void [vɔid] nullo; privo

volcano [vɔl'keinou] vulcano m

volley ['vɔli] scarica f

volt [voult] volt m; ~age voltaggio m

voluble ['vɔljubl] volubile

volum|e ['vɔljum] volume m; ~inous [və'lju:minəs] voluminoso

volunt|ary ['vɔləntəri] volontario m; ~eer [~'tiə] volontario m

voluptuous [və'lʌptʃuəs] voluttuoso

vomit ['vɔmit] v/t, v/i vomitare

voracious [və'reiʃəs] vorace

vot|e [vout] s voto m; v/t, v/i votare; ~er votante m, f; ~ing votazione f

vouch [vautʃ] v/t attestare; ~for rispondere di; ~er buono m

vow [vau] s voto m; v/t far voto di; giurare

vowel ['vauəl] vocale f

voyage ['vɔiidʒ] s viaggio m (per mare); v/t viaggiare (per mare); navigare

vulgar ['vʌlgə] volgare; ~ity [~'gæriti] volgarità f

vulnerable ['vʌlnərəbl] vulnerabile

vulture ['vʌltʃə] avvoltoio m

W

wad [wɔd] batuffolo *m*;
~ding ovatta *f*

wade [weid] *v/t* passare a
guado

wag [wæg] *v/t* scodinzolare

wage [weidʒ] paga *f*

wail [weil] *s* lamento *m*; *v/t*
lamentarsi

waist [weist] *anat* vita *f*;
~coat panciotto *m*; **~line**
vita *f*

wait [weit] *s* attesa *f*; *v/i*
aspettare; servire (*a tavo-
la*); **~er** cameriere *m*; **~ress**
cameriera *f*

wake [weik] scia *f*; *v/t*, *irr*
svegliare; *v/i* svegliarsi; **~n**
v/t svegliare; *v/i* svegliarsi

walk [wɔːk] *s* passeggiata *f*;
go for a ~, **take a ~** fare una
passeggiata; *v/i* cammina-
re; **~ing-stick** bastone *m* da
passeggio

wall [wɔːl] muro *m*; parete *f*

wallet ['wɔlit] portafoglio *m*

walnut ['wɔːlnʌt] noce *f*

waltz [wɔːls] valzer *m*

wan [wɔn] pallido

wander ['wɔndə] *v/i* vagare;
divagare

wane [wein] *v/i* declinare;
calare (*della luna*)

want [wɔnt] *s* mancanza *f*;
deficienza *f*; *v/t* volere;
mancare di; *v/i* mancare

war [wɔː] guerra *f*; **make ~**
far la guerra

ward [wɔːd] corsia *f* (*in ospedale*); collegio *m* elettorale;
pupillo *m*; **~en** custode *m*;

~er carceriere *m*; **~robe**
guardaroba *m*; armadio *m*

ware|house magazzino *m*;
~s *pl* merce *f*

warm [wɔːm] *a* caldo; *v/t*
riscaldare; **~th** calore *m*

warn [wɔːn] *v/t* ammonire;
avvertire; **~ing** ammoni-
mento *m*; avvertimento *m*;
avviso *m*

warrant ['wɔrənt] *s* mandato *m*; *v/t* autorizzare

warrior ['wɔriə] guerriero *m*

wart [wɔːt] verruca *f*

wash [wɔʃ] *v/t* lavare; *v/i*
lavarsi; **~basin**, *Am* **~-
bowl** lavabo *m*; lavandino
m; **~er**, **~ing-
machine** lavatrice *f*;
~ing bucato *m*

wasp [wɔsp] vespa *f*

waste [weist] *s* spreco *m*; *v/t*
sprecare; **~-paper-basket**
cestino *m* della carta strac-
cia

watch [wɔtʃ] *s* guardia *f*;
orologio *m*; **be on the ~**
stare attento; *v/t* osservare;
sorvegliare; guardare; **~ful**
vigilante; **~man** guardiano
m

water ['wɔːtə] *s* acqua *f*; *v/t*
inaffiare; **~colo(u)r** ac-
querella *f*; **~fall** cascata *f*;
~proof *a*, *s* impermeabile
(*m*); **~y** acquoso

watt [wɔt] *elec* watt *m*

wave [weiv] *s* onda *f*; *v/t*
agitare; *v/i* agitarsi

waver ['weivə] *v/i* vacillare

wax [wæks] cera f; ceralacca f

way [wei] cammino m; via f; strada f; modo m; maniera f; **by the ~** a proposito; **by ~ of** via; **on the ~** strada facendo; per via; **give ~** cedere; **~ back** ritorno m; **~ of life** tenore m di vita; **~ out** uscita f; **~ward** [ˈ~wəd] capriccioso; ostinato

we [wiː] noi

weak [wiːk] debole; **~en** v/t indebolire; v/i indebolirsi; **~-minded** imbecille; deficiente; **~ness** debolezza f

wealth [welθ] ricchezza f; **~y** ricco

wean [wiːn] ~s svezzare

weapon [ˈwepən] arma f

wear [wɛə] s uso m; ~ and tear logorio m; v/t, irr portare; indossare; **~ out** v/t consumare; v/i consumarsi

weary [ˈwiəri] a stanco; v/t stancare

weasel [ˈwiːzl] donnola f

weather [ˈweðə] tempo m; **~forecast** bollettino m meteorologico

weave [wiːv] v/t, irr tessere; **~er** tessitore m; **~ing** tessitura f

web [web] tela f; trama f

wedding [ˈwediŋ] nozze f/pl; matrimonio m

wedge [wedʒ] cuneo m

Wednesday [ˈwenzdi] mercoledì m

weed [wiːd] erbaccia f

week [wiːk] settimana f; **to-day ~** oggi a otto; **~day**

giorno m feriale; **~end** fine f settimana m; **~ly** a, s settimanale (m)

weep [wiːp] v/t, v/i, irr piangere; **~ing** pianto m; lagrime f/pl

weigh [wei] v/t, v/i pesare; **~t** peso m; **~t-lifting** sollevamento m pesi; **~ty** pesante

weird [wiəd] misterioso; strano

welcome [ˈwelkəm] a benvenuto; gradito; s accoglienza f; v/t accogliere; **(you are) ~!** prego, non c'è di che

welfare [ˈwelfɛə] benessere m; **~ state** stato m assistenziale

well[1] [wel] pozzo m

well[2] [wel] a in buona salute; adv bene; **I am ~, I feel ~** sto bene; **very ~** molto bene; **~-known** ben conosciuto; noto; **~ then!** ebbene!; **~-off, ~-to-do** benestante

Welsh [welʃ] a, s gallese (m); **the ~** pl i gallesi m/pl

west [west] s occidentale; s occidente m; ovest m; **~ern** occidentale

wet [wet] a bagnato; v/t, irr bagnare

whale [weil] balena f

wharf [wɔːf], pl **~fs** of **~ves** banchina f

what [wɔt] pron quello che; interj che!; a rel e interr che, quale; pron interr che soa; **~ever** a qualunque; pron

qualunque cosa
wheat [wiːt] frumento m; grano m
wheel [wiːl] ruota f; volante m (dell'automobile)
when [wen] quando; **~ever** ogni volta
where [weə] dove; **~as** mentre; **~ver** dovunque
whether [ˈweðə] se
which [witʃ] pron rel che; il quale, la quale, i quali, le quali; a interr quale
while [wail] mentre
whim [wim] capriccio m
whimper [ˈwimpə] v/i piagnucolare
whine [wain] v/i (del cane) uggiolare; piagnucolare
whip [wip] s frusta f; v/t frustare
whirl [wəːl] s turbine m; v/t turbinare
whisk [wisk] v/t frullare
whiskers [ˈwiskəz] pl basette f/pl; baffi m/pl (di gatto)
whisper [ˈwispə] s bisbiglio m; mormorio m; v/t bisbigliare; mormorare
whistle [ˈwisl] s fischio m; v/t, v/i fischiare
white [wait] bianco; **~ collar worker** impiegato m; **~n** v/t imbiancare; **~wash** intonaco m
Whitsuntide [ˌwitˈsʌntaid] Pentecoste f/pl
whizz [wiz] v/i sibilare
who [huː] pron rel che; il quale, la quale, i quali, le quali; pron interr chi; **~dun(n)it** [huːˈdʌnit] gial-

lo m; **~ever** chiunque
whole [houl] a tutto; intero; intatto; totale; s insieme m; tutto m; totale m; **~sale** comm all'ingrosso; fig generale; **~some** sano; salutare
whom [huːm] pron rel che; il quale, la quale, i quali, le quali; pron interr chi
whooping-cough [ˈhuːpiŋ-] tosse f canina; pertosse f
whore [hɔː] puttana f
whose [huːz] a rel il cui, la cui, i cui, le cui; a e pron interr di chi
why [wai] adv interr perchè; interj come!
wicked [ˈwikid] malvagio; cattivo
wide [waid] largo; esteso; vasto; **~n** v/t allargare; v/i allargarsi; **~spread** diffuso
widow [ˈwidou] vedova f; **~er** vedovo m
width [widθ] larghezza f
wife [waif], pl wives [~vz] moglie f
wig [wig] parrucca f
wild [waild] selvaggio; selvatico
wilful [ˈwilful] testardo
will [wil] volontà f; testamento m; **~ing** disposto
willow [ˈwilou] salice m
wilt [wilt] v/i appassire; languire
win [win] s vittoria f; v/t, irr vincere; guadagnare; v/i vincere
wind¹ [wind] vento m
wind² [waind] v/t, irr avvol-

gere; **~ up** caricare (*l'orologio*); concludere; *v/i* serpeggiare; **~ing stairs** scala *f* a chiocciola

window ['windou] finestra *f*; **~sill** davanzale *m*

wind|pipe trachea *f*; **~screen**, *Am* **~shield** parabrezza *m*; **~screen-wiper** tergicristallo *m*; **~y** ventoso

wine [wain] vino *m*

wing [wiŋ] ala *f*

winner ['winə] vincitore *m*

winter ['wintə] *s* inverno *m*; *a* d'inverno; invernale; *v/i* svernare; passare l'inverno

wipe [waip] *v/t* pulire; asciugare

wir|e ['waiə] *s* filo *m* (*metallico*); telegramma *m*; *v/t* mettere i fili; telegrafare; **~eless** radio *f*; **~eless set** apparecchio *m* radio; **~y** robusto

wis|dom ['wizdəm] saggezza *f*; giudizio *m*; **~dom-tooth** dente *m* del giudizio; **~e** [waiz] saggio; giudizioso

wish [wiʃ] *s* desiderio *m*; augurio *m*; *v/t*, *v/i* desiderare; augurare

wistful ['wistful] desideroso; pensoso

wit [wit] spirito *m*

witch [witʃ] strega *f*; **~craft** stregoneria *f*

with [wið] con; insieme a

withdraw [wið'drɔː] *v/t*, *irr* ritirare; *v/i* ritirarsi

wither ['wiðə] *v/i* appassire; inaridirsi

withhold [wið'hould] *v/t*, *irr* negare; trattenere

with|in [wið'in] dentro; entro; **~out** *prp* senza; **do ~out** fare a meno di; *adv* fuori

withstand [wið'stænd] *v/t* resistere a

witness ['witnis] *s* testimone *m*, *f*; testimonianza *f*; *v/t* assistere a; testimoniare

witty ['witi] spiritoso

wives [waivz] *pl of* **wife**

wizard ['wizəd] stregone *m*; mago *m*

wolf [wulf], *pl* **wolves** [~vz] lupo *m*

woman ['wumən], *pl* **women** ['wimin] donna *f*

womb [wuːm] utero *m*

women ['wimin] *pl of* **woman**

wonder ['wʌndə] *s* meraviglia *f*; *v/t* meravigliarsi; domandarsi; **~ful** meraviglioso

woo [wuː] *v/t* corteggiare; far la corte a

wood [wud] bosco *m*; legno *m*; **~en** di legno

wool [wul] lana *f*; **~(l)en** di lana; **~ly** di lana; lanoso

word [wəːd] parola *f*; **~y** verboso

work [wəːk] *s* lavoro *m*; opera *f*; *v/t* lavorare; *v/i* lavorare; funzionare; **get (set) to ~** mettersi al lavoro; **~day** giorno *m* feriale; **~er** operaio *m*; **~less** senza lavoro; **~man** operaio *m*; **~ of art** opera *f* d'arte; **~s** *pl* officina *f*; **~s council** consiglio *m* di fabbrica; **~shop** laboratorio *m*; officina *f*

world [wə:ld] mondo *m*; **~ly** mondano; terreno; **~ war** guerra *f* mondiale; **~wide** mondiale

worm [wə:m] verme *m*; baco *m*

worry [ˈwʌri] *s* preoccupazione *f*; *v/t* preoccupare; *v/i* preoccuparsi

worse [wə:s] *a* peggiore; *adv* peggio

worship [ˈwə:ʃip] *s* culto *m*; adorazione *f*; *v/t* adorare

worst [wə:st] *a* il peggiore; *adv* il peggio

worsted [ˈwustid] pettinato *m* di lana

worth [wə:θ] *s* valore *m*; merito *m*; *a* del valore di; **be ~** valere; **~less** senza valore; **be ~while** valere la pena; convenire; **~y** degno

wound [wu:nd] *s* ferita *f*; *v/t* ferire

wrangle [ˈræŋgl] *s* litigio *m*; *v/i* litigare

wrap [ræp] *v/t* avvolgere; **~per** fascia *f* (*per giornale*); copertina *f* (*di libro, staccabile*); **~ping** involucro *m*

wrath [rɔθ] collera *f*; ira *f*

wreath [ri:θ], *pl* **~s** [~ðz] ghirlanda *f*; corona *f*

wreck [rek] *s* naufragio *m*; rovina *f*; *v/t* distruggere; rovinare; *v/i* naufragare

wren [ren] scricciolo *m*

wrench [rentʃ] *v/t* strappare

wrest [rest] *v/t* strappare

wrestl|e [ˈresl] *v/t* lottare; **~ing** lotta *f* libera

wretch [retʃ] *s* disgraziato *m*; sciagurato *m*; **~ed** [~id] bruttissimo; misero malissimo

wriggle [ˈrigl] *v/i* contorcersi; dimenarsi

wring [riŋ] *v/t*, *irr* torcere; strizzare; strappare

wrinkle [ˈriŋkl] ruga *f*

wrist [rist] polso *m*; **~watch** orologio *m* da polso

writ [rit] mandato *m*

write [rait] *v/t*, *v/i*, *irr* scrivere; **~r** scrittore *m*

writhe [raið] *v/i* contorcersi

writing [ˈraitiŋ] scrittura *f*; scritto *m*; **in ~** per iscritto; **~desk** scrivania *f*; **~paper** carta *f* da scrivere

wrong [rɔŋ] *s* sbagliato; ingiusto; **be ~** sbagliarsi; avere torto; *s* torto *m*; ingiustizia *f*; *v/t* fare un torto a; **be ~** aver torto

wrought [rɔ:t] battuto (*di ferro*); lavorato; **~ up** nervoso

X, Y

Xmas ['krisməs] *cf* **Christmas**

X-ray ['eks'rei] *v/t* fare una radiografia; *s* raggio *m* X

xylophone ['zailəfoun] silofono *m*

yacht [jɔt] panfilo *m*

yard [jɑ:d] (*misura*) iarda *f*; cortile *m*

yarn [jɑ:n] filo *m*

yawn [jɔ:n] *s* sbadiglio *m*; *v/i* sbadigliare

year [jə:] anno *m*; **~ly** annuale

yearn [jə:n] *v/i* bramare

yeast [ji:st] lievito *m*

yell [jel] *s* grido *m*; *v/t, v/i* gridare

yellow ['jelou] giallo *m*

yes [jes] sì

yesterday ['jestədi] ieri; **the day before ~** ieri l'altro

yet [jet] ancora; tuttavia

yield [ji:ld] *v/t* rendere; cedere; *v/i* acconsentire; cedere

yoke [jouk] *s* giogo *m*

yolk [jouk] tuorlo *m*

yonder ['jɔndə] laggiù

you [ju:] tu; te; voi; Lei; la; lo; Loro

young [jʌŋ] giovane; **~ster** giovane *m*

your [jɔ:] tuo; tua; tuoi; tue; vostro(a, i, e); Suo(a, i, e);

yours [jɔ:z] (il) tuo, (la) tua, (i) tuoi, (le) tue; (il) vostro, (la) vostra, (i) vostri, (le) vostre; (il) Suo, (la) Sua, (i) Suoi, (le) Sue; (il) Loro, (la) Loro, (i) Loro, (le) Loro

your|self [jɔ:'self], *pl* **~selves** [~'selvz] te stesso(a); Lei stesso(a)

youth [ju:θ], *pl* **~s** [~ðz] gioventù *f*; **~ful** giovanile; **~ hostel** albergo *m* per la gioventù

Yugoslav ['ju:gou'slɑ:v] *a*, *s* iugoslavo (*m*); **~ia** Jugoslavia *f*

Z

zeal [zi:l] zelo *m*; **~ous** ['zeləs] zelante

zebra ['zi:brə] zebra *f*; **~crossing** passaggio *m* pedonale

zero ['ziərou] zero *m*

zest [zest] gusto *m*; entusiasmo *m*

zinc [ziŋk] zinco *m*

zip|code [zip-] *Am* numero *m* di codice postale; **~fastener, ~per** chiusura *f* lampo

zone [zoun] zona *f*

zoo [zu:] giardino *m* zoologico

zoology [zou'ɔlədʒi] zoologia *f*

A

a *prp* to, at, in; **a Roma** in (to) Rome; **a casa** (at) home; **alle quattro** at four o'clock; *dativo* **l'ho dato ~ lui** I gave it to him

ab|ate *m* abbot; **~adessa** *f* abbess

abbacchio *m* lamb

abbaglio *m* error

abbaiare *v/i* bark

abbaino *m* attic; skylight

abbaio *m* barking

abbandon|are *v/t* abandon; desert; **~ato dai medici** given up by the physicians; **~o** *m* abandonment; desertion

abbass|amento *m* lowering; humiliation; **~are** *v/t* lower; reduce; humble; **~o** down; below

abbastanza enough; quite

abbàtt|ere *v/t* knock down; fell; *aer* shoot down; *fig* depress; **~ersi** *v/r* despair

abbazìa *f* abbey

abbell|imento *m* embellishment; **~ire** *v/t* embellish

abbiamo we have

abbigliamento *m* clothes *pl*

abboccare *v/t* bite; fill to the brim

abbon|amento *m* subscription; **biglietto** *m* **d'~amen-** to season ticket; **~arsi (a)** *v/r* subscribe to; **~ato** *m* subscriber

abbond|ante abundant; plentiful; **~anza** *f* abundance

abbonire *v/t* appease

abbord|aggio *m naut* boarding a ship; **~are** *v/t* approach; *naut* land; **~o** *m* approach; boarding

abbottonare *v/t* button

abbozz|are *v/t* sketch; outline; **~o** *m* sketch; draft

abbracci|amento, **~o** *m* embrace; hug(ging); **~are** *v/t* embrace

abbrevi|amento *m* abbreviation; **~are** *v/t* abbreviate; **~azione** *f* abbreviation

abbronz|are *v/t* bronze, tan, burn; **~arsi** *v/r* become sunburnt

abbrustolire *v/t* toast; (*coffee*) roast

abbuiare *v/t* darken; obscure

abdicare *v/i* abdicate

abete *m* fir-tree

abietto abject

abiezione *f* abjection

àbile clever; skilful; capable

abilità *f* ability, skill; cleverness

abisso m abyss; chasm

abit|ante m, f inhabitant; dweller; resident; **~are** v/i dwell; reside; live; **~azione** f dwelling, residence

àbito m dress, gown; suit; **~ da lutto** mourning clothes; **~ da sera** evening dress; **~ da spiaggia** beach-wear

abitu|ale habitual; customary; **~are** v/t accustom; **~arsi** v/r become used (**a** to)

abitùdine f habit

abnegazione f abnegation; self-denial

aboli|re v/t abolish; **~zione** f abolition

abominare v/t abominate, detest

aborrire v/t abhor; loathe

abort|ire v/i miscarry; abort; **~o** m miscarriage; abortion

abrogare v/t abrogate

àbside f apse

abus|are (di) v/i abuse (of); **~ivo** abusive; **~o** m abuse

accadèmia f academy; **~èmia di Belle Arti** school of Fine Arts; **~èmico** adj academic; m academician

accad|ere v/i happen; take place; **~uto** m event

accampamento m encampment, camping place

accanimento m tenacity

accanto beside; alongside; **~ a** beside; next to

accaparrare v/t hoard (up); corner

accappatoio m bathrobe

accarezzare v/t caress

accatt|are v/t beg for alms; **~onaggio** m begging

accel|erare v/t accelerate; **~erato** m rail ordinary train; **~eratore** m aut gas pedal; Am accelerator

accèndere v/t light; radio switch on; com open (account); fig kindle

accendisigaro m (cigarette-) lighter

accenn|are v/t, v/i point out; hint; **~o** m hint

accensione f aut ignition

accent|o m accent; **~uare** v/t accentuate; stress

accerchiare v/t encircle; surround

accert|amento m ascertainment; **~are** v/t ascertain

acceso alight

access|ìbile accessible; **~o** m access; med fit

accessorio adj accessory; m accessory

accetta f hatchet

accett|àbile acceptable; **~are** v/t accept; approve

acchiappa|mosche m flycatcher; **~are** v/t catch

acciabattare v/t botch

acciai|erìa f steel-works pl; **~o** m steel

acciden|tale accidental; **~te** m accident; casualty; med apoplectic stroke

accìngersi v/r set about

acciò, acciocché so that

acciottol|are v/t gravel; **~ato** m pavement

acciuffare *v/t* grasp

acciuga *f* anchovy

acclam|are *v/t* acclaim, cheer; **~azione** *f* acclamation

acclimare, acclimatare *v/t* acclimatize

accl|ùdere *v/t* enclose; **~usa** *f* enclosure; **~uso** enclosed

accoglienza *f* reception

accògliere *v/t* receive

accomodamento *m* arrangement; adjustment

accomod|are *v/t* adjust; repair; **~arsi** *v/r* take a seat; make o.s. comfortable; **si accòmodi!** sit down, please

accompagn|amento *m* accompaniment; **~are** *v/t* accompany; **~arsi** *v/r* match

acconci|are *v/t* arrange; *Am* fix; **~atura** *f* hair-do

acconsentire *v/i* agree (**a** on)

accontentare *v/t* content

acconto *m* instalment; account

accorciare *v/t* shorten; curtail

accord|are *v/t* grant; *mus* tune; **~o** *m* agreement; **èssere d'~** agree

accòrgersi *v/r* be aware (**di** of)

accórrere *v/i* run up

accort|ezza *f* shrewdness; **~o** shrewd; prudent

accost|amento *m* approach; **~are** *v/t* approach; (*door*) leave ajar; **~o** near (**by**)

accostumare *v/t* accustom

accozzaglia *f* huddle

accredit|amento *m* credit (-ing); **~are** *v/t* (ac)credit

accréscere *v/t*, *v/i* increase

accudire (**a**) *v/i* attend to, take care of

accumul|are *v/t* accumulate; **~atore** *m* accumulator

accuratezza *f* accuracy

accurato accurate

accus|a *f* accusation; **~are** *v/t* charge; **~are ricevuta** acknowledge receipt

acerb|ità *f* acerbity; **~o** sour

àcero *m* maple

acet|o *m* vinegar; **~oso** acetous

àcido *adj* sour; *m* acid

acme *f* acme

acne *f* acne

acqua *f* water; **~ potabile** drinking water; **~ santa** holy water; **~io** *m* sink; **~ragia** *f* turpentine; **~rio** *m* aquarium

acqua|ta *f* shower; **~vite** *f* brandy

acquazzone *m* heavy shower; cloud-burst

acque *f/pl* mineral (*or*: medicinal) spring

acquerello *m* water-colour

acquietare *v/t* appease

acqui|stare *v/t* acquire; **~sto** *m* purchase

acre acrid

acrèdine *f* acridity

acrobata *m*, *f* acrobat

acuire *v/t* sharpen; stimulate

acùleo *m* prickle; sting

acume *m* insight

acùstic|a f acoustics pl; **~o** acoustic

acutezza f acuteness; shrewdness

acuto acute, keen; (voice) shrill; mus high note

ad = a (before a vowel)

adagio gently slowly; mus adagio

adattamento m adaptation

adatt|are v/t adapt; fit; **~arsi** v/r adapt oneself; suit; **~o** fit, suitable

addaziare v/t put duty on

addebitare v/t debit; **~ di** charge with

addèbito m debit; charge

addens|amento m thickening; **~arsi** v/r thicken; crowd

addentrarsi v/r penetrate

addestr|are v/t (animal) train, break in; **~amento** m training

addetto adj assigned; employed; m attaché; **~ al rifornimento** attendant

addietro behind; (time) ago

addio good-bye, farewell; m parting

addir|ittura even; and what is more; downright; **~izzare** v/t straighten

addizion|ale additional; **~are** v/t add; **~e** f addition

addobbare v/t decorate

addolc|imento m sweetening; soothing; **~ire** v/t sweeten; soften

addolorare v/t grieve, sadden

addome m abdomen

addomesticare v/t tame; domesticate

addorment|are v/t send to sleep; **~arsi** v/r fall asleep

addossare v/t burden; lay on; fig assume

addosso on, upon (one)

addottorarsi v/r graduate (from a university)

addurre v/t bring up; adduce

adegu|are v/t equalize; level; **~ato** adequate

ad|émpiere, ~empire v/t accomplish, fulfil; **~empimento** m fulfilment

adenite f adenitis

ader|ente adherent; **~ire** v/i adhere; join; support (a party)

adesso now; presently

adiacente adjacent

Adige m Adige; **Alto ~** (late) Southern Tyrol

àdito m entrance; fig access

adolescen|te adj adolescent; m, f adolescent, youth; **~za** f adolescence; youth

adombrare v/i shade

adoper|àbile usable; **~are** v/t use

ador|are v/t adore; **~azione** f worship

adorn|amento m adornment; **~are** v/t adorn, trim

adottare v/t adopt

adozione f adoption

adrenalina f adrenalin

Adriàtico m Adriatic

adul|are v/t flatter; **~atore** m flatterer; **~terio** m adultery

adulto *adj* adult; *m* adult; grown-up

adun|anza *f* meeting; **~are** *v/t* assemble

aerazione *f* aeration

aère|o airy; **ferrovìa** *f* **~a** elevated railway; **flotta** *f* **~a** airfleet; **posta** *f* **~a** air mail

aerodinàmico streamlined

aeròdromo *m* aerodrome

aero|nàutica *f* aeronautics *pl*; aviation; **~nave** *f* airship; **~plano** *m* airplane; **~porto** *m* airport

aeròstato *m aer* balloon

afa *f* sultriness

affàbile kind; **~abilità** *f* affability

affaccendarsi *v/r* busy oneself

affamare *v/t* starve out

affann|are *v/t* trouble; **~ato** panting; **~o** *m* trouble; shortness of breath; **~oso** gasping; anxious

affar|e *m* business; matter; **ministro** *m* **degli ~i èsteri** minister of foreign affairs

affascinare *v/t* charm; fascinate

affaticare *v/t* fatigue

affatto absolutely; perfectly; **niente ~** not at all

affatturare *v/t* bewitch; adulterate

afferm|are *v/t* affirm; state; **~ativo** affirmative; **~azione** *f* affirmation; statement

afferr|are *v/t* seize; grasp; **~arsi (a)** *v/r* cling to

affett|ato affected; sliced (meat); **~o** *m* affection;

love; **~uoso** affectionate

affezion|ato affectionate; fond (of); **~e** *f* affection

affibbiare *v/t* buckle

affid|amento *m* reliance; **~are** *v/t* entrust; **~arsi** *v/r* rely (**a** upon)

affìggere *v/t* affix; stick

affilare *v/t* whet; sharpen

affili|are *v/t* affiliate; **~ato** *m* member

affinché in order that

affine akin, kindred

affinità *f* affinity

affisso *m* bill, poster

affitt|àbile rentable; **~are** *v/t* let; rent; lease; **~o** *m* rent; lease; **dare in ~o** let, lease

affl|ìggere *v/t* afflict; **~izione** *f* affliction

afflu|ente *adj* affluent; *m* affluent, tributary; **~enza** *f* concourse; **~ire** *v/i* flow; flock

afflusso *m* rush; flow

affogare *v/t* suffocate; drown; *v/i* be drowned

affoll|amento *m* crowd; **~are** *v/t* crowd, throng

affondare *v/t* sink; *v/i* sink, go down

affrancare *v/t* enfranchise; set free; stamp (*letter*)

affresco *m* fresco

affrett|are *v/t* hasten; **~si** *v/r* hurry

affrontare *v/t:* **~ qu.** face s.o.

affronto *m* insult

affum|are, ~icare *v/t* smoke, fumigate

afoso sultry

Africa f Africa

africano s/m, adj African

àgave f agave

agenda f note-book

agente m agent; broker; ~ **di cambio** stockbroker; ~ **di polizia, di pùbblica sicurezza** policeman; ~ **investigativo** detective

agenzia f agency; ~ **(di) viaggi** travel agency; ~ **d'informazioni** inquiry office

agevolare v/t facilitate

agévole easy

agevolezza f facility

agganciare v/t hook; fasten

aggettivo m adjective

agghiacciare v/t freeze

aggio m premium

aggiornare v/t adjourn; v/i poet dawn

aggirare v/t encircle; fig deceive; cheat

aggiùngere v/t add

aggiun|ta f addition; **~tare** v/t join; **~to** m assistant

aggiustare v/t adjust; mend

aggranchirsi v/r get benumbed

aggrappar|e v/t grapple; **~si** v/r cling (to)

aggravare v/t aggravate; make worse

aggregare v/t aggregate

aggressi|one f aggression; **~vo** aggressive

aggrinzire v/t wrinkle; shrivel

aggruppare v/t group; assemble

agguato m ambush; **stare in** ~ lie in wait

aghett|are v/t lace up; **~o** m lace

aghifòglia f conifer

aghiforme needle-shaped

agiatezza f comfort; wealth

agiato well off

àgile nimble, agile

agilità f agility

agio m comfort; leisure

agire v/i act; do

agit|are v/t agitate; shake; **~ato** agitated; troubled

aglio m garlic

agnello m lamb

ago m needle; tongue (balance)

agonia f agony; anguish

agosto m (month) August

agr|ario s/m, adj agrarian; **~icoltura** f agriculture; farming

agrifoglio m holly

agrodolce bitter-sweet

agrumi m/pl citrus fruits pl

aguzz|are v/t sharpen; **~o** sharp

ahi! ahimè! alas!

Aia f: **l'~** the Hague

airone m heron

aiuola f flower-bed

aiut|ante m assistant; mil adjutant; **~are qu** v/t help s.o.; **~o** m help; aid

aizzare v/t instigate

ala f wing

alabastro m alabaster

alacrità f alacrity; zeal

alb|a f dawn; **~eggiare** v/i dawn

albergare v/t lodge; harbour; **~atore** m innkeeper

albergo m hotel; **~ per la gioventù** youth hostel

àlbero m tree; naut mast; aut shaft

albicocc|a f apricot; **~o** m apricot-tree

albume m white of egg; albumen

alce m elk

àlcole m alcohol

alcòli|ci m/pl alcoholic drinks pl; **~co** m alcohol

àlcool m alcohol

alcun|o anybody; somebody; **~i** a few

alfabètico alphabetical

alfabeto m alphabet

alga f sea-weed

algebra f algebra

àlias alias

àlibi m alibi

alieno alien, strange

aliment|are v/t feed; **gèneri** m/pl **~ari** food; foodstuffs pl; **~azione** f **di rete** light-mains connection; **~o** m food; **~i** m/pl alimony

àlito m breath; gentle breeze

allacciare v/t lace

allarg|amento m enlargement; **~are** v/t enlarge; widen

allarmare v/t alarm; worry

allarme m alarm, alert; fright; **corda** f (**segnale** m) **d'~** communication cord (emergency signal)

allatt|amento m nursing; breast-feeding; **~are** v/t nurse

alle|anza f alliance; **~ato** adj allied; m ally

alleg|are v/t enclose; allege; **~ato** adj enclosed; m enclosure

alleggerire v/t relieve

allegr|ìa f mirth; cheerfulness; **~o** merry, cheerful

allen|amento m training; **~are** v/t coach; train; **~atore** m trainer

allent|are v/t loosen; relent; slacken; **~atura** f med hernia

allergìa f allergy

allettare v/t allure

allevare v/t breed; rear

allietare v/t cheer; amuse

allievo m pupil; scholar

alligatore m alligator

alline|amento m alignment; **~are** v/t range; line up

allòdola f lark

alloggi|are v/t lodge; v/i live, stay; **~o** m lodging

allontan|are v/t remove; **~arsi** v/r go away

allora then; **d'~ in poi** from that time on

allorché when; whenever

alloro m laurel

allucin|are v/t hallucinate; dazzle; **~azione** f hallucination

allùdere v/i allude (**a** to), hint (at)

all|ume m alum; **~umina** f alumina; **~uminio** m aluminium

allung|amento m prolongation; **~are** v/t lengthen,

prolong

allusione *f* allusion, hint

alluvione *f* flood, inundation

almeno at least

alpaca *m* alpaca

alpestre mountainous

Alpi: le ~ *f/pl* the Alps *pl*

alpi|nismo *m* mountain-climbing; ~**nista** *m, f* mountain-climber; ~**no** *adj* Alpine; *m mil* mountain-soldier

alquant|o somewhat; rather; ~**i** several

alt! halt!

altalena *f* seesaw; swing

altare *m* altar

alterare *v/t* alter; forge; irritate

alter|ezza *f* pride; ~**igia** *f* haughtiness

altern|are *v/t* alternate; ~**ativo** alternative; ~**o** alternate

altero proud; haughty

altezza *f* height; *title:* Highness

altipiano *m* plateau

altitùdine *f* altitude, height

alto high; tall; loud; **dall'** ~ from above; **in** ~ upstairs; **l' Alta Italia** *f* Northern Italy

altoparlante *m* loud speaker

altopiano *m* plateau

altrettanto as much; equally

altrimenti otherwise

altro other; ~ **che!** rather!; **l'** ~ **anno** last year; **ieri l'** ~ the day before yesterday;

senz' ~ certainly; **l'un l'** ~ each other

altrove elsewhere

altrui of others

altura *f* height

alunno *m* pupil

alveare *m* beehive

alz|are *v/t* raise; lift; ~**arsi** *v/r* rise, get up

amàbile amiable

amabilità *f* amiability; kindness

amaca *f* hammock

amante *m, f* lover; *f* mistress

amare *v/t* love; like

amar|eggiare *v/t* embitter; ~**ezza** *f* bitterness; ~**o** bitter

ambasciat|a *f* embassy; ~**ore** *m* ambassador

ambedue both

ambiente *m* surroundings *pl*; environment

ambiguità *f* ambiguity

ambiguo equivocal

ambizi|one *f* ambition; ~**oso** ambitious

ambul|ante travelling; **venditore** *m* ~**ante** pedlar; ~**anza** *f* ambulence; field hospital; ~**atorio** *adj* ambulatory; *m* dispensary

amen|ità *f* amenity; ~**o** pleasant

Amèrica *f* America

americano *s/m, adj* American

ami|ca *f* lady-friend; ~**chévole** friendly; ~**cizia** *f* friendship; ~**co** *m* friend

àmido *m* starch

amìgdala *f* tonsil

ammaccatura *f* bruise

ammaestrare *v/t* train
ammal|are *v/i*, **~arsi** *v/r* fall
ill; **~ato** *adj* sick; *m* patient
ammarare *v/i* land on water
ammassare *v/t* pile up;
hoard
ammazzare *v/t* kill; (*animals*) slaughter
ammenda *f* fine
amméttere *v/t* admit; receive
amministr|are *v/t* manage;
administer; **~azione** *f* administration; management
ammiràbile admirable
ammiraglio *m* admiral
ammir|are *v/t* admire; **~azione** *f* admiration; **~évole**
admirable
ammis|sibile admissible;
~sione *f* admission
ammobili|amento *m* furnishing; **~are** *v/t* furnish
ammogliare *v/t* give a wife
to (marry)
ammoll|are *v/t* soak; soften
ammon|imento *m* warning; admonition; **~ire** *v/t*
warn; admonish
ammont|are *v/t* heap; pile;
v/i amount (**a** to); **~icchiare**
v/t heap up
ammort|amento *m* amortization; **~izzare** *v/t* amortize; **~izzatore** *m* (**d'urto**)
shock-absorber
ammost|are *v/t* press
(*grapes*); **~atoio** *m* winepress
ammucchiare *v/t* pile
up

ammuffire *v/i* grow mouldy
ammutinamento *m* mutiny
ammutolire *v/i* become
dumb
amnesia *f* amnesia
amnist|ia *f* amnesty; **~iare**
v/t grant amnesty
amo *m* fish-hook; *fig* bait
amorale amoral
amor|e *m* love; **~eggiare** *v/i*
flirt; **~évole** loving
amorfo shapeless
amor|ino *m* paint amoretto;
~oso loving; amorous
amperaggio *m* amperage
ampi|ezza *f* breadth; **~o**
ample; wide; spacious
ampli|are, **~ficare** *v/t* amplify; increase; **~ficatore** *m*
radio: amplifier
ampoll|a *f* cruet; **~e** *f/pl* oil
and vinegar cruet; **~iera** *f*
cruet-stand
ampolloso bombastic
amput|are *v/t* amputate;
~azione *f* amputation
anacoreta *m* hermit
anàgrafe *f* registrar's office
analfabe|ta *s/m*, *f*, *adj* illiterate; **~tismo** *m* illiteracy
analgèsico *s/m*, *adj med*
anodyne
anàlisi *f* analysis
analitico analytic(al)
ananasso *m* pineapple
anarchìa *f* anarchy
anàrchico *adj* anarchic(al);
m anarchist
anatomìa *f* anatomy
ànatra *f* duck

anca *f* haunch; hip

anche also, too

anchilosi *f* anchylosis

ancona *f* altar-piece

ancora still; more; **non ~** not yet

àncora *f* anchor; **salpare l'~** weigh anchor

and|amento *m* progress; **~ante** current; *mus* andante

andare *v/i* go; walk; ride; **~ a cavallo** ride on horseback; **~ in bicicletta** ride a bicycle; **~ in giro** walk about; **~ in treno** go by train; **come va?** how are you?

andàrsene *v/r* go away

andata: sémplice **~** *f* single ticket; **biglietto *m* di ~ e ritorno** return ticket

and|ato gone; **~iamo** we go; let us go!

àndito *m* corridor; passage

androne *m* lobby

anèddoto *m* anecdote

anelare *v/i* pant

anello *m* ring; **~ matrimoniale** wedding-ring

an|emìa *f* anaemia; **~èmico** anaemic

anestesia *f* anesthesia

aneto *m* dill

anfiteatro *m* amphitheatre

ànfora *f* amphora; jar

angèlico angelic

àngelo *m* angel

angherìa *f* vexation

angina *f med* angina

angiporto *m* blind alley

angolare angular

àngolo *m* angle; corner

angoloso angular

ang|òscia *f* anguish; **~osciare** *v/t* grieve; vex; **~oscioso** grievous

anguill|a *f* eel; **~aia** *f* eelpond

anguria *f* water-melon

angustia *f* narrowness; *fig* misery, trouble

ànice *m* anise

ànima *f* soul

anim|ale *adj* animal; *m* animal; beast; **~are** *v/t* animate, enliven; **~arsi** *v/r* take courage; **~strada *f* ~ata** lively street

ànimo *m* mind; spirit; courage; **fare ~** give courage

anim|osità *f* animosity; **~oso** courageous; bold

ànitra *f* duck

annacquare *v/t* dilute (*wine*); *fig* water down

annaf|fiare *v/t* water; **~fiatoio** *m* watering-can

annali *m/pl* annals *pl*

annata *f* year; crop

annebbiare *v/t* blur; dim

anneg|are *v/t* drown; *v/i* get drowned

annerire *v/t* blacken

anness|ione *f* annexation; **~o** *m* annex

annèttere *v/t* annex

annichilare *v/t* annihilate

annid|are *v/t*, **~arsi** *v/r* nestle

anniversario *m* anniversary

anno *m* year; **capo *m* d'~** New Year's Day; **buon anno!** happy New Year!; **quanti anni hai?**

how old are you?

annodare v/t knot; tie

annoi|are v/t annoy; weary; **~ato** annoyed; bored

annoso old

annotare v/t note; annotate

annottare v/i grow dark

annu|ale adj yearly; m anniversary; **~ario** m yearbook; directory

annull|are v/t annul; cancel; **~amento** m annulment; cancellation

annun|ciare, ~ziare v/t announce; **~ziatore** m, **~ziatrice** f radio: announcer; **~cio, ~zio** m announcement; advertisement

ànnuo annual

annusare v/t smell; sniff (animals)

annuvolare v/t cloud; fig make gloomy

anòfele f anopheles; gnat

anònim|o anonymous; **società f ~a** joint-stock company

anormale abnormal

ansa f handle; fig pretext; ♀ (the) Hanse

ansare v/i pant

ansia f, **ansietà** f anxiety; eagerness

ansioso anxious; eager

ant. = antimeridiano

antagonismo m antagonism

antàrctico antarctic

ante... before ...

ante|cedente previous; **~cèdere** v/i precede; **~cessore** m predecessor; **~**

guerra m pre-war period; **~nato** m ancestor; **~porre** v/t place before, prefer; **~riore** anterior;(time) former, previous

antenna f antenna; aerial

anti... anti..., counter...

anti|càmera f antechamber; **~chità** f antiquity; ancient times pl; **~co** ancient; old; ♀**co Testamento** Old Testament

anticip|ato in advance; **~azione** f advance

anticipo m advanced payment; **in ~** beforehand

anticongelante m antifreeze

antidoto m antidote

antifurto m safety-lock

antilope f antelope

antimeridiano before noon

anti|pasto m hors-d'œuvre; appetizer; **~patia** f antipathy; dislike; **~pàtico** disagreeable

antiqua|to antiquated; **~ria** f antiquarianism

antisettico s/m, adj antiseptic

antrace m med anthrax

antracite f anthracite

antro m cave; den

antropòfago m cannibal

anulare adj annular; m ring-finger

anzi rather; on the contrary

anzian|ità f seniority; **~o** adj aged; m senior

anzidetto above-mentioned

anzitutto first of all

apatia f apathy

apàtico apathetic; indifferent

ape f bee

aperitivo m appetizer

aper|to adj open; **~o** m open space; **~tura** f opening

ap|iaio m beekeeper; **~iario** m beehouse; apiary

àpige m apex

apòlide adj stageless; m stateless person

apopl|essia f apoplexy; **~èttico** adj apoplectic; **colpo** m **~èttico** apoplectic fit

apostòlico apostolic

apòstolo m apostle

appacchettare v/t pack together

appaiamento m coupling

appaltare v/t contract

appannare v/i tarnish; dim

apparato m apparatus

apparecchi|are v/t prepare; lay (table); **~o** m device; set; **~o radio** wireless set; **~o a reazione** jet

appar|ente apparent; **~enza** f (outward) appearance

appariamo we appear

appar|ire v/i appear; look; **~isco** I appear; **~isce** he appears

apparso appeared

appart|amento m flat, apartment; **~enenza** f belonging; **~enere** v/i belong; pertain

appassion|arsi v/r be fond (**di** of); be sorry (**di** for); **~ato** passionate

appassire v/i fade, wither

appell|arsi v/r appeal (**a** to);

~o m roll-call; appeal

appena scarcely; hardly; just; **~ che** as soon as

appèndere v/t hang up

appen|dice f appendix; **~dicite** f appendicitis

Appennino m Apennines pl

appetito m appetite; **~so** appetizing

appianare v/t level; smooth

appiattire v/t flatten

appiccare v/t hang up; (fire) kindle; (quarrel) start

appiccic|are v/t paste; stick; fig palm off on s.o.; **~arsi** v/r stick, adhere

appiè at the foot (of)

appieno fully

appigionare v/t let, rent

appigli|arsi v/r take hold (**a** of); **~iglio** m pretext

appiombo perpendicularly

applau|dire v/t, v/i applaud; cheer; **~so** m applause

applic|àbile applicable; **~are** v/t apply; (law) enforce; **~arsi** v/r devote o.s.; **~azione** f application; fig diligence

appoggi|are v/t support; **~arsi** v/r lean; fig **~arsi** (**a qu**) depend (on s.o.); **~o** m support; fig aid; backing

apportare v/t bring; fetch

apporto m contribution

appòsito special

apposizione f apposition

apposta on purpose

appost|amento m ambush; **~are** v/t lie in wait for

ap|prèndere v/t learn; hear;

~prendista *m, f* apprentice; **~prendistato** *m* apprentice ship

appren|sione *f* apprehension; **~sivo** timid, fearful

appresso near by

appretto *m* dressing, finish

apprezz|àbile appreciable; **~amento** *m* appreciation; **~are** *v/t* appreciate; value

appr|odare *v/i* land; **~odo** *m* landing-place

approfittare *v/i* profit (**di** by)

approfondire *v/t* deepen; *fig* investigate carefully

approntare *v/t* make ready

appropri|are *v/t* adjust; **~arsi** *v/r* (**di**) appropriate (s.th.); **~ato** appropriate

approssimativo approximate

approv|are *v/t* approve; **~azione** *f* approval; approbation

approvvigionare *v/t* supply

appunt|amento *m* appointment; date; **~are** *v/t* sharpen; write down; stick; **~o** *m* note; *adv* just, precisely; **per l'~o** exactly

appurare *v/t* ascertain

aprile *m* April

aprire *v/t* open; unlock

apriscàtole *m* tinopener

àquila *f* eagle

àrabo *adj* Arabic; *m* Arab

aràchide *f* peanut

aragosta *f* lobster

aràldica *f* heraldry

aran|ceto *m* orange-grove;

~cia *f* orange; **~ciata** *f* orangeade; **~cio** *m* orangetree

ar|are *v/t* plough; **~atro** *m* plough

arazzo *m* arras; piece of tapestry

arbitr|aggio *m* arbitration; **~ario** arbitrary; **~io** *m* will; **libero ~io** free will

àrbitro *m* arbiter; judge; referee

arbusto *m* shrub

arca *f* ark; **~ santa** ark of the covenant

arcàico archaic

arcàngelo *m* archangel

arcata *f* arcade; *mus* bowing

arche|ologia *f* archaeology; **~òlogo** *m* archaeologist

archetto *m* fret-saw; *mus* bow

archi|pèndolo *m* plummet; **~tetto** *m* architect; **~tettura** *f* architecture

archi|viare *v/t* file; **~ivio** *m* archives; file

arcipèlago *m* archipelago

arci|prete *m* archpriest; dean; **~vescovado** *m* archbishopric; **~véscovo** *m* archbishop

arc|o *m* bow; **~obaleno** *m* rainbow; **~uata** bent, curved

ardente burning; ardent; fiery

àrdere *v/t, v/i* burn

ardèsia *f* slate

ard|ire *v/i* dare; **~ito** bold

ardore *m* ardour

àrea *f* area

àrem *m* harem

aren|a f sand; arena; **~arsi**
v/r get stranded; **~oso**
sandy

argent|are *v/t* silver; **~iere**
m silversmith

argènt|eo silvery; **~o** *m* silver; **~o vivo** mercury

Argentin|a f Argentine; **~o**
m Argentine

argill|a f clay; **~loso** clayey

àrgine *m* dike; embankment

argoment|are *v/i* argue;
infer; deduce; **~azione** f
argumentation, reasoning;
~o *m* subject; topic; argument

arg|uto keen, witty; **~ùzia** f
shrewdness; witticism

aria f air; *mus* tune; **all'~
aperta** in the open air; **~
compressa** compressed air

àrido dry, arid

arieggiare *v/t* look like; air

aringa f herring

arioso airy

àrista f roast loin of pork

aristocr|àtico *adj* aristocratic; *m* aristocrat; **~azia** f aristocracy

aritmètica f arithmetic

Arlecchino *m* Harlequin

arm|a f weapon; **~a da
fuoco** firearm; **~i** *pl* **nucleari** nuclear weapons

armadio *m* wardrobe

arm|amento f armament;
~are *v/t* arm; **~ata** f army;
fleet; **~i** f weapon; (coat of)
arms *pl*; **~i** *pl* troops *pl*;
piazza f **d'~i** drill ground;
~erìa f arsenal; **~istizio** *m*

armistice

arm|onia f harmony; **~òni-
ca** f **da bocca** harmonica;
~onioso harmonious

armoraccio *m* horse-radish

arnese *m* tool

àrnica f arnica

arnione *m* kidney

arom|a *m* aroma; flavour;
fragrance; **~àtico** aromatic;
~atizzare *v/t* flavour

arpa f harp

arrab|biarsi *v/r* get angry;
~biato enraged; rabid(*dog*)

arraffare *v/t* snatch, seize

arrampica|rsi *v/r* climb;
creep; **~tore** *m* climber

arred|are *v/t* furnish, equip;
~o *m* outfit; **~i** *pl* **sacri** holy
vessels and clothes

arrenare *v/i* strand

ar|rendersi *v/r* surrender

arrest|are *v/t* stop; arrest;
~arsi *v/r* stop; **~o** *m* stop; arrest

arretrato *adj* backward; *m*
arrears *pl*

arricchire *v/t* enrich

arricciare *v/t* curl; frown;
wrinkle

arridere *v/i* smile

arrivare *v/i* arrive

arrivederci!, **arrivederla!**
good-bye

arrivista *m*, f social climber

arrivo *m* arrival

arrog|ante arrogant; **~anza**
f arrogance; **~arsi** *v/r* arrogate

arrolamento = **arruola-
mento**

arross|are *v/t* redden; **~ire**

v/i blush
arr|ostire *v/t* roast; grill; **~osto** *adj* roasted; *m* roast
arrot|are *v/t* whet; grind; **~ino** *m* knife-grinder; **~ola-re** *v/t* roll up
arrotondare *v/t* make round
arrotolare *v/t* roll up; coil
arruffare *v/t* ruffle; entangle
arrugginirsi *v/r* rust, become rusty
arruola|mento *m* enlistment; **~re** *v/t* enlist; enroll
arruvidere *v/t* roughen
arsenale *m* arsenal; *naut* shipyard
arsiccio scorched; dry
arte *f* art; skill; craft; **~fatto** artificial; adulterated
artéfice *m* craftsman
artèria *f* artery
arteriosclerosi *f* arteriosclerosis
àrtico Arctic
articol|are *adj*, *v/t* articulate; **~ato** articulate; jointed; **~azione** *f* articulation; joint
articolo *m* article; **~ di fondo** editorial; **~ di prima necessità** commodity
artif|iciale (~iziale) artificial; **fuochi** *m/pl* **~iciali** fireworks *pl*
artigiano *m* artisan; craftsman
artiglier|e *m* gunner; **~ìa** *f* artillery; **pezzo** *m* **d'~ìa** ordnance piece
artiglio *m* claw

artista *m, f* artist
artìstico artistic ,
arto *m* limb
artrite *f* arthritis
arzillo vigorous; sparkling (*wine*); spry
ascella *f* arm-pit
ascendente upward
ascen|sione *f* ascent; climbing; *eccl* Ascension; **~sore** *m* lift
ascesso *m* abscess
ascia *f* axe
asciuga|capelli *m* hair-dryer; **~amano** *m* towel; **carta** *f* **~ante** blotting-paper; **~are** *v/t* dry; wipe
asciutto dry
ascolt|are *v/t* listen (to); **~o** *m* listening; **dare ~o** give ear (to)
ascrivere *v/t* ascribe; register
ascrizione *f* registration
Asia *f* Asia; **~ Minore** Asia Minor
asiàtico Asiatic
asilo *m* asylum; refuge; **~ infantile** kindergarten
asinaio *m* ass-driver
àsino *m* ass; donkey
asma *f* asthma; **~ del fieno** hay fever
asparago *m* asparagus
aspèrgere *v/t* sprinkle; strew
asper|sione *f* (be)sprinkling; **~sorio** *m* holy-water sprinkler
aspett|are *v/t* wait (for); expect; **~o** *m* aspect; look; **sala** *f* **d'~o** waiting-room

aspir|ante *m* applicant, candidate; **~apòlvere** *m* vacuum cleaner; **~are** *v/t* inhale; *v/i:* **~are a qc** aim at s.th.

aspirina *f* aspirin

aspr|ezza *f* harshness; **~o** rough, harsh; sharp

assaggiare *v/t* taste; assay

assai very much; very

assalire *v/t* attack; assault

assalto *m* assault; *mil* attack

assass|inare *v/t* murder; assassinate; **~inio** *m* murder; **~ino** *adj* murderous; *m* assassin

asse *f* board; *m* axis; axle

assedi|are *v/t* besiege; **~o** *m* siege

assegn|amento *m* allotment; allowance; **~are** *v/t* assign; **~azione** *f* assignment; **~o** *m:* **~o bancario** cheque; **contro ~o** cash on delivery

assemblea *f* assembly; meeting

assembrare *v/t* assemble

assennato sensible

assente absent

assent|imento *m* assent; **~ire** *v/i* assent

assenza *f* absence

assenzio *m* absinth

asserire *v/t* assert

assessore *m* alderman; **~ municipale** town councillor

assetato thirsty; *fig* eager

assetto *m* order; arrangement

assicur|are *v/t* assure; fasten; insure; **~arsi** *v/r* se-

cure; make sure; **~ata** *f* money-letter; **~azione** *f* assurance; insurance; **~azione di responsabilità civile** third party insurance; **~azione sulla vita** life assurance

assiderare *v/t* chill

assiduità *f* assiduity

assiduo assiduous; regular

assieme together

assiepare *v/t* hedge

assillo *m* gadfly

assioma *m* axiom

assise *f* Court of Assizes

assist|ente *adj* assisting; *m,f* assistant; **~enza** *f* assistance; attendance; **~enza sociale** social work

assistere *v/t* assist, help

asso *m* ace

associ|are *v/t* associate; unite; affiliate; **~ato** *m* associate; partner; **~azione** *f* association

assoggettare *v/t* subject

assolare *v/t* expose to the sun

assoldare *v/t* enlist

assol|utamente *adv* absolutely; **~uto** absolute; unrestricted; **~uzione** *f* acquittal; *eccl* absolution

assòlvere *v/t* acquit; relieve; *(task)* perform

assomigli|anza *f* resemlance; **~are** *v/i* resemble; *v/t* compare; **~arsi** *v/r* look like

assorbire *v/t* absorb

assord|amento *m* deafening; **~are** *v/t* deafen; **~ire**

v/i become deaf

assort|imento *m* assortment; choice; **~ire** *v/t* assort

assottigliare *v/t* thin

assue|fare *v/t* accustom (**a** to); **~fazione** *f* habit

assùmere *v/t* assume; appoint s.o.

Assun|ta *f* Holy Virgin; Assumption Day; **2to** *m* task; **~zione** *f* Assumption

assurdo absurd

asta *f* rod; staff; *mil* spear; writing: stroke; *compasses*: leg; (**~ pùbblica**) auction

astèmio *adj* abstemious; *m* total abstainer

astenersi *v/r* **da** abstain from

asterisco *m* asterisk

àstero *m* aster

astin|ente abstinent; **~enza** *f* abstinence

asti|o *m* grudge; envy; **~osità** *f* spitefulness; **~oso** spiteful

astore *m* goshawk

astrale astral

astr|arre *v/t* abstract; **~atto** abstract; absent-minded

astringente astringent

astrìngere *v/t* compel; *med* render costive

astro *m* star; **~ologìa** *f* astrology; **~onave** *f* spaceship; **~onomìa** *f* astronomy; **~ònomo** *m* astronomer

astruso abstruse

astuccio *m* case; sheath

ast|uto astute; cunning; **~ùzia** *f* slyness; trick

atlant|e *m geog* atlas; **oceàno** *m* 2ico Atlantic Ocean

atlet|a *m, f* athlete; **~ica** *f* athletics *pl*

atmosfera *f* atmosphere

atollo *m* atoll

atòmic|o atomic; **bomba** *f* **~a** atomic bomb

àtomo *m* atom

atrio *m* entrance-hall; porch

atroce atrocious; dreadful

attacc|àbile assailable; **~abrighe** *m* quarrelsome person; **~apanni** *m* coathanger; **~are** *v/t* attach; fasten; stick; sew on; (*speech*) begin; *mil* assail

attacco *m* assault; *med* attack; *elec* connection; *ski*: binding

atteggi|amento *m* attitude; **~arsi** *v/r* assume an attitude

attèndere *v/t* expect; *v/i* look after

attendìbile reliable

attenersi *v/r* **a qc** conform to, stick to s.th.

attent|are *v/i* attempt *acc*; **~are alla propria vita** attempt one's own life; **~arsi** *v/r* dare; **~ato** *m* attempt; **~o** attentive

attenuare *v/t* attenuate; extenuate

attenzione *f* attention; carefulness

atterr|aggio *m aer* landing; descent; **~are** *v/t* knock down; *v/i aer* land

attesa *f* waiting; **in ~ di** while waiting for

attest|are *v/t* certify; **~ato** *m*

certificate; attestation

atticciato stout

attìguo adjoining

attillato tight fitting

àttimo *m* instant, moment

attin|ente pertaining; **~enza** *f* relation; connection

attingere *v/t* draw; attain

attirar|e *v/t* attract; allure; **~e l'attenzione** draw attention (**su** to); **~si** *v/r* draw s.th. upon oneself

attitùdine *f* attitude

att|ività *f* activity; **~ivo** *adj* active; busy; *m gram* active

attizzare *v/t* stir

att|o *adj* apt; **~o** *m* action; deed; *thea* act; **~i** *m/pl* legal proceedings *pl*

attònito astonished

attorcigliare *v/t* twist

attore *m* actor

attorniare *v/t* surround

attorno around; about

attr|arre *v/t* attract; **~attiva** *f* attraction; charm; **~attivo** attractive

attraversare *v/t* cross

attraverso across; through

attrazione *f* attraction

attrezz|are *v/t* equip; *naut* rig; **~o** *m* tool; **~i** *pl* tools *pl*; rigging

attribuire *v/t* ascribe

attributo *m* attribute

attrice *f* actress

attrupparsi *v/r* troop

attu|ale present; **~alità** *f* reality; *f/pl* current news *pl*; **~are** *v/t* carry out; realize; **~ario** *m* registrar

aud|ace bold; **~acia** *f* dar-

ing; boldness

auditòrio *m* auditory; auditorium

augur|are *v/t* wish; **~io** *m* wish

augusto august

àula *f* hall; classroom

aument|are *v/t* increase; (*price*) raise; **~o** *m* increase; rise

àureo golden

aurèola *f* halo

aurora *f* dawn

ausili|are auxiliary; **verbo** *m* **~are** auxiliary verb; **~o** *m* aid

auspicato: bene (**male**) **~** well (ill) promising

àuspice *m* protector

auster|ità *f* austerity; **~o** austere; severe

Australia *f* Australia

Austria *f* Austria

austrìaco *m*, *adj* Austrian

autentic|are *v/t* certify; **~ità** *f* authenticity

autèntico authentic; genuine

autista *m*, *f* driver; chauffeur

auto *f* car

auto... self ...; **~biografia** *f* autobiography; **~bus** *m* bus; **~carro** *m* motor-lorry; **~crazia** *f* autocracy; **~grafare** *v/t* autograph; **~linea** *f* busline

autòma *m* automaton

automàtico automatic

auto|mezzo *m* motor-vehicle; **~mòbile** *f* automobile; car; **~mobilismo** *m* motoring; **~mobilista** *m, f* motorist; **~motrice** *f* diesel train

autonomìa *f* autonomy

autoparcheggio *m* parking area

autopsìa *f* autopsy; post-mortem

autor|e *m* author; **~évole** authoritative; reliable

autorimessa *f* garage

autor|ità *f* authority; influence; *pl* authorities *pl*; **~itario** authoritarian; **~iz-zare** *v/t* authorize; entitle

auto|scafo *m* motor-boat; **~strada** *f* motor-road; highway; **~treno** *m* lorry; truck; **~veicolo** *m* motor-vehicle

autunnale autumnal

autunno *m* autumn; fall

av = avanti

ava *f* grandmother

avallare *v/t* guarantee

avam|braccio *m* forearm; **~posto** *m mil* outpost

avana brown, beige

avanguardia *f* vanguard

avannotto *m* young fish; *fig* greenhorn

avanti before; forward; **~ che** sooner than; **~!** come in! forward! in; **~andare ~** precede; be fast (*watch*)

avantieri the day before yesterday

avanz|amento *m* advancement; promotion; **~are** *v/i* proceed; be left; *v/t* promote; **~o** *m* remnant; surplus; **~i** *pl* remains *pl*

avar|ia *f* damage; average;

~iato damaged; **~izia** *f* avarice

avaro *adj* avaricious; *m* miser

Ave Marìa, avemmarìa *f* Hail Mary

avemmo we got

avena *f* oats *pl*

aver|e *v/t* have; get; obtain; *m* property; **~i** *m/pl* possessions

aveste *v/t* *pl*, **~i** *sg* you got

avete you have (*pl*)

avev|a he had; **~amo** we had

avévano they had

avevate you had (*pl*)

avev|i you had (*sg*); **~o** I had

avia|tore *m* aviator; **~zione** *f* aviation

avidità *f* greediness

àvido greedy; eager

avio|getto *m* jet plane; **~lìnea** *f* airline; **~rimessa** *f* hangar; **~trasportato** airborne

avo *m* grandfather

avorio *m* ivory

avr|à he will have; **~ai** you will have (*sg*); **~anno** they will have; **~emo** we shall have; **~ete** you will have (*pl*); **~ò** I shall have

avvallamento *m* depression

avvampare *v/i* blaze up

avvantaggi|are *v/t* improve; **~arsi** *v/r*: **~arsi di qc** draw advantage from, profit by s.th.

avvedersi *v/r* (**di**) notice, perceive (s. th.)

avvelenare *v/t* poison

avven|ente lovely; **~enza**

8*

prettiness
avven|imento m event; **~ire**
v/i occur; m future
avvent|are *v/t* hurl; **~arsi**
v/r rush (upon); **~ato** rash;
reckless; **~izio** adventitious
avvento m advent
avvent|ore m customer;
~ura f adventure; **~urare**
v/t venture; risk; **~uriere** m
adventurer; **~uroso** adven-
turous; enterprising
avverarsi *v/r* prove true
avverbi|ale adverbial; **~o** m
adverb
avver|sario m adversary;
~sione f aversion; **~sità** f
adversity; **~so** adverse; un-
favourable
avvert|enza f note; warn-
ing; foreword; admonition;
~imento m warning; advice;
warning; **~ire** *v/t* warn; inform
avvezzare *v/t* accustom
avvi|are *v/t* start; introduce;
~arsi *v/r* set out; **~atore** m
starter
avvicinare *v/t* approach
avvil|imento m dejection;

~ire *v/t* debase; (*price*) depreciate; **~irsi** *v/r* degrade
oneself
avviluppare *v/t* wrap up;
entangle
avvis|are *v/t* inform; warn;
~o m notice; advice; announcement; warning; **a
mio ~o** in my opinion
avvitare *v/t* screw (up)
avvocato m lawyer; barrister; solicitor
avvolgere *v/* wind; wrap
(up)
avvoltare *v/t* roll up
azalea f azalea
azienda f business; firm;
consiglio m d'**~** managing
board
azion|e f action; share; **~ista**
m, f shareholder
azoto m nitrogen; azote
azzard|are *v/t* risk; **~arsi** *v/r*
venture; **~o** m hazard; risk;
gioco m d'**~o** game of
chance
azzoppire *v/i* become lame
azzurro blue; **~ chiaro**
lightblue; **~ cupo** dark-blue

B

babbo m dad, daddy, pa
babbuino m baboon
babordo m larboard
bac|aio m silk-grower; **~ato**
worm-eaten
bacca f berry
baccal|à, ~aro m codfish
bacc|anale m noisy revel;
orgy; **~ano** m uproar

bacchetta f rod; wand; (*con-
ductor's*) baton
Bacco m Bacchus; **per ~!** by
Jove!
bachicul|tore m silk-worm
breeder; **~tura** f silk-worm
breeding
baciamano m hand-kissing
baciare *v/t* kiss

bacillo m bacillus
bacino m basin
bacio m kiss
baco m **da seta** silk-worm
badare v/i mind; pay attention (**a** to); look out
ba|dessa f abbess; **~dìa** f abbey
baffi m/pl moustaches pl
bagagliaio m luggage-van
bagaglio m luggage
bagliore m gleam
bagn|aiuola f, **~aiuolo** m bath-attendant; **~ante** m, f bather; **~are** v/t wet; moisten; sprinkle; **~ato** wet; **~ino** m bath-attendant, life-guard
bagno m bath; **~ all'aperto** open air bath; **~ di sole** sunbathing; **~ di vapore** the Turkish baths pl; **~lo** m wet pack
baia f geog bay
baionetta f bayonet
balbettare v/i stammer
Balcani m/pl Balkan
balcone m balcony
balena f whale
balen|are v/i lighten; fig flash; **~ìo** m continual lightning; **~o** m lightning
balìa f power
bàlia f nurse
balla f bale
ball|are v/t, v/i dance; **~ata** f ballad; **~erina** f ballet-girl; orn wagtail; **~erino** m dancer; **~o** m dance; ball; thea ballet
balneario bathing; **stabilimento ~** bathing estab-

lishment
balsàmico balmy
bàlsamo m balsam
Bàltico m (**mare ~**) Baltic (Sea)
baluardo m bulwark
balz|are v/i spring; jump; leap (heart); **~o** m leap; bound
bambin|a f little girl; **~aia** f nurse-maid; **~o** m little boy
bàmbola f doll
bambù m bamboo
banalità f banality; platitude
banan|a f banana; **~o** m banana-tree
banc|a f bank; **casa** f **~aria** banking house; **~ario** pertaining to banks; **~arotta** f bankruptcy
banch|ettare v/i feast; **~etto** m banquet
banchiere m banker
banchina f pier
banco m bank; table; bench; counter; **~ del lotto** lottery office; **~giro** m com clearing; **~nota** f banknote
banda f band; gang
bandiera f flag; banner
band|ire v/t banish; **~ito** m bandit; outlaw; **~o** m banishment; exile
bar m bar
bara f bier; coffin
baracca f barrack; shack
barba f beard; **~ a punta** pointed beard; **fare la ~ a qu** shave s.o.
barbabiètola f beetroot
bàrbaro adj barbarous; m

barbarian

barbiere m barber

barca f boat

barca|iuola m boatman; **~rola** f barcarolle

barella f stretcher

barile m barrel

barista m barman; f barmaid

baritono m, adj baritone

barlume m glimmer, gleam

barocco m, adj baroque

baròmetro m barometer

baron|e m baron; **~essa** f baroness

barr|a f bar; rod; **~icare** v/t barricade; **~iera** f barrier

basare v/t base, ground

basco adj Basque; m Basque; beret

base f base; basis; foundation

bassa f plain

bassetta f whisker

bass|ezza f lowness; fig meanness; **~o** low; mean; **~a voce** in a low voice; **~o** m (mus) bass; **~ofondo** m slum; **~opiano** m lowland; **~orilievo** m bas-relief

bassoventre m abdomen

basta adv enough; f tuck; hem

bastaio m saddler

bastardo adj illegitimate; m bastard; mongrel

bastare v/i suffice; be enough

bastimento m ship; vessel

bastione m rampart

baston|are v/t cane; beat; **~ata** f blow; **~e** m stick; cane

batista f batiste; cambric

battaglia f battle

battaglione m battalion

battell|iere m boatman; **~o** m boat; **~o a remi** rowboat; **~o pneumático** rubber boat

battente m (door) leaf; (window) shutter; knocker

bàtt|ere v/t, v/i beat; strike; knock; **~ere le mani** clap hands; **~ersela** run away

batteria f battery; **~a secco** dry battery

bat|tésimo m christening; **~tezzando** m child to be christened; **~tezzare** v/t christen

battibecco m squabble

batticuore m palpitation

battist|a m, f baptist; **~ero** m baptistry

battitoio m door-knocker

battuta f beat; mus bar

baule m trunk

bavarese m, f, adj Bavarian

bàvero m collar

Baviera f Bavaria

bazàr m bazaar

bazzotto softboiled (egg)

be' = bene well

beat|itùdine f beatitude; blissfulness; **~o** happy; blessed

bébé m baby

beccaccia f orn woodcock

becc|are v/t peck; **~atoio** m trough

becchime m birdsfood

becco m beak; burner; **~a gas** gasburner

befana f old woman who

brings presents on Twelfth Night

beffa f mockery; **farsi ~ di qu** make a fool of s.o.

beff|ardo adj mocking; m mocker; **~arsi** v/r di qu laugh at s.o.

belare v/i bleat

belga m, f, adj Belgian

Belgio m Belgium

belletto m make-up

bellezza f beauty; **salone di ~** beauty parlour

bèllico, bellicoso bellicose; warlike

bellino pretty; nice

bello adj beautiful; m beauty; **bell'e fatto** it is done

beltà f beauty

belva f wild beast

belvedere m belvedere (= beautiful view)

benchè although

bend|a f bandage; blindfold; headband; **~aggi** m/pl dressing material (for wounds); **~are** v/t bandage; blindfold

bene adv well; m good

benedetto blessed

bene|dicite m grace (before meals); **~dire** v/t bless; **~dizione** f blessing

beneducato well bred

bene|fattore m benefactor; **~ficenza** f beneficence; **~ficio** m benefit; (del corpo) relief of the bowels

benèfico beneficent

benemèrito well deserving

benèssere m well-being;

comfort

bene|stante well-to-do; **~volenza** f benevolence

benèvolo benevolent; kindly

beni m/pl goods, estate

ben|igno benign; kind; **~ino** fairly well; **~inteso** provided (that); **~one** very well; **~portante** healthy

bensì conj but; adv certainly; really

benvenuto adj welcome; m welcome; **dare il ~ a qu** welcome s.o.

benzina f petrol; gasoline; **serbatoio m di ~** gasoline-tank

bere v/t drink

berlina f salon-car

berlinese adj Berlinese; m, f Berliner

Berlino f Berlin

Berna f Bern

berr|etta f cap; **~ettaio** m cap-maker; **~etto** m cap

bersagliere m bersagliere; sharp-shooter

bersaglio m target

bestemmi|a f curse; blasphemy; **~are** v/t, v/i swear; curse; **~atore** m swearer

besti|a f beast; **~ale** beastly; brutal; **~ame** m cattle; live-stock

béttola f tavern; pub

betulla f birch

bevanda f drink; beverage

bev|erino m trough (bird-cage); **~ibile** drinkable; **~itore** m drinker; **~uta** f draught

bezzi|care v/t peck; *fig* tease
biada f fodder; oats pl
biancastro whitish
bian|cheria f linen; **~cheria da dosso** body-linen; **~chetto** m whitewash; cosmetic; **~chire** v/t bleach
bianco white; **lasciare in ~** leave blank; **girata** f **in ~** blank endorsement
biancospino m whitethorn
biasim|àbile blamable; **~are** v/t blame; reprove
biàsimo m blame
Bibbia f Bible
bìbita f drink
bìblico biblical
bibliografìa f biblography
bibliotèca f library
bicarbonato m **(di soda)** (sodium) bicarbonate
bicchiere m (drinking-)glass
bicicletta f bicycle
bidèllo m janitor; usher
bidone m can; tank
bieco sullen; grim
biennio m two-year period
biforc|arsi v/r branch off; **~azione** f bifurcation
biga f two-horsed chariot
bigamìa f bigamy
bigio grey
bigliett|aio, **~inaio** m booking-clerk; ticket-collector; conductor; **~erìa** f ticket-office
biglietto m ticket; note; **~ aèreo** air ticket; **~ d'andata e ritorno** return ticket; **~ circolare** tourist ticket; **~ di visita** (visiting-) card; **~ di banca** banknote; **~ di**

prenotazione reserved seat ticket; **~ d'ingresso** platform ticket; **~ di volo** flying-ticket
bigodini mpl haircurlers
bikini m bikini
bilan|cia f scales pl; balance; **~ciare** v/t weigh; balance; **~cio** m budget; balance
bile f bile; gall
biliardo m billiards pl
bìlico m equilibrium
bilingue bilingual
bimba f, o m small child
bimensile twice a month
bimotore m two-engined plane
binario m railway-track
binòccolo m binoculars pl; **~ da teatro** opera-glasses
biografìa f biography
biògrafo m biographer
biologìa f biology
biond|ino fair-haired; **~o** fair; blond
biplano m biplane
birbone m rogue; rascal
birichino m little rogue; urchin
birillo m skittle
birr|a f beer; **~erìa** f beerhouse; brewery
birro m police-spy
bis! once more! encore; **chiedere un ~** call for an encore
bisbètico peevish
bisbigli|are v/t, v/i whisper; **~o** m whisper
bisc|a f gambling-house; **~aiuolo** m gambler; **~azziere** m gambling-house

keeper
biscott|erìa f biscuit-shop; **~o** m biscuit; cookie
bisestile: anno m ~ leap-year
bislungo oblong
bisnipote m, f great-grand-child
bisognare v/i be necessary; **mi bisogna(no)** I need; **bisogna** (*with infinitive*) it is necessary; one ought (to)
bisogno m want; need; **al ~** in case of need; **avere ~ di** qc need s.th.; **~so** needy
bisonte m bison
bistecca f beefsteak
bivio m cross-road
bizza f anger; wrath
bizz|arro odd; queer; **a ~effe** plentifully
blando bland; soft
blatta f cockroach
bleso lisping
blindato armoured; **carro ~** m tank
blocc|are v/t block (up); **~o** m block; blockade
blu blue; **~astro** bluish
blusa f blouse
bobina f coil; bobbin
bocca f mouth; muzzle; **a ~ aperta** open-mouthed
boccetta f phial
bocchino m mouth-piece; cigar-holder; small mouth
boccia f decanter; bowl (*game*); *bot* bud; **~are** v/t reject; **èssere bocciato** flunk (*exams*)
bocc|oncino m choice morsel; **~one** m mouthful; **~oni**

lying on one's face
boia m hangman
boicott|aggio m boycotting; **~are** v/t boycott
boliviano m, *adj* Bolivian
boll|are v/t stamp; *fig* brand; **carta** f **~ata** stamped paper
bollente boiling; hot
bollettino m bulletin
boll|icina f small bubble; **~ire** v/t, v/i boil; *fig* seethe
bollo m stamp
bollore m boiling (-point)
bomba f bomb; **~ all'idrògeno** hydrogen bomb, H-bomb; **~ atòmica** atom bomb
bombard|amento m bombardment; **~iere** m bomber
bòmbice m silkworm
bomboletta nebulizzante f aerosol bomb
bonànima f late; **mio padre ~** my late father
bonàrio good-natured
bonificare v/t reclaim; refund
bonomìa f kindness
bonsenso m common sense
bontà f goodness
bora f north-east wind
borbottare v/t, v/i grumble; mutter
borchia f metal-work
bordello m brothel
bordo m border; edge; **a ~ di** aboard, on board (of) *fig* **di alto ~** of high rank
bòreo m north wind
bor|gata f hamlet; **~ghese** *adj* bourgeois; **in ~ghese** in

civilian clothes; *m* middle
class person; **~ghesia** *f*
bourgeoisie; middle class
borgo *m* village
bòrico *m* boric (acid)
borraccia *f* water-bottle
bors|a *f* purse; briefcase;
com stock-exchange; **~a di
studio** scholarship; **~aiuo-
lo** *m* pickpocket; **~etta** *f*
purse; handbag
bos|caiuolo *m* wood-cutter;
~co *m* wood; **~coso** woody
bòssolo *m* box-wood; dice-
box; cartridge-case
botànica *f* botany
bott|a *f* blow; **~aio** *m* cooper;
~e *f* barrel
bottega *f* shop
botteghino *m* box-office
bottiglia *f* bottle
bottiglieria *f* wine-shop
bottone *m* button; *bot* bud; **~
automàtico** press-stud
bovino bovine
bozz|a *f* sketch; **~e** *f*/*pl*
printer's proof (sheets)
bòzzolo *m* cocoon
bracc|ialetto *m* bracelet;
~ata *f* armful; **~o** *m* arm
braciere *m* brazier
bram|a *f* ardent desire; **~are**
v/*t* long (for); **~oso** covetous; eager
branchia *f* gill
branda *f* camp bed
brano *m* passage; excerpt
Brasile *m* Brazil
brasiliano *m*, *adj* Brazilian
bravo clever; brave
bretelle *f*/*pl* braces *pl*
brev|e short; **~etto** *m* patent;

~ità *f* brevity
brezza *f* breeze
bricco *m* kettle
brìciola *f* crumb; bit
brig|antaggio *m* brigand-
age; **~ante** *m* brigand
briglia *f* bridle
brill|ante *adj* brilliant; shin-
ing; *m* diamond; **~are** *v*/*i*
shine; glitter
brina *f* white frost
brindare *v*/*i* toast
brìndisi *m* toast
britànnico British
brìvido *m* shiver; chill
brizzolato spotted; slightly
grey (*hair*)
brocca *f* jug; pitcher
brodo *m* broth; bouillon; **~
ristretto** consommé
bromuro *m* bromide
bronchi *m*/*pl* bronchi; **~chi-
te** *f* bronchitis
brontol|are *v*/*i* grumble;
~one *m* grumbler
bronz|are *v*/*t* bronze; **~o** *m*
bronze
bruciare *v*/*t* burn
bruciore di stòmaco *m*
heartburn
bruco *m* caterpillar
brulicare *v*/*i* swarm
brunire *v*/*t* polish; brown
bruno brown
brusco sharp; harsh
brut|alità *f* brutality; **~o**
brute
brutt|ezza *f* ugliness; **~o**
ugly
buc|a *f* delle lèttere letter-
box; **~are** *v*/*t* pierce
bucato *m* washing; **dare in ~**

send to the wash
buccia f skin; peel
buco m hole
budell|o m bowel; **~a** f/pl bowels pl
budino m pudding
bue m ox; pl buoi
bùfalo m buffalo
bufera f storm
buffè m buffet; refreshment room
buff|o funny; **~one** m buffoon; fool
bugìa f lie
bugiardo adj lying; m liar
bugno m bee-hive
buio dark
Bulgarìa f Bulgaria
bùlgaro m, adj Bulgarian
bullett|a f tack; small nail;

~ino m bulletin
bùngalow m bungalow
buongustaio m gourmet
buon|o adj good; m bill; coupon; **~ mercato** m cheapness
burattino m puppet
burl|a f trick; joke; **~arsi** v/r **di qu** make fun of s.o.; **~esco** comical
burocràtico bureaucratic
burrasca f tempest; storm
burro m butter
burrone m ravine
bussare v/i knock
bùssola f compass
busta f envelope
busto m bust; corset
buttare v/t throw; cast; **~ via** throw away

C

c. = corrente, centèsimo, centìmetro
cabina f cabin; **~ telefònica** telephone booth
cablogramma m cablegram
cacao m cocoa
cacc|ia f hunting; **~a-mosche** m fly-flap; **~are** v/t, v/i hunt; chase; pursue; **~atore** m hunter; **~avite** f screw-driver
cacio m cheese
cacto, cactus m cactus
cad|àvere m corpse; **stella** f **~ente** shooting star; **~enza** f cadence; mus cadenza; **~ere** v/i fall; **~uta** f fall; downfall
caffè m coffee; coffee-

house; **~ettiera** f coffee-pot; percolator; **~eina** f caffeine
cagionare v/t cause
cagn|a f bitch; **~olino** m little dog; puppy
cala f cove; bay
Calàbria f Calabria
calabrone m bumblebee; hornet
calam|aio m inkstand; **~aro** m cuttlefish; **~ità** f calamity; **~ita** f magnet; **~ago** m **~itato** magnetic needle
calapranzi m service-lift
calare v/i go down (prices); fall; ebb; v/t let down; strike (sails)
calca f crowd; throng

calcagno m heel
calce f lime
calciatore m football player
calcin|a f mortar; **~oso** limy
calcio m kick; *chem* calcium;
gioco de m **del ~** game of football
calco m tracing; cast
calcolare v/t calculate; estimate
càlcolo m calculation; **~ biliare** gallstone
cald|aia f boiler; kettle; **~eggiare** v/t favour; **~o** adj warm; m warmth; heat; **ho ~o** I feel hot
caleidoscopio m kaleidoscope
calendario m calender
càlice m chalice; cup
calle m path; road; (water-streets in Venice)
calligrafia f penmanship; handwriting
callo m callus; corn
callotta f small cap
calm|a f calm; tranquillity; **~o** calm; quiet; **~are** v/t calm; soothe
cal|ore m heat; warmth; **~orifero** m heating apparatus; radiator
caloria f calorie
caloscia f overshoe
calpest|are v/t trample (on); **~io** m trampling
calunni|a f calumny; **~are** v/t slander
Calvario m Calvary
calvo bald(headed)
calz|a f stocking; **far la ~a** knit; **~atoio** m shoe-horn;

~atura f footwear; **~erotto** m, **~ino** m sock; **~olaio** m shoemaker; **~oleria** f bootmaker's shop; **~oni** m/pl trousers pl
cambi|ale f bill of exchange; **~amento** m change; **~are** v/t, v/i change; alter
cambiavalute f moneychanger
cambio m change; exchange; rate of exchange; *mech* change-gear; **in ~ di** instead of; **~ automàtico dei dischi** automatic record changer; **~ di velocità** aut change of gear; gearbox
càmera f room; **~da letto** bedroom; **~ d'aria** air-chamber; inner tube
camer|ata m comrade; **~iera** f house-maid; waitress; **~iere** m waiter; **~ino** m dressing-room; lavatory
camiceria f shirt-shop
camicia f shirt; chemise; **~ spottiva** sport-shirt
camino m chimney
cammello m camel
cammin|are v/i walk; **~ata** f walk; **~o** m road; way
camomilla f camomile
camoscio m chamois; shammy leather
campagna f country; campaign
campan|a f bell; **~accio** m cow-bell; **~ello** m small bell; **~ile** m bell-tower
camp|eggiare v/i camp; **~eggio** m camping (place);

caos

log-wood; **~estre** rural
campionari|o m sample-
book; **fiera** f **~a** sample fair
campio|nato m champion-
ship; **~ne** m sample; champion
campo m field; camp; fig
ground; **~ di concentra-
mento** concentration
camp; **~ sportivo** sports-
field; **~ di tennis** tennis
court
camposanto m cemetery,
churchyard
Cana|da m Canada; **&dese**
m, f, adj Canadian
canal|e m canal; channel;
pipe; **~izzazione** f canaliza-
tion
cànapa f hemp
cànapo m cable; rope
Canarie f/pl Canary Islands
canarino m canary
cancell|are v/t efface; wipe
out; erase; **~eria** f chan-
cery; **oggetti di ~eria** sta-
tionary; **~iere** m recorder;
pol chancellor; **~o** m gate
cancro m med cancer
candel|a f candle; **~a d'ac-
censione** sparking-plug;
~abro m chandelier; **~iere**
m candlestick
candid|ato m candidate;
nominee; **~atura** f candi-
dacy
candidezza f whiteness; fig
innocence
càndido white; candid
candire v/t candy
cane m dog
canestro m basket

cànfora f camphor
cangiamento m change
can|ile m (dog) kennel; **tosse**
f **~ina** whooping-cough
canizie f white hair
cann|a f reed; cane; (gun)
barrel; **~ella** f pipe; spout;
cinnamon; **~ello** m small
tube; **~occhiale** m tele-
scope; **~one** m gun; cannon
cannuccia di paglia f straw
(for drinking)
canònico m canon
canoro melodious
canottiere m rower; oars-
man
canotto m pneumàtico
rubber-boat; **~ smontàbile**
folding boat
cant|àbile suited for sing-
ing; **~ante** m, f singer; **~are**
v/t, v/i sing; chant; crow
(cock); cackle (hen); **~erel-
lare** v/t hum; **~erino** m
singing bird
càntico m hymn
cantiere m shipyard
cantin|a f cellar; **~iere** m
butler; wine-shop keeper
canto m song; chant; corner;
side; **~ popolare** folksong;
dal ~ mio for my part
cantoniera f corner cup-
board
cantoniere m road-mender;
rail line-keeper
cantore m singer; chorister
cantuccio m corner; nook
canz|onaccia f vulgar song;
~onare v/t ridicule; **~one** f
song; **~oniere** m song-book
caos m chaos

capac|e capable; able; **~ità** *f* ability; capacity

capanna *f* hut; cabin

capell|o *m* hair; **~uto** hairy

capezzale *m* bolster; pillow

cap|igliatura *f* hair; **~illare** capillary

capire *v/t* understand

capit|ale *adj* principal; chief; *f* capital (*town*); *m* capital (*money*); **~alismo** *m* capitalism; **~alista** *m* capitalist

capitano *m* captain; leader

capitare *v/i* arrive (*by chance*); happen

capitolo *m* chapter

capo *m* head; leader; chief; *geog* cape; **~ d'anno** *m* New Year's Day; **~ di bestiame** head of cattle; **da ~** once more; **in ~ alla strada** at the end of the street; **~banda** *m* bandmaster; outlaw chief; **~cameriere** *m* head-waiter

capocchia *f* head (*of pin, nail*)

capo|còmico *m* head comedian; **~comitiva** *m* travel manager; **~danno** *m* New Year's Day; **~fàbbrica** *m* foreman; **~giro** *m* dizziness; **~lavoro** *m* masterpiece; **~linea** *m* terminus; **~mastro** *m* master-builder; **~mùsica** *m* bandmaster; **~pòpolo** *m* popular leader; demagogue

capo|rale *m* *mil* corporal; **~stazione** *m* station-master; **~treno** *m* conductor;

~vòlgere *v/t* overturn; capsize

cappa *f* mantle; **~ del camino** chimney mantle

cappella *f* chapel

cappell|aio *m* hatter; **~eria** *f* hatter's shop; **~iera** *f* hatbox; **~ino** *m* small hat

cappello *m* hat; **~ di paglia** straw hat; **~ duro** bowler; **méttersi il ~** put on one's hat; **tògliersi il ~** take off one's hat

càppero *m* caper

cappio *m* knot; loop

cappone *m* capon

cappotta *f* *aut* top

capp|otto *m* overcoat; **insalata** *f* **~uccia** butter lettuce; **~uccino** *m* capuchin; coffee with a little milk; **~uccio** *m* hood; cowl

capr|a *f* goat; **~aio** *m* goatherd; **~etto** *m* kid; **~iccio** *m* caprice; whim; **~iccioso** capricious; **~o** *m* he-goat

càpsula *f* capsule; percussion cap

carabina *f* carbine

carabiniere *m* carabineer (*Italian gendarme*)

caraffa decanter

caramell|o *m*, **~a** *f* caramel, candy

carato *m* carat

caràttere *m* character; disposition; type

carbon|aia *f* charcoal-pit; **~aio** *m* charcoal-burner; **~ato** *m* carbonate; **~e** *m* coal; **àcido ~ carbònico** carbon dioxide

carburante m gas; fuel

carburatore m carburettor

carburo m carbide

carcer|are v/t imprison; **~ato** m prisoner

càrcere m prison; jail

carceriere m jailer

carciofo m artichoke

cardellino m goldfinch

cardìaco med cardiac

cardinale m cardinal; **nù-mero** m. cardinal number; **punto** m. cardinal point

càrdine m hinge

cardite f carditis

cardo m thistle

caren|a f naut bottom; **~aggio** m careenage

carestìa f dearth; famine

carezz|a f caress; **~are** v/t caress

cariato carious; decayed (tooth)

càrica f office; charge

caric|are v/t load; (watch) wind up; elec charge; **~arsi** v/r overburden oneself; **~atura** f caricature

càrico adj loaded; full; m load; cargo; burden

carie f med caries; decay

carino nice; dear

cariola f wheelbarrow

carità f charity; love; **per~!** for heaven's sake!

caritatévole charitable

carlinga f cockpit

carminio m carmine

carnagione f complexion

carn|e f meat; **~e salata** corned beef; **~éfice** m executioner; **~evale** m carnival;

~oso fleshy

caro dear; expensive

carosello m merry-go-round

carota f carrot

carovana f caravan

carpa f carp

carpentiere m carpenter

carponi on all fours

carr|aia f cart-road; **~ata** f cartload; **~eggiata** f wheeltrack; **~eggio** m cartage; freight; **~etta** f cart; **~etto** m hand-cart; **~iera** f career; **~iola** f wheel-barrow

carro m car; truck; van; wagon; **~ armato** tank; **~ fùnebre** hearse

carr|ozza f carriage; coach; **~ozza letti** sleeping-car; **~ozza ristorante** diner; **~ozzella** f perambulator; cab; **~ozzerìa** f aut body; **~ozzino** m side-car

carruba f carob

carrùcola f pulley

carta f paper; **~ carbone** carbon paper; **~ da lèttere** notepaper; **~ da parati** wall-paper; **~ d'identità** identity card; **~ igiènica** toilet paper; **~ intestata** letterhead; **~ geogràfica** map; **~ lùcida** tracing paper; **~ moneta** paper money; **~ stradale** street map; **~ sugante** blotting paper

cartapècora f parchment

cart|ella f satchel; portfolio; briefcase; **~ellino** m ticket; label; **~ello** m bill; placard;

~iera f paper-mill

cartilàgine f cartilage

cart|ina f med dose; **~occio** m paper-bag; **~olaio** m stationer; **~oleria** f stationary; **~olina** f card; **~olina illustrata** picture postcard; **~olina con risposta pagata** reply postcard; **~one** m cardboard; **~oni** m/pl **animati** animated cartoons pl

cartuccia f cartridge

casa f house; **~ di salute** nursing home; **a ~ mia** at (my) home; **~ di campagna** country house; **fatto in~** homemade; **~le** m hamlet; **~linga** f housewife; **~lingo** homely; **cucina f ~linga** plain cooking

cascata f (water)fall

cascina f dairy-farm

casco m helmet

casell|a f postale post-office box; **~ante** m linesman; **~ario** m filling-cabinet; **~o** gatekeeper's house

caserma f barracks pl

casetta f **per il fine settimana** weekend house

casino m casino

caso m case; **per ~** by chance; **a ~** at random; **~che** if

cas|olare m (isolated) cottage; **~otto** m cabin; box

càspita! by Jove!

cass|a f case; box; chest; **~a da morto** coffin; **~a di risparmio** savings bank; **~a toràcica** thorax; **~aforte** f safe; **~apanca** f chest

cassare v/t cancel; revoke

casseruola f saucepan

cass|etta f box; case; **~etta postale** letter-box; **~etto** m drawer; **~ettone** m chest of drawers

cassiere m cashier, teller

castagn|a f chestnut; **~eto** m chestnut grove; **~o** adj brown; auburn; m chestnut-tree

castello m castle; mech tower; (watch) frame; **~ in aria** castle in Spain; **~ di prua** forecastle

castig|are v/t punish; chastise; **~o** m punishment

cast|ità f chastity; **~o** chaste

castoro m beaver

castr|are v/t castrate, geld; **~one** m gelding

casuale casual; accidental

casùpola f hut

catacomba f catacomb

catàlogo m catalogue

cataplasma m poultice

catapulta f catapult

catarifrangente m reflector stud; cat's eye

catarro m catarrh; cold

catast|a f pile; heap; **~o** m register of landed property

catàstrofe f catastrophe

catechismo m catechism

categoria f category; class

catena f chain; **~ccio** m bolt

cateratta f sluice; waterfall; med cataract

catètere m catheter

catinell|a f basin; **piove a ~** it rains in torrents

catram|are v/t tar; **~e** m tar

càttedra *f* desk; chair

cattedrale *f* cathedral

cattiv|eria *f* wickedness; **~o** bad; naughty; **mare** *m* **~o** rough sea

cattolicismo *m* catholicism; **~òlico** *m, f, adj* catholic

cattura *f* capture; arrest

cau(c)ciù *m* india-rubber

causa *f* cause; (law)suit; **far ~** take legal action; **a ~ di** on account of

caus|ale *f* cuase; motive; **~are** *v/t* cause; bring about

cautela *f* caution

cauto cautious

cauzione *f* bail; security

cav *abbr for* cavaliere

cava *f* quarry; pit; **~fango** *m* dredger

cavalc|are *v/t* ride; *v/i* ride on horseback; **~ata** *f* ride; **~atore** *m* rider

cavalci|one (**~oni**) astride

cavaliere *m* horseman; knight

cavall|a *f* mare; **~etta** *f* grasshopper; **~etto** *m* trestle; *paint* easel

cavallo *m* horse; **~ da corsa** race-horse; **~ da sella** saddle-horse; **andare a ~** ride on horseback

cavallo-vapore *m* horsepower

cavare *v/t* dig; (*tooth*) extract

cava|stivali *m* boot-jack; **~tappi** *m* cork-screw

caverna *f* cave

cavezza *f* halter

cavia *f* guinea-pig

caviale *m* caviar

caviglia *f* plug; ankle

cav|ità *f* cavity; hole; **~o** *adj* holow; *m* cable

cavolfiore *m* cauliflower

càvolo *m* cabbage; **~ rapa** *m* kohlrabi; **~ cappuccio** white cabbage

cazzuola *f* trowel

C/c = conto corrente

cece *m* chick-pea

cecità *f* blindness

Cecoslov|acchia *f* Czecho-Slovakia; **~acco** *m, adj* Czecho-Slovak

cèdere *v/t* cede; give up; *v/i* yield; give in

ced|évole yielding; **~ibile** transferable

cèdola *f* coupon

cedro *m* cedar

ceffo *m* snout; muzzle

celare *v/t* conceal

celebèrrimo *cf* cèlebre

celebr|are *v/t* celebrate; praise; **~azione** *f* celebration

cèlebre famous; celebrated

celebrità *f* celebrity

cèlere rapid; quick

celerità *f* rapidity; speed

celeste heavenly; sky-blue

celia *f* jest; joke; **~re** *v/i* joke

celibato *m* celibacy

cèlibe *adj* single; unmarried; *m* bachelor

cell|a *f* cell; **~ofane** *m* cellophane

cèllula *f* cell

celluloide *f* celluloid

cèltico Celtic

cement|are v/t cement; *fig* strenghten; **~o** m cement; **~o armato** reinforced concrete

cen|a f supper; **~àcolo** m supper-room; *ast* Last-Supper; **~are** v/i dine; sup

cencio m rag; **cappello a ~** soft hat

cénere f ash; **le Céneri** Ash-Wednesday

cenno m sign; **fare ~** wave; nod

cens|o m wealth; income; **~uare** v/t tax; asses; **~ura** f censure

cent|enario adj centenarian; m centenary; **~èsimo** adj hundredth; m hundredth part; centime; **~igrado** m centigrade; **~imetro** m centimetre; **~inaio** m hundred

centr|ale adj central; f head-office; **~alino** m telefònico telephone exchange; **~o** m centre

ceppo m stump; block

cera f wax; (boot-)polish; look; **avere buona (cattiva) ~** look well (ill); **~lacca** f sealing-wax

ceràmica f ceramics pl; **~ata** f oil-cloth

cerc|a f search; quest; **~are** v/t look for; seek; v/i try

cerchi|a f circle; sphere; **~are** v/t hoop; **~atura** f hooping; **~one** m rim; tyre; **~one di ricambio** spare-tyre

cereali m/pl cereals pl

cerebrale cerebral

cèreo waxen; very pale

cererìa f wax-factory; wax-chandler's shop

cerimònia f ceremony; formality

cerimoni|ale ceremonial; **~oso** ceremonious

cer|inaio m match-seller; **~ino** m (wax-)match; **~o** m (church-)candle; **~otto** m plaster; *fig* bore

cert|ezza f certainly; **~ificare** v/t certify; confirm; **~ificato** m certificate; **~o** certain; sure

cerùleo sky-blue

cervello m brain; *fig* brains

cervice f cervix

cervo m stag; deer

cespuglio m bush; thicket

cess|are v/t, v/i cease; **~ione** f cession; transfer

cesso m water-closet

cest|aio m basket-maker; **~ino** m small basket; waste-basket; **~o** m hamper; basket; tuft

ceto m order; rank; **~ medio** middle class

cetra f zither

cetriolo m cucumber

che who, which; what; that; **ciò ~** that which ...; *conj* that; (*after comparative*) than; **ma ~!** not at all!; **~bell'idea!** what a good idea!

checché whatever

cherubino m cherub

chet|are v/t calm; **~o** quiet

chi who; whom; **di ~?** whose?; **a ~?** to whom?

chiàcchier|a f chat; gossip;

far due ~e have a chat

chiacchier|are v/i chatter; **~ata** f chat

chiam|are v/t call; name; tel ring up; **~arsi** v/r be called; **~ata** f **telefònica** phone-call

Chianti m Tuscan wine

chiappamosche m fly-trap

chiar|ezza f clearness; **~ifi-care** v/t clarify; **~ire** v/t make clear; **~o** clear; bright; evident; m light; **~o di luna** moonlight; **~o d'uovo** white of an egg; **~oscuro** m light and shade; **~oveggenza** f clairvoyance

chiasso m noise; **fare ~ fig** make a sensation

chiatta f barge

chiav|e f key (mus); **~e inglese** monkey-wrench; aut **~etta** f **d'accensione** ignition key; **~istello** m bolt

chiazzato spotted; stained

chicco m (coffee-)bean; grain; hailstone

chièdere v/t ask (**di** for); request

chiesa f church

chilo m kilo; **fare il ~** rest a while after dinner; **~gram-ma** m kilogram(me)

chilòmetro m kilometre

chilowatt m kilowatt

chìmic|a f chemistry; **~o** adj chemical; m chemist

chimono m Kimono

chin|a f slope; **~are** v/t bend; bow; **~arsi** v/r stoop; fig submit; **~o** bent

chincaglie f/pl knick-knacks

pl

chinino m quinine

chiocci|a f brooding-hen; **~are** v/i cluck

chiòcciola f snail; **scala** f a ~ winding staircase

chiodo m nail; spike

chioma f mane

chiosco m kiosk; stall

chiostro m cloister; convent

chirurg|ìa f surgery; **~o** m surgeon

chissà who knows; perhaps

chitarra f guitar

chiùdere v/t close; shut (up); **~ a chiave** lock

chiunque whoever

chius|a f conclusion; barrier; lock (of canal); **~ura** f closing (down); **~ura lampo** zipper

ci pron pers us; adv here, there; to it; at it); **~ penso** I think about it

C.ia = **Compagnìa**

ciab|atta f slipper; **~attino** m cobbler

cialda f waffle

ciambella f doughnut

ciano m cornflower

ciao hallo, hi; so long!

ciarl|a f idle talk; **~are** v/i gossip; **~atano** m charlatan; mountebank

ciarpa f scarf

ciascuno each (one); everybody

cib|o m food; nourishment (also fig); **~i** m/pl **vegetariani** a vegetarian diet

cicala f cicada

cicatrice f scar

cicca f cigar-butt; cigarette-end

cicerone m guide

cicl|ismo m cycling; **~ista** m, f cyclist; **~o** m cycle; **~one** m cyclone

cicogna f stork

cicoria f chicory

cieco adj blind; m blind man; **vicolo ~** m blind alley

cielo m sky; heaven

cifra f figure; **~ d'affari** turnover

ciglio m eyelash

cigno m swan

cigolio m creaking

ciliegi|a f cherry; **~o** m cherry-tree

cilin|drata f cylinder displacement; **~dro** m cylinder; roller; top-hat

cima f top; summit; **da ~ a fondo** from top to bottom

cimentoso perilous; risky

cimice f (bed)bug; drawing-pin

ciminiera f smoke-stack; funnel

cimitero m cemetery

Cina f China

cine m abbr for **cinema**

cinegiornale m news reel

cinema m, **cinematògrafo** m cinema; movies

cinèreo ash-coloured

cinese m, f, adj Chinese

cingere v/t gird; encircle

cinghi|a f strap; belt; **~ale** m wild boar

cinguettare v/i chirp

cìnico adj cynical; m cynic

cinqu|anta fifty; **~antena-**

~rio m fiftieth anniversary

cintura f belt; girdle; **~ di salvataggio** life belt; **~ di sicurezza** safety belt

ciò this; that; it; **a ~** for this purpose

ciocco m log

ciocco|lata f chocolate; **~a-tino** m chocolate drop

cioè, **~ a dire** that is to say; namely

ciottolato m cobbled pathway

ciòttolo m pebble

cipoll|a f onion; **~ina** f young onion; chive

cipress|eto m cypress grove; **~o** m cypress

cipria f face-powder

circ|a about; **~o** m circus

circolare v/i circulate; adj circular; **viaggio ~** round trip; **biglietto ~** return ticket; **(lèttera) ~** f circular (letter)

circolazione f circulation; traffic

circolo m circle; club; group

circondare v/t surround, encompass

circonvallazione f circumvallation; **linea f di ~** roundabout tramway

circostanza f circumstance; occasion

circu|ire v/t surround; **~ito** m circuit; **corto ~ùito** short circuit

cistifèllea f gall-bladder

citare v/t quote; cite; summon

città f town; city; **~ giardino**

garden city; ~ **universitaria** campus; ~ **vecchia** old (part of a) city

cittadin|anza f citizenship; **~o** adj civic; m citizen

ciuffo m tuft; forelock

ciurm|are v/t cheat

civett|a f owl; **~are** v/i flirt

civic|o adj civic; civilian; m civilian; **~guardia** f ~ a municipal guard

civile civil; civilized; **guerra** f ~ civil war; **stato** m ~ registrar's office

civiltà f civilization; courtesy

clacson m horn

clam|ore m clamour; **~oroso** noisy

clandestino clandestine; secret

clarinetto m clarinet

classe f class; **prima** ~ first class; **~ turistica** tourist class

clàssico adj classic(al); m classic

classificare v/t classify; grade

clàusola f clause

clava f club

clavicola f collar-bone

clem|ente mild; merciful; **~enza** f clemency

clero m clergy

cliente m, f client; customer; **~abituale** regular customer; **~la** f clientele

clim|a m climate; **~àtico** climatic; **stazione** f **~àtica** climatic health-resort

clìnica f clinic

cloaca f sewer; drain

clòrico chloric

cloro m chlorine; **~si** f chlorosis

c. m. = corrente mese current month

coabitare v/i live together

co|aderente adherent together; **~adiuvare** v/t help

coagularsi v/r coagulate

coalizione f coalition

cobalto m cobalt

cobra m cobra

cocaina f cocaine

cocchiere m coachman; driver

cocci m/pl earthenware; **~nella** f ladybug

cocci|o potsherd; **~uto** obstinate

cocco m coco(nut); fam darling

coccodrillo m crocodile

cocolla f cowl

cocòmero m watermelon

coda f tail; train (dress); line; **piano m a** ~ grand piano; **fare la** ~ queue up; **~rdo** adj cowardly; m coward

codesto this, that

còdice m code; **~ stradale** highway code

coercitivo coercive; compulsive

coe|rede m co-heir; **~rente** coherent; consistent; **~sistenza** f coexistence; **~sivo** cohesive

coetàneo of the same age

còfano m casket; chest; aut hood

coffa f mar top

cògliere v/t gather; catch; seize (*opportunity*)

cognàc m cognac; brandy

cogn|ata f sister-in-law; **~ato** m brother-in-law

cògnito known

cognizione f knowledge

cognome m surname; family name

coincidenza f coincidence; rail connection

coinvòlgere v/t involve

cola f strainer; sieve

colà (over) there

col|are v/t strain; cast (*metal*); v/i drip; **~ata** f cast; lava stream

colazione f breakfast; lunch; **far ~** have breakfast (lunch)

colei she; her

coler|a m cholera; **~ina** f British cholera

còlica f colic

colla f paste; glue

collabor|are v/i collaborate; **~atore** m collaborator

coll|ana f necklace; **~are** m collar; bands pl; **~asso** m collapse

colle m hill

collega m,f colleague

collegare v/t connect; unite

colleg|iale adj collegial; m college boy; **~o** m boarding-school; college; (professional) body

còllera f anger; **andare in ~** fly into a passion

collèrico choleric

collett|a f collection; **~are** v/t collect; **~ivo** collective; joint

colletto m collar

collezion|e f collection; **~ista** m, f collector

collimare v/i coincide; agree

collina f hill

collisione f collision

collo m neck; com parcel

colloc|amento m placement; **agenzia f di ~amento** employment agency; **~are** v/t place; put

collòquio m conversation; talk

colloso sticky

colm|are v/t fill up; **~o** adj full up; m summit

colombo m dove

colonia f colony; settlement; **~le** colonial; **gèneri** m/pl **~li** groceries

colonn|a f column; pillar; **~ello** m colonel

color|are v/t colour; **~ato** coloured; **~e** m colour; **~ire** v/t colour; paint; **~itura** f colouring

coloro they; those

colossale colossal

colp|a f fault; guilt; **~évole** guilty; **~etto** m light blow, tap

colpire v/t strike; hit

colpo m blow; stroke; hit; shot; **~ d'aria** draught; **~ di mano** sudden attack; **~ di sole** sun-stroke; **~ di stato** coup d'état; **~so** guilty

colta f harvest

coltell|ata f stab; **~o** m knife;

~o a serramànico jack-knife

coltiv|are *v/t* till; grow; *fig* cultivate; **~azione** *f agr* farming

colto learned; educated; gathered

coltr|e *f* coverlet; pall; **~one** *m* quilt

coltura *f* cultura; farming

colui he; him

coma *m* coma

comand|amento *m* commandment; **~ante** *m* commander; **~are** *v/t* command; **~are qc** *com* order s.th.; **~o** *m* command; order; *mech* drive; control

comare *f* godmother

comb|àttere *v/i* fight; *v/t* fight against; **~attimento** *m* combat

combin|àbile combinable; **~are** *v/t* combine; **~azione** *f* agreement; chance

combustibile *adj* combustible; *m* fuel

come how; as; like; **~ me** like me; **~ se** as if; **~ mai?** why (on earth)?

cometa *f* comet

còmico comic(al); **poeta m ~** comic writer

comìgnolo *m* chimney-top; ridge

cominciare *v/t*, *v/i* start; begin

comino *m* cumin

comit|ato *m* committee; board; **~iva** *f* party; company

commèdia *f* comedy

commedi|ante *m*, *f* comedian; **~ògrafo** *m* playwright

commemor|are *v/t* commemorate; **~ativo** memorial

commensale *m* table companion

comment|are *v/t* comment; **~atore** *m* commentator; **~o** *m* comment; commentary

commerci|ale commercial; **società f ~ale** business concern; **~ante** *adj* trading; *m* dealer; business man; merchant; **~are** *v/i* trade; deal; **~o** *m* business; **~o èstero** foreign trade

commesso *m* clerk; employee; **~ viaggiatore** travelling salesman

commestìbili *m/pl* foodstuffs *pl*

commèttere *v/t* (crime) commit; *com* order

commiss|ariato *m* di pùbblica sicurezza police station; **~ario** *m* commissary; **~ione** *f* order; errand; committee; **~ione** *f* **interna** works council

commisto mixed

committente *m*,*f* customer

comm|ovente moving; **~ozione** *f* commotion; **~uòvere** *v/t* move; touch; affect

commut|are *v/t* commute; **~azione** *f* commutation; *elec* switching

comò *m* chest of drawers

comod|are *v/i* suit; **~ino** *m* bedside table; **~ità** *f* comfort; convenience

còmodo comfortable; well off

compaesano m compatriot

compagn|a f female companion; **~ia** f company; **~o** m mate; **com** partner

compar|àbile comparable; **~are** v/t compare; **~azione** f comparison

compare m godfather

comparire v/i appear

compart|ecipare v/i share (in); **~ecipazione** f share; **~imento** m compartment; department; **~imento per (non) fumatori** (non) smoking compartment

compassi|one f pity; compassion (**di** with); **~onévole** pityful

compasso m compasses pl

compatibile compatible

compatriota m, f compatriot; m fellow-countryman

compatto compact

compendi|are v/t summarize; **~o** m compendium; digest

compens|àbile compensable; **~are** v/t compensate; **~o** m reward; compensation; **stanza di ~o** clearing house

comperare cf comprare

com|petente competent; qualified; **~petenza** f competence; **~pètere** v/i compete

compiac|ente obliging; **~enza** f kindness; complacence; **~ere** v/t please; comply (with)

compiàn|gere v/t lament; pity; **~to** be moaned

còmpiere v/t accomplish; fulfil

compilare v/t compile

comp|imento m accomplishment; fulfilment; **~ire** cf còmpiere

compit|are v/t spell; **~ezza** f politeness; **~o** accomplished

còmpito m task

compleanno m birthday

complementare complementary

complessi|one f constitution (*health*); **~ivo** total; **~o** m whole; complex

complet|are v/t complete; **~o** complete; entire; full (up)

complicare v/t complicate

còmplice adj accessory; m,f accomplice

complim|entare v/t congratulate; compliment (s.o.); **~enti** m/pl: **fare ~enti** stand on ceremony

complotto m plot

compo|nimento m composition; essay; **~orre** v/t compose; arrange; **~orsi di** consist of; **~ositore** m type-setter; composer

comport|àbile tolerable; **~amento** m behaviour; **~are** v/t bear; tolerate; **~arsi** v/r behave

compos|itore m composer; **~izione** f composition

compo|sta f compote; stewed fruit; **~ostiera** f dish for compote; **~osto** composed; settled

compr|a f purchase; **~are** v/t buy; **~atore** m buyer

comprèndere v/i comprehend; realize; include

compren|sibile understandable; **~sione** f comprehension

compreso: tutto ~ everything included

compress|a f compress; tablet; **~ione** f compression

comprìmere v/t compress

compromèttere v/t compromise

comprov|àbile provable; **~are** v/t prove (by evidence)

compunto repentant

comput|àbile computable; **~are** v/t compute; reckon

còmputo m computation

comunale municipal; **consiglio** m ~ city council

comune common; usual; mutual; **in ~** in common

communic|are v/t communicate; inform; v/i eccl communicate; be in communication; **~azione** f communication; **rail, tel** connection

comunione f communion; eccl Communion

comun|ismo m communism; **~ista** m, f communist

comunità f community

comunque however; anyway

con with; by; to

cònca f tub; shell; **~vo** hol-

low

concèdere v/t grant; concede; allow

concentr|are v/t concentrate; **~arsi** v/r concentrate (attention); gather; **~azione** f concentration

concep|ibile conceivable; **~ire** v/t conceive

conceria f tannery

concèrnere v/t concern

concert|are v/t plan; concert; **~o** m concert

concessione f concession; grant

concetto m conception; idea

conchiglia f shell

conchiùdere v/t conclude

conci|a f tan; tanning; **~atore** m tanner

concili|are v/t reconcile; **~arsi** v/r make up; reconcile; **~azione** f (re)conciliation; eccl **~o** m council

concime m compost; manure

conciso concise

concitare v/t agitate

concittadino m fellow-citizen

conclave m conclave

concl|ùdere v/t close; v/i draw the conclusion; **~usione** f conclusion; **~usivo** conclusive

concomitante concomitant

concord|anza f agreement; **~are** v/t, v/i agree (upon); **~ia** f harmony; agreement

concorr|ente m competitor; candidate; **~enza** f competition

concórrere v/i compete; contribute (**a** to)

concorso m concourse; competition; tournament

concreto concrete

concubina f concubine

concussione f extortion

condanna f condemnation; **~ a morte** death sentence

condann|àbile condemnable; **~are** v/t sentence (**a** to); condemn

condensare v/t condense; thicken

condi|mento m seasoning; **~ire** v/t season

condisc|endente condescendent; indulgent; **~én-dere** v/i condescend; comply (with)

condiscépolo m schoolmate

condizion|ale m, adj conditional; **~e** f condition; state; **a ~e che** on condition that

condoglianza f condolence

condolersi v/r: **~ con qu** condole with s.o.

cond|otta f conduct; behaviour; auto: driving; **mèdico** m **~otto** panel doctor

conducente m driver

cond|urre v/t guide; drive; **~ursi** v/r behave; **~uttore** m leader; rail conductor; manager

confeder|ale confederate; **~arsi** v/r unite; confederate; **~ato** m confederate; ally; **~azione** f confederation

confer|enza f lecture; conference; **~enziere** m lectu-

rer; **~ire** v/t confer; bestow

conferm|a f confirmation; **~are** v/t confirm; **mi confermo ...** letter: I remain ...

confess|are v/t confess; admit; **~arsi** v/r go to confession; **~ione** f confession; **~o** pleading guilty; **~ore** m confessor

confett|are v/t candy; **~eria** f confectionary; confectioner's shop; **~i** m/pl candies pl; **~ura** f sweetmeat

confezionare v/t manufacture; make

confid|are v/t confide; v/i confide (**in** in); **~enza** f confidence; **~enziale** confidential

confìggere v/t nail; fix (**in** memory)

configurare v/t shape; symbolize

confin|are v/t confine; v/i border (**con** on); **~e** m border; boundary; **~o** m **polìtico** political confinement

confisc|a f confiscation; **~are** v/t confiscate

conflitto m conflict

conflu|ente m confluent; **~ire** v/i flow together

confóndere v/t confound; confuse: addle

conform|are v/t conform; **~e** conforming; **~e a** in conformity with; in accordance with

confort|àbile consolable; **~are** v/t comfort; encourage; **~o** m comfort; relief

confronto m comparison

conf|usione f confusion; **~uso** mixed up; confounded

conged|are v/t dismiss; give leave; **~o** m leave; farewell

congegno m device; contraption; gadget

congelarsi v/r congeal; freeze

congènito congenital

congestione f: **~ cerebrale** congestion of the brain

congetturare v/i conjecture; surmise

con|giùngere v/t connect; **~giùngersi** v/r join; **~giuntivite** f conjunctivitis; **~giuntivo** m subjunctive; **~giunto** adj joint; m relative; **~giuntura** f juncture; conjuncture; anat joint; **~giunzione** f (con)junction

congiur|a f conspiracy; plot; **~are** v/i plot

congratul|arsi v/r: **~arsi con qu** congratulate s.o. (on); **~azione** f congratulation

congregarsi v/r congregate

congresso m congress; convention

congruente congruent

coniare v/t coin; fig invent

cònico conical

conifere f/pl conifers pl

coniglio m rabbit

conio m wedge; coinage

coniug|are v/t conjugate; **~azione** f conjugation

còniuge m husband; f wife; **cònjugi** m/pl **X** Mr. and Mrs. X

conness|ione f connection;

~o related

connotato m feature

cono m cone

conosc|ente m,f acquaintance; **~enza** f knowledge; acquaintance

conóscere v/t know; be acquainted with

conoscitore m connoisseur

conqu|ista f conquest; **~istare** v/t conquer; **~istatore** m conqueror

consacr|are v/t consecrate; devote; **~azione** f consecration

consanguìneo adj akin; m kin(sman)

consapévole conscious; aware

conscio conscious; aware

consecutivo consecutive

consegn|a delivery; consignment; **~a bagagli** cloak-room; **~are** v/t deliver; consign; hand over

consegu|ente following; **~enza** f consequence; **~itare** v/i result (**di** from)

consenso m consent

consentire v/i consent

conserv|a f preserve(s); **~are** v/t preserve; keep; **~atore** m, adj conservative; **~azione** f conservation; preservation

consider|àbile considerable; **~are** v/t consider; **~azione** f consideration; **~évole** considerable

consigli|are v/t advise; counsel; **~ere** m counsellor; adviser

consiglio m advice; council; board

consistenza f consistency; solidity

consistere v/i consist (**in, di** in, of)

consocio m co-partner

consol|**are** v/t console; comfort; **~ato** m consulate; **~azione** f solace; comfort

cònsole m consul

consolidare v/t consolidate

consommé m broth

consonante adj conforming; f gram consonant

consorte m,f consort; mate

consorzio m syndicate; trust

constare v/i: **~ di** consist of

constatare v/t ascertain

consueto customary; habitual

consuetùdine f habit

consult|**are** v/t consult; **~azione** f consultation

consum|**are** v/t consume; fig wear out; **~o** m consumption; **imposte di ~o** excise tax

consunto consumed; worn out

contàbile m accountant; book-keeper

contabilità f book-keeping

contachilòmetri m speedometer

contad|**ina** f peasant-woman; **~ino** adj rustic; m farmer; peasant

contagioso infectious

contamin|**are** v/t contaminate; pollute; **~azione** f **dell'aria** air pollution

cont|**ante** m cash; **pagare in ~anti** pay in cash; **~are** v/t, v/i count; **~are su** v/t count on; rely on

contatto m contact; touch

conte m count; earl

cont|**eggiare** v/t compute; **~eggio** m reckoning; calculation

contempl|**are** v/t contemplate; **~azione** f contemplation

contemporàneo adj contemporaneous; m contemporary

contèndere v/t contest; v/i contend

conten|**ere** v/t contain; **~ersi** v/r restrain oneself

content|**are** v/t satisfy; **~arsi** v/r be content (**di** with)

contento satisfied (**di** with)

contenuto m contents pl

contesa f contest; strife

contessa f countess

contestare v/t contest

contesto m context

contiguo adjacent

contin|**ente** adj chaste; m continent; **~enza** f continence

continu|**are** v/t continue; **~azione** f continuation

continuo continuous; **di ~** continuously

conto m calculation; bill; account; **rèndere ~ di** account for; **rèndersi ~ di qc** realize s.th.; **in fin dei conti** ultimately; **~ corrente** current account

contòrcere v/t distort

contorno *m* contour; outline; *gast* (side-dish) vegetables *pl*

contorsione *f* contortion

contrabbando *m* smuggling

contrac|cambiare *v/t* return; reciprocate; **~cambio** *m* equivalent

contrada *f* region; road

contradd|ire *v/t* contradict; **~izione** *f* contradiction

contraf|fare *v/t* imitate; forge; **~farsi** *v/r* feign

contrap|peso *m* counterbalance; **~porre** *v/t* oppose

contrari|are *v/t* counteract; vex; **~età** *f* vexation; obstacle

contrario contrary; adverse; **èssere ~** be against; **al ~** on the contrary

contrar|re *v/t* contract; stipulate; **~si** *v/r* shrink

contr|astare *v/t* oppose; *v/i* be in contrast (with); **~asto** *m* contrast; opposition; **~attacco** *m* counter-attack

contratt|are *v/t* negotiate; bargain; **~o** *m* contract

contrav|veleno *m* antidote; **~venire** *v/i* infringe; **~venzione** *f* violation; fine

contrazione *f* contraction

contri|buente *m/f* taxpayer; **~buire** *v/i* contribute; **~buto** *m* contribution; **~buzione** *f* contribution; tax

contro against; versus; **~assegno** COD

controll|are *v/t* control; check; **~o** *m* control; inspection; **~ore** *m* controller;

(ticket-) collector

contum|ace for defaulting; **~acia** *f* for default; quarantine

conturbare *v/t* disturb

contusione *f* contusion

convalesc|ente *m, f, adj* convalescent; **~enza** *f* convalescence

convalidare *v/t* validate; confirm

convegno *m* meeting

conven|évole, ~iente convenient; **~ienza** *f* convenience; **~ire** *v/i* meet; agree; suit; **~irsi** *v/r* be fit; be proper

convento *m* convent; monastery

convenzion|ale conventional; **~e** *f* convention

convèrgere *v/i* converge

convers|are *v/i* converse; talk; **~azione** *f* conversation; **~ione** *f* (eccl, pol) conversion

convert|ire *v/t* change; convert; **~irsi** be converted; **~ito** *m* convert

convesso convex

con|vincere *v/t* convince; **~vinzione** *f* conviction

conv|ito *m* banquet; feast; **~itto** *m* boarding-school

convivere *v/i* live together

convocare *v/t* convoke

convoglio *m* convoy; **~ fùnebre** funeral procession

convuls|ione *f* convulsion; **~ivo** convulsive

cooper|are *v/i* cooperate; **~ativa** *f* cooperative society

coordin|are v/t coordinate; **~azione** f coordination

coperchio m lid; cover

copert|a f blanket; cover; naut deck; **~ina** f cover (of books); **~o** adj covered; fig masked; **~** (table) cover; **~one** m tarpaulin; auto: tyre

copia f abundance; copy; specimen; **bella ~** fair copy; **~lèttere** m letter-book; copying-press

copi|are v/t copy; transcrible; **~are qu** imitate s.o.; **lapis** m **~ativo** copying pencil; **~one** m scenario

copioso copious

coppa f cup; trophy

coppia f couple

copri|fuoco m curfew; **~re** v/t cover; **~tetto** m tile-layer

copulare v/t copulate; join

coraggio m courage; **~so** brave

corale m choral; **società** f **~** choral society

corall|aio m coral-dealer; **banco ~ífero** coral reef; **~o** m coral

corano m Koran

corazza f cuirass

corbell|aio m basket-maker; **~o** m basket

cord|a f rope; cord; string; chord; **~a vocale** vocal chord; **~aio** m rope-maker; **~ame** m cordage; naut rigging; **~ellina** f small cord; string

cordial|e hearty; **~ità** f cordiality

cordonare v/t surround; girdle

cordone m cordon; braid

Corea f Korea

coreografia f choreography

coriandoli m/pl confetti

coricarsi v/r lie down; go to bed; set (sun)

corista m, f chorus-singer; m tuning-fork

cornamusa f bagpipe

cornatura f antlers pl

còrnea f anat cornea

corn|eggiare v/t butt; **~etta** f cornet; bugle; aut hooter

cornice f frame; **~tta f per diapositive** slide frame

corniciare v/t frame

corno m horn; bump (head); corn (foot); **~ da scarpe** shoe-horn

coro m chorus

coron|a f crown; wreath; **~are** v/t crown; **~azione** f coronation

corp|etto m waistcoat; vest; **~o** m body; corps; **~orale** bodily; **~ulenza** f corpulence

corred|are v/t provide; equip (**di** with); **~o** m outfit; trousseau

corrègg|ere v/t correct; **~ersi** v/r amend

correlazione f coreelation

corrente adj running; flowing; f elec current; stream; fig trend; **~ alternata** alternating current; **~ continua** direct current; **~ d'aria** draught

córrere v/i run; flow; be

current (*money*); **~ in aiuto di qu** run to s.o.'s assistance; **~ pericolo** run a risk

corr|ettivo *adj* corrective; *m* corrective agent; **~etto** correct; right; **~ezione** *f* correction

corridoio *m* corridor; passage; lobby

corri|era *f* mail coach; **~iere** *m* courier; mail; **a volta ~iere** by return of mail

corris|pondente *m* correspondent; **~pondenza** *f* correspondence; **~póndere** *v/i* correspond; *v/t* allow; pay

corrivo rash; inconsiderate

corroborare *v/t* corroborate; strenghten

corródere *v/t* corrode

corrómpere *v/t* corrupt; bribe

corrugare *v/t* wrinkle; frown

corruttibile corruptible

corruzione *f* corruption

corsa *f* run; race; **cavallo m da ~** race-horse; **di ~** running

corsaro *m* corsair

corseggiare *v/t*, *v/i* privateer

corsetto *m* corset

corso *m* course; trend; *com* rate; **~ m**, *adj* Corsican

corte *f* court; **~ d'assise** court of assize; **~ di Court of General Sessions**

corteccia *f* bark; crust

corteggi|amento *m* courtship; **~are** *v/t* court

cort|eggio *m*, **~èo** *m* procession; attendance; suite; **~eggio**, **~èo fúnebre** funeral procession; **~ese** courteous; polite; **~esia** *f* politeness; **per ~esia** please; kindly

cortezza *f* shortness; **~ di mente** narrow-mindedness

corti|giano *m* courtier; flatterer; **~le** *m* courtyard

cortina *f* curtain

corto short; brief; *fig* shortwitted; **tagliar ~** cut short; **tenersi ~** be brief

corvino jet-black

corvo *m* raven; crow

cosa *f* matter; thing; **(che) ~?** what?; **qualche ~** something; **a che ~** what for?; **di che ~?** of what?

coscetto *m* leg (*of lamb*)

coscia *f* thigh

coscien|te conscious; aware; **~za** *f* conscience; consciousness; **~zioso** scrupulous

coscri|tto *m* conscript; **~zione** *f* conscription; draft

così so; thus; **~ ~** not too bad

cosicché so that

cosiddetto so called

cosiffatto such

cosmètici *m/pl* cosmetics *pl*; **~òpoli** *f* metropolis

cospetto *m*: **al ~ di** in front of; facing

cospicu|ità *f* conspicuousness; **~icuo** prominent

cospir|are *v/i* conspire; **~azione** *f* plot

costa *f* rib; shore; coast

costà (over) there

costan|te constant; firm; **~za** f steadiness; firmness; perseverance

cost|are v/i cost; **~a molto** it's dear

costat|are v/t state; notice; **~azione** f statement

costeggiare v/t coast; skirt; naut sail along

costei she; her

costellazione f constellation

costern|are v/t dismay; **~ato** abashed; **~azione** f consternation

costì there

costiera f coast; shore

costip|ato constipated; having a cold; **~azione** f constipation

costit|uire v/t constitute; form; **~utore** m constitutor; **~uzione** f formation; pol constitution

costo m cost

còstola f rib

costoletta f cutlet; chop; **~ di maiale** pork chop

costoro those

costoso costly; dear; valuable

costringere v/t compel; force; constrain

costr|uire v/t build; **~uttivo** constructive; **~uttore** m constructor; **~uzione** f building; construction

costui he; him

costum|anza f custom; usage; **~ato** well-mannered

costume m usage; habit; costume; dress; **~e da ba-**

gno bathing suit; **cattivi (buoni) ~i** pl loose (good) morals pl

cote f whetstone

cotidiano daily

cotogna f quince

coton|e m cotton; **~erìe** f/pl cotton goods pl; **~ificio** m cotton-mill

cotta f surplice; fig infatuation

còttimo m job-work; **lavorare a ~** work by the job

cov|a f brood; **~are** v/t brood; hatch; v/i smoulder (hatred)

cov|ile m couch; **~o** m den; lair

covone m sheaf

crampo m cramp

cranio m skull

cràpula f excess; debauch

crapulare v/i revel

cratère m crater

crauti m/pl **acidi** sauerkraut

cravatta f (neck-) tie

creanza f breeding; manners pl

creare v/t create; appoint

crea|to m universe; **~tore** adj creating; m creator; **~tura** f creature; **~zione** f creation

credente m eccl believer

credenz|a f pantry; sideboard; belief; com credit; **~iali** f/pl credentials; **~one** m credulous person

crédere v/t, v/i believe (**in** in); think

cred|ibile credible; **~ibilità** f credibility

crédito m credit; fig reputa-

tion; **méttere a ~** credit
cred|itore m creditor; **~o** m faith; credo
crèdulo credulous
crema f cream; **~ caramella** custard; **~ da barba** shaving cream; **~ solare** suntan cream; **~ da scarpe** shoe polish; **~ di gelato** ice-cream; **~ per la pelle** skin cream
crem|are v/t cremate; **~atoio** m, **~atorio** m crematory; **~azione** f cremation
crèmisi m, adj crimson
cren(no) m horse-raddish
crepa f crack; fissure; **~cuore** m heart-break
crep|are v/i crack; burst; die; **~atura** f crack
crepit|are v/i crackle; **~io** m, **crèpito** m crackling; rattling
crepùscolo m twilight
crescendo mus growing
créscere v/i grow; increase
créscita f growth
crèsima f eccl confirmation
cresimare v/t confirm
cresp|a f wrinkle; crease; **~o** adj crisp; m crape
creta f clay; **~àceo** clayey
cricch|e! bang!; **~iare** v/i crack; **~io** m crackling
cricco m lifting-jack
criminale m, f, adj criminal
crìmine m crime
criminoso criminal
crin|e m hair; **~iera** f mane; **~o** m horsehair
cripta f crypt
crisi f crisis

cristall|ino crystalline; **~izzare** v/t, v/i crystallize; **~o** m crystal; (window-)pane
cristian|a f Christian; **~èsimo** m Christianity; **~o** m, adj Christian
Cristo m Christ
criterio m criterion; sense
critica f criticism; critique
criticare v/t criticize
crìtico adj critical; m critic
crivell|are v/t sift; riddle; **~o** m sieve
croccante adj crisp; m almond cake
crocchett|a f meat-ball; croquette; **~o** m small hook
crocchi|are v/t tap; v/i cluck (hen)
croce f cross; **fare il segno della ~** cross o.s.; **~fisso** m crucifix; **~via** m cf **crocicchio**
croci|ata f crusade; **~iato** m crusader; **~icchio** m crossroad; rail junction; **~iera** f cruise; **~ifìggere** v/t crucify; **~ifissione** f crucifixion; **~ifisso** m crucifix
croll|are v/i collapse; v/t shake; **~o** m breakdown; crash
cromo m chrome
cromolitografìa f chromolithography
cromosoma m chromosome
cròn|aca f chronicle; review; news; **~ico** adj chronic
cron|ista m reporter; **~ologìa** f chronology; **~ològico** chronological

crosciare v/i pelt; roar

crost|a f crust; med scab; **~ata** f pie

crucci|are v/t worry; vex; **~io** m worry; vexation; **~ioso** angry

cruciale crucial

cruciverba m cross-word; puzzle

crud|ele cruel; **~eltà** f cruelty

crudo crude; raw; harsh

crumiro m strike-breaker; scrab

cruna f eye of a needle

crusca f bran; freckles pl

cruscotto m instrument panel; dashboard

c. s. = **come sopra** as above

cùbico cubic

cubiforme cubiform

cubo adj cubic; m cube

cuccagna f, **paese** m **di ~** Utopia; fam Lubberland

cucchi|aino m tea-spoon; **~aio** m spoon; **~aione** m ladle

cuccia f dog's bed

cuccio m, **cùcciolo** m puppy

cucco m, **~ù** m cuckoo

cucin|a f kitchen; **libro** m **di ~a** cookery-book; **~are** v/t cook

cuc|ire v/t sew; **màcchina** f **da (per) ~ire** sewing machine; **~itrice** f seamstress; **~itura** f seam

cùculo m cuckoo

cuffia f cap; bonnet; thea prompter's box; radio: headphones

cugin|a f, **~o** m cousin

cui (to) whom; (to) which; **di ~** whose; **il ~ nome** whose name

culinaria f cookery

cull|a f cradle; **~are** v/t cradle

culminare v/i culminate

cùlmine m summit; top; climax

culo m posterior

culto m worship

cult|ore m cultivator; **~ura** f culture; refinement; **~urale** cultural

cumul|are v/t (ac)cumulate; **~azione** f accumulation

cùmulo m heap; pile

cùneo m wedge

cunetta f road-ditch; gutter

cunìcolo m underground passage

cuoc|a f, **~o** m cook

cuòcere v/t, v/i cook; bake; rost; fig vex

cuoi|aio m leather-seller; **~o** m leather

cuor|e m heart; **di (gran) ~e** (most) heartly; **stare a ~** have a heart; **~i** m/pl playing-cards hearts

cupid|igia f, **~ità** f cupidity; greed

cùpido covetous; greedy

cupo dark; gloomy; sullen

cùpola f dome

cura f care; accuracy; med cure; treatment; **~ della bellezza** beauty culture; **~ del corpo** physical culture

cur|àbile curable; **~are** v/t take care of; med treat; **~ar-**

si v/r **di qc** mind s.th.
curia f court of justice
curios|ità f curiosity; **~o** curious; odd
curriculum m curriculim; **~ vitae** curriculum vitae
curv|a f curve; bend; **~are** v/t curve; **~arsi** bend; bow; **~o** bent; crooked

cuscinetto m **a sfere** ball bearing; **stato** m **~** buffer state
cuscino m cushion
custod|e m custodian; guardian; **~ia** f custody; case; **~ire** v/t guard; keep
cutàneo cutaneous
cute f skin

D

da from; at; to; by; since; at ...'s (house, shop); **vado dal mèdico** I am going to the doctor; **~ ieri** since yesterday; **tazza** f **~ té** teacup
dà he gives
dabbene upright
daccapo once more
dacché conj since
dad|o m die (pl dice); **giocare ai ~i** play at dice
dalia f dahlia
dama f lady; play draughts
damasco m damask
danese m, f, adj Danish
Danimarca f Denmark
dann|are v/t damn; **~azione** f damnation; fig plague; **~eggiare** v/t damage; harm; **~o** m damage; **~o della lamiera** bodywork damage; **~oso** harmful
dantesco Dantesque
Danubio m Danube
danz|a f dance; **~are** v/t, v/i dance
dappertutto everywhere
dap|prima at first; **~princi-**

pio in the beginning
dardo m dart
dare v/t give; **~ il buon giorno** say good morning; **~ del tu** address familiarly (2nd pers sg); **darsi** v/r **a qc** devote o.s. to s.th.
dat|a f date; **~are** v/t, v/i date; **~o** adj given; **~o che** conj supposing that m datum (pl data); **~ore** m **di lavoro** employer
dàttero m date; date-tree
dattilograf|are v/t type (-write); **~ia** f typewriting
dattilògrafo m typist
dattiloscritto m type-script
davanti prep before; in front of; adv before; m front; fore part
davanzale m window-sill
davvero really; indeed
dazi|àbile dutiable; **~are** v/t lay duty on; **~o** m customs duty
d. C. = dopo Cristo after Christ
dea f goddess
debbo I must

delibitare

debilitare v/t weaken

dèbito adj due; m debt; duty

debitore m debtor

débole weak; feeble

debolezza f weakness

decad|enza f decay; **~ere** v/i decay; decline

decano m dean

decapitare v/t decapitate

decennio m decade

decen|te decent; **~za** f decency

decesso m decease

decid|ere v/t, v/i, **~ersi** v/r decide; resolve; make up one's mind

decifrare v/t decipher; decode

decim|ale: sistema m **~ale** decimal system; **~are** v/t decimate

dècimo tenth

decina: una ~ about ten

decis|ione f decision; **~ivo** decisive; **~o** decided

declam|are v/t declaim; **~azione** f declamation

declin|are v/t, v/i decline; reject; **~azione** f declination; deviation; gram declension

declivio m slope

decoll|are v/i aer take off; **~o** m take off; departure

decomporre v/t decompose; dissolve

decor|are v/t decorate; **~azione** f decoration; badge of honour; **2o** m decorum; dignity

decrescenza f decrease

decréscere v/i decrease

decr|etare v/t decree; enact; **~eto** m decree

dèdica f dedication

dedicare v/t dedicate; devote; eccl consecrate

dèdito devoted; given (to)

dedizione f devotion; surrender

ded|urre v/t deduct; infer; **~uzione** f deduction

deferente deferential

defici|ente deficient; **~enza** f deficiency

déficit m deficit

defin|ire v/t define; settle; **~itivo** conclusive; **~izione** f definition; settlement

deform|are v/t deform; disfigure; **~e** deformed; **~ità** f deformity

defraud|are v/t cheat; **~azione** f defrauding; deceit

defunto deceased

degener|are v/i degenerate; **~azione** f degeneration

degènere degenerate

degente bedridden

degli genitive pl m of the

degn|are v/t deem worthy; **~arsi** v/r deign; **~o** worthy; respectable

degradare v/t degrade

dei genitive pl m of the

deità f deity

del genitive sg m of the

delatore m spy; informer

deleg|are v/t delegate; **~ato** m delegate; deputy; **~azione** f delegation

delfino m dolphin

deliber|are v/t, v/i deliberate; resolve; **~ato** adj deliberate; decided; *m* resolution; **~azione** *f* deliberation

delic|atezza *f* delicacy; discretion; **~ato** delicate

delimitare *v/t* delimit

deline|amento *m* delineation; **~are** *v/t* sketch; outline

delinquen|te *m* delinquent; **~za** *f* delinquency

delìrio *m* delirium

delitto *m* crime

delizi|a *f* delice; delight; **~oso** delightful; delicious

dell', della, delle, dello *f* the

del|ùdere *v/t* delude; disappoint; **~usione** *f* delusion

demanio *m* state property

demarcare *v/t* trace the boundaries of

demen|te insane; **~za** *f* insanity

demeritare *v/t* forfeit

democràtic|o *adj* democratic; *m* democrat

democrazia *f* democracy

demolire *v/t* demolish; tear down

dèmone *m* demon; devil

demoralizzare *v/t* demoralize

denar|o *m* money; **~i** *pl* **contanti** ready cash

denomin|are *v/t* name; **~atore** *m* denominator; **~azione** *f* denomination

denot|are *v/t* denote; **~azione** *f* signification

dens|ità *f* density; **~o** dense; thick

dent|ario: nervo *m* **~ario**

dental nerve; **~e** *m* tooth; *mech* cog; **~e artificiale** artificial tooth; **~e cariate** dental caries; **mal** *m* **di denti** toothache; **radice** *f* **del ~e** root of a tooth; **strappare un ~e** have a tooth extracted; **~iera** *f* set of artificial teeth; toothed gearing; **acqua** *f* **~ifricia** mouth water; **~ifricio, pasta** *f* **~ifricia** *m* tooth paste; **~ista** *m*, *f* dentist

dentro *prep* in; within; inside

denudare *v/t* strip; divest

denunci|a *f*, **denunzi|a** *f* denunciation; information; **~are** *v/t* denounce; report; **~are il rèddito** declare one's income; **~atore** *m* denunciator

deodorante *m* deodorant

deperire *v/i* perish; decay

depil|are *v/t* depilate; **~atorio** *m*, *adj* depilatory

deplor|are *v/t* deplore; **~évole** deplorable

deporre *v/t* lay (down); put (down); depose; depone

deportare *v/t* deport

depositare *v/t* deposit

depòsito *m* deposit; warehouse; depot; **~ bagagli** cloak-room; luggage-office

deposizione *f* deposition; *eccl* Descent from the Cross

depressione *f* depression, dejection

deprezzamento *m* depreciation

deprimere *v/t* depress

depurare

depurare *v/t* purify; cleanse

deputato *m* deputy

deragli|amento *m* derailment; **~are** *v/i* run off the rails

deridere *v/t* deride; laugh at

deriv|are *v/t*, *v/i* derive; **~azione** *f* derivation; *tel* extension

dermatologìa *f* dermatology

derogare *v/i* derogate; disregard

derubare *v/t* rob

descr|ìvere *v/t* describe; **~izione** *f* description

deserto *adj* uninhabited; desolate; *m* desert

desider|àbile desirable; **~are** *v/t* desire; want; **~io** *m* desire; wish

designare *v/t* designate; nominate

desinare *v/i* have lunch; *m* lunch

desinenza *f* ending

desistere *v/i* desist

desol|are *v/t* desolate; distress; **~ato** *adj* desolate; distressed

dest|are *v/t* awaken; stir; **~arsi** *v/r* wake up

destin|are *v/t* destine; **~atario** *m* addressee; **~azione** *f* destination; **~o** *m* destiny

destitu|ire *v/t* remove; **~zione** *f* dismissal

desto awake; *fig* alert

destra *f* right (hand, side); **a ~** on the right; **tenere la ~** keep to the right; *pol* conservative party; *naut* starboard

destrezza *f* dexterity; skill

destro right; clever

detergente *m*, *adj* detergent

deteriorare *v/t* deteriorate

determin|are *v/t* determine; **~arsi** *v/r* resolve (upon); **~ativo** determinative; **~azione** *f* determination

detestare *v/t* detest; loathe

detonazione *f* detonation

detr|arre *v/t* deduct; **~azione** deduction; slander

detronizzare *v/t* dethrone; depose

dettagli|ante *m*, *f* retail dealer; **~ato** detailed; **~o** *m* detail; particular; **véndere al ~o** sell by retail

dettare *v/t* dictate

detto *adj* said; *m* saying

devastare *v/t* devastate

deve he must

devi|amento *m* rail derailment; **~are** *v/i* deviate; depart; **~azione** *f* deviation

devo I must

devot|issimo very truly (yours); **~o** devout; *eccl* pious

devozione *f* devotion; piety

di of; from; **~ buon 'ora** early; **~ ferro** of iron; **io sono ~ Roma** I am from Rome; **~ giorno** by day; **~ chi è questo libro?** whose book is this?; *comp* than

dì *m* day

diab|ete *m* diabetes; **~ètico** diabetic

diabòlico diabolic(al)
diàcono m deacon
diàfano transparent
diaframma m diaphragm
diàgnosi f diagnosis
diagnosticare v/t diagnose
diagonale diagonal
dialetto m dialect
dialogare v/i converse
diàlogo m dialogue
diamante m diamond
diàmetro m diameter
diàmine! the deuce!; the dickens!
diari|a f daily allowance; **~o** m diary
diarrea f diarrhoea
diàspora f diaspora
diàvolo m devil
dibàtt|ere v/t debate; argue; **~ersi** v/r struggle
dibattimento m debate; legal bearing
dibàttito m argument
diboscare v/t deforest
dice he says
dicembre m December
diceria f gossip; rumour
dichiar|are v/t state; declare; **~are ricevuta di** acknowledge receipt of; **~azione** f statement; **~azione doganale** customs declaration
diciamo we say
dico I say
didàttico didactic
diecina f about ten
dieta f diet; assembly
dietètica f dietetics pl
dietro after; behind; back
difèndere v/t defend

difensivo defensive
difesa f defence; protection; **legìttima** ~ self-defence
difett|ivo defective; **~o** m defect; lack; **~o di qc** defect in s.th.; **~oso** imperfect
diffamare v/t defame; malign
differen|te different; **~za** f difference; **~ziare** v/t differentiate
differire v/t put off; v/i differ
difficile difficult
difficoltà f difficulty
diffid|are f warning; ~ warn; **~are** v/i **di qu** mistrust s.o.; **~enza** f suspicion
diffónd|ere v/t diffuse; spread; **~ersi** v/r expatiate
diff|usione f spreading; radio: broadcasting; **~uso** widespread; diffuse
difterite f med diphteria
diga f dike; dam
dige|ribile digestible; **~rire** v/t digest; **~stione** f digestion; **~stivo** digestive; **disturbo** m **~stivo** digestive trouble
digiun|are v/i fast; **~o** fasting; hungry
dignit|à f dignity; **~oso** dignified
digrad|amento m descent by degree; **~are** v/i diminish; slope (down); paint shade off
digrassare v/t scour; skim
dilagare v/i inundate; spread
dilat|àbile dilatable; **~are**

v/t expand; **~azione** *f* dilatation

dilett|ante *m, f* amateur; **~are** *v/t* amuse; delight; **~arsi** *v/r* take delight (**di** in); enjoy; **~évole** pleasant

dilig|ente diligent; **~enza** *f* diligence; stage-coach

diluvi|are *v/t* rain in torrents; **~o** *m* deluge

dimagr|are, **~ire** *v/i* grow thin

dimenare *v/t* toss; shake

dimensione *f* dimension; size

dimentic|àggine *f* forgetfulness; **~anza** *f* inadvertence; **~are** *v/t* forget

dimétter|e *v/t* dismiss; remove; **~si** *v/r* resign; quit

dimezzare *v/t* halve

dimin|uire *v/t* diminish; (*prices*) reduce; **~utivo** *m, adj* diminutive

dimission|are *v/i* resign; **~e** *f* dismissal

dimor|a *f* residence; dwelling; **~ante** living; **~are** *v/i* reside; live

dimostr|are *v/t* demonstrate; show; **~ativo** demonstrative; **~azione** *f* evidence; demonstration

dinàmica *f* dynamics

dinamite *f* dynamite

dìnamo *f* dynamo

dinanzi *prep* in front of; *adv* before; in front; *m* frontpart

dinastia *f* dynasty

dindo *m* turkey-cock

diniego *m* denial

dinosàuro *m* dinosaur

dintorn|o *prep* around; *adv* round about; *m* outline; **~i** *pl* surroundings *pl*

Dio *m* God; Lord; **~ gli dei** the gods; **grazie a ~!** thank God!; **per amor di ~** for God's sake

dipanare *v/t* wind off

dipart|imento *m* department; **~ire** *v/i* divide; **~irsi** *v/r* leave; **~ita** *f* departure

dipend|ente *adj* depending; *m* dependent; subordinate; **~enza** *f* dependence; dependency

dipèndere *v/i* (**da**) depend (upon)

dipingere *v/t* paint; *fig* depict

diploma *m* diploma

diplomàtico *adj* diplomatic; *m* diplomat

diplomazìa *f* diplomacy

dire *v/t* say; tell; **vale a ~** that is (to say); **voler ~** mean; **dico sul serio** I am talking in earnest

dir|ettissimo *m* express train; **~etto** direct; straight; **treno** *m* **~etto** fast train; **~ettore** *m* director; manager; editor; principal; **~ettore d'orchestra** conductor; **~ettrice** *f* directress; headmistress; **~ezione** *f* dorection; management; **~igere** *v/t* direct; manage; aim; steem; **~igersi** *v/r* direct one's steps; **~igibile** *adj* dirigible; *m* airship

dirimpetto (**a**) opposite;

facing

dir|itta *f* right (hand); **~itti**
m/pl **d'autore** copyright;
~itto *adj* straight; right; *m*
right; law; **a ~ittura** down-
right; sheer

dirottamente excessively

dirup|ato steep; **~o** *m* pre-
cipice

disabitato uninhabited

disabituare *v/t* disaccustom

disaccordo *m* disagree-
ment; discord

disadatto unfit (for)

disaffezionare *v/t* estrange

disagévole uneasy

disagi|ato uncomfortable;
~o *m* discomfort

disappetenza *f* lack of appetite

disapprov|are *v/t* disap-
prove; **~azione** *f* disap-
proval

disarm|are *v/t* disarm; **~o** *m*
disarmament

disar|monia *v/t* disharmony;
~mònico disharmonious

disastro *m* disaster; debe-
cle; **~so** disastrous

disatten|to inattentive;
~zione *f* inattention

disavanzo *m* deficit

disavvantaggi|are *v/t* place
at a disadvantage; **~o** *m* disadvantage

disavventura *f* mishap

disborso *m* disbursement

discàrico *m* unloading

discendenza *f* descent

discéndere *v/t* descend

discépolo *m* disciple; pupil

discèrnere *v/t* discern

discesa *f* descent; fall; **strada f in ~** downhill road

disciògliere *v/t* melt; dissolve

disciplina *f* discipline

disc|o *m* disk; discus; re-
cord; **~o microsolco** long-
playing record; **~òbolo** *m*
discus thrower

disconóscere *v/t* slight; repudiate

disc|ordanza *f* disagree-
ment; **~ordia** *f* discord

disc|órrere *v/i* talk; chat;
~orso *m* speech; talk

discost|are *v/t* remove; **~o**
distant

discreto discreet; moderate;
fair; **~ezione** *f* discretion

discrimin|are *v/t* discrimi-
nate; **~azione** *f* discrimina-
tion

discussione *f* discussion

discùtere *v/t* discuss; argue

disdegn|are *v/t* disdain;
~ato angry

disdegno *m* contempt;
scorn; **~so** scornful

disdetta *f* notice; *fig* mis-
fortune

disd|ire *v/t* cancel; **~irsi** *v/r*
contradict o.s.

disegn|are *v/t* draw; **~o** *m*
drawing; design; *fig* intention; **~atore** *m* designer;
draftsman

diseredare *v/t* disinherit

diser|tare *v/t*, *v/i* desert;
~tore *m* deserter; **~zione** *f*
disertion

dis|fare *v/t* undo; destroy;
disassemble; **~fatta** *f* defeat

disfida f challenge

disgrazia f bad luck; accident; **per ~** unfortunately; **~to** adj wretched; unfortunate; m wretch

disgregare v/t disintegrate; dissolve

disgust|are v/t disgust; **~o** m disgust; **~oso** disgusting

disillusione f disappointment

disimparare v/t unlearn; forget

disinf|ettante m disinfectant; **~ettare** v/t disinfect; **~ezione** f disinfection

disinteressato disinterested

disinvolt|o free and easy; **~ura** f ease (of manners)

dismisura f excess

disobbedire = disubbidire

disoccupa|to out of work; unemployed; **~zione** f unemployment

disonest|à f dishonesty; **~o** dishonest

dison|orare v/t dishonour; **~ore** m disgrace; shame

disopra: al ~ di above

disordinare v/t disorder; confuse

disórdine m disorder; litter

disotto under; beneath; **al ~ di** below

dispaccio m dispatch; telegram

disparere m dissension

dispari odd; uneven

disparire v/i disappear

disparte: in ~ aside; apart

dispendio m expense; **~so** costly

dispensa f distribution; exemption; pantry

dispensare v/t exempt

dispepsia f dyspepsia

disper|ar(si) v/i (v/r) **di** despair of; **~ato** desperate; **~azione** f despair

dis|pèrdere v/t disperse; break up; **~persione** f dispersion

dispetto m spite; vexation; **a ~ in** spite of; despite; **~so** spiteful

dispiac|ente sorry; **~ere** v/i be sorry; mind; m regret; trouble; **mi ~e** I am sorry; **~évole** unpleasant

disponibile available

disp|orre v/t dispose (**di** of); arrange; **~osizione** f arrangement; disposition (**a** for); **méttere a ~osizione di qu.** place at s.o's disposal; **~osto** inclined (**a** to)

disprezz|are v/t despise; **~o** m contempt; scorn

disputa f dispute

disput|àbile questionable; **~are** v/i dispute; argue; **~arsi** v/r **qc.** contend for s.th.

dissenso m dissent

dissenteria f dysentery

disserrare v/t unlock

dissertazione f dissertation

disservizio m bad service

dissetare v/t quench one's thirst

dissid|ente adj dissenting; m dissident; **~io** m dissension

dissìmile unlike

dissimul|are v/t dissemble; conceal; **~azione** f dissimulation

dissip|are v/t dissipate; squander; **~azione** f dissipation

dissociare v/t dissociate

dissol|ùbile dissoluble; **~uzione** f dissolution

dissolvente: ~ m **dello smalto** nail polish remover

dissòlvere v/t dissolve; decompose

dissomigli|ante unlike; **~anza** f unlikeness

disson|ante dissonant; **~anza** f dissonance; discord; **~are** v/i be out of tune

dissuadere v/t dissuade

distacc|amento m detaching; **~are** v/t detach; separate; **~o** m separation

dist|ante distant; far; **~anza** f distance; **~are** v/i be distant

distèndere v/t extend; stretch out

distensione f stretching; relaxation

distesa f extension

distillare v/t destill

distinguere v/t distinguish

distinguìbile distinguishable

distint|a f list; note; **con ~i saluti** yours sincerely; **~o** distinct; distinguished

distinzione f distinction

distorsione f distortion

distr|arre v/t distract; divert; **~azione** f distraction

distretto m district; ~ mili-

tare military district

distribu|ire v/t distribute; **~tore** m automàtico slot-machine; **~tore di benzina** petrol station; **~zione** f distribution; (mail) delivery

distrùggere v/t destroy; **~uzione** f destruction

disturb|are v/t disturb; **~o** m trouble; disturbance; **~i** m/pl circolatori circulatory disturbance

disubbidi|ente disobedient; **~ienza** f disobedience; **~ire** v/i disobey

disuguaglianza f inequality; **~ale** unequal

disumano inhuman

disunione f discord

dis|uso m disuse; **~ùtile** useless

dit|ale m thimble; fingerstall; **~o** m finger; **~o (del piede)** toe

ditta f firm; company

dittafono m dictaphone

ditta|tore m dictator; **~tura** f dictatorship

diurno diurnal; daily

diva f famous singer; diva

divagare v/i ramble; digress

divano m divan; sofa

diven|ire v/i, **~tare** v/i become

di|vergenza f divergence; disagreement; **~vèrgere** v/i diverge; branch off

divers|ione f diversion; deviation; **~o** different

divert|ente amusing; **~i-mento** m amusement; hobby; recreation; **buon ~i-**

divertirsi 268

mento! have a good time!;
~irsi v/r enjoy o.s.

divezz|are v/t wean; ~o
weaned

divid|ere v/t divide; separate

divieto m prohibition; ~ di
parcheggio no parking; ~
di sorpasso no overtaking;
~ di sosta no stopping

divin|are v/t foresee; cur-
tell; ~ità f divinity; ~o
divine; godlike

divis|a f motto; coat of arms;
(hair) parting; uniform; ~e
f/pl foreign exchange; currency; ~ibile divisible; ~io-
ne f division (mil); separa-
tion

divor|are v/t devour; eat up

divorzi|arsi v/r be divorced;
~o m divorce

dizionario m dictionary

do I give

dobbiamo we must

doccia f shower

docente m, f teacher; lec-
turer

dòcile docile; submissive

docum|entare v/t docu-
ment; ~entario m docu-
mentary (film); ~entazione
f documentation; ~ento m
document; ~ento m per-
sonale identification
(paper); ~enti m/pl d'automobile car documents

dodicèsimo twelfth

dogan|a f customs pl;
costom-house; soggetto a
~a liable to duty; controllo
m ~ale customs examina-
tion; guardia f ~ale cus-

toms agent; ~iere m cus-
toms officer

dogli|a f pain; ache; ~anza f
complaint

dolc|e adj sweet; soft; mild;
m sweetmeat; ~i m/pl sweets
pl

dolc|ezza f sweetness; mild-
ness; ~ificare v/t sweeten

doll|ente aching; grieved;
èssere ~ente be sorry; ~ere
v/i ache; regret; ~ersi v/r
complain (di about)

dòllaro m dollar

Dolomiti f/pl Dolomites

dolor|e m pain; grief; sor-
row; ~oso painful; grievous

domanda f question; re-
quest; application

domand|are v/t ask; de-
mand; inquire; ~ a qu. ask
s.o.; ~ di qu. ask about s.o.;
~ un favore a qu. ask a
favour of s.o.; ~ perdono
beg pardon

domani tomorrow; ~ l'altro
day after tomorrow; ~ sera
tomorrow evening; ~ a otto
tomorrow week

domare v/t tame; subdue

domattina tomorrow
morning

doménica f Sunday

do|mèstica f (house-)maid;
~mesticare v/t tame; ani-
male m ~mèstico domestic
animal

domicili|ato resident; ~o m
residence

domin|ante dominant; ~a-
re v/t dominate; ~io m rule;
dominion

don|are v/t give; present; **~atore** m donor; **~azione** f donation; gift

donde whence; from where

dondolare v/t, v/i rock; sway

dòndolo m pendulum

dondoloni, (a ~) v/i idly

donna f woman; (card-playing) queen; **~ di servizio** maid

dono m gift; present

donzella f maiden

dopo prep after; adv afterwards; **~domani** day after tomorrow; **~chè** since

dopo|guerra m post-war period; **~pranzo** m afternoon

doppi|are v/t double; film: dub; **~o** double; **~ione** m duplicate

dor|are v/t gild; **~ato** gilt; golden

dòrico Doric; Dorian

dorm|iente sleeping; **~icchiare** v/i slumber; **~iglione** m sleepyhead; **~ire** v/i sleep; **~itorio** m dormitory

dors|ale: spina f **~ale** backbone; spinal chord; **~o** m back

dos|are v/t dose; **~e** f dose

dosso m back

dot|are v/t endow; **~azione** f endowment; outfit; **~e** f dowry

dotto adj learned; m scholar

dottor|a f bluestocking; **~ grado** m, **~ale** doctoral degree; **~e** (abbr dott.) m doctor; physician; **~essa** f woman doctor

dottrina f doctrine; learning; eccl catechism

dove where

dover|e v/i ought to; have to; must; should; v/t owe; m duty; **~oso** dutiful

dovizi|a f abundance; **~oso** rich

dovunque wherever; anywhere

dovuto due; owing

dozzina f dozen

draga f dredge

drago, ~ne m dragon

dramm|a m drama; **~àtico** dramatic; **~aturgo** m playwright

drappeggiare v/t drape

dràstico drastic

drog|a f spice; drug; **~are** v/t spice; drug

drogh|eria f, m drug-store; chemist's shop; **~iere** m chemist

dubbio m doubt; **mèttere qc. in ~** doubt s.th.; **~so** doubtful; uncertain

dubit|àbile open to doubt; **~are** v/i doubt; distrust

duc|a m duke; **~hessa** f duchess

duce m (Fascist) leader

due two; **a ~ a ~** two by two; **tutt'e ~** both; **~ parole** a few words

duell|are v/i fight a duel; **~o** m duel

duetto m duet

duna f dune; down

dunque then; therefore; well

duomo m cathedral

duplic|are v/t double; duplicate; **~ato** m duplicate

dùplice twofold; double

duplo double

dur|ante during; **~are** v/i

last; hold out; **~ata** f duration; durabiliity; **~ata di volo** flying time

durévole lasting

durezza f hardness; severity; **~o** hard; harsh; **~o d'orecchi** hard of hearing

E

e and; **e ... e ...** both

è he is; (**Lei**) *- polite form* you are

èbano m ebony

ebbe he had

ebbene well then

èbbero they had

ebbi I had

ebr|àico Hebraic; Jewish; **~aismo** m Hebraism

ebre|a f Jewess; **~o** m Jew

ecc = **eccètera** et cetera

eccèdere v/t exceed; **~** v/i in qc. exaggerate s.th.

eccell|ente excellent; **~enza** f excellence; 2**enza** (*title*) Excellency

eccess|ivo excessive; **~o** m excess; intemperance

eccètera and so forth

eccett|o except(ing); **~o te** except you; **~uare** v/t except

eccezi|onale exceptional; **~ione** f exception; **per ~ione** exceptionally

eccit|ante adj exciting; m stimulant; **~are** v/t excite; stimulate; stir; **~azione** f excitement; excitation

ecclesiàstico adj clerical; m clergyman

ècco look here; here is (are); **~mi** here I am; **~lo** here he is; **~ccoti il tuo libro** here you have your book

echeggiare v/i echo; resound

eco f echo

eco|nomìa f economics pl; economy; thrift; **fare ~nomìa** save; **~nomìa politica** economics; **~nòmico** economic(-al); thrifty; **~nomista** m, f economist; **~nomizzare** v/t economize; save

ecònomo m treasurer; bursar

eczema m eczema

ed = **e** (*before vowels*)

èdera f ivy

edìcola f news-stand; kiosk

edificare v/t build (up)

edifi|cio m, **~zio** m building; edifice

edit|ore m editor; publisher; **casa ~rice** publishing house

editto m edict

editoriale editorial

edizione f edition

educ|are v/t bring up; educate; **~ato** well-bred; **~a-**

zione f education; training; manners

effervescente effervescent

effett|ivo real; actual; **~o** m effect; com **~o cambiario** bill of exchange; **fare un grande ~o** create a sensation; **mandare ad ~o, ~uare** v/t carry out

efficace effective; **~acia** f efficacy; effectiveness

effici|ente efficient; **~enza** f efficiency

effig|i(e f effigy; image

effóndere v/t pour out

effusione f effusion; shedding

Egitto m Egypt

egiziano m, adj Egyptian

egli he

ego|ismo m selfishness; **~ista** m, f ego(t)ist; adj selfish

egregio distinguished; 2 **signore!** Dear Sir!

eguagli|amento m equalization; **~anza** f equality; **~are** v/t make equal

eguale equal; alike

elabor|are v/t work out; **~atezza** f elaborateness

elasticità f elasticity

elàstico m, adj elastic

elefante m elephant

eleg|ante elegant; smart; **~anza** f elegance

elèggere v/t elect; appoint (**a** to)

elem|entare elementary; **scuola** f **~entare** elementary school; **~ento** m element; **~enti** pl principles pl

elemòsina f alms pl

elemosinare v/i beg for alms

elenco m list; catalogue; inventory; **~ degli indirizzi** address directory; **~ telefònico** telephone directory

elett|a f choice; selection; **~o** chosen; **~ore** m elector; **~rice** f electress

elettricista m electrician

elettricità f electricity

elèttrico electric(al)

elettr|izzare v/t electrify; **~izzazione** f electrization

elettro m amber; **~doméstici** m/pl electric household appliances; **~motrice** m railcar; **~tècnica** f electrical engineering; **~tècnico** m electrical engineer

elev|are v/t raise; lift; **~atezza** f loftiness; nobleness; **~ato** elevated; fig noble; **~azione** f elevation

elezione f election

èlica f screw; propeller

elicòttero m helicopter

elimin|are v/t eliminate; **~azione** f elimination; exclusion

ella she

elmo m helmet

elogi|are v/t praise; **~o** m praise; eulogy

eloqu|ente eloquent; **~enza** f eloquence

eman|are v/i emanate; **~azione** f emanation

emancip|are v/t emancipate; **~azione** f emancipation

embargo *m* embargo
emblema *m* emblem; badge
embrione *m* embryo
emergenza *f* emergency
emèrgere *v/i* emerge
emèrito emeritus
eméttere *v/t* emit; give out
emicrania *f* headache
emigr|ante *m,f* emigrant;
~**are** *v/i* emigrate; ~**ato** *m*
refugee; ~**azione** *f* emigration
emin|ente eminent; ~**enza** *f*
eminence; **Sua** ℓ**enza**
(title) His (Your) Eminence
emisfero *m* hemisphere
emiss|ario *m* emissary; ~**io-**
ne *f* emission; **banca** *f* **di**
~**ione** bank of issue
emoglobina *f* hemoglobin
emorragìa *f* hemorrhage
emorròidi *f/pl* hemorrhoids
pl
emostàtico styptic;
staunching
emozione *f* emotion
émpiere, empire *v/t* fill
(up)
empio impious; wicked
empìrico empirical
empòrio *m* trade-centre
emulare *v/t* emulate
encefalite *f* encephalitis
enciclopedìa *f* encyclopaedia
endovenoso intravenous
energìa *f* energy; ~ **nucle-**
are nuclear energy
enèrgico energetic; vigorous
ènfasi *f* emphasis
enigm|a (enimma) *m* rid-

dle; ~**àtico** enigmatic
enorme enormous; huge
ente *m* **per il turismo** tourist bureau; tourist office
entrambi both
entrare *v/i* enter; go in; *fig*
meddle
entrata *f* entrance; admittance; income
entro within; in
entusi|asmare *v/t* enrapture; ~**asmo** *m* enthusiasm;
rapture; ~**àstico** enthusiastic
enumer|are *v/t* enumerate;
~**azione** *f* enumeration
èpic|a *f* epic; ~**o** epic(al)
epidemia *f* epidemic
epidèmico epidemic(al)
epidèrmide *f* epidermis;
skin
epìgrafe *f* inscription
epilessìa *f* epilepsy
episcop|ale episcopal; ~**ato**
m episcopate
epìstola *f* letter; epistle
epitaffio *m* epitaph
època *f* epoch
eppure and yet; and still
equatore *m* equator
equi|àngolo equiangular;
~**librare** *v/t* balance; equilibrate; ~**librio** *m* equilibrium; balance; ~**nozio** *m*
equinox
equipaggi|amento *m*
equipment; ~**are** *v/t* equip;
naut fit out; ~**o** *m* crew
equità *f* equity
equivalente equivalent
equìvoco *adj* equivocal; *m*
misunderstanding

equo equitable; fair

era¹ *f* era; age

era² he was; she was; it was

èrano they were

erava|**mo** we were; **~te** you
were *pl*

erb|**a** *f* grass; herb; **~accia** *f*
weed; **~e** *f/pl* herbs *pl*; **~e** vegetables *pl*; **~ivéndolo** *m*
greengrocer

ered|**e** *m* heir; *f* heiress; **~ità**
f inheritance; **~itare** *v/t* inherit; **~itario** hereditary

erem|**ita** *m* hermit; **~itaggio**
m hermitage

eresìa *f* heresy

erètic|**o** *adj* heretical; *m* here-
tic

erezione *f* erection

ergàstolo *m* penitentiary

eri you were (*sg*)

erìg|**ere** *v/t* erect; found; **~ersi** *v/r* pretend to be

ermellino *m* ermine

ermètico hermetic; airtight

erni|**a** *f* hernia; **cinto** *m* **~a-**
rio truss

ero I was

er|**oe** *m* hero; **~òico** heroic-
(al); **~oina** *f* heroine; **~oìs-**
mo *m* heroism

érpice *m* harrow

err|**are** *v/i* rove; err; **~ore** *m*
error; mistake

erta *f* steep ascent; **stare**
all'~ be on one's guard

erto steep

erud|**ito** *adj* learned; *m*
scholar; **~izione** *f* learning

eruttare *v/t* eject (*lava*); *v/i*
belch

eruzione *f* eruption (*volca-*

no); rash

esager|**are** *v/t* exaggerate;
~azione *f* exaggeration

esal|**are** *v/t*, *v/i* exhale; **~a-**
zione *f* exhalation

esaltato exalted; exultant

esam|**e** *m* examination; **~i-**
nare *v/t* examine

esangue bloodless

esatt|**ezza** *f* exactitude; **~o**
exact

esaudire *v/t* grant

esaurire *v/t* exhaust; wear
out

esca *f* bait; *fig* allurement

esce he (she) goes out

esclam|**are** *v/i* exclaim; **~a-**
zione *f* exclamation; cry;
punto d'~azione exclamation mark

esclùdere *v/t* exclude

esclus|**ione** *f* exclusion; **~i-**
vamente exclusively; **~ivo**
exclusive

esco I go out

escoriare *v/t* excoriate

escursione *f* excursion; trip

esecut|**ore** *m* executor; **~**
(testamentario) executor
(of a will)

esecuzione *f* execution; *thea*
performance

eseg|**uìbile** executable; **~ire**
v/t execute; perform

esempio *m* example; **per ~**
for instance

esemplare *adj* exemplary;
m pattern; copy

esente exempt; immune; **~**
da dogana duty-free

esèquie *f/pl* obsequies *pl*;
funeral

esercire v/t carry on; run; **~itare** v/t exercise; practise; **~itazione** f practise; drill

esèrcito m army

esercizio m exercise

esibire v/t exhibit; offer; **~izione** f exhibition; display

esigente exigent; **~enza** f exigence; need

esigere v/t require

esiguo scanty

esiliare v/t exile; **~o** m exile

esistenza f existence; life

esistere v/i exist

esitare v/i hesitate

èsito m issue; result

esòfago m oesophagus

esorbitante exorbitant

esortare v/t exhort

esoso odious

esòtico exotic

espàndere /t expand

espansibile expansible; **~ione** f expansion; **~ivo** expansive; fig effusive

espatriare v/i emigrate

espediente m expedient; device

espèllere v/t expel; eject

esperienza f experience; **~imentare** v/t experience; try; **~imento** m experiment

esperto adj experienced; m expert

espiare v/t expiate; atone for; **~atore** m expiator; **~azione** f expiation

espilazione f swindling

espirare v/i breathe out; **~azione** expiration

esplicito explicit

esplòdere v/t shoot; v/i explode

esplorare v/t explore; investigate; **~atore** m explorer; **~azione** f exploration

esplosione f explosion; fig outburst; **~vo** explosive

esponente m exponent

esporre v/t expose; display

esportare v/t export; **~azione** f export(ation)

esposimetro m light-meter

esposizione f exposition; show

espressione f expression; **~ivo** expressive; **~o** adj explicit; m special delivery; express train; (**caffè**) **~o** express coffee; **per ~o** by express

esprimere v/t express; utter

espropriare v/t expropriate; **~azione** f expropriation

espugnare v/t conquer

espulsione f expulsion

essa she; **~e** f/pl they

essenza f essence; gasoline; **~iale** adj essential; m main point

èssere v/i be; **~ di qu.** belong to s.o.; m being

essi m/pl they

esso he; it

est m east; **all'~ di** east of

èstasi f ecstasy; rapture

estasiarsi v/r be enraptured

estate m summer

estemporàneo unprepared

estèndere v/t extend; **~ersi** v/r stretch

esten|sione f extension; **~sivo** extensive

estenuare v/t extenuate; weaken

esteriore m, adj exterior

esterminare v/t exterminate

esterno adj external; m outside

èster|o adj foreign; external; **ministro m degli (affari) ~i** Foreign Secretary; Secretary of the State; m foreign country; **all'~o** abroad

estètic|a f aesthetics; **~o** aesthetic(al)

èstimo m valuation

estinguere v/t extinguish; **~inguersi** v/r die (out)

estintore m fire-extinguisher

estivo estival; summer ...

estradizione f extraction

estràneo adj strange; m stranger

estr|arre v/t extract; draw (lots); **~atto** m extract; abstract; **~atto di conto** statement of account

estr|emità f extremity; end; **~emo** extreme

estroverso m extrovert

esuberante exuberant

èsule m exile

esultare v/i rejoice

età f age; **~ massima** maximum age

ètere m ether

etern|ità f eternity; **~o** eternal; **in ~o** for ever

etichetta f label; etiquette

ètica f ethics

èttaro m hectare (2.47 acres)

etto|grammo m hectogram; **~òlitro** m hectolitre

Europa| f Europe; **2eo** m, adj European

eucalitto m eucalyptus

eunuco m eunuch

eutanasìa f euthanasia

E. V. = Eccellenza (Eminenza) Vostra

evacu|are v/t evacuate; **~azione** f evacuation

evàdere v/t dispatch; v/i escape

evangelista m evangelist

evaporarsi v/r evaporate

evasione f evasion; escape

evento m event

eviden|te obvious; **~za** f evidence; clearness

evitare v/t avoid

evviva! hurrah! long live

extra extra

F

F = freddo (on water taps) cold

fa he (she) does; **3 anni ~ 3** years ago

fàbbrica f factory

fabbric|ante m manufacturer; **~are** v/t manufacture; build; **~ato** m make; building; **~atore** m manufacturer; **~azione** f manufacture

fabbro m (black)smith; **~**

ferraio locksmith

faccenda f business; matter

facchinaggio m rail porterage; *fig* drudgery

facchino m porter

faccia f face; appearance; **di ~** opposite; **~mo** we do; **~ta** f facade; front

faccio I do

fac|eto witty; **~ezia** f joke; witticism

fàcile easy; **~ a crèdere** credulous

facil|ità f facility; **~itare** v/t facilitate; **~itazione** f facility

facol|tà f faculty; authority; **~tativo** optional

facond|ia f eloquence; **~o** eloquent

facsìmile m fasimile

faggio m beech(-tree)

fagiano m pheasant

fagi|olini m/pl French beans; **~uolo** m bean

fagotto m bundle; *mus* bassoon

falcat|o hooked; **luna** f **~a** sickle moon

falce f scythe; sickle

fal|ciare v/t mow; **~ciatore** m mower; **~ciatrice** f mowing-machine

falco m hawk; **~ne** m falcon

fald|a f fold; layer; (*snow*) flake; (*hat*) brim; *geog* slope; **~oso** in flakes

falegn|ame m carpenter; **~amerìa** f carpentry

fall|ìbile fallible; **~imento** m bankruptcy; failure; **~ire** v/i fail; go bankrupt; **~ito**

unsuccessful; **~o** m fault;

senza ~o without fail

fals|amonete m forger; **~are** v/t alter; forge; **~ariga** f sheet of ruled paper

falò m bonfire

falsific|are v/t adulterate; **~azione** f falsification

fals|ità f falsity; **~o** false; counterfeit

fama f fame; reputation

fame f hunger; **aver ~** be hungry

famigli|a f family; **~are** familiar; acquainted; **~arità** f familiarity

famoso famous

fanal|e m lamppost; lighthouse; *auto:* (head)light; **~e òttico** headlight flasher; **~e posteriore** *auto:* taillight; **~i** m/pl **d'arresto** stoplight

fanalino m di posizione *auto:* parking light; **~ stop** stop light

fanàtico adj fanatic(al); m fanatic

fanatizzare v/t fanaticize

fanciull|a f girl; maiden; **~ezza** f childhood; **~o** m young boy

fanfara f fanfare

fang|o m dirt; mud; **~hi** m/pl mud-bath; **~oso** muddy

fant|asia f fancy; imagination; **~di asìa** fancy; **~asma** m phantom; ghost; **~asticare** v/i fancy; day-dream; **~asticherìa** f daydream; **~àstico** fantastic

fant|e m mil infantryman; **~erìa** f infantry; **~ino** m

jockey
fardello m burden
far|e v/t make; do; **~e a
meno di** go without; **~e
finta di** pretend to; **~e il
mèdico** be a physician; **~e
il pieno** refuel; **~si** v/r become; **~si del giorno** at
daybreak
farfalla f butterfly
farin|a f flour; **~ata** f porridge
faringite f pharyngitis
farinoso floury; mealy
farmac|ìa f pharmacy; **~ista**
m, f chemist; pharmacist
faro m light; lighthouse; **~
(abbagliante)** full (headlight) beam
farsa f farce
fascetta f corset
fasci|a f band; swaddle; **sotto ~a** under cover; **~are** v/t
wrap; bandage; swaddle;
~atura f surg dressing
fascicolo m issue; number
(of a periodical)
fascinare v/t fascinate
fàscino m charm; fascination
fascio m bundle; **andare in
~** go to pieces
fasci|smo m fascism; **~ta** m,
f, adj fascist
fase f phase; stage
fast|idio m annoyance; trouble; **dare ~idio a qu.** give
trouble to s.o.; **~idioso** tiresome
fasto m pomp
fat|a f fairy; **~ale** fatal; **~alità**
f fatality; **~are** v/t bewitch

fatic|a f labour; trouble; **~are** v/i toil; **~arsi** v/r exert
s.o.; **~oso** fatiguing; hard
fato m fate; destiny
fatto adj done; m deed; fact;
act(ion); **sul ~** in the very
act; **di ~** in fact
fatt|ore m factor; creator;
~orìa f farm; homestead;
~orino m messenger (boy);
~ura f invoice; bill
fàtuo fatuous; silly
fausto happy; lucky
fautore m favourer
fàvola f fable
favol|oso fabulous
favore m favour; kindness;
per ~ please; **fare un ~** do a
favour; **prezzo m di ~** special price
favor|eggiare v/t favour;
~évole favourable; **~ire** v/t
favour; **~ito** adj favoured; m
favourite
fazzoletto m handkerchief;
~ da collo neckerchief; **~ di
carta** tissue handkerchief
febbraio m (abbr febb) February
febbr|e f fever; **~icitante** feverish; **~ile** febbrile
fècola f starch
fecond|ità f fertility; **~o** fertile
fede f faith; belief; wedding-ring; **prestar ~** give credit
(to); **~ le** faithful; **~ltà** f
faithfulness; allegiance
fèdera f pillow-case
feder|ale federal; **~ato** federate; **~azione** f federation
fégato m liver; fig courage

fel|ice happy; **~icità** f happiness

felicit|are v/t congratulate; **~azione** f congratulation

felpa f plush

feltro m felt

felza f gondola's cabin

fémmina f biol female

femmin|esco womanly; womanish; **~ile: scuola** f **~ile** school for girls

fèmore m thigh

fèndere v/t cleave; split

fenditura f cleft

fènico carbolic

fenicòttero m flamingo

fenòmeno m phenomenon

feri|a f holiday; **~e** f/pl vacation; **~ale: giorno** m **~ale** working day

fer|ire v/t wound; hurt; **~ita** f wound; **~ita di taglio** cut; **~ito** adj wounded; injured; m wounded person

ferma! stop!

fermaglio m clip; brooch; **~dentario** brace

ferm|are v/t, v/i stop; arrest; fix (a on); **~arsi** v/r stop; halt: **~ata** f **a richiesta**, **~ata** **facoltativa** optional stop. **~ata obbligatoria** obligatory stop; sojourn; mus pause

ferment|are v/i ferment; **~azione** f fermentation

fermezza f firmness; steadiness

ferm|o firm; steady; still; **terra** f **~a** land; **per ~o** positively; **~o posta** poste restante

fer|oce wild; ferocious; **~ocia** f ferocity

ferraio m blacksmith

ferr|ame m iron ware; **~are** v/t shoe; **~o** m iron; tool; horseshoe; **~o da stiro** flat-iron; **ai ~i** gast grilled; roasted

ferrovìa f railway; railroad; **~ sotterrànea** underground railway; tube

ferroviere m railway-man

fèrtile fertile

fertil|ità f fertility; **~izzare** v/t fertilize

fèrvere v/i be fervent

fèrvido fervid; ardent

fervore m fervour

fessura f fissure; crack

fest|a f holiday; feast; **buone ~e** f/pl happy holidays; **~a nazionale** public holiday; **~a religiosa** festive day

festeggiare v/t celebrate; **~ival** m festival; **~ivo**, **~oso** festive; **giorno ~ivo** holiday

feto m foetus

fetta f slice

feudalismo m feudalism

fiaba f fairy tale

fiacc|are v/t break down; tire out; **~hezza** f lassitude

fiàccola f torch

fiamm|a f flame; blaze; naut pennant; **~eggiare** v/i flame; **~ifero** m match

fianc|are v/t support; **~o** m side; flank; **di ~o a** beside; abreast of

fiaschetteria f wine-shop

fiasco m bottle; fig fiasco;

failure

fiat|are v/i breathe; **~o** m breath; **senza ~o** fig speechless; **tutto d'un ~o** all in one breath

fibbia f buckle

fibr|a f fibre; **~oso** fibrous

fico m fig(-tree)

fidanz|amento m betrothal; engagement; **~are** v/t betroth; **~arsi** v/r become engaged; **~ata** f fiancée; **~ato** m fiancé

fid|are v/i confide; trust; **~arsi** v/r **di qu.** rely upon s.o.; **~arsi di fare qc.** dare to do s.th.

fido adj faithful; m credit

fiducia f confidence; trust

fiele mgall; **vescica del ~** gall-bladder

fien|agione f hay-harvest; **~o** m hay

fiera f wild beast; fair; **~ campionaria** industrial exhibition

fier|ezza f fierceness; pride; **~o** fierce; proud

figgere v/t fix; stick

figl|ia f daughter; **~astra** f step-daughter; **~astro** m step-son; **~occia** f god-daughter; **~occio** m godson; **~uola** f daughter; **~uolo** m son

figura f figure; shape

figur|àbile imaginable; **~are** v/t represent; imagine; suppose; **~ato** figurative

fila f line; row; **fare la ~** queue up; **in ~ indiana** in Indian file

filanda f spinning-mill

filàntropo m philanthropist

filare v/t spin; v/i run

filatelìa f philately

filetto m fillet

film m film; **~ giallo** mystery movie; **~ a colori** coloured picture; **~ muto** silent film; **~ sonoro** sound-film; **girare un ~** shoot a film

filo m thread; yarn; **~ conduttore** lead-in-wire; **~ da cucire** sewing-cotton; **~ di ferro** iron (or steel) wire

filobus m trolley-bus

filòlogo m philologist

filoso stringy

filosofìa f philosophy

filòsofo m philosopher

filtr|are v/t filter; strain; **~o** m filter

filugello m silk-worm

filza f string; file

final|e final; **~ità** f finality; purpose; **~mente** finally; at last

finanze f/pl finances; **~iare** v/t finance; **~iario** financial

finché v/t finish; as long as

fine adj fine; thin; m purpose; f end; **in ~** at last

finestr|a f window; **~ino** m small window

finezza f daintiness; politeness

fìng|ere v/t, v/i pretend; simulate; **~ersi** v/r feign

finire v/t finish; end

fino adj fine; thin; prep until; **~ a** till; up to; as far as; **~ a quando?** how long?; **~ da** ever since; **~ dove?** how far?

finocchio *m* fennel

finora up to now

fint|a *f* feint; **~o** *v/i* feigned; false; pretended

fiocc|are *v/i* snow; **~o** *m* knot; (snow-)flake

fiocina *f* harpoon

fioco weak

fior|aio *f* florist; **~e** *m* flower; **~entino** *m* Florentine; **~icultura** *f* floriculture; **~ire** *v/i* blossom; bloom; *fig* flourish; **~itura** *f* bloom

Firenze *f* Florence

firm|a *f* signature; **~are** *v/t* sign; **~atario** *m* signer

fisarmònica *f* accordion

fischi|are *v/i* whistle; *v/t* hoot down; **~erellare** *v/i*, *v/t* whistle softly; **~o** *m* whistle; hiss

fisco *m* exchequer

fisic|a *f* physics *pl*; **~o** *adj* physical; *m* physicist; *anat* physique

fisioterapia *f* physiotherapy

fiss|aggio *m* fixing-bath; **~are** *v/t* fix; determine; **~are qu.** stare a s.o.; *phot* fix

fisso fixed; firm; steady

fitt|a *f* stitch; **~e** *f/pl* al fianco stitches in the side; **~o** *adj* thick; dense; *m* rent; **~izio** fictitious

fiume *m* river; *fig* flow

fiutare *v/t* sniff; smell

flagell|are *v/t* scourge; whip; **~o** *m* scourge

flagrante flagrant; **in ~** (*be caught*) in the very act

flanella *f* flannel

flaut|ista *m*, *f* flutist; **~o** *m* flute

flemmàtico phlegmatic

fless|ibile flexible; **~ione** *f* flexion; **~uoso** supple

flirtare *v/i* flirt

flòrido flourishing

floscio flabby

flotta *f* fleet; **~ aèrea** air-fleet

flùido fluid; fluent

fluire *v/i* flow

flusso *m* flux; *naut* flood-tide; *med* discharge

flutt|o *m* wave; **~uare** *v/i* fluctuate; float

fluviale fluvial

fobia *f* phobia

foca *f* seal

focaccia *f* cake

foce *f* river-mouth

fochista *m* fireman

focol|aio, **~are** *m* fire-place

focoso fiery

fòdera *f* lining; cover

foderare *v/t* line

fòdero *m* sheath (*sword*)

fogli|a *f* leaf; **~a laminata** foil; **~ame** *m* foliage; **~o** *m* sheet (*paper*)

folata *f* puff; **~ di vento** gust of wind

folclore *m* folklore

folgorare *v/i* flash

fólgore *m* thunderbolt

folla *f* crewd; throng

follare *v/t* press

foll|e *adj* mad; *m* madman; **~ia** *f* madness

folto *adj* thick; *m* thickness
fomentare *v/t* foment; *fig* excite
fondaccio *m* dregs *pl*
fondament|ale fundamental; **~o** *m* foundation; ground; **le ~a** *pl* foundations *pl*
fond|are *v/t* found; establish; **~arsi** *v/r* rely on; **~atore** *m* founder; **~azione** *f* foundation
fóndere *v/t*, *v/i* melt; (*ore*) smelt
fond|erìa *f* foundry; **~itore** *m* caster
fondo *adj* deep; *m* bottom; background; *com* fund; *naut* **dar ~** come to anchor; **a ~** thoroughly
font|ana *f* fountain; **~e** *f* source
forare *v/t* pierce; drill
foratura *f* puncture
fòrbici *f/pl* scissors *pl*; **~ per le unghie** nail scissors
forbire *v/t* polish; clean
for|ca *f* (hay-)fork; **~cella** *f* (bicycle-)fork; **~chetta** *f* fork; **~cina** *f* hairpin
forense forensic
foresta *f* forest
forestiero *adj* foreign; *m* foreigner
forma *f* form; shape; mould
formaggio *m* cheese; **~ grattugiato** grated cheese
form|ale formal; **~alità** *f* formality; **~are** *v/t* form; **~ato** *m* shape; size; **~azione** *f* formation; **~ella** *f* block; briquette

formic|a *f* ant; **~aio** *m* ant-hill
formidàbile dreadful
fòrmula *f* formula
formul|are *v/t* formulate; **~ario** *m* formulary
forn|aio *m* baker; **~ello** *m* kitchen stove; **~ello a spirito** spirit-stove
forn|ire *v/t* supply; **~irsi** *v/r* provide o.s. (**di** with); **~itore** *m* tradesman; **~itura** *f* supply; equipment
forno *m* oven
foro *m* hole; law-court; forum
forse perhaps
forte strong; hard; **parlare ~** speak aloud
fort|ezza *f* strenght; fortress; **~ificare** *v/t* strengthen; fortify; **~ificazione** *f* fortification
fortùito accidental
fortuna *f* fortune; luck; **~tamente** fortunately; **~to** lucky
forùncolo *m* boil; furuncle
forz|a *f* strength; force; **le ~e** *f/pl* the (armed) forces; **~are** *v/t* force; compel
fòsforo *m* phosphorus
fossa *f* pit; ditch; **~to** *m* ditch
fossetta *f* dimple
foste you were (*pl*)
fosti you were (*sg*)
fotocromìa *f* chromophotography
fotogènico photogenic
fotograf|are *v/t* photograph; **~ìa** *f* photography
fotògrafo *m* photographer

fototipia f phototypy

fra among; between; within; **~ di noi** between ourselves; **~ poco** soon

fracasso m uprear

fradicezza f rottenness

fràdicio soaked; rotten

fràgile brittle; fragile

fràgola f strawberry

fragor|e m crashing noise; **~oso** noisy

fragr|ante fragrant; **~anza** f fragrance

fraintèndere v/t misunderstand

frammento m fragment

fran|a f landslide; **~are** v/i collapse

francare v/t stamp (letter)

francese adj French; m Frenchman

franch|ezza f frankness; **~igia** f free postage

Francia f France

franco adj free; outspoken; m franc; **~ svizzero** Swiss Franc; **~bollo** m stamp

frangenti m/pl breakers pl

fràngere v/t break; crush

frangetta f fringe

frant|oio m oil-press; **~umare** v/t shatter; smash; **~umi** m/pl splinters

frase f phrase; gram sentence

fràssino m ash-tree

frastornare v/t divert; interrupt

frastuono m noise

frate (abbr **fra**) m friar

fratell|anza f brotherhood; **~astro** m step-brother; **~o** m brother

fratern|ità f fraternity; **~o** brotherly

frat|tanto meanwhile; **nel ~tempo** m meantime; **frata d'un osso** fracture of a bone; **~ure** v/t fracture

fraudare v/t defraud

frazion|are v/t divide; split; **nùmero ~ario** fractional number; **~e** f fraction

freccia f arrow; **~ di direzione** auto: direction-indicator

fredd|arsi v/r become cold; **~o** adj cold; m cold; **aver ~** be cold; **far ~** be cold (weather); **~oloso** chilly

freg|agione f friction; **~are** v/t rub; fig cheat; **~arsene** not to care a rap

frèm|ere v/i quiver; **~ito** m shudder

frenare v/t restrain; v/i apply the brake

freno m bridle; restraint; mech brake; **~ a disco** disc brake; **~ a mano** handbrake; **~ a pedale** footbrake; **~ d'allarme** emergencybrake; **~ ad aria compressa** air brake; **~ contropedale** backpedalling brake

frequ|entare v/t frequent; **~ente** frequent; **~enza** f attendance

freschezza f freshness

fresco adj fresh; cool; m coolness

frett|a f haste; **in ~ e furia** in a hurry; **~oloso** hurried

friggere v/t fry

frigorifero m refrigerator

fringuello m (chaf)finch

fritt|ata f omelet; **~ella** f fritter; pancake; **~o** fried; **~ura** f fry

frivolo frivolous

frizione f friction; rubbing; auto clutch

frod|are v/t cheat; defraud; **~atore** m swindler; **~e** f fraud; **~o** m smuggling; **~olento** fraudulent

froge f/pl nostrils pl

froll|are v/t soften; **~o** tender

fronte f forehead; m (also mil) front; **di ~** opposite; in comparison (with)

front|iera f frontier; **~one** m pediment

frugare v/t search

frull|are v/t whisk; **~ino** m whisk

frum|ento m wheat; **~entone** m corn

frust|a f whip; **~are** v/t whip

frustrazione f frustration

frutt|a f fruit; **le ~a** f/pl dessert; **~a cotta** stewed fruit; **~are** v/t, v/i bear fruit; pay; **~eto** m orchard; **àlbero** m **~ífero** fruit-bearing tree; **~ivéndolo** m fruiterer; **~o** m fruit; **~i** m/pl fruits pl; **~i di mare** marine products; **~uoso** fruitful

fu he was

fucil|are v/t shoot; **~ata** f shot; **~e** m gun; rifle

fucin|a f smithy; forge; **~are** v/t forge

fuga f escape; flight

fugg|évole fleeting; fugitive; **~ire** v/i flee

fui I was

fulgente shining

fuliggine f soot

fuligginoso sooty

fulminare v/i lighten

fùlmine m lightning

fum|aiuolo m chimney-pot; **~are** v/t, v/i smoke; **~atore** m smoker; **scompartimento** m **per (non) ~atori** (non-) smoking-compartment

fumetto m comic strip; **giornalino a ~i** comic book

fummo we were

fum|o m smoke; **~oso** smoky

fune f rope

fùnebre funeral; **carro** m **~** hearse; **messa** f **~** funeral mass

funerale m funeral

fungo m mushroom; fungus

funicolare f cable-railway

funivia f cable-railway

funzion|are v/i function; work; **~ario** m official

fuoc|o m fire; **~hi** m/pl **d'artificio** fireworks

fuori out(side); **~ di** out of; beyond; **di ~** from outside

fuoruscito m pol exile

furbo sly

furgoncino m utility van

furgone m van; freight-car

furi|a f fury; rage; hurry; **~bondo, ~oso** furious

fùrono they were

furto m theft; robbery

fuscello m twig

fusìbile *m elec* fuse
fusione *f* melting; cast; *fig* fusion

fuso *m* spindle
fusto *m* shaft; cask
futuro *adj* coming; *m* future

G

gabardine *f* gabardine
gabbia *f* cage; *naut* top-sail
gabbiano *m* sea-gull
gabella *f* tax; duty
gabinetto *m* cabinet; closet
gaggia *f* acacia
gagliardo vigorous
gaiezza *f* gaiety; **~o** gay
galantuomo *m* gentleman
galeotto *m* galley-slave; convict
galera *f* galley; jail
galla *f* gall; **noce f di ~** oak-apple
galleggiare *v/i* float
galleria *f* gallery; tunnel; arcade
gàllico Gallic
gallina *f* hen; **~accio** *m* turkey-cock; **~aio** *m* vendor of cocks
gallo *m* cock
gallone *m* stripe; gallon
galoppare *v/i* gallop
galvànico galvanic
gamba *f* leg
gàmbero *m* crayfish
gambo *m* stalk; stem
gamma *f* gamut; range
gancio *m* hook
gànghero *m* hinge
gara *f* competition; match; race; **~ finale** the Cup Final
garage *m* garage
garante *m* guarantor; **~zìa** *f* guaranty

garbare *v/i* please; suit; **~ato** polite; **~o** *m* politeness; grace
garbuglio *m* confusion
gareggiare *v/i* compete
gargarismo *m* gargle; **~izzare** *v/i* gargle
garòfano *m* carnation; **chiodi** *m/pl* **di ~** clove
garzone *m* shop-boy; apprentice
gas *m* gas; **~òmetro** *m* gasometer; **~osa** *f* sparkling drink
gastrite *f* gastritis
gastronomia *f* gastronomy
gatta *f* (she-)cat; **~ino** *m* kitten; **~o** *m* (tom)cat; **~o-pardo** *m* leopard
gazza *f* magpie
gazzetta *f* newspaper
G. C. = Gesù Cristo
gelare *v/i*, **~arsi** *v/r* freeze; be frozen; **~ata** *f* frost; **~ateria** *f* ice-cream parlour; **~atina** *f* gelatine; jelly
gelato *adj* frozen; *m* ice-cream; **~ di fràgola** strawberry ice-cream; **~ di frutta** sundae
gèlido icy
gelo *m* frost; cold; **~one** *m* chilblain
gelosia *f* jealousy; Venetian blind; **~oso** jealous (**di** of)
gelso *m* mulberry(-tree)

giacinto

~mino *m* jasmin
gemell|o *m*, *adj* twin; **~i** *m/pl* twins *pl*; (cuff-) links *pl*
gèm|ere *v/i* groan; moan; **~ito** *m* moaning
gemma *f* gem
gener|ale general; **~alità** *f/pl* personal data *pl*
gener|are *v/t* generate; **~atore** *m* generator; **~azione** *f* generation
gènere *m* gender; kind; sort; *paint* genre; **in ~e** generally; **~i** *m/pl* **alimentari** foodstuffs
gènero *m* son-in-law
gener|osità *f* generosity; **~oso** generous
genetliaco *m* birthday
gengiva *f* gum
geni|ale bright; ingenious; **~o** *m* genius
genitivo *m* genitive
genitori *m/pl* parents
gennaio *m* January
Gènova *f* Genoa
gente *f* people; **c'è ~** there is s.o.
gentile gentle; kind; **~e** (**~issima**) **signora!** (dear) madam!; **~ezza** *f* kindness; **~uomo** *m* nobleman
genuin|ità *f* genuineness; **~o** genuine
genziana *f* gentian
geo|grafia *f* geography; **~carta** *f* **~gràfica** map
geometrìa *f* geometry
gerànio *m* geranium
ger|ente *m* manager; **~enza** *f* management
gergo *m* slang

gerla *f* basket
Germàn|ia *f* Germany; **2ico** Germanic; German
germe *m* germ; **~inare** *v/i* germinate; **~ogliare** *v/i* sprout; **~oglio** *m* sprout
gess|are *v/t* plaster; **~ino** *m* plaster figure; *surg* **~o** *m* chalk; plaster; *sculpture*: plaster cast
gest|ione *f* management; **~ire** *v/i* gesticulate; manage; **~o** *m* gesture
Gesù *m* Jesus
gesuita *m* Jesuit
gett|are *v/t* throw; **~o** *m* throw; (steam-) jet; **~one** *m* counter; token
gheriglio *m* (nut-)kernel
ghiacci|aia *f* ice-box; **~aio** *m* glacier; **~are** *v/t* freeze; **~ata** *f* iced drink; **~o** *adj* ice-cold; *m* ice
ghiaia *f* gravel
ghianda *f* acorn
ghign|are *v/i* grin; **~ata** *f* sneer
ghindare *v/t* hoist
ghiott|o gluttonous; *fig* greedy; **~oneria** *f* delicacy
ghirigoro *m* flourish frills
ghirlanda *f* garland
ghiro *m* dormouse
ghisa *f* cast-iron
già already; formerly
giacca *f* jacket; **~ a maglia** cardigan; **~ di pelle** leather-jacket
giacché since; as
giacchetta *f* jacket
giacere *v/i* lie (down)
giacinto *m* hyacinth

giada f jade

giaguaro m jaguar

giall|astro yellowish; **~o** yellow

giammai never

Giappone m Japan; **⌂se** m, f, adj Japanese

giardin|aggio m gardening; **~iera** f woman-gardener; flower-stand; **~iere** m gardener; **~o** m garden; **~ d'infanzia** kindergarten; **~o d'inverno** winter garden; **~i** m/pl **pùbblici** public parks

gigant|e m, adj giant; **~esco** gigantic

giglio m lily

gilè m waistcoat

gin m gin

ginecòlogo m gynaecologist

ginepr|a f juniper-berry; **~o** m juniper

ginestra f genista

ginn|asio m gymnasium; grammar school; **~àstica** f gymnastics pl

ginocchio m knee; **stare in ~** kneel; **~ni** kneeling

gioc|are v/t play; v/i gamble; **~ ai dadi** (play) dice; **~ alle carte, al biliardo** play cards, billiards; **~ d'azzardo** gamble; **~ di danaro** gamble for money

gioc|atore m player; **~àttolo** m toy

gioco m game; play

gioc|ondità f mirth; **~ondo** cheerful

giogo m yoke

gioia f joy

gioi|elliere m jeweller; **~ello** m jewel; **~elli** m/pl jewel-(le)ry

giorn|alaio m newsagent; **~ale** m newspaper; diary; **~ale radio** newscast; **~aliero** daily; **~alista** m, f journalist

giornata f day's work; day's wages

giorno m day; **~ feriale** weekday; workday; **~ festivo** holiday; **sul far del ~** daybreak; **al ~** daily; **buon ~!** good morning!; **l'altro ~** the other day; **di ~** by day

giostra f tournament; merry-go-round

gióvane adj young; m young man

giovan|etto m boy; **~ile** juvenile; **~otto** m young man

giovare v/i be of use

giovedì m Thursday

gioventù f youth

gioval|e jolly; **~ità** f joviality

giovinezza f youth

giràbile transferable

giradischi m record-player

giraffa f giraffe

gir|are v/t turn; v/i go about; **mi gira la testa** my head spins; **~ata** f turn; com endorsement

girell|a f revolving disk; **~are** v/i stroll about

giro m turn; tour; walk; **prendere in ~** make fun of; **~ turistico** sightseeing trip

gita f trip; excursion

gitante m, f excursionist

giù down; below; downstairs; **in** ~ downstairs

giubb|a *f* jacket; coat; **~etto** *m* di salvataggio life-jacket

giubil|are *v/i* exult; *v/t* pension off; **~azione** *f* retirement

giùbilo *m* joy

giudic|are *v/t* judge; **~ato** *m* judgement

giùdice *m* judge

giudizio *m* judgement; opinion; common sense

giugno *m* June

giument|a *f* mare; **~o** *m* beast of burden

giunco *m* rush; reed

giùngere *v/i* reach; *v/t* join; ~ **a qc.** arrive at s.th.

giunt|a *f* surplus; addition; **per** ~ in addition; **~are** *v/t* join; sew together; **~o** *m* joint

giuoco = gioco

giuramento *m* oath; ~ **falso** perjury

giurare *v/t*, *v/i* swear

giur|ìdico juridical; legal; **~ista** *m, f* jurist

guista according to

giust|ezza *f* justness; **~ificare** *v/t* justify; **~ificazione** *f* justification; **~izia** *f* justice; **~o** *adj* right; lawful; *m* just man

gl' (*before vowel*) = gli

glaciale icy; **ocèano** ~ polar sea

gladìolo *m* gladiolus

glàndola *f* gland; ~ **salivale** salivary gland

glauco sea-green; **~ma** *m*

glaucoma

gli *article m/pl* the; *pron pers* him; it

glicerina *f* glycerin(e)

globale total

globo *m* globe; ball; earth; ~ **oculare** eyeball; **~so** globose

gloria *f* glory; fame

glori|are *v/t* praise; **~arsi** *v/r* pride o.s.; **~ficare** *v/t* glorify; **~oso** glorious

glossa *f* gloss

glòttide *f anat* glottis

glucosio *m* glucose

glùtine *m* gluten; glue

glutinoso glutinous

gnoc|co *m* dumpling; *fig* simpleton; **~chi** *m/pl* small dumplings

gobb|a *f* hunch; **~uto** *m* hunchbacked; *m* hunchback

goc|cia *f* drop; **~ce** *f/pl* **per il naso** nose drops

gòcciola *f* drop

gocciolare *v/i* drip

godere *v/t* enjoy

godimento *m* enjoyment; (use) (of)

goffo clumsy

gola *f* throat; gorge; ~ **del camino** flue; **mal** *m* **di** ~ sore throat

golf *m* golf; sweater

golfo *m* gulf; bay

goloso *adj* gluttonous; *m* glutton

gómena *f* cable; rope

gómito *m* elbow; *fig* bend; crank

gomìtolo *m* ball of a thread

gomm|a f gum; rubber; tire; **~a di scorta** spare tire; **~a lacca** shellac; **~apiuma** f foam rubber; **~a senza càmera d'aria** tubeless tire; **~ato** gummed; **~oso** gummy

góndola f gondola

gondoliere m gondolier

gonfi|are v/t inflate; swell; **~arsi** v/r swell; **~atura** f, **~ezza** f swelling; fig exaggeration; **~o** swollen; fig conceited

gonn|a f, **~ella** f skirt

gonorrea f gonorrhea

gonzo m simpleton

gorg|o m whirlpool; **~ogliare** v/i gurgle; purl

gorilla m gorilla

gòtico Gothic

gotta f gout

gotto m goblet

gottoso gouty

govern|ante f nurse; governess; **~are** v/t govern; naut steer; **~arsi** v/r control o.s.; **~ativo** governmental; **~atore** m governor; **~o** m government; administration; naut steering

gozzo m crop; med goitre

gracchi|a f crow; **~are** v/i croak

gracidare v/i croak

gràcile delicate

gradazione f gradation

grad|évole pleasant; **~evolezza** f pleasantness; **~imento** m approval

grad|ino m step; **~ire** v/t welcome; like; appreciate;

~ito agreeable; welcome

grado m degree; rank; **di buon ~** with pleasure; **èssere in ~ di** be able to; **di in ~** step by step; **mio mal ~** against my will

graduazione f graduation

graffi|are v/t scratch; **~o** m scratch

grafite f graphite

gramaglia f mourning clothes pl

gramm|a m, **~o** m gram(me)

gramm|àtica f grammar; **~àtico** grammatical; **~òfono** m grammophone

gran = grande

gran|a f grain; **~aio** m barn; granary; **~ata** f broom; grenade; pomegranate; **~ato** m garnet

Gran Bretagna f Great Britain

granchio m crab; cramp; fig mistake; **~lino** m small crab; fig blunder

grand|e great; big; **gran tempo** m long time; **~ezza** f greatness

grandin|are v/i hail; **~ata** f hail-storm

gràndine f hail

grandi|osità f grandiosity; **~oso** grandiose

granduc|a m Grand Duke; **~ato** m Grand Duchy

gran|ello m grain; seed; **~oso** seedy; **~o** m wheat; corn; grain

granocchia f frog

granturco m (Indian) corn; maize

grapp|a f brandy; clamp; **~ino** m brandy

gràppolo m bunch; cluster

grass|ello m bit of fat; lime; **~o** adj fat; leshy; m fat; grease

grassoccio plump

grat|a f grate; **~ella** f grill; **~iccio** m trellis work; **~icola** f gridiron; **~icolare** v/t grate

gratificare v/t gratify

gratis free; gratis

gratitùdine f gratitude

grato grateful; agreeable

grattacielo m skyscraper

gratt|are v/t scratch; scrape; **~ino** m eraser; **~ugia** f grater

gratùito gratuitous; free

gravare v/t burden; weigh (on)

grav|e heavy; serious; **~ezza** f heaviness; sadness

gràvida pregnant

grav|idanza f pregnancy; **~ità** f gravity; **~itazione** f gravitation; **~oso** irksome

grazi|a f gracefulness; grace; **~e** f/pl thanks pl; **~e!** thank you!; **~e tante** many thanks; **~oso** gracious; lovely

Greci|a f Greece; **~o** m, adj Greek

gregge m herd; flock

greggi|o raw; **materia** f **~a** raw material

gremb|iale (**~iule**) m apron; **~o** m lap; bosom

grem|ire v/t fill; **~ito** crowded

greppia f crib; manger

gretto stingy; mean

grid|are v/i shout; scream; **~io** m shouting; **~o** m cry; scream

grifagno ravenous; wild

grifo m snout; **~ne** m griffin

grigio grey

griglia f grate; grill

grignolino m Piedmontese claret

grill|are v/i simmer; **~o** m cricket

grinfia f claw; talon

grinz|a f wrinkle; ripple; **~oso** wrinkled

grond|aia f gutter; **~are** v/i drip; gush

gross|a f gross; **~ezza** f size; bigness; **~ista** m wholesaler; **~o** big; thick; heavy; with child; **mare** m **~o** rough sea; **~olano** coarse

grotta f grotto

groviera f Gruyere (cheese)

gru f crane (also mech); mech derrick

gruccia f crutch

grugn|ire v/i grunt; **~o** m snout

gruma f tartar (of wine)

gruppo m group

grùzzolo m hoard; savings pl

guadagn|are v/t earn; win; **~o** m earnings pl; gain

guadare v/t wade across

guai! woe!; **~** m/pl troubles pl

guaio m mishap; trouble; moaning

gualcire v/t crumple

guanci|a f cheek; **~ale** m

pillow
guanto *m* glove
guarda|barriere *m* gate-keeper; **~boschi** *m* forester; woodman; **~caccia** *m* gamekeeper; **~coste** *m* coast guard; **~freni** *m* brakesman
guard|are *v/t* look at; watch; guard; look after; **~arsi** *v/r* beware
guarda|roba *f* wardrobe; **~robiera** *f* cloak-room attendant
guardia *f* guard; watchman; *mil* sentry; policeman; **~no** *m* guardian; caretaker; **~forestale** forester; **~medica** ambulance station; **~notturna** night watchman
guar|ibile curable; **~igione** *f* recovery; cure; **~ire** *v/i* recover; *v/t* cure
guarn|igione *f* garrison; **~ire** *v/t* adorn; equip
guastare *v/t* spoil
guasto *adj* spoiled; out of order; **orologio** **~** broken

clock; **~ al motore** motor trouble; **~ al cambio** gear-box trouble
guazz|are *v/t* ford; *v/i* wallow; **~etto** *m* stew; ragout
guercio squint-eyed
guerr|a *f* war; **~eggiare** *v/i* wage war; **~iero** *adj* war-like; *m* warrior
gufo *m* owl
guglia *f* spire
guid|a *f* guide; guidebook; directory; guidance; **~a alpina** alpine guide; **~a di conversazione** phrase-book; **~a telefonica** telephone directory; **~àbile** amenable; **~are** *v/t* lead; guide; drive
guidoslitta *f* bobsled
guisa *f* manner; way; **di ~ che** so that
guizzare *v/i* flash
guscio *m* shell; pod
gust|are *v/t* taste; relish; **~o** *m* taste; **~osità** *f* tastiness; **~oso** tasty

H

ha he (she, it) has; **(Lei) ~** *forma di cortesia* you have; **hai** you have (*sg*); **hanno** they have
hangar *m* hanger; shed

hascisc *m* hashish
ho I have
hobby *m* hobby
hockey *m* hockey
hostess *f* stewardess

I

i *article m/pl* the
ibrido hybrid
Iddio *m* God
idea *f* idea; notion; **avere**

l'idea di fare qlc have the intention of doing s.th.
idèntico identical
ideologìa *f* ideology

idilli|co idyllic; **~o** *m* idyll
idiom|a *m* idiom; **~àtico** idiomatic
idiota *m*, *f* idiot
idol|atrare *v/t* idolatrize; **~atrìa** *f* idolatry
ìdolo *m* idol
idoneità *f* fitness
idòneo fit; qualified
idrante *m* hydrant
idràulico *adj* hydraulic; *m* plumber
idròfobo hydrophobic; **~geno** *m* hydrogen
idro|motore *m* hydromotor; **~plano** *m* hydroplane; **~terapìa** *f* hydrotherapy
ieri yesterday; **~ l'altro** day before yesterday; **~ mattina** yesterday morning
igiene *f* hygiene; hygienics *pl*
igiènico hygienic(al)
ignaro ignorant
ignavo lazy; sluggish
ignor|ante ignorant; **~anza** *f* ignorance; **~are** *v/t* ignore
ignoto unknown
il *article m* the
ilare cheerful
ilarità *f* hilarity
illécito illicit
illegale illegal
illeggìbile illegible
illegìttimo illigitimate; unlawful
illimitato unlimited
illùdere *v/t* deceive
illumin|ante illuminant; **gas** *m* **~ante** illuminating gas; **~are** *v/t* illuminate; *fig* enlighten; **~azione** *f* illu-

mination
ill|usione *f* illusion; **~usorio** illusory
illustr|are *v/t* illustrate; elucidate; make famous; **~azione** *f* illustration; **~e** illustrious; famous; (*letter*) **~e signore, illustrìssimo signore** dear Sir
imball|aggio *m* wrapping; **~are** *v/t* pack
imbalsamare *v/t* enbalm; (*animals*) stuff
imbandierare *v/t* flag
imbarazz|are *v/t* obstruct; embarrass; **~ato** embarrassed; **~o** *m* embarrassment; obstacle
imbarc|adero *m* wharf; pier; **~are** *v/t* ship; **~arsi** *v/r* embark; **~azione** *f* boat; **~o** *m* embarkation; landing-stage
imbarilare *v/t* barrel
imbast|ire *v/t* baste; tack; **~itura** *f* tacking
imbàttersi *v/r*: **~ in qu** run across s.o.
imbecille *adj* foolish; *m* imbecile
imbell|ettare *v/t* paint (the face); pite *v/t* embellish
imbianc|are *v/t* whiten; bleach; whitewash; *v/i* become white; **~hino** *m* whitewasher
imbitumare *v/t* tar
imbocc|are *v/t* feed; suggest; enter; **~atura** *f* mouthpiece; mouth (*river*)
imborsare *v/t* pocket
imboscata *f* ambush

imbott|are v/t put in barrels; **~igliare** v/t bottle (up); **~ire** v/t pad; stuff; **~itura** f padding

imbrodare v/t soil

imbrogli|are v/t entangle; muddle (up); swindle; **~o** m tangle; swindle; **~one** m swindler

imbronci|are, **~re** v/i pout

imbrunire v/i grow dark

imbucare v/t post (letter)

imbuto m funnel

imit|àbile imitable; **~are** v/t imitate; **~azione** f imitation

immacolato immaculate

immagin|àbile imaginable; **~are** v/t, **~arsi** v/r imagine; fancy; **~azione** f imagination

immàgine f image

immancàbile unfailing

immane immane; ruthless

immatricol|are v/t matriculate; register; **~azione** f registration

immaturo immature; early (death)

immedi|ato immediate; **~tato** unpremeditated

immens|ità f immensity; **~o** immense; huge

immèrg|ere v/t immerse; soak; **~ersi** v/r plunge

immeritato undeserved

immersione f immersion

immigr|ante m, f, adj immigrant; **~are** v/i immigrate; **~azione** f immigration

immischiarsi v/r meddle; interfere

immissione f letting in; introduction

immòbile motionless; immovable

immoderato immoderate

immodest|ia f immodesty; **~o** immodest

immondizi|a f sweepings pl; **bidone** m **delle ~e** dustbin; garbage-box

immoral|e immoral; **~ità** f immorality

immort|ale immortal; **~alità** f immortality

immoto motionless

immune immune; free

immut|àbile unchangeable; **~ato** unaltered

impaccare v/t wrap up

impacci|are v/t hinder; embarrass; **~o** m impediment; embarrassment

impacco m packing; wet compress

impadronirsi v/r get hold (of)

impagàbile invaluable

impagliare v/t cover with straw

impalcatura f ceiling; scaffold(ing)

impallidire v/i turn pale

impannare v/t line with cloth

imparagonàbile incomparable

imparare v/t learn

impareggiàbile incomparable

ìmpari uneven; odd

imparità f imparity

imparziale impartial

impassìbile impassive

impastare v/t knead; paste

impaurire v/t frighten

impaziente impatient; eager; **~tirsi** v/r get impatient; **~za** f impatience

impazzire v/i go mad; go crazy

impeccàbile faultless

impedimento m hindrance; drawback; **~ire** v/t prevent; obstruct

impegnarsi v/r engage o.s.; **~o** m engagement; commitment

impenetràbile impenetrable; fig inscrutable

impennare v/t cover with feathers; **~arsi** v/r rear

impensàbile unthinkable; **~ato** m unexpected; **~ierito** uneasy

imperativo m, adj imperative

imperatore m emperor; **~trice** f empress

imperdonàbile unforgivable

imperfetto adj imperfect; m imperfect (tense); **~ezione** f imperfection

imperiale adj imperial; m (car-)top

imperizia f lack of skill

impermeàbile adj impermeable; water-, air-tight; water-proof; m rain-coat

impermutàbile unchangeable

impero m empire; rule

impersonale impersonal

impertinente impertinent;

~enza f impertinence

imperturbàbile imperturbable

impestare v/t infect

impeto m vehemence

impetuoso vehement; violent

impiantare v/t plant; found; **~ito** m floor; **~o** installation; plant; **~o d'accensione** ignition system; **~o elèttrico** electric plant; **~o lavacristallo** (wind)-screen washer; **~o m radio** wireless plant

impiccare v/t hang

impicciare v/t obstruct; embarrass

impiccinire v/t make smaller; v/i grow smaller

impiccio m hindrance

impiegàbile employable; **~are** v/t employ; **~ato** adj employed; m employee; **~o** m employment

impietrire v/t, v/i petrify

impiombare v/t seal; (tooth) fill

implacàbile unrelenting; **~abilità** f implacability; ruthlessness

implacidire v/t appease

implorare v/t implore; **~azione** f imploration

impolverare v/t cover with dust; **~arsi** v/r get dusty

imponente imposing; **~enza** f impressiveness

imporre v/t impose; **~orsi** v/r be overbearing

importante important; **~anza** f importance; **~are**

v/t import; *v/i* be necessary; **non importa** it does not matter; **~atore** *m* importer; **~azione** *f* import (-ation); **~o** *m* amount

importun|are *v/t* bother; **~o** importunate; annoying

imposs|ibile impossible; **~ibilità** *f* impossibility

impost|a *f* tax; duty; (window) shutter; **~are** *v/t* mail (letter); state (problem)

impot|ente powerless; impotent; **~enza** *f* impotence

impoverire *v/t* impoverish

imprat|icàbile impracticable; **~chirsi** *v/r* practise

imprec|are *v/i* curse; **~azione** *f* imprecation

impreciso inexact

impres|a *f* enterprise; **~ario** *m* contractor; manager

impression|àbile susceptible; **~are** *v/t* impress; **~e** *f* impression

imprèstito *m* loan

imprevisto unforeseen

imprigionare *v/t* imprison

imprimere *v/t* impress; (im-)print

improb|àbile unlikely; **~abilità** *f* improbability

impront|a *f* impression; mark; **~a digitale** fingerprint; **~are** *v/t* mark; **~o** importunate

improprio unbecoming

improvvis|are *v/t* improvise; **~o** sudden; **all' ~o** all of a sudden

imprud|ente imprudent; rash; **~enza** *f* imprudence

impud|ente impudent; **~enza** *f* impudence

impugn|àbile impugnable; **~are** *v/t* seize; impugn

impuls|ivo impulsive; **~o** *m* impulse

impune unpunished

impunt|are *v/i* stumble; **~arsi** *v/r* be obstinate; **~ato** obstinate; **~ire** *v/t* quilt; **~uale** unpunctual; **~ualità** *f* unpunctuality; **~itura** *f* stitching

impuro impure

in in; to; **~ Italia** in (to) Italy; **~italiano** in Italian; **andare ~ treno** go by train

in... (prefix with often negative meaning) un...

inàbile unable; unfit

inaccessibile inaccessible

inaccettàbile unacceptable

inadempìbile unrealizable; **~imento** *m* unfulfilment

inal|are *v/t* inhale; **~azione** *f* inhalation

inalterato unaltered

inamidare *v/t* starch

inammissìbile inadmissible

inappellàbile final

inappetenza *f* lack of appetite

inapprezzàbile invaluable

inappuntàbile irreprochable

inargentare *v/t* silver-plate

inaridire *v/t* dry up; wither

inarrivàbile unattainable

inaspettato unexpected

inattendìbile unreliable

inatt|ento unattentive; **~en-**
zione f carelessness
inatteso unexpected
inatt|ività f inactivity; **~ivo**
inactive
inatto unapt
inattuàbile impracticable
inaudito unheard of
inaugur|are v/t inaugurate;
~azione f inauguration;
opening
inavvert|enza f inadver-
tence; **~ito** unnoticed
incalcolàbile incalculable
incalorire v/t heat; warm
incalzare v/t pursue; fig
urge
incanalare v/t canalize
incandescente incande-
scent
incant|are v/t charm; **~é-**
vole enchanting; **~o** m
charm; enchantment; auc-
tion; **véndere all'~o** sell by
auction
incap|ace incapable (**di** of);
~acità f incapacity
incarcerare v/t imprison
incaric|are v/t entrust (**di**
with); charge; **~arsi v/r di**
qc take s.th. upon o.s.
incàrico m task; charge
incarn|are v/t embody; **~a-**
tino adj flesh-coloured; m
fresh complexion
incart|are v/t wrap (in
paper); **~o** m documents f/pl;
~occiare v/t put in a paper-
bag
incasellare v/t file
inc|assare v/t encase;
(money) collect; **~asso** m

takings pl; collection
incastonare v/t set
incatenare v/t chain
incatramare v/t tar
incauto incautious
incav|are v/t hollow out; **~a-**
to hollow
incendi|are v/t set fire to;
~ario m incendiary; **~o** m
fire; conflagration
incener|imento m incine-
ration; **~ire** v/t incinerate
incens|are v/t incense; **~iere**
m thurible; **~o** m incense
incerato m tarpaulin
inc|ertezza f uncertainty;
~erto uncertain; insecure
incessante unceasing
incettatore m forestaller
inchiesta f inquiry
inchin|are v/t incline; **~arsi**
v/r bow; **~o** m bow
inchiodare v/t nail
inchiostro m ink
inciamp|are v/i stumble; **~o**
m obstacle
incid|entale incidental;
~ente m incident; **~ente**
stradale road accident
incìdere v/t incise; med
lance; engrave; fig pene-
trate
incinta pregnant
incipriare v/t powder
incirca: all'~ approximately
incisione f incision; **~ in**
legno wood-cut; **~ in rame**
copperplate engraving
incisore m engraver
inciv|ile uncivilized; un-
civil; **~ilire** v/t civilize
inclem|ente stern; severe;

~enza f severity
inclin|àbile inclinable; **~are** v/t, v/i incline; **~ato** inclined; bent; **~azione** f inclination

incl|ùdere v/t include; enclose; **~usa** f enclosure; **~usivamente**, **~usive** inclusively

incoerente inconsistent

incògnito unknown

incollare v/t glue; stick

incol|orarsi v/r (take on) colour; **~ore** colourless

incolp|are v/t accuse; inculpate; **~azione** f accusation; **~évole** innocent

incolto incultured; uncultivated

in|cómbere v/i be incumbent (on); **~combustìbile** incombustible; **~combusto** unburnt

incominciare v/t, v/i begin (a with); start

incommutàbile unalterable

incomodare v/t disturb; **~arsi** v/r trouble o.s.; **non si incòmodi!** don't trouble (yourself)!

incòmodo uncomfortable

imcomparàbile matchless

incompatìbile incompatible

incompetente incompetent

incompiuto unfinished

incomprensìbile incomprehensible

incon|cepìbile inconceivable; **~ciliàbile** irreconcilable

inconfortàbile inconsolable

inconsapévole unaware

inconscio m, adj unconscious

inconseguenza f inconsequence

inconsiderato inconsiderate

inconsolàbile inconsolable

inconsueto unusual

incontent|àbile insatiable; **~abilità** f insatiability

incontestato uncontested

incontrare v/t meet

incontro m encounter; match; adv towards; **all'~** on the contrary

inconveni|ente inconvenient; **~enza** f inconvenience

inconvincìbile inconvincible

incoragg|iamento m encouragement; **~iare** v/t encourage; **~iarsi** v/r take courage

incorniciare v/t frame

incoron|are v/t crown; **~azione** f coronation

incorporare v/t incorporate

incorr|eggìbile incorrigible; **~ettezza** f incorrectness; **~etto** incorrect; **~otto** incorrupt; **~utìbile** incorruptible

incosciente unconscious

incost|ante fickle; **~anza** f inconstancy; **~ituzionale** inconstitutional

incredìbile incredible

incrèdulo incredulous

incremento m increase

increspare v/t ripple; frown

incrociare v/t cross; **∼atore**
m naut cruiser; **∼o** m crossing; cross-breeding

incrollàbile unshakeable

incubo m nightmare

incùdine f anvil

incuràbile incurable

incurvare v/t bend

indagare v/t investigate

indàgine f inquiry; research

indebitarsi v/r get into
debt; **∼ato** indebted

indebolire v/t weaken

indecente indecent; **∼enza**
f indecency

indecisione f indecision;
∼iso undecided

indefinito indefinite

indegnità f unworthiness;
∼o unworthy; worthless

indelicato indelicate; unscrupulous

indenne unharmed; **∼ità** f
indemnity; **∼izzare** v/t indemnify; **∼izzo** m indemnity

indescrivìbile indescribable

indeterminato vague; indetermined

India f India

indiano Indian

indicare v/t indicate; **∼ativo** m, adj indicative; **∼atore**
m indicator; **∼azione** f indication

ìndice m index; forefinger;
mech hand

indicìbile unspeakable

indietreggiare v/i withdraw; **∼o** back; behind;

all'∼o backwards

indifferente indifferent;
∼enza f indifference

indigeno adj indigenous; m
native

indigente needy

indigerìbile indigestible;
∼estione f indigestion

indignazione f indignation

indipendente independent; **∼enza** f independence

indire v/t announce

indiretto indirect; **∼izzare**
v/t address (**a** to); **∼izzo** m
address

indiscreto indiscreet; intrusive

indispensàbile indispensable

indispettito vexed; **∼osizione** f indisposition; **∼osto**
indisposed; unwell

indisputàbile indisputable

indistinto indistinct

indivia f endive

individuale individual; **∼alità** f individuality

individuo m individual

indiviso undivided

indizio m sign; symptom

indòcile indocile

indocilità f indocility

indolcire v/t sweeten

indole f temper

indolente indolent; **∼enza** f
indolence

indomani m: **l'∼** the next
day

Indonesia f Indonesia

indorare v/t gild

indossare v/t put on; wear

indovinare v/t guess; **∼ello**

m riddle

indubbio undoubted

indugi|are *v/i* delay; **~o** *m* delay

indulg|ente indulgent; **~enza** *f* indulgence

indurare *v/t* harden

ind|urre *v/t* induce; **~ursi** *v/r* decide

industr|ia *f* industry; manufacture; *fig* diligence; **~ia pesante** heavy industry; **~iale** *adj* industrial; manufacturing; *m* industrialist; **prodotti,** *m/pl* **~iali** manufactured goods

ineducato ill-bred

ineffàbile ineffable

ineffettuàbile unpracticable

inefficace inefficient

ineguale unequal; uneven

inerte inert

inerudito unlearned

ines|atto inaccurate; **~aurìbile** inexhaustible

ineseguìbile inexecutable

inesoràbile unrelenting

inesp|erienza *f* inexperience; **~erto** unskilled

inesplicàbile inexplicable

inesprimìbile inexpressible

inetto inept; unqualified

inevitàbile inevitable

inezia *f* trifle

infallìbile infallible

infam|are *v/t* defame; **~e** disgraceful; vile; **~ia** *f* infamy

infant|icidio *m* childmurder; **~ile** childish

infanzia *f* childhood

infarto *m* infarct; **~ miocàrdico** myocardinal infarct

infaticàbile indefatigable

infatti in fact; really

infausto ill-omened

infecond|ità *f* barrenness; **~o** sterile

infedel|e *adj* unfaithful; *m* unbeliever; **~tà** *f* infidelity

infelice unhappy

inferior|e *adj* inferior; *m* subordinate; **~ità** *f* inferiority

inferm|eria *f* infirmary; sick-room; **~iere** *m* hospital attendant; **~ità** *f* infirmity; **~o** *adj* sick; *m* invalid

infern|ale infernal; **~o** *m* hell

inferriata *f* grating

infestare *v/t* infest

infett|are *v/t* infect; **~ivo** infectious; **malattìa** *f* **~iva** infectious disease

infezione *f* infection

infiamm|àbile inflammable; **~are** *v/t* inflame; *fig* excite; **~azione** *f* inflammation; **~azione agli occhi** inflammation of the eyes

infido untrustworthy

infil|are *v/t* thread; (*beeds*) string; **~arsi** *v/r* **qc** put sth on

infiltrarsi *v/r* infiltrate; penetrate

infilzare *v/t* pierce

infimo lowest; basest

infin|e finally; **~ità** *f* infinity; **~ito** *adj* infinite; *m* infinitive

infiorare *v/t* adorn with flowers

infless|ibile inflexible; **~io-ne** f inflection

influ|ente influent(ial); **~enza** f influence; influenza; **~ire** v/t influence

influsso m influx

infoc|are v/t make red-hot; **~ato** red-hot; burning

infondato unfounded

infòndere v/t infuse

inform|arsi v/r inform o.s.; **~azione** f information; **~e** shapeless

infortun|io m accident; **assicurazione f contro gli ~i** accident insurance

inforzare v/t strengthen

infossato sunken; fallen in

infràngere v/t break; infringe

infrazione f infraction; infringement

infredd|are v/i, **~arsi** v/r catch cold; **~atura** f cold; **~olire** v/i shiver with cold

infruttuoso fruitless; unsuccessful

infuori: all' ~ di except (for)

infuri|arsi v/r grow furious; **~ato** furious

infusione f infusion

ingann|are v/t deceive; betray; **~atore** m swindler; **~o** m deceit

ingegn|arsi v/r strive; **~ere** m engineer; **~o** m intelligence; talent; **~oso** ingenious

ingènito inborn; innate

ingenu|ità f simple-mindedness; **~ènuo** ingenious; naive

ingessare v/t plaster

Inghilterra f England

inghiottire v/t swallow; engulf

ingiallito yellowed

inginocchi|arsi v/r kneel down; **~atoio** m kneeling-stool; **~oni** adv on one's knees

ingiù downwards; down

ingiuri|a f insult; outrage; **~are** v/t insult

ingiust|izia f injustice; **~o** unjust; unfair

inglese adj English; m Englishman

inglorioso inglorious

ingoiare v/t swallow

ingo|mbrare v/t obstruct; **~mbro** blocked

ingommare v/t gum; paste

ingordo greedy

ingorg|arsi v/r become choked, blocked; **~o** m med congestion

ingran|aggio m mech gear (-ing); **ferrovia f ad ~aggio** cog-wheel railway; **~are** v/i be in gear

ingrand|imento m enlargement; **~ire** v/t enlarge; v/i become larger

ingrass|aggio m lubricating; **~are** v/t fatten; grease; v/i grow fat; **~o** m manure

ingr|atitùdine f ungratefulness; **~ato** ungrateful

ingrediente m ingredient

ingresso m entrance; admittance

ingross|are v/t, v/i enflate; increase; **all'~o** wholesale

inguantarsi

inguantarsi v/r put on
gloves
inguaribile incurable
inguinale: ernia ~ inguinal
hernia
inguine m anat groin
inibire v/t inhibit
iniettare v/t inject
iniezione f injection
inim|icare v/t estrange
(from); **~icizia** f hostility
inimmaginàbile uncon-
ceivable
ininterrotto uninterrupted
iniqu|ità f iniquity; **~o**
unjust
inizi|ale f initial; **~e** v/t
initiate; start; **~ativa** f
initiative
innaffi|are v/t sprinkle; **~a-
toio** m, **~atrice** f watering-
cart; watering-can
innalzare v/t raise
innamorarsi di fall in love
with ...
innanzi before; forward
innato inborn
innaturale unnatural
innegàbile undeniable
innestare v/t graft; aut **~ la
marcia** engage the gear
inno m hymn; **~ nazionale**
national anthem
innoc|ente innocent; **~enza**
f innocence
innòcuo innocuous
innov|are v/t innovate; **~a-
zione** f innovation
innumerévole innumer-
able
inodoro odourless
inoltr|are v/t send; (letter)

forward; **~e** besides
inond|are v/t flood; **~azione**
f inundation
inoperoso idle
inopportuno inopportune
inorridire v/t horrify; v/i be
horrified
inospitale inhospitable
inosservato unobserved
inquadrare v/t frame; mil
enroll
inquiet|are v/t worry; **~o**
uneasy; **~ùdine** f ap-
prehension
inquilino m lodger; tenant
insal|are v/t salt; **~ata** f
salad; **~ata di cetrioli** cucumber salad; **~ata di lattuga** lettuce; **~ata di patate** potato-salad; **~atiera** f
salad-bowl
insalubre unhealthy
insano insane
insaponare v/t soap; lather
insaputa: all'~ di without
the knowledge of
insaziàbile insatiable
inscrivere = iscrivere
insedi|amento m installa-
tion; accession to office;
~arsi v/r enter upon office
insegna f colours pl; sign (-
board); **~mento** m teaching; **~nte** adj teaching; m, f
teacher; **~re** v/t teach
insegu|imento m pursuit;
~ire v/t pursue
insens|ato adj rash; m fool;
~ìbile insensible
inseparàbile inseparable
inser|ire v/t insert; put in;
~zione f insertion; (news-

paper) advertisement
insetticida *m* insecticide
insetto *m* insect
insìdi|a *f* snare; **~are** *v/t* ensnare; **~oso** insidious
insieme *adv* together; *m* whole
insignificante trifling
insincero insincere
insinu|arsi *v/r* insinuate o.s.; **~azione** *f* insinuation
insìpido insipid; tasteless
insistente insistent
insìstere *v/i* insist (**in, su** on)
insod(d)isfatto unsatisfied
insolazione *f* sunstroke
insolente insolente; pert
insòlito unusual
insolùbile insoluble
insomma in short; after all
insònn|e sleepless; **~ia** *f* insomnia
insopportàbile unbearable
insòrgere *v/i* rise (**in** revolt)
insostenìbile untenable
install|are *v/t* instal; **~atore** *m* plumber; **~azione** *f* installation
instancàbile untiring
insù up(wards); above
insuccesso *m* failure
insudiciare *v/t* soil
insuffici|ente insufficient; **~enza** *f* insufficiency
insulare insular
insulina *f* insulin
insult|are *v/t* insult; abuse; **~o** *m* insult
insuperàbile insuperable; **~ato** insurpassed
insurrezione *f* insurrection
intagliatore *m* carver;

engraver
intanto meanwhile; **~ che** while
intarlato worm-eaten
intarsio *m* inlay-work
intascare *v/t* pocket
intatto intact; unimpaired
intavolare *v/t* (*conversation*) start
intavolato *m* planking
integrare *v/t* integrate; complete
intell|etto *m* intellect; **~ettuale** intellectual; **~igente** intelligent; **~igenza** *f* intelligence
intemperante intemperate
intèndere *v/t* hear; understand; mean; intend; **s'intende!** of course!
intenso intense
inten|to intent (**a** on); **~zione** *f* intention
interamente wholly
inter|cèdere *v/i* intercede; **~cessione** *f* intercession; **telèfono** *m* **~comunale** trunkline
interdetto prohibited
interd|ire *v/t* prohibit; **~ire qu** *for* disable s.o.; **~izione** *f* interdiction; *for* disqualification
interess|amento *m* interest; sympathy; **~ante** interesting; **~are** *v/t* interest; concern; **~ato** *com* having a share; **~e** *m* interest; concern; **~i** *m/pl* (*money*) interest
interiezione *f* interjection
interiore *adj* interior; *m* in-

side

interlocutore *m* partner in a conversation

interm|ediario *m* mediator; **~edio** intermediate

intermezzo *m* interval

intermitt|ente intermittent; **febbre** *f* **~ente** intermittent fever; **~enza** *f* intermittence

internare *v/t* intern; *med* confine

internazionale international

interno *adj* internal; inner; *m* interior; inside

intero *adj* entire; whole; **latte** *m* **~** full-cream milk

interporsi *v/r* intervene

in|terpretare *v/t* interpret; **~tèrprete** *m* interpreter; *thea* actor

interpunzione *f* punctuation

interregno *m* interregnum

interrog|are *v/t* question; **punto** *m* **~ativo** question mark; **~atorio** *m* (cross-)examination; **~azione** *f* query

interr|ómpere *v/t* interrupt; **~uttore** *m elec* switch; **~uzione** *f* interruption; *radio* jamming

inter|secare *v/t* intersect; **~sezione** *f* intersection; **~vallo** *m* interval

interv|enire *v/i* intervene; interfere; **~ento** *m* intervention; interference

intervista *f* interview

intes|a *f* agreement; *pol*

entente; **ben ~o** well understood

intest|are *v/t* head; *com* register (under a name); **~arsi** *v/r* be obstinate; **~azione** *f* heading; headline

intestino *adj* internal; *m* intestines *pl*; **~ cieco** appendix

intimare *v/t* intimate; enjoin

intimidire *v/t* intimidate

intimità *f* intimacy

intimo intimate; close

intimorire *v/t*: **~ qu** frighten s.o.

int|ingere *v/t* dip (into); **~ingolo** *m* ragout; **~into** *adj* soaked; *m* sauce

intirizzire *v/t* (be)numb

intitolare *v/t* entitle; name

intoller|àbile intolerable; **~ante** intolerant

intonacare *v/t* plaster

intònaco *m* plaster(ing)

intonare *v/t* intone; tune

intopp|are *v/i* come across; stumble (**in** over); **~o** *m* obstacle

intorbidare *v/t* make muddy

intormentirsi *v/r* get numb, cramped

intorno *prp* **~a** (a)round; about; *adv* around; about

intossic|are *v/t* intoxicate; **~azione** *f* intoxication; **~azione alcoolica** alcoholic poisoning; **~azione alimentare** food poisoning

intra =**tra, fra**

intralciare *v/t* hinder;

entangle
intransitivo intransitive
intrapr|èndere v/t undertake; **~esa** f enterprise
intrattàbile unmanageable
intratten|ere v/t entertain; **~ersi** v/r stop; (*subject*) dwell (**su** upon)
intrecci|are v/t interlace; **~arsi** v/r be entwined; **~o** m interlacing; plot
intrig|ante adj intriguing; **~are** v/t plot; **~o** m plot
intrinseco intrinsic; intimate
intristire v/i fig pine away
introd|urre v/t introduce; **~uzione** f introduction; preface; mus overture
intromèttersi v/r interfere
intruso m intruder
inturgidir|e v/i, **~si** v/r swell up
inumano inhuman
inumidire v/t moisten
inùtile useless
invàdere v/t invade
invalid|are v/t invalidate; nullify; **~ità** f invalidity
invàlido adj invalid; void; m disabled soldier
invano in vain
invariàbile invariable
invasione f invasion
invecchiare v/t make old; v/i grow old
invece on the contrary; **~ di** instead of; **~ di lui** (**in sua vece**) in his place
invelenire v/t envenom
invendìbile unsaleable
invent|are v/t invent; **~ario**

m inventory; stock-taking
inven|tivo inventive; **~tore** m inventor; **~zione** f invention
invernale wintry
invernici|are v/t varnish; **~atore** m varnisher
inverno m winter; **d'~** in winter time
invero truly; really
inverosìmile unlikely
invers|ione f inversion; **~o** inverse
investig|are v/t investigate; **~azione** f investigation
invest|imento m investment; rail collision; **~ire** v/t empower (**di** with); run over (car); (money) invest; **~irsi** v/r collide
invetri|are v/t glaze; **~ata** f glass window
invi|are v/t send; **~ato** m speciale correspondent
invidi|a f envy; **~àbile** enviable; **~are** v/t envy; **~oso** envious
invigor|ire v/t invigorate; **~irsi** v/r get strong
invilire v/t debase; (prices) lower
invil|uppare v/t envelop; **~uppo** m bundle
invincìbile invincible
invio m mailing; shipment
inviolàbile inviolable
invisìbile invisible
inviso disliked
invitare v/t invite; request
invito m invitation; **~ a presentarsi** summons

invocare *v/t* invoke; implore

invogliare *v/t* raise a desire

involontario unintentional

involtare *v/t* wrap up; **ò- lucro** *m* covering; envelope

inzolfare *v/t* sulphurate

inzuccherare *v/t* sugar

inzuppare *v/t* soak; steep io I

iòdi|co iodic; **∼o** *m* iodine

ipno|si *f* hypnosis; **∼tizzare** *v/t* hypnotize

ipocondria *f* spleen

ipocrisia *f* hypocrisy

ipòcrita *m* hypocrite

ipoteca *f* mortgage

ipòtesi *f* supposition

ippica *f* horse-racing

ippòdromo *m* hippodrome; racecourse

ira *f* anger; wrath

iracond|ia *f* rage; **∼o** hot-tempered

irato angry

iride *f* iris; rainbow

iris *f* iris

Irland|a *f* Ireland; **≳ese** Irish

ir|onia *f* irony; **∼ònico** ironic(al)

irradi|are *v/t* (ir)radiate; **∼azione** *f* irradiation

irragionévole unreasonable

irrancidire *v/i* become rancid

irrazionale irrational

irreale unreal

irreconciliàbile irreconcilable

irrefrenàbile unrestrainable

irregol|are irregular; **∼arità** *f* irregularity

irreparàbile irreparable

irreprensìbile irreproachable

irre|quietezza *f* restlessness; **∼quieto** restless

irresistìbile irresistible

irresolutezza *f* irresolution

irrepons|àbile irresponsible; **∼abilità** *f* irresponsibility

irrevocàbile irrevocable

irrig|are *v/t* irrigate; **∼azione** *f* irrigation

irrit|àbile irritable; **∼abilità** *f* irritability; **∼are** *v/t* irritate

irruzione *f* irruption

irsuto shaggy; bristly

irto bristling; standing on end

ischio *m* hip-joint

iscrìvere *v/t* inscribe; enroll; **∼izione** *f* enrollment; registration

isola *f* isle

isol|amento *m* isolation; **∼ano** *m* islander; **∼are** *v/t* isolate; **∼arsi** *v/r* live secluded; **∼ato** *m* block of houses

ispettore *m* inspector; **∼zionare** *v/t* inspect; **∼ezione** *f* inspection

ìspido shaggy

ispir|are *v/t* inspire; instil; **∼arsi** *v/r* be inspired (by); **∼azione** *f* inspiration

Israele *m* Israel

issare *v/t* hoist

istant|ànea *f* snapshot;

~àneo instantaneous; **~e** *m* petitioner; instant, moment

istanza *f* petition

istèrico hysterical

istint|ivo instinctive; **~o** *m* instinct

istit|uire *v/t* establish; found; **~uto** *m* institute; **~uto di bellezza** beauty shop; **~utóre** *m* tutor; **~u-zione** *f* institution

istmo *m* isthmus

istru|ire *v/t* instruct; teach; **~ito** educated

istruttivo instructive

istruzione *f* instruction; teaching; **~ pùbblica** public education; **~ obbli-gatoria** compulsory school-attendance

Italia *f* Italy

italiano *m, adj* Italian

itinerario *m* itinerary

ito gone; **bell' e ~** done for

itterizia *f* jaundice

iuta *f* jute

ivi there

K

ketchup *m* ketchup

kg = chilogramma

km = chilòmetro

kWh = chilowattora

L

L = lire (italiane)

l = litro

l' (*before vowel*) **= lo, la**

la *article f/sg* the; *pron pers* (*accusative*) she; **2 forma di cortesia** you; *m mus* la

là there; **di ~** from there; **al di ~** beyond

labbro *m* lip; **~ leporino** hare-lip

labor|atorio *m* laboratory; work-shop; **~ioso** hard-working; toilsome

lacca *f* laquer

laccetto *m* (boot)lace

laccio *m* string; *fig* trap; **~ per le scarpe** shoe-lace

lacerare *v/t* tear; rend

làcero torn; in rags

lacuna *f* gap; blank

lacustre lacustrine; **dimo-ra** *f* ~ lake-dwelling

laddove (there) where; whilst

ladro *m* thief; burglar; **~ne** *m* highwayman

laggiù down there; yonder

lagn|anza *f* complaint; **~arsi** *v/r* complain (**di** of); **~o** *m* lament(ation)

lago *m* lake

làgrima *f* tear

laguna *f* lagoon

làico *adj* laic; *m* layman

laidezza *f* foulness

làido ugly; filthy

lament|are *v/t* lament; **~ar-si** *v/r* complain (**di** of); **~o** *m* moaning; **2oso** plaintive

lametta *f*: **~ da barba**

lamiera

razorblade

lamiera f plate; sheet

làmina f (metal) sheet

laminare v/t laminate

làmpada f lamp; ~ **ad arco** arc lamp; ~ **a raggi ultravioletti** sunlight-lamp; ~ **tascàbile** torch; flash-light

lampad|ario m lustre; **~ina** f torch; electric bulb

lampeggiante m blinking light

lamp|eggiare v/i lightning; flash; **~eggiatore** m traffic-indicator; **~ione** m street-lamp

lampo m lightning; flash; **treno** ~ express-train

lampone m raspberry

lana f wool; **~pura** pure wool; ~ **di acciaio** steel wool

lancetta f hand (of a watch)

lanci|a f lance; naut boat; **~are** v/t throw; fling; **~arsi** v/r dash; rush; **~o** m throw; jump; **~o del disco** discus-throw; **~o del giavellotto** javelin-throw; ~ **della palla di ferro** shot-put

landa f heath

laneria f woollens pl

languidezza f languidness

lànguido adj languid; weak

languire v/i languish; be stagnant (trade)

lanoso woolly

lanterna f lantern; ~ **cieca** dark lantern

lan|ùgine f down; fluff; **~uto** woolly

làpide f tomb-stone; memorial tablet

lapilli m/pl volcanic ashes

lapis m pencil; **~làzzuli** m lapis lazuli

lardo m lard; bacon

larghezza f width; breadth; fig generosity

largire v/t give liberally

largo adj wide; broad; large; m open space; **fare** ~ make room

làrice m larch-tree

laring|e f larynx; **~ite** f laryngitis

larva f larva; mask; ghost

lasagn|a f big noodle; **~e** f/pl **verdi** green noodles

lasca f roach

lasciare v/t leave; desert; let

làscito m legacy

lassativo m laxative

lassù up there; there above

lastra f slab; plate; (window-)pane

lastric|are v/t pave; **~ato** m pavement

làstrico m pavement; fig misery

latente latent

laterale lateral; **porta** f ~ side door

latifondo m large estate

latino Latin

latit|ante at large; **~ùdine** f latitude; breadth

lato adj wide; m side

latore m bearer

latrare v/i bark

latrina f lavatory

latta f tin-plate; can

latt|aia f milkmaid; **~ante** m suckling; **~e** m milk; **~erìa** f

milkshop; **~iera** *f* milk-jug; **~ivéndolo** *m* milkman
lattoniere *m* plumber
lattuga *f* lettuce
làurea *f* academic degree; doctorate
laur|eto *m* laurel grove; **~o** *m* laurel
lava *f* lava
lavabiancherìa *f* washing machine
lav|àbile washable; **~abo** *m* wash-stand; **~aggio** *m* washing
lavagna *f* slate; blackboard
lav|amano *m* wash-stand; **~anda** *f* lavender; **~andaia** *f* laundress; **~anderìa** *f* laundry; **~anderìa a secco** dry-cleaning shop; **~andino** *m* sink; **~are** *v/t* wash; **~atoio** *m* wash-house
lavina *f* snow-slip
lavor|are *v/t*, *v/i* work; **~atore** *m* worker; **~o** *m* work; labour
Lazio *m* Latium
le *article f/pl* the; *pron pers* (*dative f/sg*) her; (*accusative f/pl*) they; **2** *forma di cortesia* (to) you
leal|e loyal; **~tà** *f* loyalty
lebbra *f* leprosy
leccare *v/t* lick
lecc|one *m* glutton; **~ornìa** *f* dainty bit
lécito allowed; lawful
lega *f* union; league; alloy
legàcciolo *m* boot-lace; garter
leg|ale legal; **~alizzare** *v/t* legalize; **~alizzazione** *f* legalization
legame *m* bond; tie
leg|are *v/t* bequeath; tie; *fig* join; **~ato** *m* legacy; **~atore** *m* book-binder; **~azione** *f* legation
legge *f* law; **studiar ~** study (for) the law
leggend|a *f* legend
lèggere *v/t* read
legger|ezza *f* lightness; frivolity; **~o** light; *fig* thoughtless
leggiadr|ìa *f* grace(fulness); **~o** charming
leggìbile legible
leggiero = **leggero**
leggìo *m* reading-desk; *mus* music-stand
legisl|atore *m* legislator; **~azione** *f* legislation
legittim|are *v/t* legitimate; (**carta** *f* **di**) **~azione** *f* identity card
legìttimo lawful; legitimate
legn|a *f/pl* fire-wood; **~aiuolo** *m* carpenter; **~ame** *m* **da costruzione** building-timber
legno *m* wood
legume *m* vegetable
lei *pron pers* she; **2** *forma di cortesia sg* you; **dare del 2** address formally
lembo *m* edge; (*dress*) hem
len|imento *m* soothing; **~ire** *v/t* soothe; **~itivo** soothing
lent|e *f* lens; **~e d'ingrandimento** magnifying glass; **~i** *f/pl* **di contatto** contact lenses
lentezza *f* slowness

lenticchia f lentil

lentíggine f freckle

lento slow; tardy; loose

lenza f fishing-line; **~uola** f/pl sheets; bedclothes; **~uolo** m (bed-)sheet

leon|e m lion; **~essa** f lioness

leopardo m leopard

lepre f hare

lesso adj boiled; m boiled meat

lesto quick; agile

letizia f joy

lèttera f letter; **~ aèrea** air-mail letter; **~ espresso** special delivery letter; **~ per l'estero** foreign letter; **~ raccomandata** registered letter

letter|ale literal; **~ario** literary; **~ato** adj learned; m man of letters; **~atura** f literature

lett|iera f bedstead; **~iga** f litter; **~ino** m: **~ino da campeggio** camp bed; cot

letto m bed; pp read; **~ da bambino** cot; crib; **~ supplementare** additional bed

lettura f reading

leucemia f leukaemia

leva f lever; **~ di marcia** gear lever

levante m east

lev|are v/t take (off); raise; **~arsi** v/r get up; (sun) rise; take off (hat, dress); **~ata** f collection (of letters); **~atrice** f midwife

lezione f lesson; lecture

li pron pers them

lì there

libbra f pound

liber|ale liberal; **~alità** f munificence; **~are** v/t liberate

libero free

libertà f liberty; freedom

libr|aio m bookseller; **~eria** f library; book-shop; **~etto** m booklet; mus libretto; **~etto di risparmio** savings booklet; **~o** m book

licen|za f licence; leave; degree; **esame** m **di ~** leaving certificate examination; **~iare** v/t dismiss; graduate

liceo m grammar school

licitare v/t bid (at auction)

lido m beach

lieto glad; happy

lieve light; slight

lievitare v/t leaven; ferment

lièvito m barm; yeast

lilla m, adj lilac

lim|a f file; **~are** v/t file

limit|are v/t limit; **~responsabilità** f **~ata** limited liability; **~azione** f limitation

límite m limit

limon|ata f lemonade; **~e** m lemon(-tree)

limpidezza f limpidity

límpido limpid

lince f lynx

lindo neat; tidy; trim

línea f line; **~ dell'autobus** bus line; **~ ferroviaria** railway line; **~ secondaria** branch line

line|amenti m/pl features;

~are _adj_ linear; _v/t_
delineate

linfa _f_ lymph

lingua _f_ language; tongue; **~
parlata** colloquial lan-
guage; **~ scritta** literary
language

lino _m_ flax; linen

liquid|are _v/t_ liquidate; set-
tle; **~azione** _f_ liquidation

liquido _m_, _adj_ liquid; **~ per i
freni idraulici** brake fluid

liquore _m_ liquor

lira _f_ lira; _mus_ lyre

liric|a _f_ lyrics _pl_; **~o** _adj_
lyric(al); _m_ lyric poet

lisca _f_ (fish-)bone

lisciare _v/t_ smooth

liscio smooth

lisciva _f_ lye

lista _f_ list; **~ dei prezzi**
price-list; **~ dei cibi** bill of
fare; menu; **~ dei vini**
wine-list

lite _f_ quarrel; law-suit

litig|are _v/i_ quarrel; **~io** _m_
quarrel

litografia _f_ lithography

litro _m_ litre

littorale _m_ (sea-)shore; lit-
toral

liuto _m_ _mus_ lute

livell|are _v/t_ level; **~atrice** _f_
bulldozer; **~are sul mare**
sea-level; **~o d'olio** oil-level

livido livid

lo _article_ _m/sg_ the; _pron_ (case
(accusative)) him; it

lòbulo _m_ ear-lobe

loc|ale _adj_ local; _m_ place;
room; **~ale da ballo** dance
hall; **~alità** _f_ locality; **~alità**

balneare watering-place;
~alità di confine border
town; **~anda** _f_ inn; **~atario**
_m_ tenant; lodger

locomotiva _f_ (locomotive-)
engine

locomotore _m_ electric
locomotive

locusta _f_ locust

lod|are _v/t_ praise; **~e** _f_
praise; **~évole** praise-
worthy

lòdola _f_ lark

loggia _f_ loggia; open gallery

loggi|ato _m_ covered gallery;
~one _m_ _thea_ upper gallery

lògic|a _f_ logic; **~o** logical

logorare _v/t_ wear (out)

lomb|ata _f_ loin-steak;
undercut; **~o** _m_ loin

lont|ananza _f_ remoteness;
~ano far; distant; **di (da)
~ano** from far

loquace talkative

lord|are _v/t_ soil; dirt; **~o**
dirty; _com_ **peso** _m_ **~o** gross
weight

loro _pron pers_ they; them; 2
(to) you _pl_; _pron poss_ their;
theirs; 2 your, yours

lott|a _f_ struggle; wrestling;
~are _v/i_ fight; strive; **~a-
tore** _m_ wrestler

lott|eria _f_ lottery; **~o** _m_ lot

lozione _f_: **~ da barba** after-
shave lotion; **~ per capelli**
hair-lotion; **~ per il viso**
face-lotion

lubrific|ante _m_ lubricant;
~are _v/t_ lubricate; grease;
~atore _m_ lubricator

lucchetto _m_ padlock

luccicare v/i glitter

luccio m pike

lùcciola f fire-fly

luc|e f light; **~e di magnesio** flash; **~e di posizione** parking light; **~ente** shining

lucèrtola f lizard

lucherino m siskin

lucid|are v/t polish; **~ezza** f brightness

lùcido adj bright; shining; m brightness; **~ da scarpa** shoe-polish

lucignolo m wick

lucr|ativo profitable; **~o** m gain

luglio m July

lui he; him; **di ~** of his; **a ~** to him

lumaca f snail

lum|e m light; lamp; **~iera** f chandelier; **~inoso** luminous

luna f moon; fig bad mood; **~ di miele** honeymoon

lunedì m Monday

lung|hezza f length; **~i** far (off); **~o** long; along; **alla ~a** in the long run; **~omare** m seafront

luogo m place; spot; **avere ~** take place; **~ climatico** health-resort; **~ di nascita** birth-place; **in primo ~** in the first place; **in qualche ~** somewhere

lupo m wolf

lùppolo m hop

lusing|a f allurement; **~are** v/t flatter

luss|are v/t sprain; dislocate; **~azione** f dislocation

luss|o m luxury; **~uoso** luxurious

lustr|are v/t polish; **~ascarpe** m, **~astivali** m shoeblack; **~o** adj shining; m polish; lustrum

lutto m mourning

M

m abbr for mare; maschile; metro; minuto; **~ista** m machinist; engineer

ma but; yet

maccheroni m/pl macaroni

macchi|a f spot; stain; thicket; **~are** v/t stain

màcchina f machine; engine; **~ fotogràfica** camera; **~ da scrivere** typewriter; **~-roulette** trailer

macchin|ale mechanical; **~are** v/t contrive; plot;

macedonia f fruit-salad

macell|aio m butcher; **~are** v/t slaughter; **~erìa** f butcher's shop

macer|are v/t macerate; (hemp) ret

macerie f/pl ruins pl; rubbish

màcero macerated; fig worn out

macilento emaciated

màcina f mill-stone

macin|are v/t grind; **~ino** m coffee-mill

màdido damp; wet

Madonna f Our Lady

madre f mother; **lingua** f mother tongue; **~perla** f mother of pearl; **~vite** f female screw; screw-nut

madrina f godmother

maest|à f majesty; **~oso** majestic

maestr|a f (school-) mistress; **~o** adj main; m teacher; master; **~o di cappella** choir-master; **strada** f **~a** main street

maga f sorceress

magari! would to heaven!; even

magazzin|o m warehouse; store; **grandi ~i** m/pl storehouse; department store

maggio m May

maggiol|ata f May-song; **~ino** m cockchafer

maggioranza f majority

maggiore adj greater; larger; **il ~** the greatest; elder, eldest

maggior|enne of age; **~ità** f/y full age; majority

magia f magic

màgico magic(al)

magist|ero m skill; mastery; teaching; **~rale** masterly

magli|a f stitch; undervest; pullover; **fare la ~a** knit; **~eria** f hosiery; **~etta** f light vest

magnano m locksmith

magn|ete m magnet; **~ètico** magnetic; **~etòfono** m tape

recorder

magnific|are v/t exalt; **~enza** f magnificence

magnifico magnificent; splendid

magnolia f magnolia

mag|o m magician; **i tre re ~i** the Magi

magr|ezza f leanness; **~o** lean; thin; **giorno** m **di ~o** fast day

mai ever; **non ~** never; **~ più** never more; **come ~?** how so?; **se ~** if ever

maiale m pig; pork

maionese f mayonnaise

maiùscola f capital letter

mal|afede f bad faith; **di ~affare** ill-famed; **~agévole** difficult

mal|ànimo m ill-will; **a ~apena** hardly

malaria f malaria; marshfever

mal|aticcio sickly; **~ato** adj sick (**di** of); m sick person; **~attia** f illness; **~attia contagiosa** contagion; **~attie** f/pl **venèree** venereal diseases pl

malavita f underworld

mal|contento dissatisfied; **~destro** awkward

mal|e m evil; wrong; suffering; **~ di denti** tooth-ache; **~ di gola** sore throat; **avere ~ di mare** be seasick; **~ di testa** head-ache; adv badly; **capire ~e** misunderstand; **di ~e in peggio** from bad to worse

male|detto cursed; **~dire**

v/t curse

mal|educato ill-bred; **~efizio** *m* crime; evil spell; **~erba** *f* (noxious) weed

mal|èssere *m* discomfort; **~èvolo** malevolent; **~fido** unreliable; **~governo** *m* misgovernment; **~grado** in spite of

maligno spiteful; malignant

malinc|onia *f* melancholy; **~ònico** melancholic

mal|inteso *adj* misunderstood; *m* misunderstanding; **~izia** *f* malice; **~izioso** malicious

mallèolo *m* ankle-bone

mallevadore *m* bail; guarantor

mal|sano unhealthy; **~sicuro** unsafe; **~tempo** *m* bad weather

malto *m* malt

maltrattare *v/t* illtreat

malumore *m* ill-humour

mal|vagio *adj* wicked; *m* rascal; **~versazione** *f* embezzlement; **~volentieri** unwillingly

mamm|a *f* mother; ma(m)ma; **~ella** *f* (woman's) breast; **~elle** *f/pl* udder; **~ífero** *m* mammal

manata *f* handful

manc|a *f* left hand; **~anza** *f* lack (**di** of); **~are** *v/i* want; be lacking; **~hévole** defective; faulty

mancia *f* tip

manc|ina *f* left hand; **a ~ina** left; **~ino** left-handed; **~o** *m* deficiency; lack

mandare *v/t* send; **~ a prèndere** send for; **~ giù** swallow

mandarino *m* tangerine

mandato *m* order; mandate; **~ bancario** cheque

mandolino *m* mandolin

màndorl|a *f* almond; **~o** *m* almond-tree

maneg|gévole handy; **~giare** *v/t* handle; **~gio** *m* handling; riding-ground

man|esco ready with one's hands; brutal; **~ette** *f/pl* handcuffs *pl*

manganare *v/t* mangle

màngano *m* mangle

mangi|àbile eatable; **~are** *v/t, v/i* eat; corrode; consume; *m* food; **~ime** *m* fodder

mànic|a *f* sleeve; **la Mànica** the (British) Channel; **~o** *m* handle; shaft

manicomio *m* lunatic asylum

manicotto *m* muff

manicure *f* manicure

manier|a *f* manner; fashion; **di ~a che** so that; **in nessuna ~a** not at all; **~e** *pl* manners *pl*

manieroso well-mannered

manifatt|ore *m* maker; workman; **~ura** *f* manufacture; factory; **~ure** *f/pl* manufactured goods *pl*

manifest|are *v/t* manifest; show; **~arsi** *v/r* appear; **~azione** *f* manifestation; **~ino** *m* handbill; **~o** *adj* clear; plain; *m* placard; poster

maniglia f handle

manipolare v/t manipulate; handle

mano f hand; **èssere di ~** lead; **cèdere la ~** give precedence; **man ~** gradually; **a ~ a ~** little by little; **~dòpera** f labour; **man ower**

manòpola f gauntlet; knob

mano|scritto m manuscript; **~vella** f handle; crank

manovra f manoeuvre; **~are** v/t/i steer; work; **~atore** m (tram) driver

mans|uefare v/t appease; tame; **~ueto** meek

mant|ellina f cape; **~ello** m cloak; coat

mantenere v/t maintain; support (s.o.); keep

màntice m bellows pl; (car) hood

mantiglia f mantilla

manuale m handbook; adj: **lavoro** m ~ manual labour

manubrio m handle-bar

manzo m beef; **~ lesso** boiled beef; **arrosto** m **di ~** roastbeef

mappa f map

marasca f morello cherry

maraviglia = **meraviglia**

marca f mark; brand; **~ di fàbbrica** trade-mark

marcare v/t mark; score; stamp

marchesa f marchioness; **~e** m marquis

marchio m brand

marcia f march; pus; auto: gear; **~a indietro** reverse (gear)

marci|apiede m side-walk; platform; **~are** v/i march; **~ata** f marching

marcio rotten; putrid

marco m (German) mark; **tre marchi** 3 marks

mare m sea; **bagno** m **di ~** sea-bath; **viaggio** m **per ~** sea voyage

marea f tide; **alta ~a** flood (-tide); **bassa ~a** ebb

mar|eggiata f rough sea; **~emoto** m sea-quake

maresciallo m marshal

marin|a f sea; coast; navy; paint sea-scape; **~aio**, **~aro** m sailor

marionetta f puppet

marit|àbile marriageable; **~are** v/t marry (off)

marito m husband

marìttimo marine; maritime, sea ...; **commercio** m **~** maritime trade

marmellata f jam

marmo m marble

marmotta f marmot

marrone adj brown; m chestnut; gross mistake

marsina f dress-coat

martedì m Tuesday; **~ grasso** Shrove Tuesday

martell|are v/t hammer; **~o** m hammer; knocker

màrtire m martyr

martirio m martyrdom

màrtora f marten

marzapane m marzipan

marzo m March

mascalzone m scoundrel

mascell|a f: ~ **inferiore** (**superiore**) lower (upper) jaw; **dente** m ~**are** back-tooth

màschera f mask; usher; ~ **antigas** gas mask; **ballo** m **in** ~ masked ball

mascherare v/t mask

maschile male; **scuola** f ~ boys' school

maschio adj male; m biol male

massa f mass; heap

massacr|are v/t slaughter; ~**o** m massacre

mass|aggiatore m masseur; ~**aggiatrice** f masseuse; ~**aggio** m massage

mass|aia f housewife; ~**erìa** f farm

massiccio massive

màssima f maxim; rule

màssimo adj greatest; m maximum

masso m block; rock

masticare v/t chew

mastro m master; **libro** m ~ ledger

matemàtica f mathematics

materasso m mattress; ~ **pneumàtico** air-mattress

materi|a f matter; material; ~**a prima** raw material; ~**a-le** m, adj material; ~**ale di pronto soccorso** first-aid kit

matern|ità f maternity; ~**o** motherly; maternal

matita f pencil; ~ **colorata** coloured pencil

matrice f matrix; womb

matrigna f step-mother

matrimoni|ale matrimonial; **letto** m ~**ale** double bed; ~**o** m marriage; matrimony

mattina f morning; **di** ~ in the morning; **questa** ~ this morning; **domani** ~ tomorrow morning

mattin|ata f morning; matinée; ~**o** m morning; **di buon** ~**o** early

matto adj mad; m madman

matt|onaia f brick-yard; ~**onato** m brick floor; ~**one** m brick

mattutino m matins pl

matur|are v/i ripen; mature; ~**ità** f ripeness; maturity; ~**o** ripe; fig mature

mazza f (walking-)stick; club

mazzo m bunch; pack; ~ **di fiori** bunch of flowers; ~ **di chiavi** bunch of keys; ~ **di carte** pack of cards; ~**lino** m small bunch

me me; (= **mi** before **lo, la, li, le, ne**) to me; **pòvero** ~! poor me!; **come** ~ like myself; **di** ~ of mine

meccànic|a f mechanics pl; ~**o** adj mechanic(al); m mechanic(ian); ~**o d'auto-mòbile** car-mechanic

meccanism|o m mechanism

mecenate m Maecenas; patron

medaglia f medal

medèsim|o same; self; **il** ~**o, la** ~**a** the same

media f average; mean;

..iano *adj* median; *m football*: half-back; ..iante by means of; ..iatore *m* mediator; *com* broker

medic|amento *m* remedy; ..are *v/t* dress (*wound*); ..astro *m* quack; ..azione *f* treatment; dressing; ..ina *f* medicine; erba *f* ..inale medicinal herb

mèdico *m* physician; doctor

medio middle; average; scuola *f* ..a secondary school; dito *m* ..o middle finger

mediocr|e mediocre; ..ità *f* mediocrity

medio|evale mediaeval; ..evo *m* Middle Ages

medit|are *v/t*, *v/i* mediate; ponder; ..azione *f* meditation

mediterràneo mediterranean; mare *m* 2 = 2 *m* Mediterranean (Sea)

medusa *f* jelly-fish; medusa

meglio *adj* better; ..! *or* tanto..! so much the better!; *m* best

mela *f* apple

melagran|a *f* pomegranate; ..o *m* pomegranate-tree

melanconia = malinconia

melanzana *f* eggplant; *gast* aubergine

mellone *m* melon

melo *m* apple-tree

mel|odia melody; ..òdico melodious

membrana *f* membrane

membro *m* anat (*pl* le membra) limb; *fig* (*pl* i membri) member

memor|àbile, ..ando memorable

mèmore mindful

memoria *f* memory; a .. by heart

menadito: a .. perfectly

menare *v/t* lead

mendace mendacious

mendic|ante *m*, *f* beggar; ..are *v/t*, *v/i* beg; ..o *m* beggar

mening|e *f* meninx; ..ite *f* meningitis

meno less; fare a .. di without; renounce; per lo .. at least

mensa *f* table; cafeteria; mess; sacra .. Holy Communion

mensile monthly

mènsola *f* console

menta *f* peppermint

mentale mental; malattia *f* .. mental disorder

mente *f* mind; avere in .. di have a mind to ...; venire in .. come into s.o.'s mind

mentire *v/i* lie

mento *m* chin

mentre, nel .. che while

menzion|are *v/t* mention; ..e *f* mention

menzogna *f* lie

meravigli|a *f* wonder; astonishment; ..are *v/t* amaze; ..arsi *v/r* wonder; ..ato amazed; ..oso wonderful

mercant|e *m* merchant; dealer; ..ile mercantile;

commercial; **flotta** f ~ile merchant fleet

mercato m market; ~ **coperto** covered market; **a buon** ~ cheap; ~ **mondiale** world market

merc|**e** f merchandise; **treno** m ~**i** goods train

mercé f mercy

merc|**ede** f reward; salary; **~eria** f mercery; **~iaio** m mercer; **~iaiuolo** m pedlar; hawker

mercoledì m Wednesday

mercuri|**ale** adj mercurial; m market report; **~o** m mercury

merenda f afternoon-tea

meridiana f sun-dial

meridionale adj Southern; **Italia** f ~ Southern Italy

meriggio m midday; noon

meringa f meringue

merino m merino (sheep)

meritare v/t deserve

mèrito m merit; **in** ~ **a** concerning

merlett|**are** v/t trim with lace; **~o** m lace

merlo m battlement; blackbird

merluzzo m cod-fish

mesata f monthly pay

méscere v/t pour out; mix

meschino adj mean; paltry

méscita f bar; pub

mescolare v/t mix

mese m month

mess|**a** f eccl mass; **~a in piega** setting (hair); **~a in scena** thea staging; **~a solenne** High Mass; **~aggero**

m messenger; **~aggio** m message; **~ale** m missal

messe f harvest

Mèssico m Mexico

mestic|**are** v/t paint prime; **~heria** f oil and colour shop

mestiere m craft; profession

mest|**izia** f sadness; **~o** sad

mestruazione f menstruation

meta f aim; goal

metà f half; **a** ~ half(way)

metàllico metallic

metall|**o** m metal; **~urgìa** f metallurgy; **~ùrgico** m metal worker

meteorològico: bollettino m ~ weather report

meticoloso meticulous

metòdic|**a** f methodics pl; **~o** methodic(al)

mètodo m method

mètrica f metrics pl

metro m meter; ~ **quadrato** square meter; ~ **cubo** cubic meter

metròpoli f metropolis

metropolitana f metropolitan railway

méttere v/t put; place; lay; ~ **in fuga** put to flight; ~ **in scena** stage

mezz|**alana** f linsey-wolsey; **~aluna** f crescent; gast chopping knife; **~anino** m mezzanine

mezzanotte f midnight

mezzo adj half; **un** ~ **litro** half a litre; **un litro e** ~ **a** litre and a half; m half; middle; means; **per** ~ **di** by means of; **in** ~ **a** among; nel

~ del in the middle of ...;
~busto m half-length portrait; **~cerchio** m half--circle; **~dì** m, **~giorno** m noon; *geog* south

mi me; to me; myself

miagolare v/i mew

mica: non ... **~** not at all

microbo m microbe

micro|càmera f miniature camera; **~film** m micro-film; **~motore** m small motorcycle; **~scopio** m microscope

midoll|a f crump; marrow; **~o** m **spinale** spinal cord

miei m/pl my; mine

miele m honey

mìetere v/t mow

mietitore m mower; reaper

migliaio m thousand

miglio m mile

miglior|amento m improvement; **~are** v/t, v/i improve; **~arsi** get better; **~e** better; **il ~e** the best

mignolo m little finger; little toe

Milano f Milan

miliardo m milliard

miliare: pietra f **~** mile stone

mili|onario m millionaire; **~one** m million

militare *adj* military; m soldier

milite m militiaman

milizi|a f militia; army; **~e** pl troops pl

mille thousand

mill|enne millenary; **~en-nio** m millennium; **~ime-**

tro m millimetre

milza f spleen

mìmica f gestures pl; mimicry

mimosa f mimosa

mina f mine; **~ di ricambio** refill

minacci|a f menace; threat; **~are** v/t threaten; **~oso** threatening

min|are v/t (under)mine; **~atore** m miner

minchionare v/t ridicule

minerale m mineral; **acqua** f **~** mineral water

minestr|a f soup; **~a di verdura** vegetable-soup; **~ina** f clear soup; **~one** m thick vegetable soup

miniatura f miniature

miniera f mine; quarry

minigolf m mini-golf

mìnimo smallest; least

minist|eriale ministerial; **crisi** f **~eriale** cabinet crisis; **~ero** m ministry; office; department; **~ro** m minister; secretary of state

minor|anza f minority; **~e** minor; less(er); younger; **~enne** under age

minùscolo small (*letter*)

minuto *adj* minute; small; **al ~** detailed; **commercio** m **al ~** retail sale; m minute; **~ secondo** second

minuzi|a f trifle; **~oso** punctilious

mio my; m mine; **i miei** my family

mìope short-sighted

miopia f myopy

miosòtide f forget-me-not
mira f aim; **avere in ~** intend to
miràbile admirable
miràcolo m miracle
miracoloso miraculous
miraggio m mirage
mirare v/t look at; v/i aim (at)
mirino m phot view-finder
mirtillo m crown-berry
mirto m myrtle
misàntropo m misanthropist
miscela f mixture
mischi|a f fight; **~are** v/t mix; blend; **~arsi** v/r meddle; **~o** adj mixed; **~o** mixture
miscredenza f unbelief
miscuglio m mixture; medley
miser|àbile miserable; wretched; **~évole** pitiful
miseria f misery
misericordi|a f compassion; **~oso** merciful
misero wretched
miss|ione f mission; **~iva** f message
mister|ioso mysterious; **~o** m mystery
mistic|a f mysticism; **~o** mystical
mistificare v/t hoax
misto mixed; **treno** m **~** passenger- and goods-train
mistura f mixture
misur|a f measure; size; **su ~a** made to measure; **~are** v/t measure; **~ato** measured; moderate

mit|e mild; **~ezza** f gentleness
mitigare v/t alleviate
mitra f eccl mitre
mitragliatrice f machine-gun
mittente m sender
mòbile adj movable; m piece of furniture
mobiliare v/t furnish
moca m mocha
moda f fashion; **alla ~** in fashion; **di ~** fashionable; **fuor di ~** out of fashion
modell|are v/t mould; **~o** m model; pattern
moder|are v/t moderate; **~ato** moderate; **~azione** f moderation
mod|estia f modesty; **~esto** modest
modific|are v/t modify; **~a-zione** modification
modista f milliner
modo m manner; way; mus key; **ad ogni ~** at any rate
mòdulo m blank; form; **per telegrammi** telegraph form
mògano m mahagony
moglie f wife; **prènder ~** get married
mola f grindstone
molare v/t grind; **dente** m **~** molar tooth
molest|are v/t molest; **~ia** f molestation; **~o** irksome
moll|a f spring; **~e** soft; **~eg-giare** be springy; **~eggio** m springing; **~ezza** f softness; **~ificare** v/t soften
molo m pier; wharf

moltéplice multiple

molteplic|ità f multiplicity; **~are** v/t multiply; **~arsi** v/r increase

moltitùdine f multitude; crowd

molto much; very

moment|àneo momentary; **~o** m moment

mònaca f nun

monacale: àbito m ~ monk's frock

mònaco m monk

mon|arca m monarch; **~ar-chia** f monarchy

monastero m monastery

monco maimed; fig incomplete

mond|ano wordly

mondare v/t clean; (fruit) peel

mondiale: fama ~ world-wide renown

mondo m world; **l'altro ~** the other world

monello m urchin

moneta f coin; **carta ~** paper money

mongolfiera f air-balloon

monile m necklace

monitore m monitor

mon|òcolo m monocle; adj one-eyed; **~opolio** m monopoly; **~osìllabo** m monosyllable; **~òtono** monotonous

Monsignore m (Your) Lordship; (Your) Grace

mont|agna f mountain; **~a-gnoso** mountainous; **~ana-ro** m highlander; **~are** v/t mount; mech assemble;

~are a amount to

monte m mount(ain); fig heap; **~ di pietà** pawn-broker's shop

montone m ram

montuoso mountainous

monumento m monument

mora f mulberry; black-berry; negress; delay

moral|e adj moral; f morals pl; **~ità** f morality

morbidezza f softness

mòrbido soft; fig feeble

morbillo m measles pl

mordace biting

mòrdere v/t bite; sting; corrode

morfina f morphine

mor|ibondo dying; **~ire** v/i die

mormor|are v/i murmur; **~io** m murmur; muttering

moro adj black; m negro; mulberry-tree

moros|a f fam beloved; sweetheart; **~o** adj tardy; m lover

morsa f vice

mors|icare v/t bite; **~o** m bite; sting; (horse) bit

mortaio m mortar

mortal|e mortal; deadly; **~i-tà** f mortality

mort|e f death; **~ificare** v/t mortify; humiliate

morto adj dead; deceased; **stanco ~** dead tired; m dead man

mort|orio m burial; **annun-cio ~uario** announcement of death

mosàico m mosaic

mosc|a f fly; **~aiuola** f flynet

mosc|atello m muscatel (vine); **noce** f **~ata** nutmeg

moschea f mosque

moschetto m rifle

mossa f move(ment); **~ di corpo** med stool

mostard|a f mustard; **~iera** f mustard-pot

mosto m must

mostr|a f show; display; dial-plate; **~are** v/t show; **~o** m monster; **~uoso** monstruous

mota f mud; slime

motiv|are v/t motivate; **~azione** f motivation; **~o** m motive; reason; **a ~o di** because of

moto m motion; **~cicletta** f motor-cycle; **~ciclista** m, f motor-cyclist; **~leggera** f moped; **~nave** f motorship; **~re** m motor; engine; **~re a due (quattro) tempi** two- (four-)cycle engine; **~re Diesel** Diesel engine; **~re fuoribordo** outboard motor; **~retta** f scooter; **~scafo** m motor-boat

motrice moving; **forza** f **~** driving power

motto m motto; device

mov|ente f motive; cause; **~ibile** movable; **~imento** m movement; traffic

mozz|icone f cigar stub; **~o** m cabin-boy

muca f (milk-)cow

mucchio m heap; pile

muc|o m mucus; **~osa** f mucous membrane

muff|are v/i grow mouldy; **~ato** mouldy

mugghi|are v/i (bel)low; moo; **~o** m (bel)lowing; roar(ing)

mughetto m lily of the valley

mugnaio m miller

mulin|ello m whirl; mech windlass; **~o** m mill

mulo m mule

multa f fine

multi|colore many-coloured; **~forme** multiform; **~laterale** multilateral

mùltiplo multiple

mùngere v/t milk; fig squeeze

municipale municipal; **consiglio** m **~** town-council; **palazzo** m **~** town-hall; **guardia** f **~** policeman

municipio m municipality; town hall

mun|ire v/t supply (**di** with); **~izione** f (am)munition

muòvere v/t move; stir

mur|aglia f wall; **~atore** m brick-layer; mason; **~atura** f masonry; **~o** m wall

muschio m musk

musco m moss

muscolatura f muscles pl

mùscolo m muscle

museo m museum; **~ archeològico** archeological museum; **~ dell'arte** arts and crafts museum; **~ etnogràfico** museum of ethnology; **~ nazionale** national museum; **~ delle**

scienze naturali museum of (natural) science
museruola f muzzle
musetto m pretty face
mùsica f music; band; **~ da càmera** chamber music; **negozio** m **di ~** music shop
musicale musical
musicista m, f, **mùsico** m musician
muso m snout; muzzle
mustacchi m/pl moustaches

pl
mutàbile changeable
mut|ande f/pl drawers pl, pants pl; **~andine** f/pl panties pl; **~andine da bagno** bathing-drawers pl
mutare v/t change; alter
mutil|are v/t mutilate; **~ato** m cripple
muto adj dumb; mute; m dumb person
mùtuo adj mutual; m loan

N

nàcchere f/pl castanets pl
nafta f naphta; petroleum
nailon m nylon
nano adj dwarfish; m dwarf
napoletano m, adj Neapolitan
Nàpoli f Naples
nappa f tassel
narciso m narcissus; daffodil
narc|osi f narcosis; **~òtico** m, adj narcotic; **~otizzare** v/t narcotize
narice f nostril
narr|are v/t tell; narrate; **~azione** f tale
nasale adj nasal; m
nàsc|ere v/i be born; fig (a)rise; bot shoot (forth); **~ita** f birth
nasc|óndere v/t hide; conceal; **~ondiglio** m hiding-place
naso m nose
nassa f eel-pot
nastro m ribbon; **~ isolante** insulating tape; **~ magnè-**

tico recording tape
Natale m Christmas; **vigilia** f **di ~** Christmas Eve
nat|ale native; natal; **città** f **~ale** birth-place; **giorno** m **~alizio** birthday
natante floating
nat|ività f nativity; **~ivo** native; **paese** m **~ivo** birth-place
nato born
natura f nature; **~ morta** paint still life
natur|ale adj natural; m temper; constitution; **~alezza** f naturalness; **scienze** f/pl **~ali** (natural) science; **~alità** f citizenship; **~alizzare** v/t pol naturalize
naufrag|are v/i be shipwrecked; **~io** m shipwreck
nàufrago m shipwrecked person
nàusea f sickness; disgust
nauseare v/t make sick
nàutica f nautical science

navale naval; **cantiere** m ~ dockyard

navata f nave

nave f ship; boat; ~ **mercantile** cargo-ship; freighter; ~ **passeggeri** passenger-steamer; liner

navicella f barge; aer gondola

navigàbile navigable; ~a**tore** m navigator; ~a**zione** f navigation

navone m turnip

nazionale national; **prodotto** m ~e home product; ~**ità** f nationality; ~**izzare** v/t nationalize

ne of it; its; of them; of that, etc from there

né: ~ ... ~ neither ... nor

neanche not even

nebbia f fog; mist; ~**oso** foggy

necessario adj necessary; m needful; ~**ità** f necessity; need

nefrite f nephritis

negare v/t deny; ~**ativo** negative; ~**azione** f negation

negletto neglected

negli: prep in with article gli

negligente negligent; ~**enza** f negligence

negoziante m merchant; ~**are** v/t, v/i negotiate; carry on business; ~**azione** f negotiation

negozio m shop; **grande** ~ store; **speciale** ~ special shop; ~ **di articoli fotogràfici** camera shop; ~ **di**

artìcoli musicali music-shop; ~ **di calzature** shoe-shop; ~ **di gèneri alimentari** food shop; ~ **di oggetti d'arte** fine-art dealers

negr|a f negress; ~**o** adj black; m negro

neh? isn't it?

nei, nel, nella, nelle, nello prep in with article **i, il, la, le, lo**

nemic|a f enmy; ~**ico** adj hostile; m enemy

nemmeno not even

neo m mole; ~**nato** m new-born infant

neppure not even

nero black; **vino** m ~ red wine; ~**fumo** m lampblack

nerv|ino nervine; ~**o** m nerve; ~**osità** f nervousness; ~**oso** nervous

nèspol|a f bot medlar; ~**o** m medlar-tree

nessuno no; no one; nobody

nett|apipe m pipe cleaner; ~**are** v/t clean(se); ~**ezza** f **pùbblica** street-cleaning

netto clean; **guadagno** m ~ net gain

neutr|ale neutral; ~**alità** f neutrality; ~**o** neutral; gram neuter

neve f snow; ~**icare** v/i snow; ~**icata** f snow-fall; ~**ischio** m sleet

nevr|algia f neuralgia; ~**àlgico** neuralgic; ~**osi** f neurosis; ~**òtico** neurotic

nicchia f niche

nich|el m nickel; ~**elare** v/t nickel(-plate)

nido *m* nest

niente *adj, adv* nothing; *m* nothing(ness); **non ho ~ da fare** I have nothing to do; ~ **affato** not at all; **per ~** for nothing

nimbo *m* nimbus

ninn|a nanna *f* lullaby; **~are** *v/t* lull asleep

ninnolo *m* toy; **~i** *pl* knick-knacks

nipote *m* nephew; *f* niece; *m, f* grandchild

nitidezza *f* neatness

nìtido neat; clear

nitr|ire *v/i* neigh; **~ìto** *m* neigh(ing)

nitro *m* nitre; salpetre

no no; **se ~** if not; otherwise; **dire di ~** say no

nòbile *adj* noble; *m* noble-man

nobiltà *f* nobility

nocca *f* knuckle

nòcciolo *m* (fruit-)stone; kernel

nocciuol|a *f* hazel-nut; **~o** *m* hazel-tree

noce *m* walnut-tree; walnut-wood; *f* walnut; **~ moscata** nutmeg; **~ del piede** ankle; **~lla** *f* wrist

nocivo harmful

nodo *m* knot; bow

noi we; us; **~ altri** we

noi|a *f* tedium; annoyance; **~oso** tedious; annoying

noleggi|are *v/t* hire; *naut* charter; **~o** *m* hire; freight; **~o automòbili** car rental

nolo *m* hire; feight; **prèndere a ~** hire; **dare a ~** let

out on hire

nome *m* name; ~ **(di battésimo)** Christian name; ~ **di ragazza** maiden name

nòmina *f* appointment

nomin|are *v/t* appoint; mention; **~arsi** *v/r* be called

non not; ~ **ancora** not yet; ~ **già che** not that; ~ **ti scordar di me** *m bot* forget-me-not

noncurante careless

nondimeno nevertheless

nonn|a *f* grandmother; **~o** *m* grandfather; **~i** *m/pl* grandparents; ancestors

nonostante notwithstanding; in spite of

nord *m* north; **mare *m* del ~** North Sea; **~èst** *m* north-east

nòrdico northern

nord-ovest *m* north-west

norma *f* rule; regulation; standard; **a ~ di** according to

normale normal

Norvegia *f* Norway

nossignore no, Sir

nostalgia *f* home-sickness **(di** for); nostalgia

nostrano domestic; **vino *m* nostrano** home-grown wine

nostro our; ours

nostromo *m naut* boatswain

nota *f* note; bill; list; **~ bene** nota bene

notàbile noticeable

notaio *m* notary

not|are *v/t* note; notice; **~arile** notarial; **~évole** note-worthy; remarkable; **~ìfi-**

care v/t notify; **~izia** f news; **~o** (well-)known); **far ~o** make known; **~orio** notorious

notte f night; **di ~** at night; **buona ~!** good night!

notturno nightly

nov|anta ninety; **~antenne** ninety years old; **~azione** f innovation

novell|a f news; (short) story

novembre m November

nov|ità f novelty; innovation; news; **~iziato** m apprenticeship; **~izio** adj inexperienced; m beginner; eccl novice

nozione f notion

nozze f/pl wedding

nub|e f cloud; **~ifragio** m down-pour

nùbile marriageable (of girls only)

nuca f nape (of the neck)

nucleare nuclear; **centrale** f ~ nuclear power station; **energia** f ~ nuclear energy

nud|are v/t bare; **~ità** f nudity; **~o** adj naked; m paint nude

nulla nothing; **per ~** not at all

nullo null; void

numer|àbile numerable; **~ale** m numeral; **~are** v/t number; count; **~atore** m numerator

nùmero m number; **fare il ~** tel dial; **~ di casa** street number; **~ telefònico** telephone number

numeroso numerous

nunzio m eccl nuncio

nuòcere v/i harm; hurt

nuora f daughter-in-law

nuot|are v/i swim; **~atore** m swimmer; **non ~atore** non-swimmer; **~o** m swimming

nuov|a f news; **~o** adj new; **di ~o** again; once more

nutr|ice f wet-nurse; **~imento** m nourishment; food; **~ire** v/t nourish; feed; **~itivo** nourishing

nùvola f cloud

nuvoloso cloudy

nuziale nuptial; **velo** m ~ bridal veil

nylon m nylon

O

o or; either; else; **~ ... ~** either ... or

o! oh!; **~ signore!** oh God!

òasi f oasis

obbedi|ente, ~ienza, ~ire = **ubbid...**

obblig|are v/t oblige; compel; **~are a letto** confine to one's bed; **~ato** obliged;

~atorio compulsory; **~azione** f obligation; com bond

òbbligo m obligation; duty

obelisco m obelisk

obeso obese

obiett|are v/t object; **~ivo** adj objective; m aim; object-glass

obiezione f objection

oblazione f donation

obliquo oblique

oblungo oblong

òboe m oboe

oca f goose

occasion|ale m occasional; **~e** f occasion

occhi|aia f eye-socket; **~ali** m/pl spectacles; **~ali da lettura** reading glasses pl; **~ali da sole** sun-glasses; **~alino** m monocle; **~ata** f glance; **~ello** m button-hole; **~o** m eye

occident|ale m, **~e** m west

occorr|ente adj necessary; m needful; **~enza** f need; occasion

occórrere v/i be necessary; happen

occult|are v/t hide; **~o** occult

occup|are v/t occupy; employ (s.o.); **~arsi** v/r busy o.s. (**di**, in with); **~ato** (seat) taken; occupied; **~azione** f occupation

ocèano m ocean

ocra f ochre

ocul|ista m oculist; **~ística** f ophthalmology

od = **o** (before vowels)

ode he hears

odi|are v/t hate; **~ato** hated; **~o** m hatred; **~oso** hateful

odo I hear

odontolígia f dentistry

odor|are v/t, v/i smell; **~ato** m smell; scent; **~e** m smell; **~oso** odorous; scented

offèndere v/t offend; hurt

offerente m bidder; **maggior** ~ highest bidder

offerta f offer; bid

offesa f offence

officina f: **~ concessionaria** authorized repairer; **~ di riparazioni** repair-shop

offrire v/t offer

offuscare v/t obscure

oftalmia f ophthalmia

oggett|ivo adj objective; m objective; **~o** m object; **~i** m/pl **di valore** valuables pl

oggi today; d' ~ today's; **~ a otto** today week; **~di**, **~giorno** nowadays

ogni each; every; **~ giorno** every day; **~ tanto** now and then; **~ sei giorni** every sixth day

Ognissanti m All Saints' Day; **~uno** everybody

oh! oh!; **~ibò!** shame!

Olanda f Holland

olandese Dutch; **formaggio** ~ Dutch cheese

ole|andro m oleander; **~ifício** m oil-mill

olezz|are v/i smell sweetly; **~o** m fragrance

oliera f oil-cruet

olio m oil; **~ per il cambio** transmission oil; **~ per il motore** motor oil; **~ d'oliva** olive oil; **~ di ricino** castor oil; **~ solare** sun-oil

oliv|a f olive; **~astro** olive-coloured; **~eto** m olive grove; **~o** m olive-tree

olmo m elm(-tree)

olocàusto m holocaust

oltracciò besides

oltraggiare v/t outrage

oltre beyond; besides; **~ché** besides; **~mondo** m the other world; **~passare** v/t overstep

omaggio m homage; **i miei ~i** my respects

ombr|a f shade; shadow; **~eggiare** v/t shade; **~ellaio** m umbrella-maker, -seller; **~ellino** m parasol; **~ello** m umbrella; **~ellone** m large parasol; **~oso** shady

òmero m shoulder

ométtere v/t omit

om|icida adj murderous; m, f murderer; **~icidio** m homicide; murder

omissione f omission

òmnibus m bus; **treno** m **~** slow passenger-train

omosessuale m, adj homosexual

oncia f ounce

ond|a f wave; **~ata** f surge; **~ata di caldo** heat wave; **~ata di sangue** rush of blood

onde whence; from where; by which; in order to

ondeggiare v/i undulate; waver

ond|oso wavy; **~ulare** v/t wave

ònere m burden

oneroso burdensome

onest|à f honesty; **~o** honest

ònice m onyx

onnipoten|te almighty

onomàstico m name-day

onor|àbile honourable; **~a-**

~bilità f honorability; **~ando** venerable; **~anza** f honour; **~are** v/t honour

onorario m fee; **membro** m **~** honorary member

onor|e m honour; **~évole** honourable; **~ificenza** f honour; title

onta f shame; **ad ~ di** in spite of

opaco opaque

òpera f work; mus opera; **mano** f **d'~** labour

oper|aio m worker; **~are** v/t med operate; act; work; **~ativo** operative; **~atore** m operator; **~azione** f operation; com transaction; **~etta** f operetta; **~oso** active; industrious

opinione f opinion

oppio m opium

opp|orre v/t oppose; **~orsi** v/r be opposed; **~ortuno** opportune; **~osizione** f opposition; **~osto** opposite; **all'~osto** on the contrary

oppr|essione f oppression; **~imere** v/t oppress

oppure or; or else

opulen|to opulent; **~za** f opulence

opùscolo m pamphlet

ora f hour; **~ estiva** summer time; **~ locale** local time; **~ di chiusura** closing time; **~ di partenza** time of departure; **~ d'ufficio** office-hour; **che ~ è?** what time is it?; adv now; at present; **di buon'~** early; **or ~** just now; **per ~** for the present; **d'~ in**

orto

poi henceforth
òrafo m goldsmith
orale oral
oramai by this time
or|are v/i pray; **~azione** f oration; prayer
orario adj hourly; m timetable; **in ~** punctual(ly); **~ di volo** time-table
orat|ore m speaker; **~òrio** m oratory
òrbita f orbit; socket
orchestra f orchestra
orchidèa f orchid
orcio m jar; pitcher
ordin|ale ordinal; **nùmero** m **~ale** ordinal number; **~mento** m arrangement; **~are** v/t order; direct; arrange; **~ario** ordinary; on the staff; **~atore** m organizer; **~azione** f order; ordination
órdine m order; rank; thea tier; eccl holy orders pl; **~ del giorno** agenda; **fino a nuovo ~** until further orders
ordire v/t plot
orecchi|no m earring; **~o** m ear; **~oni** m/pl mumps
oréfice m goldsmith; jeweller
oreficerìa f jeweller's shop
òrfano m, adj orphan
orfanotrofio m orphanage
organaio m organ-builder
orgànico organic
organ|ino m barrel-organ; **~ismo** m organism; **~ista** m, f organist; **~izzare** v/t organize; **~izzazione** f organ-

ization
òrgano m organ
orgogli|o m pride; **~oso** proud; haughty
orient|ale adj Eastern; Oriental; m Oriental; **~amento** m orientation; **~amento professionale** vocational guidance; **~are** v/t orient(ate); **~arsi** v/r find one's way; **~e** m east; Orient
originale original
origine f origin
origliare v/i eavesdrop
orina f urine
orinale m chamber-pot
orizzont|ale horizontal; **~e** m horizon
orl|are v/t hem; **~atura** f hemming; **~o** m hem; border
orma f footstep; trace
ormone m hormone
orn|amento m ornament; **~are** v/t adorn
oro m gold; **d'~** golden
orolog|erìa f watchmaker's shop; **~iaio** m watchmaker; **~io** m clock; watch; **~io da polso** wrist-watch; **~io da tasca** pocket-watch
oròscopo m horoscope
orpello m tinsel (also fig)
orr|endo dreadful; **~ibile** horrible
òrrido horrid
orrore m horror
orso m bear
orsù! come on!
ortica f nettle
orticultura f horticulture
orto m kitchen-garden

orto|dosso orthodox; **~grafia** f orthography

ortolano m vegetable-gardener; greengrocer

ortopèdico orthopedic

orzaiuolo m sty(e) *(on the eye)*

orzo m barley; **~ perlato** pearl barley

osare v/t, v/i dare

oscur|are v/t darken; dim; **~ità** f darkness; **~o** dark

ospedale m hospital; **~ militare** military hospital

ospit|ale hospitable; **~alità** f hospitality; **~are** v/t shelter *(guests)*

òspite m host; guest; visitor

ospizio m hospice; convent

ossatura f osseous frame

ossequi|o m homage; respect; **~i** m/pl regards pl; **~ioso** respectful

osservanza f: **con perfetta ~** most respectfully Yours

osserv|are v/t observe; **~atore** m observer; **~atorio** m observatory; **~azione** f observation

ossesso adj possessed; m madman

ossìa or (rather); that is to say

ossidare v/t oxidize

ossigenare v/t peroxide *(hair)*

ossigeno m oxygen

osso m bone

ost|àcolo m obstacle

ostante: ciò non ~ nonetheless

oste m innkeeper; **~llo** m per

la gioventù youth hostel

ostensorio m monstrance

ost|eria f inn; pub; **~essa** f hostess; landlady

ostètrico adj obstetrical; m obstetrician

ostia f eccl Host; wafer

ostile hostile

ostilità f hostility

ostin|arsi v/r insist on; be obstinate; **~ato** obstinate

òstrica f oyster

ostric|aio, ~aro m oyster-bed; oyster-seller

ostru|ire v/t obstruct; **~zione** f obstruction

otite f otitis

otorinolaringoiatra m ear, nose and throat specialist

otre m goat-skin bottle

ott|anta eighty; **~antenne** eighty years old

ottavo eighth; m eighth; octavo

ottenere v/t obtain; get

òttic|a f optics; **~o** adj optic(al); m optician

òttimo very good; best

otto eight; **oggi a ~** today week

ottobre m October

ottone m brass

otturatore m phot shutter

ottuso blunt

ov|aio, ~aiolo m egg-seller; **~aiuolo** m egg-cup; **~ale** oval

ovatta f cotton-wool

ove where; whereas

ovest m west

ovile m sheepfold

ovunque wherever; everywhere

òvvio obvious

oziare *v/i* idle; lounge

ozi|o *m* idleness; **~oso** *adj*

P

pacchetto *m* small parcel

pacchia *f* food; good living

pacco *m* package; parcel

pace *f* peace; **darsi ~** calm o.s.

paciere *m* peace-maker

pacific|are *v/t* appease; **~arsi** *v/r* **con qu.** get reconciled with s.o.; **~azione** *f* pacification

pacifico peaceful; **oceàno** *m* ♀ the Pacific

padella *f* frying-pan; *anat* knee-pan

padiglione *m* pavilion; tent; **~ dell'orecchio** outer ear

Pàdova *f* Padua

padr|e *m* father; **~ino** *m* god-father

padron|a *f* mistress; land-lady; **~ale** belonging to the master; private; **~ato** *m* possesssion; **~e** *m* master; employer; owner; principal; **~e di casa** landlord

paes|àggio *m* landscape; **~ano** *adj* native; *m* country-man; **~e** *m* country; village; **~ista** *m, f* landscape painter

pag|a *f* pay; salary; wages *pl*; **~àbile** payable

pagaia *f* paddle

pagamento *m* payment; **~ anticipato** advance payment

pagan|èsimo *m* paganism;

~o *adj* pagan; *m* heathen

pagare *v/t* pay; **~ a rate** pay by instalments

pàggio *m* page

pàgina *f* page

paginare *v/t* paginate

paglia *f* straw; **cappello *m* di ~** straw-hat; **~ d'acciaio** steel wool

paglino *m* straw-work

pagliuzza *f* straw

paio *m* pair

pala *f* shovel

palafitta *f* pile-dwelling

palan|ca *f* plank; board; *fam* coin; **~chino** *m* sedan-chair

palàncola *f* plank

palato *m* *anat* palate

palazzina *f* country mansion

palazzo *m* palace; **~ comunale** (*also* **municipale**) City Hall; **~ di giustizia** law-court; **~ reale** Royal Palace

palchetto *m* shelf; *thea* box

palco *m* scaffold; stand; *thea* box; **~scènico** *m* stage

pales|amento *m* revelation; **~are** *v/t* disclose; **~e** evident

palestra *f* gymnasium

paletta *f* shovel; palette

paletto *m* door-bolt

palio *m* race

palla *f* ball; bullet; **~ a**

mano hand-ball; **~ di neve** snowball; **~ dell'occhio** eyeball; **fare alla ~** play ball; **~canestro** m basket-ball; **~corda** f tennis; **~maglio** m cricket; **~nuoto** m water-ball; **~ta** f blow from a ball

palliativo m palliative

pallidezza f paleness

pàllido pale

pallin|a f small ball; **~o** m small shot

pall|oncino m child's balloon; Chinese lantern; **~one** m football

pallore m pallor

pallòttola f bullet

pallottoliere m (child's) counting-frame

palma f palm

palm|eto m palm-grove; **~izio** m palm-branch; **~o** m hand's breadth, span

palo m post; **~ del telègrafo** telegraph-pole

palombaro m diver

palp|àbile touchable; **~are** v/t touch

pàlpebra f eyelid

palpit|are v/i throb; pant; **~azione** f, **pàlpito** m throbbing

paltò m overcoat

palud|e f marsh; moor; **~oso** marshy

palustre marshy; **febbre f ~** marsh fever

panca f bench

panchetto m (foot)stool

panci|a f belly; **~otto** m waistcoat; **~otto pneu-**

màtico life-jacket; **~uto** corpulent

pane m bread; **~ bianco** white bread; **~ bigio** grey bread; **~ nero** brown bread; **~ tostato** toast; **un ~ a** bread-loaf; **~ di zùcchero** loaf of sugar; **fare il ~** bake bread

panett|erìa f bakery; **~iere** m baker

panfilo m yacht

panforte m ginger-bread

pànico adj panic; m (also **timor** m ~) panic (terror); millet

pan|iera f basket; **~ieraio** m basket-maker; **~iere** m basket; **~ificare** v/t bake bread; **~ificio** m bakery

panino m roll; **~ imbottito** sandwich

panna f cream; auto: breakdown; **~ montata** whipped cream; **essere in ~** have a break-down

pann|eggiare v/t drape; **~ello** m piece of cloth; panel; **~o** m cloth; **méttersi nei ~i di qu.** put o.s. in s.o.'s place; **~olino** m linen cloth

pannocchia f corn-cob

panorama m view

pantaloni m/pl trousers pl

pantòfola f slipper

pantomima f pantomime

paonazzo m violet; purple

papà m dad; father

pap|a m pope; **~ale** papal; **~ato** m papacy

papàvero m poppy

pappa f pap

pappagallo m parrot

pappare v/t gulp down

pàprica f red pepper

para|brezza m windscreen; **~cadute** f/pl parachute; **~cadutista** m,f parachutist; **~carro** m curbstone; **~cènere** m fender

paradiso m paradise

parafango m auto: mudguard; fender

parafùlmine m lightning-rod

paragon|àbile comparable; **~are** v/t compare; **~e** m comparison

paràlisi f paralysis; **~ progressiva** progressive paralysis

paralìtico paralytic

parallel|a f parallel; **~e** pl parallel bars; **~o** parallel

para|lume m lamp-shade; **~mosche** m fly-net; **~petto** m parapet

parare v/t adorn; protect (**da** against); avert

parasole m parasol

parassita m parasite

parata f parade

parato m ornament

paraurti m bumper

parcare v/t park

parcella f bill

parcheggiare v/t park

parcheggio m parking (-place); **divieto m di ~ o** parking

parchìmetro m, **parcòmetro** parking meter

parco adj sparing; m park

parecch|io a good deal; **~i** m/pl, **~ie** f/pl several

pareggiare v/t level; com balance; **~ qu.** be equal to s.o.

pareggio m balance

parent|ado m kinship; **~e** adj related; m, f relative; **~ela** f relatives pl

parèntesi f parenthesis; f/pl brackets pl

parere v/i seem; **che Le pare?** what do you think?; m opinion; advice

parete f wall

pari like; equal; even; **un ~ tuo** the like of you

parimente, **~i** likewise

parità f parity

parlament|are adj parliamentary; m parliamentarian; v/i parley; **~ario** m negotiator; **~o** m parliament

parl|antino gabby; **~are** v/t, v/i speak (**a qu.** to s.o.); **lingua f ~ata** colloquial language; **~atore** m speaker; **~atorio** m parlour

parmigiano m Parmesan cheese

parol|a f word; **~e** f/pl incrociate crossword puzzle

parrocchi|a f parish; **chiesa f ~ale** parish church

pàrroco m parson

parr|ucca f wig; **~ucchiera** f, **~ucchiere** m hairdresser; **~ucchiere per signore** ladie's hairdresser; **~ucchiere per uomo** men's hairdresser; barber

parsimonia f parsimony

parte f part (*also thea*); side; party; **a ~** part; **da ~** aside; **da mia ~** on my behalf; **in ~** partly; **lo saluti da ~ mia** give him my regards

partecip|ante m, f participant; **~are** v/i partake (in); attend; v/t inform; **~azione** f participation; announcement

parteggiare v/i side (with)

partenza f departure; start(ing); sailing

participio m participle

particol|are adj particular; m detail; **~areggiato** detailed; **~arità** f detail; peculiarity

partigiano m partisan

partire v/t divide; v/i leave (per for)

partit|a f game; com lot; **~a di calcio** football match; **~a sémplice (doppia)** single (double) entry

partitivo: artícolo m **~** partitive article

partito m party; decision

partizione f partition

parto m delivery, child-birth

partoriente f woman in childbed

parvenza f appearance

parzi|ale partial; **~alità** f partiality

pàscere v/i graze

pascolare v/t, v/i pasture

pàscolo m pasture

Pasqua f Easter

passàbile tolerable

passaggio m passage; trans-it; **di ~** in passing; **~ a livello** level crossing (**custodito** guarded, **incustodito** unguarded); **~ di confine** frontier crossing point

passante m passer-by

passaporto m passport

passare v/t, v/i pass (along); happen; elapse(*time*); **~ di moda** get out of style; **~ di mente** slip one's memory

pass|ata f passing; glance; shower (*rain*); gast mash; **~atempo** m pastime; **~ato** m, adj past; **~atoia** f stair-carpet

passegero m passenger; traveller

passeggi|are v/i walk; **~ata** f walk; **fare una ~ata in carrozza** take a drive; **~o** m promenade

passeraio m twittering

passerella f gangway

pàssero m sparrow

passion|ato passionate; **~e** f suffering; passion

passiv|ità f inactivity; com liability; **~o** adj passive; m gram passive; com liabilities pl

passo adj faded; dried; m step; pass; *literary*: passage; **~ falso** false step

pasta f dough; paste; pastry; **~ dentifricia** tooth-paste; **~ al brodo** noodle soup; **~ asciutta** macaroni

pastaio m macaroni seller

pastello m pastel

past|icceria f pastry-shop; **~icciere** m pastry-cook;

~iccio *m* pie; ~iccio di fégato d'oca pâté de foie gras; ~ificio *m* macaroni factory; ~iglia *f* tablet; ~ina *f* fine noodles; ~ina in brodo noodle soup

pasto *m* meal; vino *m* da ~ table-vine

past|orale *adj* pastoral; *m* crozier; ~ pastoral letter; ~ore *m* shepherd; pastor

pastoso soft; mellow

past|ura *f* pasture; ~urare *v/t, v/i* pasture

patat|a *f* potato; ~e *pl* fritte fried potatoes

patent|are *v/t* license; ~e *adj* obvious; *f* certificate; *auto:* driver's license

paterno fatherly

paternostro *m* Lord's Prayer

patimento *m* suffering

patire *v/t, v/i* suffer

patri|a *f* fatherland; ~arca *f* patriarch; ~gno *m* stepfather; ~monio *m* patrimony

patrio native

patriot(t)a *m, f* patriot

patrizio *m* patrician

patr|onato *m* patronage; ~ono *m* patron (saint); protector

patteggi|are *v/t, v/i* bargain; ~atore *m* negotiator

pattin|aggio *m* skating; ~aggio artistico figure skating; ~are *v/i* skate; ~atore *m* skater

pàttino *m* skate

patto *m* agreement; condi-

tion; a ~ che on condition that

pattuglia *f* patrol

patt|ume *m* sweepings *pl;* ~umiera *f* dustbin

paur|a *f* fear; fright; avere ~a be afraid; ~oso afraid

pausa *f* pause

pav|esare *v/t* deck with flags; ~ese *m* flag

pàvido timid

pavim|entare *v/t* pave; floor; ~ento *m* floor

pavon|azzo purple; ~e *m* peacock

pazi|entare *v/i* have patience; ~ente *adj* enduring; *m* patient; ~enza *f* patience

pazz|ia *f* insanity; madness; ~o *adj* mad; insane; *m* madman

p. e. = per esempio for instance

pecc|àbile liable to sin; ~are *v/i.* sin; ~ato *m* sin; ~ato! pity!; che ~ato! what a pity!; ~atore *m* sinner

pece *f* pitch

pècora *f* sheep; ewe

pecor|aio *m* shepherd; ~ile *m* sheepfold; ~ino *m* cheese from ewe's milk

peculiarità *f* peculiarity

pecuni|a *f* money; ~ario pecuniary

pedaggio *m* toll

pedagogia *f* pedagogy

pedal|are *v/i* pedal; cycle; ~ale *m* pedal; ~ale della frizione clutch pedal; ~ana *f* footboard

pedante adj pedantic; m
pedant

pedata f footprint; kick

pediatra m, f paediatrician

pedicure f pedicure

pediluvio m foot-bath

pedina f man (chess)

pedone m pedestrian

peggi|o worse; **il ~o** the
worst; **~oramento** m get-
ting worse; **~orare** v/i deteriorate; v/t make worse;
~ore worse; **il ~ore** the
worst

pegno m pawn; token; **méttere qc. in ~** pawn s.th.

pégola f melted pitch

pel|ame m hair (animals);
fur; **~are** v/t (fowl) pluck;
fleece; (fruit) peel; **~arsi** v/r
lose one's hair; **~ato** bald;
stripped

pell|agra f pellagra; **~aio** m
tanner; **~ame** m hides pl;
skins pl

pelle f skin; hide; peel; **~ di
camoscio** suède chamois-
leather; **~ di bue** cow-hide

pellegr|ina f woman pil-
grim; pelerine; **~inaggio** m
pilgrimage; **~inare** v/i go
on pilgrimage; fig wander;
~ino m pilgrim

pellerossa m, f red-skin
(American) Indian

pelletteri|a f leather shop;
~ie f/pl leather articles

pellicc|eria f furrier's shop;
~ia f fur (coat); **~iaio** m
furrier; **~iame** m furs pl

pellicola f phot film; **~ a
caricatore** cassette film; **~**

cinematografica film,
(moving) picture, movie; **~
a colori** colour film; **~ im-
pressionata** exposed film;
~ a passo ridotto cinefilm;
~ in ròtolo roll film

pelo m hair (animals) fur;
contro ~ against the grain;
~so hairy

pell|uria f down; **~uzzo** m
soft hair

pena f penalty; pain;
trouble; **sotto ~ di** on pain
of; **a mala ~** hardly

pena|le penal; **~lità** f penalty

pend|ente hanging; pen-
dent; **torre f ~ente** leaning
tower; **~enza** f slope; fig.
pending matter

pèndere v/i hang; lean;
slope; (business) be pending

pendìo m slope; declivity

pèndol|a f (pendulum)
clock; **~o** m pendulum

penetrare v/t penetrate;
enter into

penicillina f penicillin

penisola f peninsula

penit|ente adj repentant; m
penitent; **~enza** f peni-
tence; **~enziario** m penitentiary; **~enziere** m eccl
penitentiary

penn|a f feather; pen; **~a a
sfera** ball-pointed pen; **~a
stilogràfica** fountain-pen;
~ello m brush; **~ino** m steel
pen

penoso painful; toilsome

pens|àbile thinkable; **~are**
v/t, v/i think; consider;
provide (**a** for); **~atore** m

thinker; **~iero** m thought; trouble; **~ieroso** thoughtful

pension|are v/t pension (off); **~ato** m pensioner

pensione f (retiring) pension; **boarding-house**; **~ completa** room and (full) board; **mezza ~** room with breakfast and one principal meal

pensoso pensive

Pentecoste f Whitsuntide

pent|imento m repentance; **~irsi** v/r repent; be sorry (**di qc.** for s.th.)

pèntola f pot; kettle; **~ a pressione** pressure cooker

penùltimo last but one

penuria f penury (**di** of)

penzol|are v/i dangle; **~oni** dangling

pep|aiuola f pepper-pot; pepper-mill; **~ato** adj peppered; **pan** m **~ato** gingerbread; **~e** m pepper; **~erone** m pimento; chilli

per for; through; by; **~ mano** by hand; **~ 3 giorni** for 3 days; **~ mancanza di** for want of; **partire ~** leave for; **~ terra** by land; **~ mare** by sea; **~ esempio** for instance

pera f pear

per|cento m percent; **~centuale** f percentage

perce|pire v/t perceive; **~zione** f perception

perchè because; so that; **~?** why?

perci|ò therefore; **~occhè** because; since

perc|órrere v/t run through; **~orso** m distance; journey; **~orso di arresto** aut stopping distance

perc|ossa f blow; stroke; **~uòtere** v/t strike; **~ussione** f percussion

pèrd|ere v/t lose; miss; **~ersi** v/r get lost

perdigiorno m good-for-nothing

perdìo! by God!

pèrdita f loss

perd|itempo m waste of time; **~itore** m loser

perdon|àbile forgivable; **~are** v/t forgive; **~o** m forgiveness

perdurare v/i last; persist

peregr|inare v/i wander; **~ino** foreign; fig. strange

perenne everlasting

perento annulled; extinct

perf|etto adj perfect; m gram perfect tense; **~ezionamento** m completion; **~ezionare** v/t finish; improve; **~ezione** f perfection

perfidia f perfidy

pèrfido wicked; treacherous

perfino even

perfor|are v/t pierce; **~atore** m puncher; **~atrice** (**màcchina ~atrice**) f drill; borer; **~azione** f med perforation; rapture

pergamena f parchment

pèrgola f vine-trellis

pericolo m danger; **~ di valanghe** danger of avalanches

pericoloso dangerous

periferia f periphery; **~della città** outskirts of the city

perìfrasi f periphrasis

periòdico periodic(al); m magazine; **~iodo** m period; gram sentence

peripezìe f/pl vicissitudes pl

perire v/i perish

peristilio m peristyle

perito adj versed; m expert; **~izia** f expert's report; skill

perla f pearl

perlomeno at least

perlustrare v/t reconnoitre

permanente adj permanent; f permanent wave (**a freddo** cold); **~enza** f permanence; stay

permeàbile permeable; **~are** v/t permeate

permesso m permission; leave; **~esso di soggiorno** residence permit; **~éttere** v/t allow, permit; **~issione** f permission

permutare v/t barter; **~atore** m elec switch

pernice f partridge

perniciosa f malignant fever; **~o** pernicious

pernottamento m stay over night; **~are** v/i spend the night

pero m pear-tree

però but; yet

perocché because

perpendicolare perpendicular; **~ìcolo** m plummet

perpètuo perpetual; for for life

perplesso perplexed

perquisire v/t search; **~izione** f search

persecutore m persecutor; **~uzione** f persecution

perseguire, **~tare** v/t pursue

perseverante persevering; **~anza** f perseverance; **~are** v/i persevere

persiana f shutter; Venetian blind; **~o** Persian

pèrsico: pesce m **~** perch

persino even

persistenza f persistence; **~sistere** v/i persist

persona f person; **~aggio** m thea character; personage; **~ale** adj personal; m staff; **~alità** f personality; **~ificare** v/t impersonate

perspicace keen; **~icacia** f shrewdness; **~icuo** perspicuous

persuadere v/t persuade; **~asione** f persuasion

pertanto therefore; consequently

pertinace stubborn; **~enza** f pertinence

perturbare v/t trouble; **~azione** f perturbation

pervenire v/i attain; **~erso** perverse; **~ertire** v/t pervert

pesalèttere m letter-balance; **~ante** heavy; **~are** v/t weigh; fig consider

pesca f peach; fishing; **~a all'amo** fishing; angling; **~are** v/t, v/i fish; **~atore** m fisher(man)

pesce m fish; **~ pèrsico**

perch; ~ **rosso** goldfish; ~**cane** m shark; fig profiteer

pescherìa f fish-market

pescivéndolo m fishmonger

pèsco m peach-tree

péso adj heavy; m weight; ~ **massimo** heavyweight; ~ **lordo** gross weight; ~ **a vuoto** dead weight

pèssimo very bad; **il** ~ the worst

pestàre v/t trample; crush

pèst|**e** f plague; fig pest; ~**i-lenza** f pestilence

pest|**o** pounded; **carta** f ~**a** f papier mâché

pètalo m petal

petàrdo m fire-cracker

pet|**ènte** m petitioner; ~**izione** f petition

petr|**ièra** f stone-quarry; ~**i-ficàre** v/t petrify; ~**ificazione** f petrification

petròlio m petroleum; oil

pett|**ègola** f tattler; ~**egolezzo** m gossip; ~**ègolo** gossippy

pettin|**àre** v/t comb; ~**atura** f hair-do, hair-style

pèttine m comb

pètto m breast; bosom; chest

petul|**ante** impertinent; ~**anza** f arrogance

pèzz|**a** f cloth; diaper; ~**etta** f small rag

pèzzo m piece; ~ **di ricambio** spare part

pezzuòla f (hand)kerchief

piac|**ènte** pleasant; pretty; ~**ère** v/i like; please; m pleasure; **mi faccia il**

~**ere** do me the favour; **tanto** ~**ere!** very pleased!; **per** ~**ere** please; ~**évole** agreeable; pleasant

piag|**a** f sore; wound; ~**are** v/t wound

piall|**a** f plane; ~**are** v/t plane; ~**atrice** f planing-machine

pian|**a** f plain; thick plank; ~**are** v/t smooth; level; ~**e-ròttolo** m landing

pianèta m planet; f eccl chasuble

piàngere v/i, v/t weep

piangévole lamentable

pianista m, f pianist

piano adj level: smooth; adv gently; slowly; quietly; m plain; floor; piano; ~**forte** m piano(forte); ~**forte a coda** grand piano

piant|**a** f plant; plan; map; ~ **della città** map of the town; ~ **del piede** sole

piant|**agione** f plantation; ~**are** v/t plant; ~**are qu.** jilt s.o.

pianterréno m ground floor

pianto m weeping

pianùra f plain

piatt|**aforma** f platform; ~**ino** m small dish; saucer

piatto adj flat; dull; m dish; plate; (meal) course; ~ **fon-do** soup-plate; ~ **di carne** dish of meat; ~ **di uova** dish made of eggs; ~**ne** m big plate

piazza f square; market (-place); ~**le** m large square

picc|**ante** piquant; pungent;

gast spicy; **~ato** larded

picche f/pl spades (*playing-cards*)

picchetto m picket

picchi|are v/t beat; knock; **~ata** f blow

piccino adj small; *fig* mean; m little boy

picci|onaia f dovecot; *thea* gallery; **~one** m pigeon, dove

picco m peak; **a ~** perpendicularly; *naut* **andare a ~** sink

piccolezza f smallness

piccolo adj little; tiny; m youngster

piccozza f ice-axe

pie' = piede

pied|e m foot; **a ~i** on foot; **stare in ~i** I stand up; **~istallo** m pedestal

pieg|a f fold; pleat; *fig* **buona ~a** a turn for the better; **~amento** m bending; **~are** v/t fold (up); bend; *fig* submit; **~arsi** v/r *fig* yield

piegh|évole pliable; *fig* yielding; **sedia f ~évole** folding chair; **~evolezza** f pliability

Piemonte m Piedmont

pien|a f flood; crowd; **~ezza** f fullness

pien|o adj full; complete; **in ~o giorno** in broad daylight; m fullness; **~otto** plump

pietà f pity (**di** with); mercy; **monte ~ di ~** pawnbroker's shop

pietoso pitiful; lamentable

pietr|a f stone; **~a preziosa** precious stone; **~ificare** v/t petrify; **~oso** stony

piffero m fife; piper

pigiama m pyjamas

pigi|are v/t press; cram; **~atoio** m wine cellar

pigione f rent

pigliare v/t take; seize

pigna f pine-cone

pignolo m pine-seed; *fig* pedant

pignorare v/t distrain

pigol|are v/i chirp; **~io** m chirping

pigr|izia f laziness; **~o** lazy; indolent

pil|a f pile; *elec* battery; *eccl* font; **~astro** m pillar

pillola f pill

pilot|a m pilot; steersman; **~are** v/t pilot; drive; fly

pina f = **pigna**

pinacoteca f picture-gallery

pin|astro m pinaster; **~eta** f pine forest

ping-pong m ping-pong

pinna f fin

pinnàcolo m pinnacle

pin|o m pine; **~occhiata** f cake with pine-seeds; **~occhio** m pine-seed

pinz|a f pliers pl; **~are** v/t sting; **~ata** f sting

pio pious; charitable

piogg|erella f drizzle; **~ia** f rain

piomb|are v/t seal; plumb; **~atura** f sealing; filling (*tooth*); **~ino** m plummet; **~o** m lead; plumb; **a ~** perpendicular

pioniere m pioneer

pioppo m poplar

piotare v/t sod; turf

piòvere v/i rain

piovoso rainy

pip|a f pipe; **~are** v/i smoke (pipe)

pipistrello m bat

pira f pyre

piràmide f pyramid

pirata m pirate

pir|òscafo m steamship; **~osi** f pyrosis; **~otècnica** f fireworks pl

piscina f swimming-pool; fish-pond

pis|ello m pea; **~olino** m nap

pisside f pyx

pista f track; aer runway; **~ da ballo** dance floor; **~ da sci** skiing ground; **~ di lancio** runway; landing-strip; **~ per ciclisti** cycle path

pistacchio m pistachio

pist|ola f pistol; **~ola automàtica** automatic pistol; **~olettata** f pistol-shot

pistone m piston

pitale m chamber-pot

pitonessa f fortune-teller

pitt|ore m painter; **~oresco** picturesque; **~rice** f (woman) painter; **~ura** f painting

più more (**di**, **che** than); plus; **a ~ tardi** see you later; **~ giorni** several days; **di ~** more; (**tutto**) **al ~** at the most; **i ~**, **le ~** most people

pium|a f down; feather; **~aggio** m plumage; **~ino** m eiderdown; quilt; **~ino per la cipria** powder-puff; **~o-**so** downy

piuttosto rather (**che** than)

pizza f pizza

pizzic|àgnolo m grocer; **~are** v/t pinch; v/i itch; **~heria** f delicatessen-shop

pìzzico m pinch; nip

pizzo m lace; goatee; **barba a ~** pointed beard

placare v/t appease

placc|a f plate; **~are** v/t plate

placidezza f placidity

plàcido placid

plan|are v/i aer glide down; **volo** m **~ato** volplane

plancia f naut bridge

planetario planetary

planimetrìa f planimetry

plasma m: **~ sanguino** blood plasma

plasmare v/t mould

plàstica f modelling; plastic (art)

plasticare v/t plasticize

plàstico adj plastic; m model

plàtano m plane-tree

platea f thea pit

plàtino m platinum

plausibile plausible; **~so** m applause

pleb|àglia f mob, rabble; **~e** f common people

plebiscito m plebiscite

plen|ilunio m full moon; **~potenza** f full power

pleur|a f pleura; **~ite** f pleurisy

plùmbeo leaden; livid

plur|ale m plural; **~alità** f plurality

pluviòmetro m rain-gauge

pneumàtic|o m tire, tyre;

pompa f ~a air-pump;
posta f ~a pneumatic dispatch
po. = *primo*; *mus* piano
po' = *poco* little
poch|ezza f smallness; ~ino
adj (very) little; m little bit
poco little; scanty; **senti un
po'** now listen; **a** ~ **a** ~ little
by little; ~ **fa** a short time
ago; ~ **dopo** shortly afterwards; **press'a** ~ nearly
poder|e m real property; ~
~oso powerful
podestà m mayor; f authority
podio m podium
pod|ismo m foot-racing; ~i-
sta m, f runner
poema m poem
poesia f poem; poetry
poet|a m poet; ~are v/i write
poetry; ~essa f poet(ess)
poètico poetic(al)
poggi|are v/t, v/i lean on;
rest; ~o m hillock
poi then; after(wards); **dalle
8 in** ~ from 8 o'clock onwards
poiché since; as
polacc|a f polonaise; ~o adj
Polish; m Pole
polca f polka
polenta f polenta
poliambulanza f outpatients department
poliglotto polyglot
poligono m polygon
poligrafare v/t mimeograph
poligrafo m polygraph
polio f, **poliomielite** f polio,

poliomyelitis
polìtic|a f politics *pl*; policy;
~o adj politic(al); m politician
polizìa f police; ~ **confina-
ria** border police; ~ **di
porto** harbour-police; ~
sanitaria sanitary police; ~
stradale traffic police
poliziotto m policeman;
detective
pòlizza f *com* policy; ~ **di
càrico** bill of lading
poll|aio m poultry-yard; ~a-
me m poultry; ~astrina f
teenage girl; ~astro m
young fowl; *fig* youngster;
~eria f poulterer's shop
pòllice m thumb; big-toe;
inch
poll|icultura f poultryfarm-
ing; ~o m chicken; fowl; ~o
arrosto roast fowl
polmon|e m lung; ~ite f
pneumonia
polo m pole; nucha; ~ **nord** North
Pole
Polonia f Poland
polpa f pulp; flesh
polp|accio m calf; ~acciuto
plump; ~etta f meat ball;
~ettone m *gast* minced
meat; roasted forcemeat;
~oso pulpy; fleshy
pols|ino m cuff; ~o m pulse;
wrist
poltr|ire v/i be lazy; ~ona f
easy-chair; *thea* stall; ~ona
letto deck chair; ~oncina f
pit stall; ~one adj lazy; m
sluggard
pólvere f dust; powder;

portinaio

caffè m **in ~** ground coffee
polver|ificio m powder-
factory; **~ina** f med
powder; **~izzare** v/t pulverize; **~oso** dusty
pomata f pomade
pomer|idiano afternoon;
~iggio m afternoon
pometo m (apple-) orchard
pòmice m pumice(-stone)
pomicultura f fruit-grow-
ing
pomo m apple; apple-tree;
~doro m tomato
pomp|a f pomp, splendour;
pump; **~a d'aria** air-pump;
~a della benzina gasoline
(or fuel) pump; **~a d'olio**
pressure-feed; **~are** v/t
pump
pompelmo m grapefruit
pompier|e m fireman; **~i** pl
fire-brigade
pomposo pompous; showy
ponce m punch
ponderare v/t ponder
pone he puts
ponente m west
pongo I put
poniamo we put
ponte m bridge; naut deck; **~
di passeggiata** promenade
deck; **~ superiore** upper
deck
pont|éfice m pontiff; **Stato**
m **~eficio** Pontifical State
popol|are adj popular; v/t
populate; **~arità** f popular-
ity
pòpolo m people
popoloso populous
popone m melon

poppa f naut stern
popp|ante m suckling baby;
~are v/t, v/i suck
porca f sow
porcellana f china; porcelain
porc|ellino m sucking pig;
~ile m pigsty; **~o** m pig;
swine; pork
pòrfido m porphyry
pòrgere v/t hand; give
porgitore m bearer
pornografia f pornography
por|o m pore; **~oso** porous
pórpora f purple
porporino purple
porre v/t put; place; set
porro m bot leek; med wart
porta f door; gate; **~bagagli**
m porter; carrier
portàbile portable
porta|cénere m ash-tray;
~cipria m compact
porta|fiaschi m bottle-rack;
~fogli m wallet; portfolio;
~le m portal; **~lèttere** m
postman; **~mento** m gait;
behaviour; **~monete** m
purse; **~penne** m pen-
holder
port|are v/t bring; carry;
~arsi v/r behave; **~asiga-
rette** m cigarette-case; -
holder; **~atore** m bearer
porta|uova m egg-cup; **~vo-
ce** m mouthpiece; spokesman
porticato m colonnade
pòrtico m porch; portico
port|iera f door-curtain;
door-keeper; **~iere** m
goal-keeper; **~inaio** m

door-keeper

porto *m* port, harbour; postage; ~ **assegnato** cash on delivery; ~ **di mare** seaport; ~ **franco** free port

Portogallo *m* Portugal

portone *m* gate

porzione *f* share; portion

posa *f* posture; *phot* exposure

pos|**are** *v/t* lay (down); put; place; *paint* sit; **~ata** *f* cutlery (*knife, fork, spoon*)

poscritto *m* postscript

positivo positive

posizione *f* position

posporre *v/t* postpone

possedere *v/t* possess; (*language*) master

poss|**essione** *f* possession; belonging; **~essivo** *adj* possessive; ~ **esso** *m* possession; **~essore** *m*, *f* owner

possiamo we can

possibile possible

possibilità *f* possibility

posso I can

posta *f* post, mail; ~ **aèrea** air mail; **~centrale** main post-office; **~le** postal

postare *v/t* place; post

posteggi|**are** *v/t*, *v/i* park; **~o** *m* parking(-place)

pòsteri *m*/*pl* posterity

poster|**iore** posterior; hind; **~ità** *f* posterity

posticcio sham; false

posticipare *v/t* put off

posto *m* put; placed; *m* place; room; job; ~ **al finestrino** window-seat; ~ **a sedere** seat; ~ **di primo**

soccorso first-aid post; **fare** ~ **a** make room for; ~ **in piedi** standing-room; ~ **di rifornimento** service-station; ~ **riservato** reserved seat; ~ **vacante** vacancy

pòstumo posthumous

potàbile drinkable; **acqua** *f* ~ drinking-water

potassa *f* potash

pot|**entato** *m* potentate; **~ente** powerful; **~enza** *f* power; might; *mech* efficiency

potere *v/i* can, may; be able to; *m* power

potuto *pp* of **potere**

pover|**etto**, **~ino** *m* poor man; pauper

pòvero *adj* poor; needy; ~ **me**! poor me!; *m* poor (man); beggar

povertà *f* poverty

pozzo *m* well

pranz|**are** *v/i* dine; **~o** *m* lunch; dinner; **dopo** **~o** after lunch; **~o** **m a prezzo fisso** menu at a fixed price

pràtica *f* practice; training

pratic|**àbile** practicable; **~are** *v/t* practise; perform

pràtico practical; experienced

prato *m* meadow; lawn; ~ **per riposare** meadow for sun-bathing

preavviso *m* preliminary announcement

precauzione *f* (pre)caution

preced|**ente** *adj* preceding; previous; *m* precedent; **~enza** *f* precedence; priority

precèdere v/t precede

precett|are v/t summon;
cite; **~o** m precept

precipit|are v/t, v/i precipitate; **~arsi** v/r rush; **~oso** m steep; rash

precipizio m precipice

precis|ione f precision; **~o** precise; exact; **alle tre ~e** at three o'clock sharp

precoce precocious

preconcetto m prejudice

pred|a f prey; booty; **~are** v/t prey; pillage

predella f foot-board

predestin|are v/t predestin(at)e; **~azione** f predestination

predetto aforesaid

prèdica f sermon

predic|are v/t, v/i preach; **~ato** m predicate; **~atore** m preacher

predil|etto adj favourite; m darling; **~ezione** f predilection

pred|ire v/t predict; **~izione** f prediction

predomin|are v/i prevail; **~inio** m prevalence

prefabbricato prefabricated

prefazione f preface

prefer|enza f preference; **~ire** v/t prefer

prefett|o m prefect; **~ura** f prefecture

prefiggere v/t pre-arrange; **~isso** m gram prefix

preg|are v/t pray; ask; **~évole** valuable

preghiera f prayer; request

pregi|are v/t appreciate; **~arsi** v/r have the pleasure to; **~o** m value; merit

pregiudizio m prejudice

prego please

preistoria f prehistory

prel|azione f pre-emption; **~levare** v/t withdraw (money); **~ludio** m mus prelude

prèm|ere v/t press; urge; **~e** urgent!

premi|are v/t reward; **~azione** f distribution of prizes; **~nente** pre-eminent; **~o** m award; premium

prem|ura f zeal; solicitude; hurry; **~uroso** solicitous

prèndere v/t take; seize; get; v/i catch (cold); **~benzina** refuel; **andare (venire) a ~** go (come) for

prendisole m sun-suit

pre|nome m Christian name; **~notare** v/t book; reserve; **~notazione** f reservation

preoccup|arsi v/r worry; **~ato** worried

prepar|are v/t prepare; **~ativo** m preparation; **~atorio** preparatory; **~azione** f preparation

preponderare v/t prevail

prep|orre v/t place before; **~osizione** f gram preposition

prepot|ente overbearing; **~enza** f arrogance

presa f seizure; phot picture; shot; mil conquest; **~ di**

corrente wall plug; socket; **~ di terra** (electrical) earth; **~ in giro** making a fool of s.o.

presagio *m* prognostic

prèsbite long-sighted

prescr|itto *m* ordinance; **~i-vere** *v/t* prescribe; **~izione** *f* prescription

present|are *v/t* present; show; offer; **~arsi** *v/r* introduce o.s.; (*occasion*) arise; **~azione** *f* presentantion; **~e** *adj* present; *m* gift; present tense; **~imento** *m* premonition; **~ire** *v/t* have a premonition

presenza *f* presence

presep|e, ~io *m* manger, crib

preservare *v/t* preserve (**da** of)

presid|ente *m* president; chairman; **~enza** *f* presidency; chair; **~io** *m* managing committee

presièdere *v/t, v/i* preside (over)

preso taken

press|a *f* crowd; press; **~are** *v/t* press; urge; **~ione** *f* pressure; **~ione delle gomme** tyre-pressure; **~ione sanguina** blood-pressure (**troppo alta** too high; **troppo bassa** too low)

presso near; close to; by; **~a poco** approximately; **~chè** almost; nearly

prestabilire *v/t* arrange beforehand

prest|are *v/t* lend; **~azione** *f*

loan; tax; **~ezza** *f* quickness

prèstito *m* loan; **dare in ~** lend; **prèndere in ~** borrow

presto quickly; early; **far ~** hurry (up)

presùmere *v/i* presume

presun|tuoso self-conceited; **~zione** *f* presumption

prete *m* priest

pret|endente *m, f* pretender; claimant; **~èndere** *v/t, v/i* pretend; claim; **~enzioso** pretentious; **~esa** *f* pretence; claim

pretesto *m* pretext

pretore *m* judge

pretura *f* court of first instance

prevalere *v/i* prevail

prevedere *v/t* foresee

prevenire *v/t* prevent

preventivo: bilancio *m* **~** estimate

previdente provident

prezi|osità *f* preciousness; **~oso** precious; **pietra** *f* **~osa** precious stone

prezzèmolo *m* parsley

prezzo *m* price; **a buon (basso) ~** cheap; **~ di costo** cost price; **~ di favore** special price; **~ del noleggio** *aut* rent; **~ per una notte** overnight expenses *pl*

prigion|e *f* prison; **~iero** *m* prisoner; **fare ~iero** take prisoner

prima before; formerly; **~ di** before; first; **~ che** before; **da** ~ at first; **colazione** f breakfast; ~ **visione** f film: first run; premiere; ~**rio** adj primary; m head physician; **scuola** f ~**ria** primary school

primavera f spring

primitivo primitive

primo first

primordio m beginning; origin

principi|ale adj main; chief; m principal; boss; ~**ato** m principality

principe m prince

principessa f princess

principi|ante m,f beginner; ~**are** v/t, v/i begin; start; ~**o** m start; principle

priv|are v/t qu. di qc. deprive s.o. of sth.; ~**arsi (di)** v/r abstain from; renounce; ~**ato** private; **scuola** f ~**ata** private school; ~**azione** f (de)privation; need

privilegi|are v/t privilege; ~**o** m privilege

privo deprived; without

prò m benefit; **buon ~!** may it do you good

probàbile probable

probabilità f probability

problema m problem

procèdere v/i proceed; act

process|ione f procession; ~**o** m process; trial

procinto: èssere in ~ di be about to

proclam|a m proclamation; ~**are** v/t proclaim; ~**azione** f proclamation

procur|are v/t procure; get;

~**atore** m proxy; attorney

prodig|alità f extravagance; ~**io** m prodigy; ~**ioso** prodigious; wonderful

pròdigo adj prodigal; m spendthrift

prod|otto m product; produce; ~**otto nazionale** home product; ~**urre** v/t produce; ~**uttivo** productive; ~**uzione** f production; output

profan|are v/t profane; ~**o** adj profane; m fig layman

profess|are v/t profess; declare; ~**ione** f profession; calling; ~**ionista** m, f professional; practitioner; ~**o** m (professed) monk; ~**orato** m professor-ship; ~**ore** m professor; instructor; ~**oressa** f woman professor

prof|eta m prophet; ~**etizzare** v/t foretell; ~**ezia** f prophecy

proficuo profitable

profilo m profile; side-view

profitt|are v/i profit; gain; ~**are di** benefit from; ~**o** m profit; gain

profluvio m overflowing

pro|fóndere v/t lavish; squander; ~**fondità** f depth; ~**fondo** deep

pròfugo m refugee

profum|are v/t perfume; scent; ~**eria** f perfume-shop; ~**iera** f scent-bottle; ~**o** m scent; perfume

progett|are v/t plan; ~**etto** m project; plan

programma *m* programme; ~ **televisivo** television programme; ~ **d'escursione** excursion programme

progredire *v/i* progress

progress|ivo progressive; **~o** *m* progress

proib|ire *v/t* prohibit; **~izione** *f* prohibition

proiettile *m* projectile

pro|iettore *m* search-light; projector; **~iezione** *f* projection

prole *f* offspring; issue; **~tariato** *m* proletariat; **~tario** *m* proletarian

prolisso long-winded

prologo *m* prologue

prolung|amento *m* prolongation; **~are** *v/t* prolong; extend

pro|messa *f* promise; **~messi sposi** *m/pl* betrothed (couple); **~méttere** *v/t* promise

prominente prominent

promontorio *m* headland

prom|ozione *f* promotion; **~uòvere** *v/t* promote; (*exam*) pass

pronome *m* gram pronoun

pronosticare *v/t* forecast

pront|ezza *f* promptitude; **~o** ready; prompt; quick, **~o soccorso** *m* rescue station; *tel* **~o!** or **~i!** halloh!

pronunci|a *f* pronunciation; **~are** *v/t* pronounce; **~arsi** *v/r* express one's opinion

pronunzia *f* = **pronuncia**

propaganda *f*: **far ~** advertise

propagare *v/t* spread; diffuse

propizio favourable

prop|orre *v/t* propose; **~orsi** *v/r* intend

proporzion|ale proportional; **~e** *f* proportion; ratio

propòsito *m* purpose; aim; **a ~** by the way; **venire a ~** come at the right time; **di ~** on purpose

proposta *f* proposal

propri|amente properly; **~età** *f* property; propriety; **~etario** *m* owner; **~o** own; proper; **~o?** really?

propulsore *m* propeller

prora *f naut* prow; bow

pròroga *f* extension; respite

prorogare *v/t* put off; extend

pros|a *f* prose; **~àico** prosaic

proscenio *m* proscenium

prosciugare *v/t* dry (up); drain

prosciutto *m* ham; ~ **cotto (crudo)** cooked (uncooked) ham

proscrivere *v/t* proscribe, outlaw

proseguire *v/i* proceed; *v/t* continue

prosper|are *v/i* thrive; prosper; **~ità** *f* prosperity

pròspero thriving

prospett|iva *f* outlook; perspective; **~o** *m* prospect(us); view

prossimità *f* proximity

pròssimo *adj* next; near; *m*

fellow creature

protèggere v/t protect (**da** from)

proteina f protein

protest|ante m, f, adj Protestant; **~are** v/t, v/i protest; **~o** m protest; objection

protett|o m protégé; **~orato** m protectorate; **~ore** m protector

protezione f protection; patronage

protocoll|are v/t record; file; **~o** m protocol; minutes pl

prov|a f proof; trial; **~a generale** dress rehearsal; **~are** v/t prove; test; feel; **~ato** tried; tested

proven|ienza f origin; source; **~ire** v/i come from

proverbio m proverb

provinc|ia f province; **~ale** provincial

provoc|ante provocative; **~are** v/t provoke; cause; **~azione** f provocation

provv|edere v/t provide; furnish; **~edimento** m measure; step; **~editore** m purveyor; **~idente** provident; **~idenza** f providence

provv|isione f supply; **~isorio** temporary; **~ista** f supply; stock; **~isto di** supplied with

prua f naut prow; bow

prud|ente prudent; **~enza** f prudence; caution

prugn|a f plum; **~o** m plumtree

pruno m thorn-bush

prur|iginoso itchy; **~ito** m itch

P.S. = Poscritto postscript

psichiatra m, f psychiatrist

psichico psychic(al)

psic|ologia f psychology; **~ologo** m psychologist

pubblic|are v/t publish; **~azione** f publication; **~ità** f publicity; advertising; **~ità luminosa** luminous advertising

pùbblico m, adj public

pudore m modesty; shyness

puer|ile childish; **~izia** f childhood

pugil|ato m boxing; pugilism; **~e** m pugilist

Puglia f Apulia

pugn|a f fight; **~ale** m dagger

pugno m fist; punch

puh! pooh!

pulce f flea; **~inella** m buffoon; **~ino** m chick

pulire v/t clean; polish

pul|ito clean; tidy; **~itura** f clean(s)ing; **~itura a secco** dry cleaning; **~izia** f cleaning; cleanliness

pullman m de luxe bus

pullover m sweater

pùlpito m pulpit

puls|are v/i pulsate; throb; **~azione** f pulsation

pùngere v/t sting; prick

pungitura f sting

pun|ire v/t punish; **~izione** f punishment

punta f point; tip; **~ di terra** spit of land

punt|are v/t, v/i point; level;

stake; **~ata** f thrust; stake;
instalment; **~eruolo** m
punch

puntina f **da grammòfono**
gramophone needle; **~ da
disegno** drawing-pin

punto adv not at all; m
point; spot; stitch; **~ di vista** point of view; **fino a
che ~?** up to where?; **alle
dieci in ~** at ten o'clock
sharp; **~ e virgola** semicolon

punt|uale punctual; **~ualità**
f punctuality; **~ura** f puncture; injection; **~ura di
zanzara** gnat-bite

può he can

pupill|a f pupil; **~o** m pupil;

purché provided (that)

pure also; too; yet

purè m purée; mash; **~ di
patate** mashed potatoes

purezza f purity

purg|a f purge; laxative;
~ante m purgative; **~are** v/t
purge; **~ativo** purga-
tive; **~atorio** m eccl purgatory

purific|are v/t purify;
cleanse; **~azione** f purifi-
cation

pur|ità f purity; **~o** pure

purpùreo purple; crimson

purtroppo unfortunately

puzz|are v/i stink; **~o** m
stink; **~olente** stinking

Q

qua here; **di ~** on this side; **di
~ ... di là** to and fro

quàccquero m eccl quaker

quad|ernaccio m scrap-
book; **~erno** m copy-book

quadr|agèsima f Quadra-
gesima (1st Sunday in
Lent); **~àngolo** m quadrangle; **~ante** m quadrant;
dial; **~are** v/t square; **~ato**
m, adj square; **~ello** m
arrow; tile; **~iforme**
square

quadr|o m, adj square; m
painting; **~i** m/pl playing-
cards: diamonds

quadrùpede adj four-
footed; m quadruped; **~ù-
plice** fourfold

quaggiù down here

quagli|a f quail; **~arsi** v/r
curdle

qualche some; any; **~ giorno** a few days; **~ cosa** something; anything; **~ volta**
sometimes

**qual|cheduno = qualcu-
no**; **~cosa** something;
anything; **~cuno** some-
body; anybody

quale which; what; **il (la)**
~ he (she) who; whom; like;
as

qualific|are v/t qualify;
define; **~azione** f qualification

qual|ità f quality; **~ora** if;
when; **~siasi** whatever;
any; **~unque** whatever;
every, each

quando when; **da ~?** since when?; **di ~ in ~** from time to time

quantità f quantity

quanto how much?; **tutto ~** all that; **tutto ~ il libro** the whole book; **~ tempo** how long; **quanti ne abbiamo oggi?** what day is today?; **~ a me** as for me; **~ prima** as soon as possible; **per ~ ricco tu sia** as rich as you may be

quarant|ena f quarantine; **~enne** forty years old; **~èsimo** fortieth

quar|ésima f eccl Lent; **vitto m ~esimale** Lenten food

quart|etto m quartet; **~iere** m lodgings pl; district (town); quarter

quarto m quarter; forth

quarzo m quartz

quasi nearly; almost

quassù up here

quattrin|o m farthing; **~i** m/pl money

quattro four; **far ~ passi** take a stroll; **~cento** m 15th century

quegli he; those

quei he; they; those

quel, ~la that; **~lo** that; that one

quercia f oak

querel|a f complaint; **~ante** m, f plaintiff; **~are** v/t lodge

a complaint (against)

quest|a this; **~i, ~e** this; these

question|are v/i argue; **~ario** m questionnaire; **~e** f question

questo this; **per ~** therefore; **quest'oggi** today

quest|ore m (police) superintendent; **~ura** f police headquarters; **~urino** m police-officer

qui here; **di ~** from here; **di ~ a un mese** a month from now; **di ~ innanzi** from now on

quietanz|a f receipt; **~are** v/t receipt

quiet|are v/t quiet; **~e** f quiet(ness); **~o** quiet

quindi from there; fig. therefore; then

quindic|èsimo m fifteenth; **~i giorni** fortnight; **una ~ina di giorni** about two weeks

quint|a f fifth (also mus); thea wings pl; **~ale m** quintal (100 kg.); **~o** m fifth; **~ùplice** fivefold

quìntuplo m fivefold amount

quivi there; then

quot|a f quota; share; height; aer **prèndere ~a** climb; **~are** v/t assess; quote

quotidiano daily

R

rabàrbaro *m* rhubarb

rabbellire *v/t* embellish anew

rabbia *f* rage; *med* rabies; **fare ~ a qu.** enrage s.o.

rabbino *m* rabbi

rabbioso furious; rabid

rabbrividire *v/i* shudder

rabbuiarsi *v/r* grow dark

raccapezz|are *v/t* understand; collect; **~arsi** *v/r* make out

raccartocciare *v/t* curl up

raccattare *v/t* pick up; collect

racchetta *f* racquet, racket

racchiùdere *v/t* contain; enclose

rac|cògliere *v/t* gather; pick up; **~coglimento** *m* concentration

racc|olta *f* collection; *agr* harvest; **~olto** *m* crop

raccomand|are *v/t* recommend; (*letter*) register; **~ata** *f* registered letter; **~azione** *f* recommendation

raccomod|are *v/t* mend; repair; **~atura** *f* repairing

raccont|are *v/t* tell; narrate; **~o** *m* story

raccorciare *v/t* shorten

rada *f* *naut* roadstead

raddensare *v/t* thicken

raddolc|imento *m* softening; **~ire** *v/t* sweeten; soothe

raddoppi|amento *m* doubling; **~are** *v/t* (re)double

raddormentarsi *v/r* fall asleep again

raddrizzare *v/t* straighten

ràdere *v/t* raze; shave

radi|are *v/i* radiate; **~atore** *m* radiator

ràdica *f* root; briar-wood

radic|ale radical; **~are** *v/i* take root

radice *f* root; radish; **~ del dente** root of a tooth

radio *m* radium; *f* radio, wireless; **~ascoltatore** *m* (radio-)listener; **~attivo** radioactive; **~commedia** *f* radio play; **~comunicazione** *f* radio communication; **~diffusione** *f* broadcasting; **~fònico: apparecchio** *m* **~fònico** wireless set; **~fonògrafo** *m* wireless set with recordplayer; **~giornale** *m* newsbroadcast; **~grafia** *f* X-ray; **~grafista** *m, f* (wireless) operator; **~gramma** *m* radiotelegram; **~scopia** *f* radioscopy; **~valigia** *f* portable radio

radioso radiant

radiotele|fonìa *f* radiotelephony; **~grafia** *f* radiotelegraphy; **~grafista** *m, f* wireless operator

rado scattered; rare; **di ~** seldom

radun|anza *f* gathering; **~are** *v/t*, **~arsi** *v/r*, assemble; gather

ràfano *m* radish

rafferma *f* confirmation

ràffica f squall

raffigurare v/t recognize

raffin|amento m refining; **~are** v/t refine; **~ato** refined; subtle; **~eria** f refinery

rafforzare v/t strengthen; reinforce

raffreddamento m cooling; fig abatement; **~ ad acqua** water-cooling; **~ ad aria** air-cooling

raffredd|are v/t cool; chill; **~arsi** v/r catch a cold; **~ato** cooled off; **èssere ~ato** have a cold; **~atura** f, **~ore** m cold; chill

raffresc|are v/t cool; **~arsi** v/r grow cool

ragazz|a f girl; **~o** m boy; errand-boy

raggi|ante radiant; beaming; **~are** v/i radiate; shine; **~o** m ray, beam

raggiùngere v/t overtake; (goal) reach

raggiustare v/t repair

raggruppare v/t group

ragguagli|are v/t equalize; inform; **~o** m equalization

ragion|amento m reasoning; **~are** v/i reason; argue; **~ato** logical; **~e** f reason; cause; right; **aver ~e** be right; **per ~di** on grounds of; **a ~e** rightly; **~eria** f book-keeping; **~vole** reasonable; **~iere** m accountant

ragn|atelo m spider's web; **~o** m spider

ragù m ragout

rallegr|amento m rejoicing; **~arsi** v/r be glad; **~arsi con qu.** di qc. congratulate s.o. on s.th.

rallent|amento m slowing down; **~are** v/t, v/i slow down

rame m copper

ramificarsi v/r branch out

rammaricarsi v/r complain

rammàrico m grief; regret

rammend|are v/t mend; **~atura** f mending

ramment|are v/t remind; **~arsi** v/r recall (di qc. s.th.)

rammollire v/t soften

ramo m branch; (river) arm; **~ d'affari** line of business; **~laccio** m horseradish; **~scello** m twig

rampicare v/i climb

ramp|ino m hook; prong; **~ollo** m scion

rana f frog

ràncido m rancid

rancio m soldier's food; ration

rancore m grudge

randagio m stray

rango m rank; degree

rannicchiarsi v/r crouch; cower

ranno m lye

rannuvol|amento m clouding over; **~arsi** v/r cloud over

ranocchio m frog

rantolare v/i rattle (in one's throat)

rap|a f turnip; **~accio** m Swedish turnip

rap|ace rapacious; **~acità** f rapacity

rapidità f rapidity

ràpido adj swift; m express train

rap|ire v/t rape; kidnap; **~ina** f plundering; **uccello** m **di ~ina** bird of prey

rappezz|are v/t patch up; **~o** m patch

rapport|arsi v/r a have reference to; be advised by; **~o** m report; reference; **in ~o a** in connexion with

rappresaglia f reprisal; retaliation

rappresent|ante m, f representative; **~anza** f representation; agency; **~are** v/t represent; thea perform; **~azione** f representation; performance

rar|ità f rarity; **~o** rare

ras|are v/t shave; clip; **~ato** shaven

raschi|are v/t scrape; erase; **~no** m scraper; eraser; **~o** m roughness of the throat

rasentare v/t skim; border upon

ras|o adj shaven; fig naked; m satin; **~oio** m razor; **~oio di sicurezza** safety razor; **~oio elèttrico** electric shaver

rassegn|a f review; mil parade; **~arsi** v/r resign o.s. (**a** to); **~ato** resigned; **~azione** f resignation

rasserenare v/t cheer up

rassicurare v/t reassure

rassomigli|ante resem-

bling; like; **~anza** f likeness; **~arsi** v/r be like; resemble

rastrellare v/t rake; search

rasura f shave

rat|a f rate; instalment; **a ~e** by instalments

rateazione f spacing of (payments)

ratto m rape; zo rat

rattoppare v/t patch up

rattoppo m patch(work)

rattrappito contracted; paralysed

rattrist|are v/t sadden; **~arsi** v/r grow sad

rauc|èdine f hoarseness; **~o** hoarse

ravanello m radish

ravioli m/pl ravioli

ravv|isare v/t recognize; **~ivamento** m revivification; revival; **~ivare** v/t revive

ravvòlgere v/t wrap up

razion|ale rational; **~e** f ration

razza f race; fig kind

razzo m rocket; **~olare** v/i scrape; fig rummage

re m king

reagire v/i react

reale real; royal

real|ismo m realism; **~izzare** v/t realize; **~izzazione** f realization; **~tà** f reality

reame m kingdom

reazione f reaction; **aèreo** m **a ~** jet plane

rec|are v/t bring; cause; **~arsi** v/r go

recèdere v/i recede; give up

recensione f (book-)review

recent|e recent; new; **ìs-sime** f/pl latest news
recesso m recess
recìdersi v/r split up
recìdiva f relapse
rec|ìngere v/t surround; **ìnto** m enclosure; pen
recipiènte m vessel; container
reciprocità f reciprocity
recìproco reciprocal
recìso sharp; decided
rècita f recital; performance
recit|are v/t recite; *thea* act; **azione** f recital; acting
reclam|are v/i complain; v/t claim; **e** f advertising; **o** m complaint
rècluta f mil recruit
record m record
red|attore m editor; **azione** f editing; editor's office
rèddito m income
Redentore m Redeemer, Saviour
redìmere v/t redeem
rèduce adj returned; m veteran
refe m thread
refettòrio m refectory; dining-hall
refriger|are v/t refrigerate; refresh; **io** m refreshment
regal|are v/t make a present; give away; **e** royal; **o** m present, gift
regata f regatta
reggènte m regent
règgere v/t, v/i bear; support; rule
règgilume m lampstand

reggimènto m government; regiment
reggipètto m bra(ssière)
regìa f (stage-)direction
regìme m government; *gast* diet
regì|na f queen (*also playing-cards*); **o** royal
regiòne f region
regìsta m director; producer
registr|are v/t register; record; **atore** m a nastro tape-recorder; **atura** f entry; **o** m register; com books pl
regn|ante m ruler; **are** v/i reign; **o** m reign; kingdom
règola f rule
regol|amènto m regulations pl; settlement; **amento stradale** traffic regulations; **are** v/t regulate; settle (*accounts*); adj regular; **arità** f regularity; **atore** m regulator
règolo m ruler; **~ calcolatore** slide-ruler
regr|essìvo regressive; **esso** m regress
relatìvo relative; pertinent
relaziòne f report; **in ~ a** in relation to
religi|òne f religion; **iosa** f nun; **iosità** f religiousness; **ioso** adj religious; pious; m monk
rem|are v/i row; **~ a pagàia** paddle; **atore** m rower; oarsman
reminiscènza f reminiscence
remissiòne f remission;

senza ~ without repeal

remo *m* oar

remoto remote; **passato** *m* ~ **gram** past definite

rena *f* sand

renale: calcolo *m* ~ renal calculus

rèndere *v/t* give (back); make; ~ **felice** make happy

rèndita *f* income; rent

rene *m* kidney

renitente recalcitrant; **~enza** *f* reluctance

renoso sandy

reo guilty; evil

reparto *m* department

repentino sudden

repertorio *m* thea repertory

rèplica *f* reply; repetition

replicare *v/i* reply; *v/t* repeat

repr|essione *f* repression; **~imere** *v/t* repress

repùbblica *f* republic

repubblicano *m*, *adj* republican

reput|are *v/t*, *v/i* deem; consider; **~azione** *f* reputation

requis|ire *v/t* requisition; **~ito** requisite; **~izione** *f* requisition

resa *f* surrender; rendering

rescritto *m* rescript

reseda *f* mignonette

resid|ente resident; **~enza** *f* residence

residuo *m* remainder

rèsina *f* resin

resinoso resinous

resist|ente resisting; **~enza** *f* resistence

resistere *v/i* resist

resistore *m* elec resistor

resoconto *m* account; report

respingere *v/t* repel; reject

respir|are *v/t*, *v/i* breathe; **~atore** *m* snorkel; **~azione** *f* breathing; **~o** *m* breath

respons|àbile responsible (**di** for); **~abilità** *f* responsibility

ressa *f* crowd; throng

rest|ante remaining; **~are** *v/i* stay; be left over

restaur|are *v/t* restore; **~a-zione** *f*, **~o** *m* restoration

restitu|ire *v/t* give back; restore; **~zione** *f* restitution

resto *m* remainder; **del** ~ besides

restringersi *v/r* restrain o.s.; shrink

ret|e *f* net; **~e stradale** network of highways; **~icella** *f* small net; hairnet; **~icella per il bagaglio** luggage-rack

retiforme retiform

rètina *f* retina (*eye*)

retòrica *f* rhetoric

retro|attivo retroactive; **~bottega** *f* back-shop; **~cèdere** *v/i* recede; **~marcia** *f* auto: reverse (gear); **~visivo: specchio** *m* **~visivo** rear-view mirror

retta *f*: **dare** ~ listen (to)

rett|angolare rectangular; **~àngolo** *m* rectangle

rettificare *v/t* rectify

rettile *m* reptile

retto straight; right; correct

rèum|a *m* rheumatism; **~à-**

tico rheumatic; **~atismo** *m* rheumatism

reverendo (*abbr* rev.) *adj* reverend; *m* priest; 2! Sir; Your Reverence

revisione *f* revision

revoc|àbile revocable; **~are** *v/t* revoke

ri... (*prefix*) *mostly* again

rialto *m* ramp

rialzare *v/t* raise (up); (*head*) lift

riap|ertura *f* reopening; **~poggiare** *v/t tel* ring off (again); **~rire** *v/t* reopen

riassùmere *v/t* sum up

riatt|amento *m* restoration; **~are** *v/t* repair

riavere *v/t* get back

ribalta *f* flap; *thea* footlights *pl*; **tàvola** *f* **a ~** folding table

ribaltare *v/t, v/i* overturn; capsize

ribass|are *v/t* (*price*) lower; **~o** *m* discount; drop

ribell|ante rebellious; **~are** *v/t* stir up; **~arsi** *v/r* rebel; **~e** *m* rebel; **~ione** *f* rebellion

ribes *m* gooseberry

ribollimento *m* ebullition; agitation

ribrezzo *m* disgust

ricaduta *f* relapse

ricamare *v/t* embroider

ricambi|are *v/t* return; reciprocate; **di ~o** exchange; **di ~o** spare

ricamo *m* embroidery

ricapitolazione *f* summary

ricatt|are *v/t* blackmail; **~o** *m* blackmail

ricav|are *v/t* derive; extract; **~o** *m* proceeds *pl*

ricchezza *f* wealth

riccio *adj* curly; *m* curl

ricciolo *m* curl

ricco rich (**di** in)

ricerc|a *f* research; **~are** *v/t* seek (for); investigate; **~atore** *m* research worker

ricetta *f* prescription; recipe

ricévere *v/t* receive

ricev|imento *m* reception; **~itore** *m* receiver; **~uta** *f* receipt; **accusare ~uta** acknowledge receipt

ricezione *f* reception

richiam|are *v/t* call back; **~arsi** *v/r* refer (**a** to); **~o** *m mil* call-up

richiedente *m* applicant

richièdersi *v/r* be required

richiesta *f* request; application

ricino *m*: **olio** *m* **di ~** castor-oil

ricognizione *f* recognition

ricompens|a *f* reward; **~are** *v/t* reward

ricompr|a *f* repurchase; **~are** *v/t* buy back

riconciliare *v/t* reconcile

ricondurre *v/t* bring back

riconosc|ente grateful; **~enza** *f* gratefulness

riconóscere *v/t* recognize

riconsegn|a *f* handing back; **~are** *v/t* hand back; redeliver

ricord|arsi *v/r* remember (**di qc.** s.th.); **~o** *m* recollection; **~o di viaggio** souvenir

ricorrere v/i recur; appeal

ricorso m petition; claim; **fare ~ a** resort to

ricostituire v/t reconstitute; **~uzione** f reconstitution

ricostruire v/t rebuild; **~zione** f reconstruction

ricotta f buttermilk curd

ricoverare v/t shelter

ricòvero m shelter; asylum

ricrearsi v/r take recreation

ricuperare v/t recover

ricurvo bent; curved

ricusare v/t refuse

ridente smiling; bright

ridere v/i laugh (**di** at); **~ersi** v/r **di qu.** make fun of s.o.

ridìcolo ridiculous

ridosso m sheltering wall

ridotto adj reduced; m thea foyer

ridurre v/t reduce (**a** to); (prices) lower; **~uzione** f reduction; discount; **~uzione sul prezzo dei biglietti** reduction on fare

riémpiere v/t fill (up)

riempimento m filling; **~ire** v/t (re)fill

rifacimento m remaking; compensation

riferire v/t report; **~irsi** v/r refer (**a** to)

rifiatare v/i take breath

rifinimento m finish(ing); exhaustion; **~ire** v/t finish; wear out

rifiorimento m reflourishing; **~ire** v/i reflourish; v/t retouch

rifiutarsi v/r refuse; **~o** m refusal

riflessione f reflection; **~ivo** thoughtful; gram reflexive; **~o** m reflex

riflèttere v/t reflect; fig concern; **~ersi** v/r be reflected

riflettore m search-light

riflusso m ebb(-tide)

riforma f reform; eccl Reformation; **~are** v/t reform; improve; **~atore** m reformer; **~azione** f reformation

rifuggire v/i flee; shrink (from)

rifugiarsi v/r take refuge; **~ugiato** m refugee; **~ugio** m refuge; shelter; **~ugio alpino** alpine hut

riga f line; row; stripe; ruler

rigare v/t rule; **~ato** striped

rigettare v/t reject; **~o** m rejection

rigidezza f stiffness; austerity

rìgido rigid; strict

rigirare v/t turn about; **~o** m winding; fig trick

rigòglio m luxuriance; **~oso** exuberant

rigore m rigour; **di ~e** strictly required; **~oso** strict

rigovernare v/t wash up (dishes)

riguardare v/t look at; concern; **~arsi** v/r beware (of); **~o** m respect; **~o a** with regard to; **senza ~o** regardless; **aversi ~o** take care of o.s.

rilasciare v/t release; issue (certificate)

rileg|are v/t bind (book); refasten; **~atore** m bookbinder; **~atura** f (book-)binding

rilievo m remark; projection; relief; **alto ~** high relief; **basso ~** low (bas) relief

rilucente shining

rilùcere v/i glitter

rima f rhyme

rimandare v/t send back; postpone

rimane he stays

rimaneggiare v/t remodel

riman|ente, **~enza** f remainder; **~ere** v/i remain; stay

rimango I stay

rimaniamo we stay

rimar|care v/t notice; **~chévole** remarkable

rimasto remained

rimbombare v/i boom; resound

rimbors|are v/t reimburse; **contro ~o** cash on delivery

rimedi|àbile remediable; **~are** v/t, v/i remedy; cure; **~o** m remedy

rimembr|anza f remembrance; **~are** v/t remember

rimenare v/t bring back; stir

rimescolare v/t blend; shuffle

rimessa f shed; com remittance; garage; aer hangar

rimétt|ere v/t replace; put off; **~ersi** v/r recover; improve (weather)

rimodernare v/t modernize; renovate

rimorchi|are v/t tow; haul; **~atore** m tow-boat; **~o** m trailer; **autocarro** m **con ~o** trailer coupling

rimòrdere v/t bite again; prick (conscience)

rimorso m, **~ di coscienza** remorse

rimozione f removal

rimpasto m re-mixing; shuffle

rimp|atriare v/t, v/i repatriate; return to one's country; **~atrio** m repatriation

rimpiàngere v/t regret; lament s.o.; **~anto** m regret

rimpiatt|are v/t conceal; hide; **~ino** m (game of) hide-and-seek

rimpiazzare v/t replace

rimp|iccinire, **~iccolire** v/t, v/i make smaller; grow smaller

rimprover|àbile reproachable; **~are** v/t rebuke (s.o.)

rimpròvero m reproach; rebuke

rinascimento m rebirth; Renaissance

rincarare v/t, v/i raise the price of; become dearer

rincaro m rise in price

rinchiùdere v/t shut up

rinc|órrere v/t run after; pursue s.o.; **~orsa** f run; spring

rincréscere v/i be sorry

rincresc|évole regrettable

~imento m regret

rinculare v/i recoil

rinforz|amento m reinforcement; **~are** v/t strengthen; **~o** m support

rinfresc|amento m refreshment; cooling; **~are** v/t cool; refresh; **~arsi** v/r refresh o.s.; **~o** m refreshment

ringhiare v/i snarl

ringhiera f rail(ing)

ringiovan|imento m rejuvenation; **~ire** v/t, v/i rejuvenate; grow younger

ringrazi|amento m thanks pl; **tanti ~amenti** pl many thanks pl; **~are** v/t (**qu. di qc.**) thank (s.o. for s.th.)

rinneg|are v/t disown; abjure; **~ato** m renegade; **~azione** f renegation

rinnov|amento m renewal; **~are** v/t renew; remodel; **~azione** f renovation

rinoceronte m rhinoceros

rinomato renowned

rinserrare v/t shut in; tighten

rintracciare v/t trace (out)

rintronare v/t, v/i resound; deafen

rinunci|a f renunciation; **~are** v/t renounce (**a qc.** s.th.)

rinvenire v/i come to o.s.

rinviare v/t send back; adjourn

rinvigorimento m strengthening

rinvilire v/t lower (prices)

rinvìo m dismissal; adjournment

rione m district (of city)

riordinare v/t rearrange

riorganizz|are v/t reorganize; **~azione** f reorganization

ripagare v/t repay

ripar|àbile reparable; **~are** v/t repair; protect (**da** from); v/i remedy; **~azione** f repair; fig amends pl; **~o** m shelter; cover

ripart|ire v/i leave again; v/t distribute; **~izione** f distribution; **~o** m department

ripassare v/i pass again; v/t look over; overhaul

ripensare v/i think over

ripercussione f repercussion

ripètere v/t repeat

ripetizione f repetition

ripian|are v/t level; **~o** m landing; terrace

ripido steep

ripieg|are v/t fold (again); v/i mil retreat; **~o** m shift; expedient

ripieno adj stuffed; m stuffing

riport|are v/t bring back etc (cf **portare**); report; carry off (prize); **~o** m com amount to be carried forward

ripos|are v/i rest; **~arsi** v/r lie down; **~o** m rest; retirement

ripresa f resumption; revival

riproduzione f reproduction; **~ vietata** all rights

reserved
riprov|a f confirmation; **~à-bile** blamable; **~are** v/t try again; reject (*candidate*)
ripudiare v/t repudiate
ripugn|ante repugnant; **~anza** f repugnance; **~are** v/i be repugnant
ripulsione f repulsion
riputazione f reputation
riquadratore m (house-) decorator
risaia f rice-field
risalt|are v/i stand out; **~o** m relief
risan|àbile curable; **~are** v/t heal; cure
risarcire v/t indemnify
riscaldamento m heating; **~ centrale** central heating
riscald|are v/t heat; warm; **~arsi** v/r get hot; *fig* get excited; **~atore** m heater
riscattare v/t, **riscatto** m ransom
rischiar|amento m brightening; **~are** v/t illuminate; clarify; **~arsi** v/r clear up (*weather*)
rischi|are v/t risk; v/i m risk; danger; **a ~o di** at the risk of; **a vostro ~o e perìcolo** at your own risk; **córrere il ~o di** run the risk of; **~oso** risky
risciacqu|are v/t rinse; **~a-tura** f rinsing-water; washing-up water
riscontr|are v/t meet; find; check; **~o** m encounter; checking; **~o d'aria** draught

riscuòtere v/t shake; (*money*) collect
risentire v/t feel again; v/i feel the effects (**di** of)
riserbare v/t reserve; keep
riserva f reserve; reservation
riserv|are v/t reserve; **~arsi** v/r reserve (to) o.s.; **~ato** reserved; confidential
riso m laugh(ter); rice
risolare v/t resole
risol|utezza f resoluteness; **~uto** resolute; **~uzione** f resolution; solution; **~u-zione d'un contratto** annulment of a contract
risòlv|ere v/t resolve; (dis-)solve; **~ersi** v/r decide
risolvibile solvable
rison|anza f sound; resonance; echo; **~are** v/i resound; ring (again)
risòrgere v/i rise (again)
risorgimento m revival
risorsa f resource
risotto m boiled rice served in the Italian fashion
risparmiare v/t save; spare
risparmio m savings; **cassa f di ~** savings bank
rispecchiare v/t reflect
rispett|àbile respectable; **~are** v/t respect; **~ivo** respective; **~o** m respect; **~i** m/pl regards pl; **~oso** respectful
risplèndere v/i shine
rispóndere v/t, v/i answer; reply (**a** to); **~osta** f answer; reply; **~osta pagata** reply paid

rissa f fight; affray

ristabil|imento m re-establishment; restoration; **~ire** v/t re-establish; **~irsi** v/r recover

ristampa f reprint; new impression

ristor|ante m restaurant; refreshment-room; **carozza** f **~ante** dining-car (*train*); **~are** v/t restore; refresh

ristr|ettezza f narrowness; straitness; **~etto** restricted; limited; **caffè** m **~etto** very strong coffee

risult|are v/i result; **~ato** m result; issue

risurrezione f resurrection

risuscitare v/t, v/i resuscitate

risvegli|are v/t awaken; **~arsi** v/r wake up

ritard|are v/t delay; v/i be late; (*watch*) be slow; **~atario** m laggard; latecomer; **~o** m delay; **èssere in ~o** be late

ritegno m restraint; **senza ~** unrestrainedly

riten|ere v/t retain; **~ersi** v/r restrain o.s. (from)

ritir|are v/t withdraw; (*money*) draw; (*mail*) collect; **~arsi** v/r retire; **~ata** f retreat; lavatory; **~ato** secluded; **~o** m retirement; **in ~o** retired

rito m rite

ritoccare v/t retouch

ritornare v/i come back; **~ in sé** come to o.s.; return

ritorno m return; **èssere di ~** be back

ritorsione f retort; retaliation

ritrarre v/t withdraw; draw (*advantage*)

ritratt|àbile retractable; **~are** v/t portray; retract; **~azione** f recantation; **~ista** m, f portrait-painter; **~o** m portrait

ritrov|are v/t find again; **~arsi** v/r meet; **~o** m meeting-place; **~o notturno** night club

ritto upright; straight; **star ~** stand (upright)

riun|ione f reunion; meeting; **~ire** v/t (re)unite; gather

riusc|ire v/i succeed; **riesco a fare** or **mi riesce di fare** I succeed in doing; **~ita** f success

rituale m, adj ritual

riva f shore

rivale m, f, adj rival

rived|ere v/t see again; review; **~erci**, **~erla** good-bye

rivel|are v/t reveal; disclose; **~azione** f revelation

rivénd|ere v/t resell; **~ita** f resale

rivenditore m reseller; retailer

rivenire v/i come back

river|ente reverent; **~enza** f reverence; **~ire** v/t respect; revere; **La riveriso** *letter*: with kind regards

rivestire v/t cover; line

riviera f coast

rotolare

rivista *f* review; *mil* parade;
~ **della moda** fashion
show; ~ **settimanale**
weekly (magazine)

rivo *m* brook; streamlet

rivòlg|ere *v/t* address; ~ersi
v/r apply (**a** to)

rivolgimento *m* upheaval; ~
di stòmaco sickness;
nausea

rivolta *f* revolt; mutiny

rivolt|are *v/t* turn (over);
overthrow; ~ella *f* revolver

rivoltolare *v/t* roll (over)

rivoluzion|ario *m, adj* re-
volutionary; ~e *f* revolution

rizz|are *v/t* erect; (*flags*)
hoist; ~arsi *v/r* stand up;
bristle

rob|a *f* stuff; things *pl*; ~ac-
cia *f* rubbish; junk

robust|ezza *f* sturdiness; ~o
sturdy; strong

rocca *f* fortress; distaff; ~
forte *f* stronghold

rocchetto *m* reel; bobbin;
eccl surplice

rocci|a *f* rock; ~oso rocky

rococò *m, adj* rococo

rodaggio *m auto:* running-
in

ród|ere *v/t* gnaw; ~ersi *v/r*
chafe (*with rage*)

rognone *m gast* kidney

rollare *v/i* roll (*ship*)

Roma *f* Rome

Romania *f* R(o)umania

rom|ànico Romanic; *archi-
tecture:* Romanesque; ~ano
m, adj Roman; ~anticismo
m Romanticism; ~àntico
adj romantic; *m* romanticist

romanz|a *f* romance; ~iere
m novelist; ~o *m* novel

rombare *v/i* rumble; roar

rombo *m* turbot

romeno *m, adj* Roumanian

rom|ito *adj* solitary; *m*
hermit; ~itorio *m* hermitage

rómpere *v/t* break; smash

ronc|are *v/t* weed; ~o *m* bill-
hook; *fig* deadlock

ronda *f* patrol

róndine *f* swallow

rondo *m* rondeau

ronfare *v/i* snore

ronz|are *v/i* buzz; hum; ~io
m buzzing

ros|a *f* rose; ~àceo rosa-
ceous; ~aio *m* rose-bush;
~ario *m eccl* rosary

rosbiffe *m* roast beef

ròseo rosy

ros|eto *m* rose-garden; ~etta
f rosette

rosmarino *m* rosemary

rosol|are *v/t* roast brown;
~ia *f* measles *pl*

rospo *m* toad

rossetto *m* (**per le labbra**)
lipstick

ross|iccio reddish; ~o red; ~o
chiaro bright red; ~o
cupo dark-red; ~ore *m*
blush

rosticc|erìa *f* cook-shop;
~iere *m* cook-shop keeper

rostro *m* rostrum

rot|àbile carriageable; ~aia *f*
rail; ~are *v/t* rotate; ~azio-
ne *f* rotation; ~ella *f* small
wheel; knee-cap

rotolare *v/t, v/i* roll (up)

ròtolo m roll
rotondo round
rotta f course; rout
rottame m fragment; **~i**
m/pl ruins pl
rotto broken
rottura f fracture
ròtula f kneecap; patella
roulotte f caravan; trailer
róvere m oak
rovescia f facing (of sleeves
etc); **~a** inside out; **~are**
v/t overturn; upset; **~o** m
wrong side; reverse; **a ~o**
backhand; reversed; upside
down
rovina f ruin; **~are** v/t ruin;
v/i collapse; crumble
rovo m blackberry-bush
rozzo coarse; uncouth
rubare v/t steal
rubinetto m tap; faucet; **~**
d'acqua water-tap
rubino m ruby
rublo m rouble
rubrica f rubric; column
rude rough
rudimenti m/pl rudiments
ruffa f crowd; throng
ruga f wrinkle

rùggine f rust; fig grudge
ruggin|ire v/i get rusty;
~oso rusty
rugg|ire v/i roar; **~ito** m
roar(ing)
rugiada f dew
rugoso wrinkled
rull|are v/i roll; **~o** m roll;
drum; roller; cylinder; **~o**
compressore road roller
rum m rum
rumor|e m noise; **~eggiare**
v/i make noise; rumble; **~o-**
so noisy
ruolo m roll; list; thea part
ruota f wheel; **~ anteriore**
fore wheel; **~ di ricambio**
spare wheel; **~ posteriore**
hind wheel
rupe f rock; cliff
ruscello m brook
russare v/i snore
Russia f Russia
russo m, adj Russian
rùstico rustic
rutto m belch
ruvidezza f roughness
rùvido rough; harsh
ruzz|o m romping; **~olare**
v/i roll; tumble down

S

sa he knows
sàbato m Saturday
sabbi|a f sand; **~oso** sandy
saccheggi|are v/t sack;
plunder; **~o** m sack(ing)
sacc|o m sacking; bag;
quantity; **~o alpino**, **~o da**
montagna rucksack; **~o a**

pelo sleeping-bag; **~one** m
straw mattress
sacerdot|ale priestly; **~e** m
priest; **sommo ~e** high
priest
sacerdozio m priesthood
sacrament|are v/t qu. ad-
minister the sacraments to

s.o.; **~arsi** v/r receive the sacraments; **~o** m sacrament

sacr|are v/t consecrate; dedicate; **~ario** m sanctuary; shrine; **~estia** f sacristy; vestry; **~ificare** v/t sacrifice; **~ificio** m, **~ifizio** f sacrifice

sacro sacred; holy

saettare v/t shoot (arrows); dart (glances)

sagace shrewd; keen

saggezza f wisdom

saggiare v/t try; test

saggio adj wise; m essay; test; sample; **~ d'interesse** com rate of interest; **~ di vino** wine-test; **numero** m **di ~** specimen copy

sagra f (church) festival

sagr|are v/t swear; **~ato** m curse; churchyard

sagrest|ano m sacristan; **~ia** f sacristy

sagù m sago

sala f hall; room; biol reed; mech axle-tree; **~ d'aspetto** waiting-room; **~ di biliardo** billiard-room; **~ da colazione** breakfast room; **~ da concerti** concert-hall; **~ di lettura** reading-room; **~ da pranzo** dining-room; **~ di soggiorno** lounge

salace lecherous

salam|e m (pork-)sausage; **~oia** f pickle; brine; **in ~oia** salted; pickled

salare v/t salt; dry-salt

salario m wages pl

salat|o salted; **carne** f **~a** salt meat

salc|eto m willow-thicket; **~io** m willow(-tree)

salda f starch

sald|are v/t weld; solder; com settle; **~atoio** m soldering-iron; **~o** adj firm; m balance; settlement

sale he climbs

sal|e m salt; wit; **~gemma** m rock-salt

salgo I climb

saliamo we climb

sàlice m willow; **~ piangente** weeping willow

salicilato m salicylate

sal|iera f salt-cellar; **~ifero** saliferous; **~ina** f salt-pit

salire v/t, v/i climb; go up; rise; increase

sal|iscendi m latch; **~ita** f ascension; slope; increase

salito climbed

saliva f saliva, spittle

salma f mortal remains pl

salmiaco m sal ammoniac

salmo m psalm

salmone m salmon

salnitro m saltpetre

sal|one m hall; saloon; **~one fumatori** smoking room; **~one da parrucchiere** hairdresser's shop; **~otto** m drawing-room; sitting-room; **~otto da pranzo** dining-room

salpare v/i weigh anchor; set sail

salsa f sauce

salsicc|ia f sausage; **~a di fégato** liver-sausage; **~aio**

m sausage-maker; **~otto** *m* thick sausage

salsiera *f* sauce-boat

salso *adj* salty; *m* saltiness

salt|are *v/t* jump; *fig* skip; **~erellare** *v/i* hop about; **~imbanco** *m* acrobat; mountebank

salto *m* jump; leap; **~ in alto** high jump; **~ in lungo** long jump; **~ mortale** somersault

salubr|e healthy; **~ità** *f* healthiness

salum|aio *m* pork-butcher; **~i** *m/pl* sausages; **~eria** *f* delicatessen shop

salut|are *adj* salutary; *v/t* salute; greet; **~e** *f* health; **alla Sua ~e!** your health!

saluto *m* salute; greeting; **tanti ~i** kind regards

salva|danaio *m* money-box; **~gente** *m* life-belt; (traffic) island; **~guardia** *f* safeguard; **~mento** *m* rescue

salv|are *v/t* save; rescue; **~ataggio** *m* salvage; **barca** *f* **di ~ataggio** lifeboat; **tela** *f* **di ~ataggio** jumping-sheet

salvatore *m* rescuer; **♀** *eccl* Saviour

salvietta *f* napkin

salvo safe, secure; except; **~ che** unless

sambuco *m* elder(-tree)

San = Santo

san|àbile curable; **~are** *v/t* cure; heal; **~atorio** *m* sanatorium; nursing-home

sancire *v/t* sanction

sàndalo *m* sandal

sangu|e *m* blood; **fare ~e** bleed; **~igno** sanguine; bloody; **gruppo** *m* **~igno** blood group; **~inaccio** *m* black-pudding; **~inare** *v/i* bleed; **~inario** bloodthirsty; **~inoso** bloody

sanitario sanitary; **ufficio** *m* **~** health office

sano healthy; **~ e salvo** safe and sound

santificare *v/t* sanctify; canonize

sant|issimo *adj* most holy; *m* Blessed Sacrament; **~ità** *f* holiness

santo *adj* holy; *m* saint; **acqua** *f* **santa** holy water

santuario *m* sanctuary; shrine

sapere *v/t*, *v/i* know; know how to; get to know; learn; **far ~** let know; *m* knowledge

sap|iente *adj* wise; *m* learned person; **~ienza** *f* wisdom

sapon|ata *f* lather; soapsuds *pl*; **~e** *m* soap; **~e da barba** shaving soap; **~eria** *f* soap-works *pl*; **~etta** *f* cake of toilet-soap; **~iera** *f* soap-dish

sapor|e *m* flavour; taste; **~ire** *v/t* flavour; relish; **~ito** savoury

sappiamo we know

saputo known; learned

sar|à he will be; **~ai** you will be (*sg*); **~anno** they will be

sarcàstico sarcastic

sarchiare *v/t* weed

sardella *f* pilchard

Sardegna f Sardinia

sardina f sardine

sardo m, adj Sardinian

sare|mo we shall be; **~te** you will be (pl)

sarò I shall be

sart|a f dressmaker; **~o** m tailor; **~oria** f tailor's shop; dressmaking

sasso m stone; pebble; **di ~** stony

sàssone m, adj Saxon

Sassonia f Saxony

sassoso stony

satèllite m satellite

satírico adj satiric(al); m satirist

savio wise

sazi|are v/t satiate; **~o** satiated

sbacchettare v/t dust; beat

sbaciucchiare v/t cover with kisses

sbadato heedless

sbadigliare v/i yawn

sbagli|are v/i, **~arsi** v/r make a mistake; err; **~o** m mistake; error; **per ~o** by mistake

sballare v/t unpack; fig talk big

sballottare v/t toss about

sbalord|imento m bewilderment; **~ire** v/t astonish; bewilder

sbalz|are v/t overthrow; cast out; **~o** m bound

sbandare v/t disband; v/i aut skid

sbandire v/t banish

sbarazz|are v/t clear; **~arsi** v/r get rid (of)

sbarb|are v/t uproot; shave; **~ato** clean shaven

sbarc|are v/t disembark; v/i land; **~atoio** m landing-place; **~o** m landing; unloading

sbarr|a f bar; barrier; **~amento** m obstruction; **~are** v/t bar; block up; (eyes) open wide

sbàttere v/t beat; whip; (door) slam

sbeffare v/t mock

sbendare v/t remove bandages

sbiadito faded

sbiancare v/i grow pale

sbigottire v/t frighten

sbilanci|are v/t put out of balance; **~o** m derangement; deficit

sbocc|are v/i flow into; **~atura** f mouth (of river)

sbocciare v/i open; bloom

sbocco m mouth (of river); com outlet; market; **~ di sangue** blood-spitting; **strada senza ~** blind alley

sbornia f intoxication; **~ato** drunk

sbors|are v/t disburse; pay; **~o** m outlay

sboscare v/t deforest

sbottonare v/t unbutton

sbozz|are v/t sketch; outline; **~o** m sketch

sbrattare v/t clear; tide up

sbricciolare v/t crumble

sbrig|are v/t dispatch; finish off; **~arsi** v/r hurry up

sbrinare v/t defrost (*refrigerator*)

sbrogliare v/t disentangle

sbucciare v/t peel; skin

sbuffare v/i puff; snort

scabro|**sità** f roughness; **~o-so** rough; rugged; uneven

scacchiera f chess-board

scacci|**amosche** m fly-whip; **~are** v/t drive away; expel

scacc|**o** m square; **~hi** pl chess; **giocatore** m di **~hi** chess-player; **giocare a ~hi** play chess; **~o matto** checkmate

scad|**ente** falling due; inferior (*quality*); **~enza** f maturity; expiration; **a breve ~enza** short-dated; **~ere** v/i expire; fall due; **~uto** expired

scaffale m shelf

scafo m hull

scagionare v/t justify

scaglia f scale; chip

scala f stairs pl; **~ (a pioli)** ladder; **~ mòbile** escalator

scalcare v/t carve (*at table*)

scalciare v/i kick (*horse*)

scalda|**bagno** m boiler; **~letto** m hot-water-bottle; **~piatti** m plate-warmer; **~piedi** m foot-warmer

scald|**are** v/t heat; warm; **~ino** m warming-pan

scal|**ea** f flight of steps; **~eo** m step; ladder; **~ino** m step

scalo m landing-place; port of call; **~ merci** freight station

scaloppina f cutlet; chop

scalpell|**are** v/t chisel; **~ino** m stone-cutter; **~o** m chisel

scalp|**icciare** v/i trample; **~itio** m pawing

scaltro sly; crafty

scalz|**are** v/t take off (*shoes and stockings*); **~o** barefoot

scambi|**are** v/t exchange; mistake (for); **~évole** mutual

scambio m exchange; rail switch

scampagnata f trip in the country

scampan|**ata** f chiming; **~ellare** v/i ring the bell

scamp|**are** v/t rescue; v/i escape; **~o** m escape

scàmpolo m remnant (*of tissue*)

scancellare v/t cancel

scandaglio m sounding-line

scandalizzare v/t shock

scàndalo m scandal

scansare v/t avoid; shun

scantonare v/i turn the corner

scapato heedless

scapestrato dissolute

scàpito m loss; detriment

scàpol|**a** f shoulder-blade; **~o** adj single; m bachelor

scapp|**amento** m mech exhaust; **~are** v/i escape; flee; **~atoia** f subterfuge; pretext

scappellarsi v/r take off one's hat

scarabocchio m blot

scarcerare v/t release (*from prison*)

scàrica f discharge

scaric|**are** v/t discharge; un-

schiavo

load; **~arsi** v/r relieve o.s.;
(clock) run down; **~atoio** m
wharf

scàrico adj unloaded;
empty; m unloading; mech
exhaust

scarlatt|ina f scarlet-fever;
~o scarlet

scarno lean; meagre

scarp|a f shoe; boot; **~e f/pl
per bambini** children's
shoes pl; **~e da signora**
ladies' shoes pl; **~e da
spiaggia** sand shoes pl;
~etta f small shoe; **~ette f/pl
da bagno** bathing slippers
pl

scarrozz|are v/t, v/i drive
around; **~ata** f drive

scars|ità f scarcity; **~o**
scarce; lacking

scartafaccio m waste-book

scartoccio m paper-bag

scass|are v/t unpack; agr
plough up; **~o** m burglary

scatenare v/t unchain

scàtola f box; tin; can

scatto m release (lever); **~
automàtico** phot auto-
matic trigger

scaturire v/i gush out

scavalcare v/t, v/i dismount

scav|are v/t dig out; ex-
cavate; **~o** m excavation

scegliamo we choose

sceglie he chooses

scégliere v/t choose; select

scelgo I choose

scellino m shilling

scelt|a f choice; selection;
fare la ~ choose; select

scelto chosen; exquisite

scem|are v/t lessen; reduce;
~o m fool

scena f stage; scene

scéndere v/t, v/i descend; go
down; lower

sceneggiatura f stage-
directions pl

scesa f slope; descent

scèttico adj sceptic(al); m
sceptic

scettro m sceptre

scheda f card; (piece of)
paper; label

scheggi|a f splinter; **~are** v/t
splinter

schèletro m skeleton; fig
frame

schema m outline; plan

scherm|a f fencing; **tirare
di ~a, ~ire** v/i fence

schermo m (phot, movie etc)
screen; defence; **~ giallo**
phot yellow filter; **~ gigante**
film: wide screen

schern|ire v/t sneer (at); **~o**
m sneer

scherz|are v/i joke; **~évole**
jesting; **~o** m joke; **~oso**
playful; joking

schiacci|anoci m nut-crack-
er; **~are** v/t crush; squash;
squeeze; **~ata** f gast cake

schiaffo m box on the ear;
slap

schiamazzare v/i cackle;
squawk

schiant|are v/t smash; **~o** m
crash; fig pang

schiar|imento m elucida-
tion; **~ire** v/t fig elucidate;
~irsi v/r become clear

schiav|itù f slavery; **~o** m,

adj slave

schiena *f* back

schier|a *f* group; **~are** *v/t* array

schietto frank; open; genuine

schif|o *adj* disgusting; *m* disgust; **~oso** loathsome

schiocco *m* snap; crack

schiodare *v/t* unnail

schiopp|ettata *f* shot; **~o** *m* gun; rifle

schiùdere *v/t* open

schium|a *f* foam; lather; **~aiola** *f* skimmer; **~are** *v/t* skim; *v/i* foam; **~oso** frothy

schiv|are *v/t* shun; **~o** averse; shy

schizz|are *v/t* squirt; **~o** *m* sketch

schnorchel *m* snorkel

sci *m* ski; **~ nàutico** water ski

sciàbola *f* sabre

sciacallo *m* jackal

sciacquare *v/t* rinse

sciag|ura *f* disaster; **~urato** unfortunate

scialle *m* shawl

scialuppa *f* sloop; shallop

sciam|are *v/i* swarm; **~e** *m* swarm

sciampagna *m* champagne

sciampo *m* shampoo

sciancato *adj* crippled; *m* cripple

sciare *v/i* ski

sciarpa *f* scarf; sash

sciàtica *f* sciatica

sci|atore *m*, **~atrice** *f* skier

scicche stylish; elegant

scientifico scientific

scienz|a *f* science; knowl-

edge; **~e** *f/pl* **econòmiche** economics; **~e politiche** politics; **~iato** *m* scientist

scimm|ia *f* ape; monkey; **~iottare** *v/t* ape

scintill|a *f* spark; **~are** *v/i* sparkle

scioccchezza *f* foolishness; stupidity

sciocco *adj* stupid; *m* fool

sciògli|ere *v/t* untie; **~ersi** *v/r* melt (*snow*)

sciolt|ezza *f* ease; **~o** loose

scioper|ante *m* striker; **~are** *v/i* strike; **~atezza** *f* idleness; **~ato** *adj* lazy; *m* never-do-well

sciòpero *m* strike; **fare ~** (go on) strike

sciovia *f* ski-lift

scirocco *m* sultry African wind

sciroppo *m* syrup

sciupare *v/t* waste; spoil

scivol|are *v/i* slip; glide **~o** *m* chute

scodella *f* porringer

scogliera *f* cliff

scogli|o *m* rock; **~so** rocky

scol|ara *f*, **~aro** *m* pupil; **~àstico: anno** *m* **~àstico** school-year

scol|atoio *m* drain; gutter; **~atura** *f* draining

scollato low-necked; décolleté

scolo *m* drain

scolor|are, ~ire *v/t*, *v/i* discolour; fade; **~irsi** *v/r* grow pale

scolpire *v/t* sculpture; chisel

scombinare *v/t* disarrange

scommessa *f* bet
scomméttere *v/t* bet
scomodarsi *v/r* trouble
scomodo uncomfortable
scomparire *v/i* disappear
scompartimento *m* compartment
scompiacente unkind; **~enza** *f* unkindness
scompigliare *v/t* upset
scompleto incomplete
scomporre *v/t* decompose
scomunica *f* excommunication
sconcertare *v/t* perturb
sconciare *v/t* spoil; mar; **~o** indecent; nasty
sconcordia *f* discord
sconfinato boundless
sconfitta *f* defeat
sconfortare *v/t* discourage
scongiurare *v/t* beseech; conjure
sconnesso disconnected; desultory; **~ettere** *v/t* disjoin
sconóscere *v/t* underrate; **~osciuto** unknown
sconsacrare *v/t* desecrate
sconsiderato rash
sconsigliare *v/t* dissuade
sconsolato disconsolate; **~azione** *f* grief
scontare *v/t* deduct; discount; expiate
scontentezza *f* dissatisfaction; **~o** discontent (**di** with)
sconto *m* discount
scontrino *m* check; ticket; **~ del bagaglio** luggage-ticket

scontro *m* collision
sconveniente unbecoming; **~ire** *v/i* be unsuitable
sconvolgimento *m* derangement; overturn; **~ di stòmaco** upset stomach
scooter *m* (motor-)scooter
scopa *f* broom; **~are** *v/t* sweep
scoperta *f* discovery; **~o** uncovered
scopo *m* aim; purpose
scoppiare *v/i* burst; explode; **~ in una risata** burst out laughing
scoppiettare *v/i* crackle; **~o** *m* burst; explosion
scoprire *v/t* discover; uncover
scoraggiare *v/t* discourage; **~ato** discouraged
scorciare *v/t* shorten
scordare *v/t* *mus* put out of tune; forget
scòrgere *v/t* perceive
scórrere *v/i* flow; elapse; *v/t* run through
scorretto incorrect
scorso past (year)
scorta *f* escort
scortese impolite; **~esìa** *f* rudeness
scorticare *v/t* skin
scorza *f* bark; skin; **~are** *v/t* peel
scossa *f* shake; shock; **~ di pioggia** downpour; **~ di terremoto** earthquake shock; **~ elèttrica** electric shock; **~ nervosa** nervous shock
scostarsi *v/r* go away; *fig*

wander (*from subject*)

scostumato profligate

scott|are v/t, v/i scorch; burn; **~atura** f burn; scald; **~atura del sole** sunburn

scotto m bill; score

scovare v/t dislodge

Scozia f Scotland

scozzese Scottish

screditare v/t discredit

scrédito m discredit

screpol|arsi v/r crack; split; **~atura** f crack

scricchiolare v/i creak

scrigno m jewel-box

scriminatura f parting (hair)

scritt|a f inscription; contract; **~o** m writing; **per iscritto** in writing; **~oio** m writing-desk; **~ore** m writer; **~ura** f (hand-)writing; com entry

scrivania f writing-desk

scrivere v/t, v/i write

scroll|are v/t shake; **~o** m shake

scrosciare v/i roar; pelt

scrùpolo m scruple

scrupol|osità f scrupulousness; **~oso** scrupulous

scrutare v/t scrutinize

scucire v/t unsew

scuderia f (racing-)stable

scudo m shield; five-lira-piece

scult|ore m sculptor; **~ura** f sculpture; **~ura in legno** wood-carving

scuola f school; **~ commerciale** commercial school; **~**

d'aviamento professionale vocational school; **~ d'equitazione** riding-school; **~ media** secondary school; **~ superiore** high school

scuòtere v/t shake; toss

scur|e f axe; hatchet; **~etto** m (window-)shutter; **~o** dark

scus|a f excuse; pretext; **~àbile** excusable; **~are** v/t excuse; **~arsi** v/r apologize

sdaziare v/t pay duty; clear

sdegn|are v/t disdain; **~ato** indignant; **~o** m indignation

sdentato toothless

sdrai|are v/t stretch (out); **~sedia** f a **~o** deck-chair

sdrucciol|are v/i slide; slip; **~évole** slippery

se if; whether; **~ no** otherwise

se = si *before* lo, la, li, le, ne

sé himself; herself; itself; oneself; themselves; **da ~ (stesso)** by himself; by oneself

sebbene (al)though

secante f secant

secc|a f sand-bank; **~are** v/t, v/i dry (up); fig bother; **~arsi** v/r dry up; be bored

secchia f bucket; pail

secco adj dry; withered; m dryness

seco (= **con sé**) with him, her, them; with oneself

secol|are adj century-old; secular; m layman; **~arizzare** v/t secularize

sècolo m century; fig age

seconda: a ~ di according to

second|are v/t support; **~a- rio** secondary; **scuola** f **~a-ria** secondary school; **~o** prep according to; **~o me** in my opinion; m, adj second

secreto = segreto

sèdano m celery

sedare v/t appease; soothe

sede f seat; residence; office; **la Santa** ♀ the Holy See

sed|ere v/i sit; **~ersi** v/r sit down

sedia f chair; **~ a sdraio** lounge-chair; **~ a dòndolo** rocking-chair

sedicèsimo sixteenth

sedile m seat; bench

sedurre v/t seduce

seduta f meeting

seduzione f seduction

sega f saw

segalaio m rye-field

ségale f rye

segare v/t saw; agr mow

seggio m seat; throne

sèggiola f seat; chair

seggiol|ino m child's chair; **~one** m easy-chair

seggiovìa f chair-lift

segherìa f saw-mill

segnal|are v/t signal; **~atore** m indicator; marker; **~e** m signal; sign; **~e d'allarme** alarm-signal

segn|alibro m book-mark; **~are** v/t mark; note; show; **~o** m mark; sign

sego m tallow; **~oso** tallowy

segregare v/t segregate

segret|aria f secretary; **~eto** adj secret; private; m secret

seguace m follower

segugio m bloodhound

segu|ire v/t follow; **~itare** v/t continue; literary: **sé-guita** to be continued

séguito m continuation; train; **di ~** continuously; **in ~ a** owing to

sei you are (sg)

seicento m 17th century

selci|are v/t pave; **~ato** m pavement

selettività f selectivity

selezione f selection

sella f saddle; **cavallo** m **da ~** saddle-horse

sell|aio m saddler; **~are** v/t saddle

seltz m: **acqua** f **di ~** soda (-water)

selva f forest

selv|aggina f game; venison; **~aggio** adj wild; m savage; **~àtico** wild

semàforo m traffic lights pl

sembrare v/t, v/i seem; look like

sem|e m seed; **~enta** f sowing

semestre m half-year

semi|aperto half-open; **~cerchio** m half-circle

semin|are v/t sow; **~ario** m seminary; **~atore** m sower

semi|nudo half-naked; **~tondo** half-round

sémola f fine flour; bran

semolino m semolina

semovente self-propelled

sémplice simple; fig naive

semplicità f simplicity

semplific|are v/t simplify; **~azione** f simplification

sempre always; **~verde** m evergreen

sènap|a f, **~e** f mustard

senato m senate

sen|ile senile; **~iore** senior; elder

senno m sense; **è fuor di ~** he is out of his wits

seno m bosom; womb; naut bay

senonché only that; but

sensale m broker

sens|azione f sensation; **~ibile** sensitive; **~ibilità** f sensitivity; **~itivo** sensitive

sens|o m sense; feeling; **buon ~o** common sense; **strada a ~o ùnico** one-way street; **~i** m/pl sense-organs pl

sentenza f sentence

sentiero m path

sentimental|e sentimental; **~ità** f sentimentality

sentimento m feeling

sentinella f sentry

sent|ire v/t feel; hear; smell; **~irsi** v/r feel (o.s.)

senza without; **~ difetti** faultless; **~ di me** without me

senzatetto m homeless person

separ|àbile separable; **~are** v/t separate; sever; **~azione** f separation

sep|olcrale sepulchral; **~olcro** m tomb; **~olto** buried

seppell|imento m burial; **~ire** v/t bury

sequestr|are v/t sequester;

~o m sequestration; **~o di persona** kidnapping

sera f evening; **di ~** in the evening; **buona ~** good evening; **dare la buona ~** wish good evening; **~le:** **scuola ~le** evening-school; **~ta** f evening

serb|are v/t keep; preserve; **~atoio** m reservoir; **~atoio di benzina** petrol-tank; fuel-tank; **~atoio di riserva** reserve tank

seren|ata f serenade; **~ità** f serenity; **~o** serene; bright; clear

serie f series; set; **~ di carte** pack of cards; **~ di francobolli** issue of stamps

serio adj serious; m earnest; **sul ~** in earnest

sermone m sermon; lecture

serp|eggiare v/i wind; meander; **~ente** m snake

serr|are v/t lock (up); press; **~arsi** v/r close up; **~ata** f lock-out (of workers)

serratura f lock; **~ d'accensione** ignition lock; **~ della portiera** (auto) (door)lock; **~ di sicurezza** safety-lock

serv|ire v/t, v/i serve; wait upon; be of use; **~irsi** v/r help o.s.

serv|itore m servant; **~itù** f servants pl; slavery

servizio m service; duty; **di ~** on duty; **d'emergenza** stand-by service; **~ militare** military service; **~ riparazioni** road patrol; **donna** f **di mezzo ~** half-day charwoman

servo *m* (man-)servant

sess|o *m* sex; **~uale** sexual

set|a *f* silk; **~a da cucito** sewing-silk; **~aiuolo** *m* silk-merchant; silk-manufacturer

sete *f* thirst; **aver ~** be thirsty

seteria *f* silk-factory

sétola *f* bristle

setolino *m* little brush

settantenne seventy years old

settecento *m* 18th century

settembre *m* September

settentrion|ale *adj* northern; *m* northerner; **~e** *m* north

settimana *f* week; **~ santa** Holy Week; **~le** weekly

sèttimo seventh

sever|ità *f* severity; **~o** severe

sezione *f* section

sfacciat|àggine *f* impudence; **~o** shameless

sfacelo *m* breakdown

sfarz|o *m* pomp; **~oso** pompous

sfasciare *v/t* unbind; remove the bandages

sfavor|e *m* disavour; **~évole** unfavourable

sfera *f* sphere; globe

sférico spherical

sfiat|arsi *v/r* talk, shout o.s. hoarse; **~ato** out of breath

sfibbiare *v/t* unbuckle

sfid|a *f* defiance; **~are** *v/t* challenge; brave

sfiducia *f* mistrust

sfigurare *v/t* disfigure

sfilare *v/t* unthread

sfinimento *m* exhaustion

sfiorire *v/i* fade

sfogarsi *v/r* give vent to one's feelings

sfoggio *m* display; luxury

sfogli|a *f* foil; **pasta** *f* **~a** puff-paste; **~are** *v/t* strip off (*leaves*); go through (*a book*)

sfolgorare *v/i* shine; flash

sfolla|gente *m* truncheon; **~re** *v/t* evacuate

sfond|ato bottomless; **~o** *m* background

sformare *v/t* deform; *mech* remove from the mould

sfort|una *f* bad luck; **~unato** unlucky

sforz|are *v/t* force; **~o** *m* effort; strain

sfracellare *v/t* smash; shatter

sfrattare *v/t* evict

sfregare *v/t* rub

sfrenato unbridled

sfrontato shameless

sfruttare *v/t* exploit

sfugg|évole fleeting; **~ire** *v/i* escape

sfum|are *v/t* tone down (*colour*); **~atura** *f* shade; nuance

sfuriata *f* outburst, fit

sgabello *m* (foot)stool

sgambettare *v/i* kick

sganciare *v/t* unhook

sgangherare *v/t* unhinge

sgarbato impolite; rude

sgel|are *v/t*, *v/i* thaw; **~o** *m* thaw; **tempo di ~o** thaw

sghembo oblique; slant (-ing)

sghiacciare v/i thaw

sgocciolare v/i drip; trickle

sgol|arsi v/r shout o.s. hoarse

sgomb(e)rare v/t, v/i clear out; remove

sgómbero m removal

sgombro m mackerel

sgomitolare v/t unwind

sgorbio m (ink-)blot

sgorgare v/i gush forth; flow (tears)

sgoverno m misgovernment

sgrad|évole unpleasant; **~ire** v/t, v/i displease; dislike

sgraffiare v/t scratch

sgranare v/t shell; husk

sgranchir|e v/t stretch; **~si le gambe** stretch one's legs

sgravare v/t unburden

sgraziato ungraceful

sgretolare v/t grind

sgrid|are v/t scold; **~ata** f scolding

sgualcire v/t (c)rumple

sgualdrina f strumpet

sguardo m look; glance

sguazzare v/i splash; wallow

sgusciare v/t shell; **~** v/i **di mano** slip from the hand

shampoo m shampoo

si one; people; oneself; him-, her-, itself; each other; **~ dice** they (people) say

si yes; so; **dire di ~** say yes

siamo we are

sibilare v/i hiss

sibilo m hiss(ing); whistle

sicché so that

siccità f drought

siccome as; since

Sicili|a f Sicily; **~ano** m, adj Sicilian

sicomoro m sycamore

sicurezza f security; **pùbblica ~** police; **chiusura f di ~** safety-lock; **porta f di ~** emergency door

sicuro safe; sure; **per ~** for certain

sidro m cider

siepe f hedge; fence

siesta f afternoon nap

siete you are (pl)

siffatto such

sifone m siphon

sigaretta f cigarette; **~ a filtro** filter cigarette

sigaro m cigar

sigill|are v/t seal; **~o** m seal

signific|ante significant; **~are** v/t mean; **~ato** m meaning

signora f lady; woman; wife; mistress; **~!** Madam!; **la ~ N. N.** Mrs. N. N.

signor|e m gentleman; master; mister; **~!** Sir!; **~ia** f mastery; **~ile** noble; refined

signorina f young lady; **~!** Miss!

signorino m young gentleman

silenziatore m silencer

silenzio m silence; **fare ~** keep silent; **~!** silence!; be quiet!; **~so** silent

sillaba f syllable

sillab|are v/t spell; **~ario** m spelling-book

silòfono *m* xylophone

sil|urare *v/t* torpedo; **~uro** *m* torpedo; *biol* silurus

simbòlico symbolic(al)

simbolo *m* symbol; creed

similare similar

simile *adj* like; *m* neighbour

simm|etria *f* symmetry; **~è-trico** symmetrical

sim|patia *f* liking; **~pàtico** nice; congenial; **~patizza-re** *v/i* take a liking to; get on with

simulare *v/t* feign; sham

sinagoga *f* synagogue

sincer|arsi *v/r* make sure; **~ità** *f* sincerity; **~o** sincere

sinché until; as long as

sindac|alista *m* trade-unionist; **~ato** *m* trade-union

sindaco *m* mayor

sinfonia *f* symphony

singhiozz|are *v/i* sob; **~o** *m* sob

singol|are *adj* singular; peculiar; *m* singular; **~arità** *f* singularity

singolo single

sinistr|a *f* left (hand); **a ~a** on, to the left; **~ato** *m* victim; **~o** left; sinister

sino up to; as far as

sinònimo *adj* synonymous; *m* synonym

sinora up to now

sintassi *f* syntax

sintesi *f* synthesis

sìntomo *m* symptom

sinuoso sinuous

sipario *m thea* curtain

sirena *f* siren

siroppo = sciroppo

sism|ògrafo *m* seismo-graph; **~ologìa** *f* seismology

sistem|a *m* system; **~are** *v/t* arrange; settle; **~àtico** systematic

sito *adj* situated; *m* site

situ|ato situated; **~azione** *f* situation

slanci|are *v/t* hurl; **~arsi** *v/r* rush; **~ato** slim; **~o** *m* rush; impetus; élan

slargare *v/t* widen

slavo Slavic

sleale disloyal; unfair

slegare *v/t* unbind

slip(s) *m*(*/pl*) panties

slitt|a *f* sleigh; sled; **~are** *v/i* sledge; slide; skid; **~ino** *m* toboggan; **~pista** *f* per **~ini** toboggan-run

slog|amento *m* dislocation; **~are** *v/t* dislocate; **~atura** *f* dislocation

sloggiare *v/t* drive out; *v/i* move

smacchi|are *v/t* remove stains; **~atore** *m* cleaner

smagrire *v/i* grow thin

smalt|are *v/t* glaze; **~o** *m* enamel; glaze; **~o per le unghie** nail polish

smani|a *f* eagerness; frenzy; **~are** *v/i* rave; **~erato** ill-mannered

smarr|imento *m* loss; **~ire** *v/t* mislay; lose; **~irsi** *v/r* get lost

smemorato forgetful

smentire *v/t* deny; belie

smeraldo *m* emerald

smerci|are *v/t* sell (off); **~o**

m sale; market

smeriglio *m* emery

smerlo *m* scallop edging

smettere *v/t, v/i* give up; (*dress*) cast off; stop

smezzare *v/t* halve

smisurato immeasurable

smobiliato unfurnished

smobilitare *v/t* demobilize; **~azione** *f* demobilization

smoderato immoderate

smontare *v/i* dismount; alight; *v/t mech* take apart

smorfia *f* grimace

smottamento *m* landslide; **~are** *v/i* slide

snaturare *v/t* denaturalize; **~ato** monstrous

snello slender; nimble

snervare *v/t* enervate

snodare *v/t* unknot

snudare *v/t* bare

so I know

soave sweet; gentle

sobbalzare *v/i* jolt

sobborgo *m* suburb

sobrietà *f* sobriety; **~o** moderate

socchiùdere *v/t* half-shut; (*door*) leave ajar

soccómbere *v/i* succumb; yield

soccórrere *v/t* aid; help; **~orso** *m* help

sociale social; **~età** *f* society; company; **~età anònima** joint-stock company; **~età d'aviazione** airline company; **~età di navigazione** navigation company; **~évole** socia-

ble; **~evolezza** *f* sociability; **~o** *m* associate, partner; member; **~ologìa** *f* sociology

soda *f* soda

soddisfacente satisfactory; **~are** *v/t* satisfy; **~azione** *f* satisfaction

sodo solid; hard

sofà *m* sofa

sofferente suffering; **~enza** *f* suffering; pain

soffermare *v/t* stop a little

soffiare *v/t, v/i* blow; puff; **~etto** *m* bellows *pl*; **~o** *m* breath

soffitta *f* attic; garret; **~o** *m* ceiling

soffocare *v/t, v/i* suffocate

soffriggere *v/t* fry slightly

soffrire *v/t* bear; *v/i* suffer (**di** from)

sofisticato sophisticated

soggettivo subjective; **~o** *adj* subject(ed); **~o a tasse** liable to taxation; *m* subject

sogghignare *v/i* sneer

soggiogare *v/t* subdue

soggiornare *v/i* stay; sojourn; **~orno** *m* stay; **tassa** *f* **di ~orno** visitors' tax

soggiùngere *v/t* add

soggiuntivo *m* subjunctive

soglia *f* threshold; **~o** *m* throne

sògliola *f* sole

sognare *v/t, v/i* dream; **~o** *m* dream

solaio *m* garret; attic

solamente only; **~ ieri** only yesterday

solata *f* sunstroke

soppalco

solatura f soling (*shoe*)
solc|are v/t furrow; plough; **~o** m furrow
soldato m soldier
sold|o m penny; pay; **~i** m/pl money
sole m sun; **c'è il ~** the sun is shining
soleggi|are v/t, v/i sun; **~ato** m sunny
solenn|e solemn; **~ità** f solemnity
solere v/i be used (to)
sol|erte assiduous; **~erzia** f industriousness
soletta f sole (*of stocking*)
solfa f mus gamut
solf|anello m sulphurmatch; **~are** v/t sulphur (-ate); **~o** m sulphur; **~òrico: àcido ~òrico** sulphuric acid
solid|ezza, **~ità** f solidity
sòlido solid
sol|ista m, f soloist; **~itario** adj solitary; m hermit
sòlito usual; **al ~** as usual
solitùdine f solitude
soll|azzare v/t amuse; **~azzo** m amusement
sollecit|are v/t hasten; solicit
soll|écito prompt; eager; **~ecitùdine** f promptness
solleticare v/t tickle; (*appetite*) stimulate
sollevare v/t lift; alleviate
sollievo m relief; comfort
solo adj alone; only; sole; adv only; m mus solo
solstizio m solstice
soltanto only
sol|ùbile soluble; **~uzione** f solution; **~vente** solvent

somigli|ante resembling; **~anza** f resemblance
somigliare v/i (a) qu. look like, resemble s.o.
somm|a f sum; **in ~a** after all; **~are** v/t add up; **~ario** m, adj summary
sommèrg|ere v/t submerge; **~ersi** v/r sink; dive
sommergìbile m submarine
sommesso subdued
sommo adj highest; m summit
somm|ossa f riot; **~uòvere** v/t stir up
sonare v/t, v/i play (*instrument*); **~ il campanello** ring the bell; sound; toll
sond|a f sound; naut sounding-line; **~aggio** m sounding; **~are** v/t sound; probe
soneria f (*clock*) alarm; chime; **~ elèttrica** electric bell
sonetto m sonnet
sonn|àmbulo m sleep-walker; **~ecchiare** v/i slumber; **~ellino** m nap; **~ìfero** m sleeping-draught
sonno m sleep; **aver ~** be sleepy
sonnolento drowsy
sono I am; they are
son|orità f sonority; **~oro** sonorous; **film** m **~oro** sound-film
sontu|osità f luxury; **~oso** sumptuous
sop|ire v/t lull; **~ore** m slumber
soppalco m lumber-room

sopport|àbile bearable; **~a-re** v/t endure; **~o** m support
soppress|a f press; **~are** v/t press; **~ione** f suppression
sopprimere v/t suppress; abolish
sopra (up)on; over; above; **~ tutto** above all
sopr|àbito m overcoat; **~ac-ciglio** m eyebrow; **~affare** v/t overwhelm; **~affino** superfine; **~aggiùngere** v/i turn up; happen; **~ascarpa** f galosh; **~a-scritto** above (written); **~attassa** f additional tax; **~attutto** above all; **~avan-zare** v/t surpass; v/i be left over; **~avvenire** v/i superve-ne; **~avvivere** v/i **a qu.** outlive s.o.; **~intendente** m superintendent
sorb|etto m ice-cream; **~ire** v/t sip
sòrdido filthy; mean
sord|ità f deafness; **~o** deaf; **~omuto** adj deaf and dumb; m deaf-mute
sorell|a f sister; **~astra** f step-sister
sorgente f spring
sòrgere v/i (a)rise
sor|montare v/t overcome; **~passare** v/t surpass; over-take
sorpr|èndere v/t surprise; **~esa** f surprise
sorrèggere v/t sustain; **~er-si** v/r support o.s.
sorr|ìdere v/i smile; **~iso** m smile
sors|eggiare v/t sip; **~o** m

sip; draught
sort|a (also **~e**) f sort; kind; **~e** f lot; destiny; **~eggiare** v/t draw by lot; **~eggio** m drawing of lots; **~ire** v/i go out; v/t obtain (by lot)
sorvegliare v/t supervise
sorvolare v/t fly over; fig skip over
sospèndere v/t hang up; interrupt; suspend; **~en-sione** f suspension; **~eso** suspended
sospettare v/t suspect; **~et-to** adj suspicious; m suspi-cion; **~ettoso** suspicious
sospirare v/i sigh; fig **~iro** m sigh
sosta f stop; pause; **divieto di ~** no parking
sost|antivo m gram noun; **~anza** f substance; **in ~an-za** essentially; **~anzioso** substantial; **~are** v/i rest; aut park; **~egno** m support; prop; **~enere** v/t sustain; support; **~entare** v/t sup-port (s.o.)
sostit|uire v/t replace; **~uto** m substitute; deputy
sott|acqua underwater; **~a-na** f petticoat; **di ~ecchi** stealthily
sotterr|a adv underground; **~àneo** adj underground; m cave; **~are** v/t bury; hide
sottile thin; subtle
sotto under; below; be-neath; **~aceto** in vinegar; **~pena** on penalty
sotto|braccio arm in arm; **~esposto** phot under-ex-

posed; **~lineare** *v/t* underline; **battello** *m* **~marino** submarine; **~méttere** *v/t* subdue; submit; **~minare** *v/t* undermine; **~passaggio** *m* underground passage; **~porre** *v/t* subject; **~posto** *adj* exposed; *m* subordinate; **~scrivere** *v/t* (under-)sign; **~scrizione** *f* subscription; signature; **~sopra** topsy-turvy; **~tenente** *m* second lieutenant; **~vaso** *m* saucer; **~veste** *f* slip; **~voce** in a low voice

sottr~arre *v/t* withdraw; *mat* subtract; deduct; **~azione** *f* subtraction; theft

sottufficiale *m* non-commissioned officer

sovente often

soverchi~are *v/t* overcome; **~o** *adj* excessive; *m* surplus

Soviet *m* Soviet

soviètico Soviet

sovrabbondante superabundant

sovrano *adj* sovereign; *fig* supreme; *m* sovereign

sovrap~peso *m* overweight; **~pressione** *f* overpressure

sovreposto *phot* over-exposed

sovvenzio~nare *v/t* subsidize; **~ne** *f* subsidy

spacc~apietre *m* stonebreaker; **~are** *v/t* split; cleave; **~atura** *f* cleft; split

spacci~are *v/t* sell (off); **~o** *m* sale; shop; **~o di tabacchi** tobacco shop

spacc~o *m* cleft; split; **~one** *m* braggart

spada *f* sword

spaghetti *m/pl* spaghetti

Spagna *f* Spain

spago *m* string; packthread

spalancare *v/t* throw open

spall~a *f* shoulder; **stringersi nelle ~e** shrug one's shoulders; **~iera** *f* (chair) back; *bot* espalier

spalmare *v/t* smear

spàndere *v/t* spread; shed

spàragio = **aspàrago**

spar~are *v/t* shoot; **~ato** *m* shirt-front

sparecchiare *v/t* clear the table

spàrgere *v/t* spread

spar~ire *v/i* disappear; **~o** *m* shot

spart~iacque *m* watershed; **~ire** *v/t* divide; distribute; **~ito** *m* *mus* score; **~itoio** *m* water-tower; **~izione** *f* distribution

spasimare *v/i* agonize

spàsimo *m* agony; spasm

spassare *v/t* amuse

spasso *m* fun; pastime; **andare a ~** go for a walk; *fig* **èssere a ~** be unemployed

spaur~acchio *m* bugbear; scarecrow; **~ire** *v/t* frighten

spav~entarsi *v/r* be scared; **~ento** *m* fright; **~entoso** dreadful

spazi~ale: nave *f* **~** spaceship; **~are** *v/i* rove

spazio *m* space; **~o di tempo** period; **~o vitale** living space; **~oso** spacious

spazz|acamino *m* chimney-sweep(er); **~aneve** *m* snow-plough; **~are** *v/t* sweep; **~atura** *f* sweepings *pl*; **~ino** *m* dustman

spàzzola *f* brush

spazzol|are *v/t*, **dare una ~ata (a)** brush; **~ino** *m* da **denti** tooth-brush; **~ino per le unghie** nail-brush

specchi|arsi *v/r* be reflected; look at o.s. in a mirror; **~era** *f* looking-glass; **~etto** *m* hand-mirror; **~etto retrovisivo** rear-view mirror; **~o** *m* mirror; *fig* example; **~o retroscòpico** *aut* driving mirror

special|e special; **treno** *m* **~e** extra train; **~ista** *m*, *f* specialist; **~ità** *f* speciality; **~izzare** *v/t* specialize

specie *f* species; kind

specifico *m*, *adj* specific

specul|are *v/t*, *v/i* meditate; *com* speculate (**in** in); **~zione** *f* speculation

sped|ire *v/t* send; ship; **~ito** speedy; prompt; **~itore** *m* sender; **~izione** *f* shipping; **~izione bagagli** dispatch of luggage; **~izioniere** *m* forwarding agent

spegnare *v/t* redeem

spègn|ere *v/t* extinguish; turn out (*light*); **~ersi** *v/r* die (out)

spelarsi *v/r* lose one's hair

spell|are *v/t* skin; peel; **~arsi** *v/r* peel

spèndere *v/t* spend; *fig* employ

spennacchiare *v/t* pluck

spensierato thoughtless

spenzolare *v/i* dangle

sper|anza *f* hope; **~are** *v/i* hope (**in** for)

spèrder|e *v/t* disperse; **~si** *v/r* get lost

spergiuro *adj* perjured; *m* perjury; perjurer

sperimentare *v/t* experiment

spes|a *f* expense; **~e** *pl* expenses *pl*; **fare le ~e** go shopping; **~are** *v/t* pay s.o.'s expenses

spesso *adj* thick; dense; *adv* often

spett|àcolo *m* spectacle; *thea* performance; **~are** *v/i* concern; be due; **~atore** *m* spectator

spettr|ale ghostly; **~o** *m* ghost

spezie *f/pl*, **~rìe** *f/pl* spices *pl*

spezz|are *v/t* break; **~atino** *m* ragout; **~ato** chopped

spia *f* spy

spiac|ente sorry; **~ere** *v/i* displease; be sorry; **~évole** unpleasant

spiaggia *f* shore; beach

spian|are *v/t* level; (*dough*) roll out; **~ata** *f* esplanade; **~atoio** *m* rolling-pin

spiant|are *v/t* uproot; *fig* demolish; **~ato** *fig* penniless

spiare *v/t* spy (upon)

spiccare *v/t* detach

spicci|are *v/t* dispatch; **~arsi** *v/r* hurry up; **~o** quick

spìccioli *m/pl* change

spiedo *m* broach; spit; **allo ~**
gast roasted (*on a spit*)

spieg|are *v/t* unfold; explain; **~arsi** *v/r* make o.s.
clear; **~azione** *f* explanation

spietato merciless

spig|a *f* ear (*of corn*); **~are** *v/t*
form ears

spigliato easy; free

spigo *m* lavender

spigol|are *v/t* glean; **~atura**
f gleaning(s)

spigolo *m* corner-edge

spill|a *f* tie-pin; brooch; **~o**
m pin; **~o di sicurezza**
safety-pin

spin|a *f* thorn; sting; (fish-)
bone; spine; *elec* plug; **~**
doppia two-pin plug; *anat*
(**~ dorsale**) spine

spinaci *m/pl* spinach

sping|ere *v/t* push; shove;
~ersi *v/r* push forward

spin|o *m* thorn(-tree); **~oso**
thorny

spinta *f* push; shove

spinterògeno *m* auto: ignition distributor

spion|aggio *m* espionage;
~are *v/t* spy; **~e** *m* spy

spir|a *f* coil; spire; **~ale** *m,*
adj spiral; **~are** *v/t, v/i*
breathe (out); expire

spirito *m* spirit; humour

spirit|oso witty; **~uale** spiritual

splènd|ere *v/i* shine; **~ido**
splendid

splendore *m* splendour

spogli|are *v/t* deprive; **~arsi**
v/r undress o.s.; divest o.s.;

~o (**di**) bare; deprived; free
of

spola *f* shuttle

spolver|are *v/t* dust; **~ino** *m*
featherwhisk; **~izzare** *v/t*
pulverize

sponda *f* bank; edge

spontàneo spontaneous

spora *f* spore

sporc|are *v/t* soil; **~o** dirty

spòrg|ere *v/t* stretch out;
~ersi *v/r* lean out; stand
out

sport *m* sport; **~ invernale**
winter sports *pl*; **~ moto-**
cilìstico motoring; **~ nàu-**
tico aquatic sports *pl*; **~**
sciìstico skiing; **~ della ve-**
la yachting

sport|a *f* bag; basket; **~ello**
m shutter; small door; **~ello**
per biglietti ticket-window

sportivo *adj* sporting; **~**
sportsman

spos|a *f* bride; (young) wife;
~alizio *m* wedding; **~are** *v/t*
marry; **~arsi** *v/r* get married; **~o** *m* bride-groom;
(young) husband; **~i** *m/pl*
bride and groom; young
couple; **promessi ~i**
betrothed couple

spossare *v/t* exhaust

spost|amento *m* displacement; **~are** *v/t* displace;
shift

spreg|évole despicable; **~ia-**
re *v/t* despise

sprèmere *v/t* squeeze

spremilimoni *m* lemon-
squeezer

spremuta f squash

sprigion|are v/t set free; **~arsi** v/r escape; rise

sprizzare v/t, v/i sprinkle; gush out

sprofond|are v/t sink; **~arsi** v/r sink in

spron|are v/t spur; **~e** m spur

spropòsito: a ~ unopportunely

spruzz|aglia f drizzle; **~are** v/t (be)sprinkle; **~atore** m sprayer; **~atore per i capelli** hair spray

spugn|a f sponge; **~olo** m morel

spum|a f foam; froth; **spumante** m, **vino** m **~ante** sparkling wine; **~are**, **~eggiare** v/i foam

spunt|are v/t break the point (of); v/i sprout forth; (sun) rise; (day) break; **~ino** m snack

sput|acchiera f spittoon; **~are** v/t, v/i spit; **~o** m spittle

squadra f square; mil squad(ron); sport: team; **~volante** flying squad

squagliare v/t melt

squàllido squalid; dreary

squam|a f scale; **~are** v/t scale

squarcio m rent; tear; literary: passage

squart|are v/t quarter; **~atoio** m chopper

squisito exquisite

sradicare v/t eradicate; fig extirpate

sregolato disorderly; licentious

SS. ¹ **Santi** pl Saints; **Sua Santità** His Holiness; **Santa Sede** Holy See

sta he stays

stàbile stable; durable; **bene** m **~** real estate

stabilimento m establishment; factory; **~ balneare**, **~ termale** (public swimming) baths pl

stabil|ire v/t establish; **~irsi** v/r settle down; **~izzare** v/t stabilize

stacc|are v/t detach; tel unhook; rail slip; **~arsi** v/r **da qu.** part from s.o.

stacci|are v/t sieve; sift; **~o** m sieve

stadera f steelyard

stadio m stadium; (time) stage

staffa f stirrup

stagione f season; **~ estiva** summer season; **~ invernale** winter season; **alta ~** height of season; **fuori di ~** out of season

stagn|aio m tinker; **~are** v/t tin; (blood) stanch; v/i stagnate; **~o** m tin; pond; **~ola** f tin-foil

stall|a f stable; **~o** m stall

sta|mane, ~mani, ~mattina this morning

stambugio m dark hole; den

stamp|a f print(ing); press; (mostly abstr) printed matter; **libertà** f **di ~a** freedom of the press; **~are** v/t print; publish; impress; **~ati** m/pl printed matter; **~atore** *m* printer; **~eria** *f* printing-house; **~igliare** *v/t* stamp; **~ino** *m* stencil

stanc|are *v/t* tire; **~hezza** *f* weariness; **~o** tired

stanga *f* bar; shaft; pole; **~are** *v/t* bar

stanotte tonight

stantuffo *m* mech piston

stanza *f* room; **~ da bagno** bathroom; **~ da letto** bedroom

stare *v/i* be; stay; **~ in piedi** stand; **~ seduto** sit; **~ bene** (**male**) be well (ill); (*clothing*) suit; **~ per** be about to; **~ a vedere** wait and see; **stia bene!** keep well!; **come sta?** how are you?

starnut|are, **~ire** *v/i* sneeze

stasera this evening

statale (of the) state

stàtica *f* statics

statista *m* statesman

stato *pp* been; stayed; *m* state; status; condition; **~ civile** marital status; registrar's office; **~ maggiore** (general) staff; **èssere in ~ di** be able to

stàtua *f* statue

statura *f* stature

statuto *m* statute; constitution

stazionare *v/i* stop; stay

stazione *f* station; **~ balneare** watering-place; **~ climàtica** helath resort; **~ d'autobus** bus-station; **~ di tassì** taxi rank; cab stand; **~ trasmittente**

(broadcasting) station

stearina *f* stearin

stecc|a *f* slat; billiard-cue; **~are** *v/t* fence in; **~hino** *m* toothpick; **~o** *m* stick; twig

stella *f* star; rowel; **~ alpina** edelweiss; **~ cadente** shooting star

stemma *m* coat of arms; crest

stendardo *m* standard

stèndere *v/t* spread (out); (*document*) draw up

stenditoio *m* drying-place

stenodattilògrafa *f* shorthand-typist

sten|ografare *v/t* write (in) shorthand; **~ògrafo** *m* stenographer

stent|are *v/i* **a fare qc.** have difficulty in doing s.th.; **~ato** stunted; weak; **~o** *m*: **a ~o** with difficulty

stèrile barren

sterilizzare *v/t* sterilize

sterlina *f* pound sterling

sterm|inare *v/t* exterminate; destroy; **~inato** boundless; **~inio** *m* extermination

sterz|are *v/t* steer; **~o** *m* *auto*: steering gear

stesso self; same; **lo ~** the same; **oggi ~** this very day

stetoscòpio *m* stethoscope

stiamo we stay

stigmatizzare *v/t* stigmatize

stil|e *m* style; dagger; **~ettare** *v/t* stab; **~ìstica** *f* stylistics

stilogràfica *f*, **penna** *f* **~**

fountain-pen

stima f esteem; respect; **con profonda** ~ Yours respectfully

stim|àbile respectable; **~are** v/t esteem; appraise; consider

stimmatizzare = stigmatizzare

stimolare v/t stimulate; incite

stinco m shin

stipendi|are v/t pay a salary (to); **~o** m salary; stipend

stipulare v/t (contract) draw up

stiramento m : ~ **di tèndine** pulled tendon

stir|are v/t iron; **~atrice** f ironer; presser; **~atura** f ironing; **senza ~atura** noniron; drip-dry

stirpe f descent; race

stìtico constipated

stivale m boot

stizzito cross

sto I stay

stoccafisso m stockfish

stoffa f material; cloth

stoia f (straw-)mat

stolt|ezza f foolishness; **~o** adj silly; m fool

stòmaco m stomach

stomàtico adj stomatic; m stomachic

stoppa f tow; oakum

stoppia f stubble

stòrcere v/t twist; distort

stord|ire v/t stun; daze; **~ito** stunned

stòri|a f history; **~a dell'arte** history of art; **~co** adj

historical; m historian

storione m sturgeon

storm|ire v/i rustle; **~o** m flock; swarm

storpi|ato crippled; **~o** m cripple

stort|a f sprain; bend; retort; **~o** crooked

stoviglie f/pl pottery

stra- prefix extra-

stracchino m spread cheese

stracci|are v/t tear; rend; **~o** m rag; adj : **carta** f **~a** waste paper

stra|contento overjoyed; **~cotto** adj overdone; m stew

strada f road; street; way; **~ costiera** coastal street; **~ ferrata** railway; **~ maestra** main road; highway; **~ nazionale** arterial road; **~ scrucciolévole** slippery road; **~ facendo** on the way; **~ con precedenza** major road; **~ a senso unico** one-way street

stradone m large road

strage f massacre

stralunare v/t roll the eyes

stramazzare v/i fall heavily

strangol|are v/t strangle; **~azione** f strangling

stran|iare v/t estrange; **~iero** adj foreign; m stranger; alien; foreign; **lingua** f **~iera** foreign language; **~o** strange

straordinario extraordinary

strapazz|are v/t ill-treat; **~ato: uova** f/pl **~ate**

sturare

scrambled eggs; **~oso** wearisome

strapp|are v/t tear (out); snatch; **~o** m tear; wrench

straricco extremely rich

strascicare v/t drag; drawl

stràscico m train (of a dress)

strascinare v/t drag along

strato m layer; coating

stravagante extravagant

stra|vecchio very old; **~vòl-gere** v/t roll; twist

strazi|ante heart-rending; **~are** v/t torture; distress; **~o** m torment

streg|a f witch; **~are** v/t bewitch

stremato exhausted

strenna f gift; present

strepitare v/i make noise

strèpito m noise

strepitoso noisy

strett|a f grip; grasp; **~a di mano** handshake; **~ezza** f narrowness; straits pl; **~o** adj narrow; tight; m strait

strid|ere v/i screech; creak; **~o** m shriek

strigliare v/t curry

strill|are v/i scream; **~o** m shriek; **~one** m news-boy

strimpellare v/t, v/i strum

string|a f (shoe-)lace; **~ente** urgent

stringere v/t press; tie; **~ la mano a qu.** shake hands with s.o.

strisci|a f strip(e); **~a di carta** paper-strip; **~a di terra** strip of land; **~e f/pl pedonali** zebra crossing; **~e** striped

strisci|are v/t drag; graze; v/i crawl; **~o** m grazing; touching

strizzare v/t squeeze; wring

strof|a, ~e f strophe; stanza

strofin|accio m duster; **~are** v/t scour

strombettare v/i trumpet

stroncare v/t break off

stronfiare v/i snort

stropicciare v/t rub; shuffle

strozz|a f throat; **~are** v/t choke; **~ino** m fig usurer

strùgg|ere v/t melt; **~ersi** v/r long for

strumento m instrument; mech tool; **~ ad arco** string-instrument; **~ a percussione** percussion instruments pl

strutto m lard

struzzo m ostrich

stucc|are v/t plaster; coat with stucco; **~atore** m plasterer; **~hino** m plaster figure; **~o** m stucco

stud|ente m student; **~entessa** f student (female); **~iare** v/t, v/i study; **~io** m study; studio; office

stuf|a f stove; oven; **~are** v/t stew; **~ato** m stew; **~o** di fed up with

stuoia f (straw-)mat

stupefatto amazed

stupendo wonderful

stupidàggine f foolishness

stùpido adj stupid; m fool

stup|irsi v/r be amazed; **~ore** m astonishment

sturare v/t uncork; (cask) tap

stuzzicadenti *m* toothpick

stuzzicare *v/t* stir; tease

su on; upon; over; above; about; **..! come on!; .. e giù** up and down; **.. per giù** approximately

sub|affittare *v/t* sublet; **..alterno** *m* subordinate

subire *v/t* endure; **.. un esame** go in for an exam

sùbito *adj* sudden; *adv* at once

sublime sublime

subordin|are *v/t* subordinate; **..azione** *f* subordination

suburbano suburban

succ|èdere *v/i* succeed; happen; **..essione** *f* succession; **..essivo** following; **..esso** *m* success; **..essore** *m* successor

succhiare *v/t* suck; absorb

succo *m* sap; juice; **.. d'arancia** orange juice; **.. di frutta** fruit juice; **.. di mele** cider; **.. di pomodori** tomato juice; **.. d'uva** grape juice

succ|oso, ..ulento juicy

succursale *f* branch office

sud *m* south; **..est** southeast; **al ..** southward

sudare *v/i* perspire; sweat

suddetto (afore)said

sùdicio dirty

sudiciume *m* filth

sudore *m* sweat

sufficien|te sufficient; **..za** *f* sufficiency; **a ..za** enough

suffragio *m* suffrage; vote

suffumigio *m* fumigation

sugante: carta .. blotting paper

sugare *v/t* absorb; *agr* manure

suggellare *v/t* seal; **..ello** *m* seal

sùggere *v/i* suck

sugger|ire *v/t* suggest; **..itore** *m* thea prompter

sùghero *m* cork(-tree)

sugli = su gli

sugna *f* lard

sug|o *m* juice; gravy; **..oso** juicy

sui on the

suic|idarsi *v/i* commit suicide; **..idio** *m* suicide

suino *adj* of swine; *m* swine

sulfùreo sulphureous

sulla on the

sultano *m* sultan

summenzionato, sunnominato above-mentioned

sunteggiare *v/t* summarize

sunto *m* summary

suo his, her, its

suòcer|a *f* mother-in-law; **..i** *m/pl* in-laws *pl*; **..o** *m* father-in-law

suola *f* sole

suolo *m* soil

suono *m* sound; **..stereofònico** stereophonic sound

suora *f* nun; sister

super *m* super

superàbile surmountable

superare *v/t* overcome; outdo; *(exam)* pass

sup|erbia *f* pride; **..erbo** proud

super|ficiale superficial; **..ficie** *f* surface

superfluità f superfluity
supèrfluo superfluous
super|iora f Mother Superior; **~iore** superior; upper;
labbro m **~iore** upper lip;
scuola f **~iore** secondary
school; **~iore a** above,
beyond; m superior; **~iorità** f superiority
supermercato m supermarket
supèrstite m survivor
superstizi|one f superstition; **~oso** superstitious
superuomo m superman
supino lying on one's back
suppellèttile f household
goods pl
suppergiù about
suppl|emento m supplement; addition; **rail** extra
fare; **~ente** m substitute;
~enza f substitution; **~etorio** supplementary
supplì m rice with hashed
meat
sùpplica f petition; supplication
supplic|are v/t implore; **~azione** f supplication
supplichévole imploring
supplire v/t substitute
supplizio m torture; capital
punishment
supp|orre v/t, v/i suppose;
presume; **~osizione** f
supposition; **~osta** f med
suppository; **~osto** supposed
suppur|are v/i suppurate;
~azione f suppuration
supremo supreme

surriferito above-mentioned
surrog|are v/t replace; **~ato**
m substitute; **~azione** f
substitution
suscett|ibile susceptible; **~ibilità** f, **~ività** f susceptibility; touchiness
suscitare v/t provoke; rouse
susin|a f plum; **~o** m
plumtree
susseguire v/i follow
sussidiare v/t subsidize
sussidio m subsidy
sussistenza f livelihood; **~istere** v/i subsist
sussult|are v/i start; jump;
~o m start
suss|urrare v/t, v/i whisper;
rustle; **~urro** m murmur
sutura f suture
svag|are v/t entertain; **~o** m
recreation
svalut|are v/t depreciate;
~azione f devaluation
svanire v/i vanish
svantaggi|o m disadvantage; **~oso** detrimental
svaporare v/i evaporate
svariato varied
svedese adj Swedish; m, f
Swede
svegli|a f alarm-clock; **~are**
v/t awaken; **~arsi** v/r wake
up; **~o** awake
svelare v/t fig reveal
svèllere v/t uproot
svelto nimble
svéndere v/t sell out
svéndita f sale
sven|imento m swoon; **~ire**
v/i faint

sventolare v/t, v/i fan; wave; fly

svent|ura f misfortune; **~u-rato** unfortunate

svenuto unconscious

svergognare v/t disgrace

svergognato shameless

svern|amento m wintering; **~are** v/i hibernate

sverza f splinter

svestire v/t undress

Svezia f Sweden

svezzare v/t wean

svi|amento m deviation; rail derailment; **~arsi** v/r go astray

svignàrsela v/r sneak away

svilupp|are v/t develop; **~a-tore** m developer; **~o** m development

svisare v/t distort

svista f: **per ~** erroneously

svitare v/t unscrew

Svizzera f Switzerland

svizzero m, adj Swiss

svogliatezza f listlessness

svolazzare v/i flutter

svòlgere v/t unroll; fig explain

svolgimento m unfolding; fig

svolt|a f turn; bend; **~are** v/i turn

svuotare v/t empty

T

tabacc|aio m tobacconist; **~herìa** f tobacconist's shop; **~o** m tobacco

tabe f tabes; **~ polmonare** pulmonary consumption; **~ dorsale** spinal disease

tabella f table

tabernàcolo m tabernacle

tacchino m turkey

tacco m heel

taccuino m note-book

tacere v/t, v/i keep silent (about)

tachìmetro m speedometer

tàcito tacit; silent

taciturno taciturn

tafano m ox-fly

taffetà m taffeta

taglia f ransom; size; **di mezza ~** middlesized; **~borse** m pickpocket

~boschi m wood-cutter; **~re** v/t cut; **~telli** m/pl noodles pl

taglio m cut; edge

tailleur m ladies' suit

tale such; **quale ... ~** such ... as; **un ~** a certain man; **il signor ~, il signor tal dei tali** Mr So and So

talento m talent

tallone m heel

talmente in such a way

talora sometimes

talpa f mole

talvolta sometimes

tambur|are v/i drum; **~o** m drum; drummer

tampoco even; either

tamponamento m congestion (traffic)

tampone m tampon; plug

tana f den; hole

tanagli|a f (mostly ~e f/pl) pincers pl

tangibile tangible

tànnico: àcido m ~ tannic acid

tant|o so (much); so long; ~i **salut|i** best regards; ~e **grazie** many thanks; **ogni** ~o every now and then; **di** ~o **in** ~o from time to time; ~o **meglio** so much the better

tapioca f tapioca

tappare v/t cork; plug

tappeto m carpet; rug

tappezz|are v/t paper (wall); ~**eria** f tapestry; upholsterer's shop; ~**iere** m decorator; upholsterer

tappo m stopper; cork

tara f tare

tarchiato square-built

tard|are v/t delay; v/i be late; ~i late; **al più** ~i at the latest

tardivo late; backward

targa f (name-)plate; tablet; auto: license-plate; ~**della nazionalità** country's identification sign

tariffa f tariff; rate

tarlato worm-eaten

tarm|a f moth; ~**are** v/i be moth-eaten

tarsia f marquetry

tartagli|are v/i stutter; ~**one** m stutterer

tàrtaro m tartar (from wine, teeth)

tartaruga f tortoise; turtle

tartassare v/t harass

tartina f sandwich

tartufo m truffle

tasc|a f pocket; ~**àbile: edizione** f ~**àbile** pocket-(-book) edition

tass|a f tax; duty; ~**a mìnima** minimum price; ~**a d'aeroporto** airport tax; ~**a di noleggio** price for the hire; ~**a di soggiorno** visitor's tax; ~**a di utilizzazione** fee for the use of s.th.; ~**are** tax; charge (with duty); ~**ì** m taxi; cab; ~**ista** m, f taxi-driver

tasso m rate (of interest, discount); zoology; badger; bot yew-tree

tast|are v/t touch; feel; ~**iera** f keyboard; ~**o** m key; touch; ~**oni** gropingly

tàttic|a f tactics pl; ~**o** tactical

tatto m touch; tact

tatu|aggio m tattoo(ing); ~**are** v/t tattoo

taumaturgo m wonder-worker

tavern|a f tavern; pub; ~**iere** m inn-keeper

tàvola f table; ~**da allungarsi** pull-out table

tavolino m small table; ~**da giuoco** gaming table

tàvolo m table

tavolozza f palette

tazza f cup

te you; **come** ~ like you; **di** ~ your(s)

tè m tea; ~**di camomilla** camomile tea

teatro m theatre; fig scene; ~**all'aperto** open-air stage; ~

dei burattini Punch and Judy show

tècnic|a f technics pl; technique; **~o** adj technical; **tèrmine ~o** technical term; **~o** m technician

teco with you

tedesco m, adj German

tegame m pan; **uova** f|pl **al ~** fried eggs

teglia f pan

tegolaia f tile-works pl

tégola f tile

teiera f tea-pot

tela f linen; **thea** curtain; **~ cerata** oil-cloth; **~ di ragno** cobweb; **~ a quadri** (**a righe**) check (cloth); **~io** m loom; frame

telecomando m tele-starter

tele|fèrica f cable-way; **~fonare** v/t (tele)phone; **~fonata** f (tele)phone-call; **~fonata interurbana** longdistance call; **~fonata urbana** local phone-call; **~fonia** f (**senza fili** wireless) telephony; **~fònico** telephonic; **~fonista** m, f telephone operator

telèfono m telephone; **~ di càmera** telephone in one's room; **~ pùbblico** public telephone

tele|fotografia f telephotography; **~giornale** m daily news; **~grafare** v/t telegraph; wire; **~grafia** f (**senza fili** wireless) telegraphy; **~gràfico** telegraphic; **~grafista** m, f telegraphist

telègrafo m telegraph

telegramma m telegram; wire; cable; **~ lampo** lightning telegram; **~ lèttera** letter telegram

telèmetro m telemeter

teleria f linen-drapery

tele|scopio m telescope; **~scrivente** f teleprinter; **~spettatore** m (tele)spectator; **~visione** f television (abbr TV); **~visione a colori** colour television; **~visore** m television set

tellina f clam

telo m arrow

telone m thea curtain

tema m fear; m theme; composition; gram stem

tem|erario reckless; **~ere** v/t fear; dread; **~erità** f temerity

temperalapis m pencil-sharpener

temper|amento m temper (-ament) ; mitigation; **~are** v/t mitigate; moderate; (pencil) sharpen; **~ato** temperate; **~atura** f temperature

tempèrie f climate

temperino m penknife

tempest|a f storm; **~a di neve** snow-storm; blizzard; **~oso** stormy

tempia f anat temple

tempio m temple

templare m Templar

tempo m weather; time; gram tense; **a ~, in ~** in time; **di ~ in ~** from time to time; **per ~** early; **~ di volo**

flying time

tempor|ale adj secular; m storm; **~àneo** temporary

tenace tenacious; **~ità** f tenacity

tenda f curtain; tent; awning

tendenza f tendency

tèndere v/t stretch (out); (hand) hold out; v/i aim (**a** at)

tendina f (window-)curtain

tèndine m tendon

tendinoso sinewy

tènebr|a f (mostly pl **~e**) darkness

tenebroso dark

tenente m lieutenant

tenere v/t keep; hold; contain; think

tenerezza f tenderness

tènero tender; soft

tengo I hold

teniamo we hold

tennis m tennis; **~ da tàvolo** ping-pong

tenore m terms pl; mus tenor

tensione f tension; strain; **alta** (**bassa**) **~** high (low) voltage

tent|are v/t try; attempt; **~ativo** m attempt; **~azione** f temptation

tentennare v/t shake; v/i waver; stagger

tenton|e, ~i gropingly

tenuità f smallness

tenuto held; bound

teologia f theology

teòlogo m theologian

teorètico theoretic(al); **~ia** f theory

tepidezza f tepidity

teppista m, f ruffian

tèrgere v/t wipe (off)

tergicristallo m windscreenwiper

tergo m back; rear

termale thermal; **stabilimento ~** m thermal spa

terme f/pl hot springs pl

termin|are v/t terminate; **~azione** f termination; gram ending

tèrmine m term; limit

termòforo m thermophore

termòmetro m thermometer

termos m thermos (flask); **~osifone** m radiator; **~òstato** m thermostat

terr|a f earth; land; **~e** pl estates pl; **di ~a** earthen; **di questa ~a** earthly; **a ~a** to, on the ground; **per ~a** by land; **prèndere ~a** land; **~acotta** f terracotta

terraglia f pottery

terrapieno m embankment

terrazz|a f terrace; **~o** m balcony

terr|emoto m earthquake; **~eno** adj earthly; m ground; soil; **~estre** terrestrial

terribile terrible

terrina f tureen

territorio m territory

terr|ore m terror; **~orista** m, f terrorist

terroso earthy

terzo third

tesa f brim (of hat)

teschio m skull

tesor|eggiare v/t hoard; **~eria** f treasury; **~iere** m treasurer; **~o** m treasure

tèssera f card; ticket; **~ d'ostello per la gioventù** youth hostel card

tesserato m member (of a party)

tèss|ere v/t weave; **~ile:** **industria ~ile** textile industry; **~ili** m/pl textile goods pl

tess|itore m weaver; **~uto** m cloth; fabric; anat tissue

testa f head; **alla ~ di** at the head of ...; **mal di ~** headache

testamento m will, testament

test|ardàggine f stubbornness; **~ardo** headstrong

testare v/i make one's will

testata f head(ing); top; **~ del cilindro** mech cylinder head

teste m, f witness

testìcolo m testicle

testimon|e m witness; **~e oculare** eyewitness; **~ianza** f evidence; **~iare** v/t testify; **~io** m witness

testo m text

testuale textual

testùggine f tortoise

tètano m tetanus

tetro gloomy

tett|o m roof; **~oia** f shed; glass roof (of station)

Tèvere m Tiber

ti you; to you

tibia f shin-bone; tibia

tic tac: fare ~ ~ tick

tìcchio m whim

tièpido lukewarm

tifo m typhus

tiglio m lime(-tree); fibre; **~so** fibrous

tigre f tiger

timballo m kettle-drum

timbr|are v/t stamp; **~o** m (rubber-)stamps; mus timbre

timid|ezza, ~ità f bashfulness

tìmido bashful, shy

timon|e m pole; naut rudder; **~eggiare** v/t steer; **~iere** m helmsman

tim|ore m fear; awe; **~oroso** timorous

tìmpano m mus kettledrum; anat ear-drum

tinca f tench

tìngere v/t dye

tino m vat; tub; **~zza** f (bathing-)tub

tinta f dye; colour

tinteggiare v/t tint

tintinnare v/i tinkle

tint|oria f dye-works; **~ura** f dye; med tincture; **~ura di iodio** tincture of iodine

tìp|ico typical; **~o** m type

tipografia f printing-office

tipògrafo m printer

tirann|eggiare v/t tyrannize; **~ìa** f tyranny; **~o** adj tyrannical; m tyrant

tir|are v/t draw; pull; shoot; **~arsi** v/r **da parte** stand aside; **~arsi indietro** draw back; **~astivali** m bootjack; **in una ~ata** in one pull; **~ato** strained; **~atore** m marksman; *sport :* shooter

tirchio stingy

tiretto *m* drawer

tiro *m* draught; throw; shot; *fig* **brutto ~** bad trick; **arma** *f* **da ~** firearm; **campo** *m* **del ~** shooting-range

tirocinio *m* apprenticeship

tirolese *m, adj* Tyrolese

Tirolo *m* Tyrol

Tirreno: mare *m* ~ Tyrrhenian Sea

tisi *f* phtysis

tìsico consumptive

titolare *adj* titular; regular; *m* owner

tìtolo *m* title; *com* security **to'** (= **togli**) look!; hold!

toast *m* toast

tocc|are *v/t* touch; hit; concern; **~a a me** it is my turn; **~o m** touch; stroke (*bell*); **~o** at one o'clock

toeletta *f* = **toletta**

tògliore *v/t* take (away); (*dress*) take off; **~ la corrente** cut off the electricity supply; **~ il gas** *aut* release the accelerator

tolda *f* bridge deck

toletta *f* toilet(-table)

toller|ante tolerant; **~anza** *f* tolerance; **~are** *v/t* tolerate; bear

tomba *f* grave

tómbola *f* raffle

tómbolo *m* lace-pillow

tomo *m* tome; volume

tònaca *f* frock

tonalità *f* tonality

tonare *v/i* thunder

tondo round; **chiaro e ~** frankly

tonfare *v/i* plop

tonfo *m* thump; splash

tònico *m* tonic

tonnellata *f* ton; **~ di registro** gross register ton

tonno *m* tuna(-fish)

tonno *m* tunny

tono *m* tone; tune

tonsill|e *f/pl* tonsils *pl*; **~ite** *f* tonsilitis

tonto silly

topaia *f* rats' nest

topo *m* mouse; rat; **~lino** *m* Mickey Mouse

toppa *f* (door-)lock; patch

toppo *m* log, block

torba *f* peat

tórbido turbid

tòrcere *v/t* twist; wring; distort

torchio *m* press

torcia *f* torch

tordo *m* thrush; *fig* simpleton

Torino *f* Turin

torlo *m* (egg-)yolk

torma *f* swarm

torment|are *v/t* torment; **~o** *m* torment

tornaconto *m* profit

tornare *v/i* come back; return; **~ a fare qc.** go back to do s.th.; **ben tornato!** welcome!

torn|io *m* lathe; **~ire** *v/t* mech turn

toro *m* bull

torpèdine *f* torpedo

torpedone *m* motorcoach

torpore *m* torpor; lethargy

torre f tower

torrefare v/t roast

torrente m torrent

tòrrido torrid

torrone m nougat

torsione f torsion

torso m trunk; torso

torta f tart; pie; ~ **alla cioc- colata** chocolate-cake; ~ **alla crema** cream-cake; ~ **di ciliege** cherry-tart; ~ **di frutta** fruit pie; ~ **di mele** appletart; ~ **di noci** cake with nuts in it

torto m wrong

tórtora f turtle-dove

tortur|a f torture; **~are** v/t torture

tosare v/t shear; clip

toss|e f cough; **~e canina** whooping-cough; **~ire** v/i cough

tostapane m toaster

tost|are v/t toast (*bread*); roast (*coffee*); **~ino** m cof- fee-roaster

tosto soon; ~ **o tardi** sooner or later; ~ **che** as soon as

tot|ale adj total; whole; m total; **~alità** f totality

tovagli|a f table-cloth; **~olo** m napkin

tozzo adj stumpy; m morsel

tra = **fra**

traballare v/i stagger; rock

trabocchetto m pitfall; *thea* trap-door

traccia f trace; outline

trachea f windpipe

tracoma m trachoma

trad|imento m betrayal; **alto ~imento** high trea-

son; **~ire** v/t betray; **~itore** adj treacherous; m traitor; **~izione** f tradition

trad|otto translated; **~urre** v/t translate; **~uzione** f translation

trae he pulls

trafficare v/i traffic; trade

tràffico m traffic; trade; ~ **circolare** roundabout traf- fic

traf|orare v/t perforate; pierce; **~oro** m tunnel; **~stoffa** f a **~oro** open-work material

tragèdia f tragedy

traggiamo we pull

traggo I pull

traghetto m ferry(-boat)

tràgico tragic(al)

tragicommèdia f tragi- comedy

trag|ittare v/t cross; **~itto** m trip; passage

traguardo m *sport*: finish- ing-line

train|are v/t drag; haul; **~o** m sledge; truck

tralasciare v/t omit

tralùcere v/t shine through

tram, tranvai m tram(way)

tramandare v/t hand down

trambusto m bustle

tramenìo m fuss

tramestìo m muddle

tramezz|a f second sole (*shoe*); **~are** v/t partition; insert; **~o** adv between; among; m partition wall

tràmite m path; course

tramont|ana f north wind; north; **~are** v/i set; fade; **~o**

m sunset
tramortimento *m* swoon
tramortito unconscious
trampolino *m* spring-board; diving-board
tramutare *v/t* change; alter
trancia *f* slice
tranello *m* trap
tranne except; save
tranquillo calm
transatlàntico *m* Ocean-liner
transigere *v/i* yield
trànsito *m* transit; passage
transitorio transitory
tranvai *m* tram(-car)
trapanare *v/t* drill; *med* trepan
tràpano *m* drill
trapassare *v/t* pierce through; trespas
trapasso *m* transfer; decease
trapelare *v/i* leak out
trapiantare *v/t* transplant
tràppola *f* trap, snare
trappolare *v/t* entrap
trap|unta *f* quilt; **.untare** *v/t* quilt; **.unto** *m* quilting
trarre *v/t* pull; draw
trasalire *v/i* start
trasand|amento *m* negligence; **.are** *v/t* neglect; **.ato** neglected
trasb|ordare *v/t* tranship; **.ordo** *m* transhipment
trascinare *v/t* drag; *fig* carry away
trascórrere *v/t* spend; *(script)* go through
trascr|ivere *v/t* transcribe; **.izione** *f* transcription
trascur|are *v/t* neglect; **.a-**

tezza *f* carelessness; **.ato** negligent
trasfer|ibile transferable; **.imento** *m* transfer; **.ire** *v/t* transfer; (re)move; **.irsi** *v/r* move
trasform|are *v/t* transform; **.atore** *m* transformer; **.a-zione** *f* transformation; change
trasfusione *f* transfusion
trasgr|edire *v/t, v/i* transgress; violate; **.essione** *f* transgression
traslato metaphorical; figurative
trasloc|are *v/t, v/i* move; **.o** *m* removal; move
trasméttere *v/t* transmit; send; *(radio)* broadcast
trasmissione *f* transmission; **~ radiofonica** broadcast; **~ delle ruote posteriori** backwheel drive
trasognato dreamy
traspar|ente transparent; **.enza** *f* transparence; **.ire** *v/i* be transparent
traspirare *v/i* perspire
trasport|are *v/t* carry; transport; **.o** *m* transport (-ation); conveyance
trastullo *m* toy; pastime
trasversale *adj* transversal; *f* side-street
trasvolare *v/t* fly across; over
tratta *f* tug; pull; *com* draft; **~ in bianco** blank bill; **~ postale** postal collection order
tratt|amento *m* treatment;

~are v/t, v/i treat; handle; deal (with); **si tratta di** it is a matter of; **~ato** m treaty; treatise

tratten|ere v/t detain; entertain; **~ersi** v/r stay; refrain (from)

tratto adj drawn; m tract; stroke; **a un ~** all of a sudden; **di ~ in ~** from time to time; **~ d'unione** hyphen

trattore m tractor

trattoria f restaurant; inn

travagli|are v/t/i torment; **~o** m di stòmaco sickness

travas|are v/t decant; **~o** m decanting; med effusion

trave f beam

travedere v/i catch a glimpse (of)

travers|a f cross-bar; -road; **~are** v/t cross; **~ata** f crossing; **~o** cross; **di ~o** awry; **vie f/pl ~e** shady methods pl

travestimento m disguise

travestire v/t disguise

travòlgere v/t overthrow

trebbi|a f flail; **~are** v/t thresh

treccia f tress; plait

trecento m 14th century

tredicèsimo thirteenth

trégua f truce; fig rest

tremare v/i tremble (**da** with)

trementina f turpentine

tremolare v/i quiver

trèmulo quivering

treno m train; **~ accelerato** fast local train; **~ autocuccette** car sleeper train; **~ diretto** fast train; **~ locale**

suburban train; **~ merci** goods train

Trento f Trent

trèpido trembling

treppiedi m tripod

triangolare triangular

triàngolo m triangle; **~ di avvertimento** warning triangle

tribolare v/t torment

tribordo m starboard

tribù f tribe

tribun|a f tribune; **~ale** m law-court; tribunal

tribut|ario tributary; **~o** m tribute; tax

tricheco m zoology: walrus

tri|ciclo m tricycle; **~colore** adj three-coloured; m tri-colour (flag)

Trieste f Trieste

trifoglio m clover

triglia f mullet

trill|are v/i trill; **~o** m trill

trimestr|ale quarterly; **~e** m quarter (of year)

trin|a f lace; **~aia** f lace-maker

trincare v/t swill

trincea f trench

trinchetto m foremast; foresail

trinci|apolli m poultry shears pl; **~are** v/t/i carve; cut up

trinità f trinity

trionf|ale: **arco** m **~ale** triumphal arch; **~are** v/i triumph (over); **~o** m triumph

triplice threefold

trippa f tripe; paunch

triste sad; **~ezza** f sadness; **~o** wicked

tritare v/t mince; chop; **~o:** **carne f ~a** hashed meat

trivellare v/t drill; **~ello** m borer

triviale trivial

trògolo m trough

troia f sow

tromba f trumpet; (auto) horn; biol trunk

troncare v/t cut off; **~o** m trunk; rail trunk-line

troneggiare v/i sit on a throne

tronfio conceited

trono m throne

tropicale tropical

troppo too; too much

trota f trout

trottare v/i trot; **~o** m trot

tròttola f spinning-top; games: top

trovare v/t find; meet; think; **andare a ~are** qu. call on s.o.; **~arsi** v/r be; feel; **~atello** m foundling

trucco m trick; fig makeup

truce grim; fierce

trucidare v/t massacre

truffa f cheat; **~are** v/t cheat; **~atore** m swindler

truppa f troop

tu you (sg); **dare del ~** address familiarly

tuba f trumpet; fam tophat; **~zione** f pipe

tubercolosi f tuberculosis

tùbero m bot tuber

tuberosa f tuberose; **~oso** tuberous

tubetto m small tube

tubo m tube; pipe; **~ d'aria** snorkel; **~ di scàrico** exhaust pipe

tuffare v/t plunge; **~arsi** v/r dive; **~atore** m diver

tuffo m plunge; dive; **~ in avanti** header

tulipano m tulip

tulle m tulle

tumefare v/t, v/i swell; **~zione** f swelling

tùmido swollen

tumore m tumour

tumulare v/t bury

tùmulo m tomb

tumulto m riot; **~uante** m, f rioter

tumultuare v/i riot; **~oso** tumultuous

tuo your; yours

tuono m thunder

tuppè m toupee

tuorlo m egg-yolk

turabuchi m stop-gap

turàcciolo m cork; stopper

turba f crowd; le **~e** f/pl mob; **~amento** m disturbance; confusion; **~are** v/t trouble; disturb; **~arsi** v/r become upset; grow murky

turbinare v/i whirl

tùrbine m whirlwind; hurricane

turbolento turbulent; **~enza** f turbulence

turchese f turquoise

Turchia f Turkey

turchinetto m washerwoman's blue

turco adj Turkish; m Turk

tùrgido turgid

turismo m tourist business;

..ista *m, f* tourist
turno *m* turn
turpe vile; indecent
tuta *f* overalls *pl*; **~ d'allena-**
mento training overall
tut|ela *f* guardianship; *pol*
trusteeship; **~ore** *m* guardian

tuttavìa yet; nevertheless
tutt|o all; whole; every-
thing; **~i, ~e** everybody; **~o**
il libro the whole book;
innanzi ~o first of all; **~i e**
tre all three; **~o** *or* **del ~**
wholly; entirely
tuttora still

U

ubbìa *f* superstition; whim
ubbid|iente obedient; **~ien-**
za *f* obedience; **~ire** *v/t, v/i*
obey
ubriac|arsi *v/r* get drunk;
~o drunk; tipsy; **~one** *m*
drunkard
uccell|agione *f* fowling; **~o**
m bird; **~o di rapina** bird of
prey
uccidere *v/t* kill
udiamo we hear
udìbile audible
ud|ienza *f* audience; hear-
ing; **~ire** *v/t* hear; listen;
~ito *m* hearing; **~itore** *m*
hearer; **~itorio** *m* audience
ufficiale *adj* official; *m* officer
ufficio *m* office; **~ cambi**
exchange office; **~ doga-**
nale customhouse; **~infor-**
mazioni information
bureau; inquiry office; **~**
oggetti smarriti lost-
property office; **~ postale**
post office; **~ di turismo**
tourist office
ugu|aglianza *f* equality;
~agliare *v/t* equalize; **~ale**

ùlcera *f* ulcer; **~ gàstrica**
gastric ulcer
uliva *f* = **oliva** *f* olive
ulteriore further; ulterior
ùltimo last; ultimate; **in ~,**
da ~ finally
ulul|are *v/i* howl; **~ato** *m*
howling
uman|ità *f* humanity; **~o**
human
Umbria *f* Umbria
umidità *f* humidity
ùmido damp; wet
ùmile humble
umili|are *v/t* humiliate; **~tà**
f humility
umor|e *m* humour; **~ìstico**
humorous
un, una a, *before vowel* an;
~ànime unanimous
uncin|etto *m* crochet-hook;
lavorare all'~etto crochet;
~o *m* hook
ùngere *v/t* anoint; grease
Ungherìa *f* Hungary
unghia *f* nail; claw
unguento *m* ointment;
salve; **~ per ferite** healing
ointment; **~ per le scotta-**

~ture anti-burn ointment

ùnico unique

unicolore unicoloured

unifica|re v/t unify; **~zione** f unification

uniforme adj uniform; f uniform

unïone f union; **~ire** v/t unite

unità f unity; **~o** united

univers|ale universal; **storia** f **~ale** world history; **~ità** f university; **~o** m universe

uno m one; **a ~ a ~** one by one; **l'un l'altro** each other

unto adj greasy; m fat

unzione f ointment; **estrema ~** extreme unction

uomo m man

uovo m egg; **~ affogato** poached egg; **~ alla coque** soft boiled egg; **~ al tegame** fried egg; **~ sodo** hard boiled egg; **~ strapazzato** scrambled eggs pl

uragano m hurricane

uranio m uranium

urbano urban; civil

urètra f urethra

urgente urgent

url|are v/i howl; yell; **~o** m yell

urna f urn

urt|are v/t push; **~o** m collisione; push

us|àbile usable; **~anza** f custom; **~are** v/t use; v/i be used

usciamo we go out

usci|ere m usher; **~o** m door

usc|ire v/i go out; (book) come out; **~ita** f exit; **~ita di sicurezza** emergency exit; **~ito** gone out

usignuolo m nightingale

uso m use; custom; **in ~** in use; **avere l'~ di** be in the habit of; med **per ~ esterno** for external application

ustione f burn; scald

usuale usual

usufrutt|o m usufruct; **~uario** m usufructuary

usur|a f usury; **~aio** m usurer

usurp|are v/t usurp; **~azione** f usurpation

utensile m tool; implement

utente m user; tel subscriber

ùtero m womb; uterus

ùtile adj useful; **in tempo ~** at the right time; m profit; gain; **~ netto** net profit

util|ità f usefulness; **~izzare** v/t utilize; **~izzazione** f utilization

utopia f utopia

uva f grape; **~ secca** raisin; **~ spina** f gooseberry

V

va he goes

vacan|te vacant; **~za** f vacancy; **~ze** f/pl holidays pl

vacc|a f cow; **~hetta** f cowhide

vaccin|are v/t vaccinate; **~azione** f vaccination; **~azio-**

ne antivaiolosa vaccination against smallpox

vacillare v/i reel

vacuità f vacuity

vàcuo vacuous

vademecum m hand-book

vado I go

vagabond|are v/i rove; **~o** m tramp

vagare v/i wander

vagina f sheath; vagina

vag|ire v/i wail; **~ito** m whimper

vaglia f worth; ability; m money-order; cheque; **~ postale** postal order

vagliare v/t sift; fig weigh

vaglio m sieve

vago vague

vagone m wagon; car; **~ letto** sleeping-car; **~ ristorante** dining-car

vainiglia f vanilla

vaiuolo m smallpox

valanga f avalanche

vale it is worth

val|ente able; clever; **~ere** v/i it is worth; be valid; **~ersi** v/r avail o.s.; make use (**di qc.** of s.th.)

valeriana f valerian

valévole valid

valgo I am worth

valicare v/t pass; cross

vàlico m pass; passage; **~ alpino** mountain pass

validità f validity; force

vàlido valid

valig|erìa f shop for leather goods; **~ia** f suit-case

vall|e f valley; **~igiano** m dalesman; **~o** m rampart; wall

vallone m large valley

valor|e m value; courage; **~e dichiarato** declared value; **~i** m/pl securities pl; valuables pl; **~i postali** stamps pl; **~izzare** v/t utilize; **~izzazione** f revaluation; **~oso** brave

valso pp was worth

valut|a f value; currency; **~a nazionale** national currency; **~are** v/t value; **~azione** f valuation

vàlvola f valve; (radio) tube; **~ di sicurezza** safetyvalve

valzer m waltz

vampiro m vampire

vang|a f spade; **~are** v/t dig

Vangelo m Gospel

vaniglia f vanilla

vano adj vain; useless; empty; m room

vantaggi|o m advantage; **~oso** profitable

vantare v/t praise

vanto m pride; glory; boast

vapor|are v/i evaporate; **~izione** f evaporation; **~e** m steam; steamer; **~izzare** v/t vaporize; spray; **~oso** vaporous

varare v/t launch

varc|are v/t cross; **~o** m passage; **aprirsi il ~o** push one's way through

vari|àbile variable; **~are** v/t, v/i vary; change; **~ato** varied; **~azione** f variation

varice f varicose vein

varicella f chicken-pox

vari|egato variegated; **~età** f

variety; **teatro** m **di ~età** music-hall; **~o** various; different; changeable; **~opinto** manycoloured

varo m launching

vasaio m potter

vasca f basin; tub; **~ da bagno** bath-tub

vascello m ship

vaselina f vaseline

vas|ellame m pottery; **~o** m pot; vase; vessel; **~o da fiori** flower-vase; **~o da notte** chamber-pot

vassoio m tray

vastità f vastness; immensity

vasto vast; huge

ve = vi (before **lo, la, li, le, ne**)

vecchi|aia, **~ezza** f old age; **~o** adj old; m old man

vec|e: in **~ sua** in his place; **fare le ~i di qu.** act as substitute for s.o.

vede he sees

vedere v/t see; **andare a ~ qu.** call on s.o.; **stare a ~** wait and see

vediamo we see; let us see

vedo I see

védova f widow

vedovile m widow's dower

védovo adj widowed; m widower

veduta f view; sight

veem|ente vehement; **~enza** f vehemence

veget|are v/i vegetate; **~ariano** m, adj vegetarian; **~azione** f vegetation

veglia f watch; wake

vegliare v/t watch over; v/i sit up

veglione m masked ball

veicolo m vehicle

vela f sail; **a gonfie ~e** with full sails set

vel|ame m naut sails pl; **~are** v/t veil; **~eggiare** v/i sail; **~eggiata** f sail(ing); **~eggiatore** m glider

vel|eno m poison; **~enoso** poisonous

velina: carta ~ tissue paper

velluto m velvet

velo m veil; gauze

veloce swift; rapid; **~ista** m, f sprinter

velocità f speed; **~màssima** maximum speed; **merce f a grande ~** express goods pl

velòdromo m cycling-ground

veltro m greyhound

ven|a f vein; **~ale** mercenary; **~alità** f venality; **~ato** veined; **~atura** f veining

vend|émmia f vintage; **~emmiatore** m vintager

véndere v/t sell

vendetta f revenge

vendibile saleable

vendicare v/t avenge

vendicat|ivo revengeful; **~ore** m avenger

véndita f sale

vendit|ore m, **~rice** f seller

vener|ando venerable; **~are** v/t venerate; worship; **~atore** m worshipper; **~azione** f veneration

venerdì m Friday; **~ santo**

Good Friday
Vènere f Venus
Venezia f Venice
vengo I come
veniamo we come
venire v/i come; arrive; happen
ventaglio m fan
ventil|are v/t air; fan; **~ato-re** m fan; **~azione** f ventilation
vento m wind; **~ di levante** east wind; **~ di ponente** west wind
véntola f (fire-)fan
ventoso windy
ventre m belly
vent|ura f luck; **~uro** next; future
venut|a f arrival; **~o** pp come; **ben ~o** welcome; m comer; **il primo ~o** the first comer
ver|ace truthful; **~acità** f truthfulness; **~amente** really; indeed
veranda f porch
verbale adj verbal; **~** m or **processo ~** minutes pl
verbo m verb
verd|astro greenish; **~e** green; **~ chiaro** light green; **~eggiare** v/i grow green; **~erame** m verdigris
verd|ógnolo greenish; **~ura** f vegetables pl; greens pl
verg|a f rod; **~ato** striped
vèrgin|e, verginale adj virgin(al); **~e** f virgin
vergogn|a f shame; disgrace; **~arsi** v/r be a-shamed; **~oso** ashamed;

disgraceful
verídico truthful
verifica f verification
verific|are v/t verify; check; **~arsi** v/r happen; come true
verità f truth
verme m worm; **~ solitario** tapeworm
vermicell|o m small worm; **~i** m/pl thin noodles pl
vermiglio vermilion
vermut m vermouth
vern|ice f varnish; polish; **scarpe** f/pl **di ~ice** patent-leather shoes; **~iciare** v/t varnish
vero adj true; real; m truth; **~simile** likely
verruca f wart
vers|amento m payment; **~are** v/t pour (out); spill; (money) deposit; **~ione** f version; translation; **~o** prep towards; about; m verse
vèrtebra f vertebra
vertebr|ale: colonna f **~ale** spinal column; **~ato** m vertebrate
verticale vertical
vèrtice m vertex; summit
vert|ìgine f vertigo; **ho le ~ìgini** f/pl I am feeling giddy; **~iginoso** giddy
verz|a f, **~otto** m green cabbage
vescica f bladder; blister
vescov|ado m bishopric; **~ile** episcopal
vèscovo m bishop
vespa f wasp; motor scooter

vest|aglia f dressing-gown; **~e** f dress; robe; **~iario** m garments pl

vestìbolo m entrance-hall

vest|ire v/t dress; wear; **~ito** m dress; suit; **~ito da sera** evening dress

Vesuvio m Vesuvius

veterano m veteran

veterinario m veterinary

veto m veto

vetr|aio m glazier; **~ami** m/pl glassware; **~eria** f glass-works pl; **~erie** f/pl glassware; **~ina** f shopwindow; **~o** m glass; window

vetta f summit

vettovagli|are v/t supply; **~e** f/pl victuals pl

vett|ura f carriage; car; rail in **~ura!** take your seats!; **~urino** m cabman; driver

vezzeggi|are v/t fondle; **~ativo** m pet-name

vezzoso charming

vi pron pers (to) you (pl); adv there; to it; at it

via f road; street; **~ Mazzini** Mazzini Street; adv away; **andar ~** go away; **e così ~** and so on

viadotto m viaduct

viaggi|are v/i travel; **~atore** m traveler; **~o** m journey; **~o aèreo** air travel; **~o d'affari** business trip; **~o in comitiva** conducted tour; **~o in màcchina** trip by car

vi|ale m avenue; **~avai** m coming and going

vibr|are v/i vibrate; **~azione** f vibration

vicecònsole m vice-consul

vicenda f vicissitude; event; **a ~** one another; in turn

viceversa vice versa

vicin|anza f vicinity; surroundings pl; **~ato** m neighbourhood; **~o** adj near; m neighbour

vicissitùdine f vicissitude

vìcolo m lane; **~ cieco** blind alley

vidim|are v/t authenticate; visa; **~azione** f visé; visa

viene he comes

vie(p)più more and more

vietare v/t forbid

vigil|ante watchful; **~anza** f vigilance; **~are** v/t watch over; guard

vìgile m policeman; **~ del fuoco** fireman

vigilia f eve; **~ di Natale** Christmas Eve

vign|a f vineyard; **~aiolo** m wine-grower; **~eto** m vineyard

vig|ore m vigor; force; **~oroso** vigorous; forceful

vile adj cowardly; vile; m coward

vill|a f country-house; **~aggio** m village; **~ano** rude; **~eggiante** m summer visitor; **~eggiatura** f healthresort

villino m cottage

viltà f lowness; cowardice

vìmine m osier

vinaio m vintner

vìncere v/t, v/i win; conquer

vincìbile conquerable

vìncita f winnings pl

vincitore m winner; victor
vincolo m bond; tie
vino m wine; ~ **bianco** white wine; ~ **caldo** mulled claret; ~ **dolce** sweet wine; ~ **rosso** red wine; ~ **secco** dry wine; ~ **da tavola** table wine; ~ **di Xeres** Sherry
viola f mus viola; violet; ~ **del pensiero** pansy; ~**cciocca** f wallflower
viol|are v/t violate; ~**entare** v/t force; rape; ~**ento** violent; ~**enza** f violence
violett|a f violet; ~**o** violet
violinista m ~t f violinist; ~**ino** m violin; fiddle
viòttola f foot-path
virgola f comma
virile manly; masculine
virtù f virtue; ~**tuoso** virtuous
vìscere f/pl, ~**i** m/pl entrails pl; bowels pl
vischio m mistletoe
vìsciola f wild cherry
viscoso sticky
visìbile visible; ~**iera** f visor; ~**ione** f vision
vìsita f visit; inspection; (med) examination
visit|are v/t visit; examine; inspect; ~**atore** m visitor
viso m face
vista f sight; vision; view; **avere buona** ~ have good sight; **a prima** ~ at first sight; mus at sight; **pèrdere qu. di** ~ lose sight of s.o.
visto pp seen; m visa; ~ **di entrata** entry visa; ~ **di trànsito** transit visa

vit|a f life; waist; **a** ~**a** for life; ~**ale** vital; ~**amina** f vitamin
vite f screw; vine
vitello m calf; veal
viticultura f vine-growing
vitreo glassy
vìttima f victim
vitto m food; board
vittori|a f victory; ~**oso** victorious
viva! long live!
viv|ace lively; ~**acità** f vivacity; ~**anda** f food
vìv|ere v/i live; ~**eri** m/pl victuals pl
vivo alive; lively
vizi|are v/t spoil; ~**o** m vice; ~**o cardìaco** cardiac defect; bad habit; ~**oso** vicious
vizzo withered
vocabolario m dictionary
vocàbolo m word
vocale adj vocal; f vowel
voce f voice; fig rumour; **a viva** ~ orally
vodka f vodka
voga f rowing; fashion; **èssere in** ~ be in fashion
vog|are v/i row; ~**atore** m rower
voglia f desire; **di buona** ~ willingly
vogliamo we want
voglio I want
voi you (pl)
vol|ano m shuttlecock; ~**ante** m (steering-)wheel; ~ **squadra** f flying squad; ~**are** v/i fly; ~**àtili** m/pl poultry; fowls pl
volent|eroso willingly; ~**ieri**

with pleasure

volere v/t want; wish; ~ **dire** mean (to say); ~ **bene a qu.** love s.o.; ~ m will

volgare vulgar; **lingua** f ~ vernacular

vòlgere v/t, v/i turn

volgo m populace; mob

volo m flight; ~ **diurno** day flight; ~ **notturno** night flight; ~ **sémplice** outward flight; ~ **andata e ritorno** outward and homeward flight

volontà f will; **a** ~ at will; at pleasure

volon|tario adj voluntary; m volunteer; **~tieri** = **volentieri**

volpe f fox

volta f turn; architecture: vault; time **a** ~ **di corriere** by return of mail; **questa** ~ this time; **una** ~ **per sempre** once and for all; **una** ~ once upon a time; **molte volte** many times; **alle volte** sometimes; **due volte tre** twice three; **tre volte cinque** three times five

voltaggio m elec voltage

volt|are v/t, v/i turn; **~ata** f turn; bend

volto m face

voltolare v/t roll

vol|ume m bulk; volume; **~uminoso** bulky

voluto wanted

volutt|à f voluptuousness; **~uoso** voluptuous

vomit|are v/t vomit; belch out; **~atorio** m vomitive

vòmito m vomiting

vòngola f gast mussel; clam; sallap

vorace voracious

voràgine f gulf; gorge

vòrtice m vortex; whirl (-pool)

vostro your

votare v/t, v/i consecrate; vote

vot|azione f voting; **~o** m vow; pol vote

vulc|ànico volcanic; **~anizzare** v/t vulcanize; **~ano** m volcano

vuole he wants

vuot|are v/t empty; **~o** adj empty; blank; m emptiness; vacuum

Z

zabaione m hot egg-punch with Marsala wine

zafferano m saffron

zaffiro m sapphire

zaffo m stopper; bung

zàino m knapsack

zampa f paw; claw

zampogna f bagpipe

zampone m pork knuckle

zàngola f churn

zanzar|a f mosquito; **~iera** f mosquito-net

zapp|a f hoe; **~are** v/t hoe; till

zàttera f raft

zavorra f ballast

zebra f zebra

zecca f mint; _zo_ tick

zel|ante zealous; **~o** m zeal

zènzero m ginger

zepp|a f wedge; **~are** v/t cram in; **~o** crammed; **pieno ~o** chock-full

zerbino m scraper

zero m zero; nought; cipher

zia f aunt

zibibbo m raisin

zigzag m zig zag

zimb|ellare v/t decoy; **~ello** m decoy-bird; _fig_ laughing-stock

zinc|are v/t zinc; **~o** m zinc

zingaro m gipsy

zio m uncle

zirlare v/i chirp

zit(t)ella f spinster; f old maid

zitto silent; **sta ~!** keep quiet!

zoccol|aio m clog-maker; **~ante** m Franciscan friar

zòccolo m wooden shoe; clog

zolf|anello m sulphur match; **~are** v/t sulphur; **~atara** f sulphur-mine; **~ino** m match; **~o** m sulphur

zolla f clod

zona f zone; belt

zoo|logia f zoology; **~lògico** zoological

zopp|icare v/i limp; **~o** lame

zòtico boorish

zoticone m boor

zucca f pumpkin; _fig_ pate

zuccher|iera f sugar-basin; **~ino** sugary

zùcchero m sugar

zufolare v/i whistle

zùfolo m whistle

zuppa f soup; **~ di fagioli** bean-soup; **~ alla marinara** fish-soup; **~ di verdura** vegetable soup

zuppiera f soup-tureen

Lista dei verbi irregolari inglesi

Irregular English Verbs

abide (*dimorare*) – abode* – abode*

arise (*sorgere*) – arose – arisen

awake (*svegliare*) – awoke – awoke

be (*essere*) – was – been

bear (*portare; sopportare; partorire*) – bore – portato: borne – partorito: born

beat (*battere*) – beat – beaten

become (*divenire*) – became – become

begin (*cominciare*) – began – begun

bend (*curvare*) – bent – bent

bet (*scommettere*) – bet* – bet*

bid (*ordinare*) – bade – bidden

bind (*legare*) – bound – bound

bite (*mordere*) – bit – bitten

bleed (*sanguinare*) – bled – bled

blow (*soffiare*) – blew – blown

break (*rompere*) – broke – broken

breed (*generare, allevare*) – bred – bred

bring (*portare*) – brought – brought

build (*costruire*) – built – built

burn (*bruciare*) – burnt* – burnt*

burst (*scoppiare*) – burst – burst

buy (*comprare*) – bought – bought

cast (*gettare*) – cast – cast

catch (*acchiappare*) – caught – caught

choose (*scegliere*) – chose – chosen

cling (*aderire a*) – clung – clung

come (*venire*) – came – come

cost (*costare*) – cost – cost

creep (*strisciare*) – crept – crept

cut (*tagliare*) – cut – cut

deal (*trattare*) – dealt – dealt

dig (*vangare*) – dug – dug

do (*fare*) – did – done

draw (*tirare; disegnare*) – drew – drawn

dream (*sognare*) – dreamt* – dreamt*

drink (*bere*) – drank – drunk

drive (*guidare*) – drove –

driven
dwell (*dimorare*) – dwelt – dwelt
eat (*mangiare*) – ate – eaten
fall (*cadere*) – fell – fallen
feed (*imboccare*) – fed – fed
feel (*sentire*) – felt – felt
fight (*combattere*) – fought – fought
find (*trovare*) – found – found
flee (*fuggire*) – fled – fled
fly (*volare*) – flew – flown
forbid (*vietare*) – forbade – forbidden
forget (*dimenticare*) – forgot – forgotten
forgive (*perdonare*) – forgave – forgiven
forsake (*abbandonare*) – forsook – forsaken
freeze (*gelare*) – froze – frozen
get (*ottenere*) – got – got, *Am* gotten
gild (*dorare*) – gilt – gilt
give (*dare*) – gave – given
go (*andare*) – went – gone
grind (*macinare*) – ground – ground
grow (*crescere*) – grew – grown
hang (*pendere*) – hung – hung
have (*avere*) – had – had
hear (*udire*) – heard – heard
heave (*sollevare*) – hove – hove*
hide (*nascondere*) – hid – hidden
hit (*colpire nel segno*) – hit – hit
hold (*tenere*) – held – held

hurt (*far male*) – hurt – hurt
keep (*mantenere*) – kept – kept
kneel (*inginocchiarsi*) – knelt* – knelt*
knit (*fare a maglia*) – knit* – knit*
know (*conoscere; sapere*) – knew – known
lay (*porre; stendere*) – laid – laid
lead (*condurre*) – led – led
learn (*imparare*) – learnt* – learnt*
leave (*lasciare*) – left – left
lend (*prestare*) – lent – lent
let (*lasciare*) – let – let
lie (*giacere*) – lay – lain
light (*accendere*) – lit* – lit*
loose (*perdere*) – lost – lost
make (*fare*) – made – made
mean (*significare*) – meant – meant
meet (*incontrare*) – met – met
mow (*falciare*) – mowed – mown*
pay (*pagare*) – paid – paid
put (*mettere*) – put – put
read (*leggere*) – read – read
rid (*liberare*) – rid* – rid
ride (*cavalcare*) – rode – ridden
ring (*suonare*) – rang – rung
rise (*alzarsi*) – rose – risen
run (*correre*) – ran – run
saw (*segare*) – sawed – sawn*
say (*dire*) – said – said
see (*vedere*) – saw – seen
seek (*cercare*) – sought – sought
sell (*vendere*) – sold – sold

send (*mandare*) – sent – sent

set (*porre*) – set – set

sew (*cucire*) – sewed – sewn*

shake (*scuotere*) – shook – shaken

shave (*far la barba*) – shaved – shaven*

shear (*tosare*) – sheared – shorn

shed (*spargere*) – shed – shed

shine (*splendere*) – shone – shone

shoot (*sparare*) – shot – shot

show (*mostrare*) – showed – shown

shred (*tagliuzzare*) – shred* – shred*

shrink (*restringersi*) – shrank – shrunk

shut (*chiudere*) – shut – shut

sing (*cantare*) – sang – sung

sink (*affondare*) – sank – sunk

sit (*sedere*) – sat – sat

slay (*ammazzare*) – slew – slain

sleep (*dormire*) – slept – slept

slide (*scivolare*) – slid – slid

sling (*lanciare*) – slung – slung

slit (*tagliare*) – slit – slit

smell (*odorare*) – smelt* – smelt*

sow (*seminare*) – sowed – sown

speak (*parlare*) – spoke – spoken

speed (*sfrecciare*) – sped* – sped

spell (*compitare*) – spelt* – spelt*

spend (*spendere*) – spent – spent

spill (*rovesciare*) – spilt* – spilt*

spin (*girare*) – spun, span – spun

spit (*sputare*) – spat – spat

split (*spaccare*) – split – split

spoil (*guastare*) – spoilt* – spoilt*

spread (*spargere*) – spread – spread

spring (*balzare*) – sprang – sprung

stand (*stare*) – stood – stood

steal (*rubare*) – stole – stolen

stick (*appiccare*) – stuck – stuck

sting (*pungere*) – stung – stung

stink (*puzzare*) – stank, stunk – stunk

strew (*cospargere*) – strewed – strewn*

stride (*andare a passi grandi*) – strode – stridden

strike (*percuotere*) – struck, stricken

string (*infilare*) – strung – strung

strive (*sforzarsi*) – strove – striven

swear (*giurare; bestemmiare*) – swore – sworn

sweat (*sudare*) – sweat* – sweat*

sweep (*spazzare*) – swept – swept

swell (*gonfiare*) – swelled – swollen

swim (*nuotare*) – swam – swum

swing (*dondolare*) – swang –

swung

take (*prendere*) – took – taken

teach (*insegnare*) – taught – taught

tear (*strappare*) – tore – torn

tell (*dire*) – told – told

think (*pensare*) – thought – thought

thrive (*prosperare*) – throve★ – thriven★

throw (*gettare*) – threw – thrown

thrust (*cacciare*) – thrust – thrust

tread (*camminare*) – trod – trodden

wake (*svegliare*) – woke★ – woke(n)★

wear (*indossare*) – wore – worn

weave (*tessere*) – wove – woven

weep (*piangere*) – wept – wept

wet (*bagnare*) – wet – wet

win (*vincere*) – won – won

wind (*girare*) – wound – wound

wring (*torcere*) – wrung – wrung

write (*scrivere*) – wrote – written

★ oppure forma regolare

Numerals

Numerali

Cardinal Numbers – Numerali Cardinali

0	zero *naught, zero, cipher*	28	ventotto *twenty-eight*
1	uno; una, *one*	29	ventinove *twenty-nine*
2	due *two*	30	trenta *thirty*
3	tre *three*	40	quaranta *forty*
4	quattro *four*	50	cinquanta *fifty*
5	cinque *five*	60	sessanta *sixty*
6	sei *six*	70	settanta *seventy*
7	sette *seven*	80	ottanta *eighty*
8	otto *eight*	90	novanta *ninety*
9	nove *nine*	100	cento *a* opp *one* hundred
10	dieci *ten*	200	duecento *two hundred*
11	undici *eleven*	300	trecento *three hundred*
12	dodici *twelve*	400	quattrocento *four hundred*
13	tredici *thirteen*		
14	quattordici *fourteen*	500	cinquecento *five hundred*
15	quindici *fifteen*		
16	sedici *sixteen*	1000	mille *a* opp *one thousand*
17	diciassette *seventeen*		
18	diciotto *eighteen*	1001	mille uno *a* opp *one thousand and one*
19	diciannove *nineteen*		
20	venti *twenty*	1002	mille due *a* opp *one thousand and two*
21	ventuno *twenty-one*		
22	ventidue *twenty-two*	2000	duemila *two thousand*
23	ventitré *twenty-three*	10000	diecimila *ten thousand*
24	ventiquattro *twenty-four*	100000	centomila *a* opp *one hundred thousand*
25	venticinque *twenty-five*		
26	ventisei *twenty-six*	1000000	un milione *a* opp *one million*
27	ventisette *twenty-seven*		

Ordinal Numbers – Numerali Ordinali

1° il primo, la prima *1st, the first*

2° il secondo, la seconda *2nd, the second*

3° il terzo, ecc *3rd, the third*

4° il quarto, ecc *4th, the fourth*

5° il quinto *5th, the fifth*

6° il sesto *6th, the sixth*

7° il settimo *7th, the seventh*

8° l'ottavo *8th, the eight*

9° il nono *9th, the ninth*

10° il decimo *10th, the tenth*

11° l'undicesimo[1] *11th, the eleventh*

12° il dodicesimo[2] *12th, the twelfth*

13° il tredicesimo[3] *13th, the thirteenth*

14° il quattordicesimo[4] *14th, the fourteenth*

15° il quindicesimo[5] *15th, the fifteenth*

16° il sedicesimo[6] *16th, the sixteenth*

17° il diciassettesimo[7] *17th, the seventeenth*

18° il diciottesimo[8] *18th, the eighteenth*

19° il diciannovesimo[9] *19th, the nineteenth*

20° il ventesimo *20th, the twentieth*

21° il ventunesimo[10] *21st, the twenty-first*

22° il ventiduesimo[11] *22nd, the twenty-second*

23° il ventitreesimo[12] *23rd, the twenty-third*

24° il ventiquattresimo[13] *24th, the twenty-fourth*

25° il venticinquesimo[14] *25th, the twenty-fifth*

26° il ventiseesimo[15] *26th, the twenty-sixth*

27° il ventisettesimo[16] *27th, the twenty-seventh*

28° il ventottesimo[17] *28th, the twenty-eight*

29° il ventinovesimo[18] *29th, the twenty-ninth*

30° il trentesimo *30th, the thirtieth*

40° il quarantesimo *40th, the fortieth*

50° il cinquantesimo *50th, the fiftieth*

60° il sessantesimo *60th, the sixtieth*

70° il settantesimo *70th, the seventieth*

---

opp [1]undecimo, decimo primo, [2]decimosecondo, [3]decimoterzo, [4]decimoquarto, [5]decimoquinto, [6]decimosesto, [7]decimosettimo, [8]decimoottavo, [9]decimonono, [10]ventesimo primo, [11]ventesimo secondo, [12]ventesimo terzo, [13]ventesimo quarto, [14]ventesimo quinto, [15]ventesimo sesto, [16]ventesimo settimo, [17]ventesimo ottavo, [18]ventesimo nono.

80° l'ottantesimo *80th, the eightieth*	1000° il millesimo *1000th, the one thousandth*
90° il novantesimo *90th, the ninetieth*	1001° il millesimo primo *1001st, the one thousand and first*
100° il centesimo *100th, the (one) hundredth*	1002° il millesimo secondo *1002nd, the one thousand and second*
200° il du(e)centesimo *200th, the two hundredth*	2000° il duemillesimo *2000th, the two thousandth*
300° il trecentesimo *300th, the three hundredth*	10000° il diecimillesimo *10000th, the ten thousandth*
400° il quattrocentesimo *400th, the four hundredth*	penultimo *last but one*
500° il cinquecentesimo *500th, the five hundredth*	ultimo *last*
	ultimissimo *very last*

Fractions and other numerals
Frazioni ed altri numerali

$^1/_2$ (un) mezzo *(one) half*
$^1/_3$ un terzo *one third*
$^1/_4$ un quarto *one fourth*
$^2/_3$ due terzi *two thirds*
$^3/_4$ tre quarti *three fourths*
$^4/_5$ quattro quinti *four fifths*
mezzo miglio *half a mile*
un quarto d'ora *a quarter of an hour*
tre quarti di libbra *three quarters of a pound*
$2 \times 3 = 6$ due per tre uguale sei *twice three are six*
$3 \times 4 = 12$ tre per quattro uguale dodici *three times four are twelve*
$7 + 8 = 15$ sette più otto uguale quindici *seven and eight are fifteen*
$10 - 3 = 7$ dieci meno tre uguale sette *ten less three are seven*
$20 : 5 = 4$ venti diviso cinque uguale quattro *twenty divided by five make four*

Phrases

Frasi

Enquiring one's way – Indicazioni di strada

È questa la strada giusta per ...?	*Is this the right way to ...?*
Si è sbagliato.	*You are going the wrong way.*
Lei va bene.	*You are going the right way.*
Qual'è la strada per ...?	*Which is the way to ...?*
È ... distante da qui?	*Is ... far from here?*
Quanto tempo occorre per ...?	*How long will it take to get to ...?*
Sempre diritto fino a ...	*Straight on as far as ...*
Giri a sinistra (a destra).	*Turn left (right).*
Giri all'angolo.	*Go round the corner.*
La prima strada a sinistra.	*The first street to the left.*
In fondo alla strada.	*At the end of the street.*
Ho smarrito la via.	*I have lost my way.*

The motorcar – L'automobile

Tenere la destra (la sinistra).	*Keep to the right (left).*
Rallentare nelle curve.	*Slow down in the curves.*
Sorpassare a sinistra.	*Overtake on the left.*
Veicoli al passo (d'uomo).	*Vehicles at a slow pace.*
Andare adagio (più adagio).	*Drive slowly (more slowly).*
Con la massima velocità.	*At top speed.*
Moderare la velocità.	*Lessen your speed.*
Proseguire diritto.	*Go straight ahead.*
Dare la precedenza.	*Give way.*
Vada avanti (indietro).	*Drive forward (backward).*
Che velocità è ammessa?	*What is the speed limit here?*
Dall'altra parte.	*On the other side.*
Ci vogliono circa 8 minuti.	*It takes about 8 minutes.*
Quanto dista? È vicino.	*How far is it? It is quite near.*
Dov'è il più vicino garage?	*Where is the nearest garage?*

Un'officina di riparazioni.	*A repair shop.*
Venga con me, prego.	*Please come with me.*
C'è una locanda qui vicino?	*Is there an inn near here?*

Lodgings – Alloggio

Ha camere da affittare?	*Have you any rooms to let?*
Per il giorno? Per la notte?	*For the day? For the night?*
Ne ho parecchie; eccone una.	*There are several. This is one of them.*
Quali altre camere ha?	*What other rooms have you?*
Quanto chiede per questa?	*What do you charge for this one?*
Mi sembra troppo caro.	*That seems rather dear.*
Mi deciderò in seguito.	*I will decide afterwards.*
Dov'è il gabinetto?	*Where is the W.C.?*
Dov'è la cabina telefonica?	*Where is the call box?*

Railway – Ferrovia

A che ora arriva il treno?	*When does the train arrive?*
A che ora parte il treno?	*When does the train leave?*
Il treno è in ritardo.	*The train is late.*
Il treno è in orario.	*The train is on time.*
Il treno sta per partire.	*The train is about to leave.*
Faccia presto! Quale treno?	*Be quick! Which train?*
Biglietto semplice.	*Single ticket.*
Andata e ritorno.	*Return ticket.*
Prima (seconda) classe.	*First (second) class.*
La biglietteria è chiusa.	*The booking office is closed.*
La biglietteria apre alle ...	*The booking office opens at ...*
Si cambia treno per ...	*Change trains for ...*
Dov'è il deposito bagagli?	*Where is the left luggage office?*
Mi procuri un facchino?	*Will you get me a porter?*
Porti il mio bagaglio:	*Take my luggage:*
alla stazione (all'albergo).	*to the station (hotel).*
al deposito (al piroscafo).	*to the left luggage office (steamer).*
a questo indirizzo.	*to this address.*
Ha spiccioli?	*Have you got any change?*
Ritiri il bagaglio dal deposito; ecco lo scontrino.	*Fetch my luggage from the left luggage office; here's the ticket.*

Post, Telegrams and Telephone – Posta, telegrammi e telefono

Dov'è la cassetta postale più vicina?	Where is the nearest mailbox?
Dov'è l'ufficio postale più vicino?	Where is the nearest post office?
Quanto costa spedire una lettera/cartolina negli Stati Uniti?	How much does a letter/postcard to the United States cost?
Vorrei spedire questa lettera/questo pacchetto ...	I'd like to mail this letter/package ...
per raccomandata.	by registered mail.
per via aerea.	by airmail.
Vorrei mandare un telegramma/fax: posso farlo qui?	Could I send a telegram/fax from here?
Per favore, mi saprebbe dire dov'è una cabina telefonica?	Could you please tell me where I might find a phone booth?
Dove posso trovare una carta telefonica?	Where can I get a telephone card?
Qual è il prefisso di ...?	What's the area code for ...?

Restaurant – Ristorante

Un tavolo per ... persone, per favore.	A table for ..., please.
Cameriere, il menù per favore.	May I see the menu, please?
Che cosa mi/ci consiglia?	What would you recommend?
Vorrei ...	I'd like ...
una birra chiara/scura.	a light/dark beer.
un bicchiere di vino rosso.	a glass of red wine.
una bottiglia di acqua minerale.	a bottle of water.
Desidero magiare una bistecca ...	I'd like to have ...
al sangue.	a rare steak.
non troppo cotta, ma non al sangue.	a medium steak.
ben cotta.	a well-done steak.
Il conto, per favore!	Could I have the check, please?
É compreso il servizio?	Is service included?